COLLECTION
LES SPÉCIALITÉS



# Comptabilité et Finance d'entreprise

## TERMINALE STG

## EXTRAIT DU LIVRE DU PROFESSEUR

- **Disponible gratuitement sur le site www.nathan.fr/specialites-stg/ à partir de mai 2006 :**
  - l'intégralité du livre du professeur personnalisable sous Word ;
  - les fichiers informatiques élèves et professeurs.
- **La version papier du livre du professeur, gratuite pour toute prescription, comprend :**
  - tous les corrigés ;
  - des compléments pédagogiques pour le professeur.

Nathan
TECHNIQUE

# Chapitre 4

# Les fournisseurs d'immobilisations

## Positionnement de la leçon dans le programme

Ce chapitre se situe dans la **partie 2. La production de l'information financière : comptabilisation et contrôle des opérations courantes** (durée indicative : 30 heures) et plus précisément dans le point **2.1. Les clients et les fournisseurs**.

### Extrait du programme

| Cette partie complète l'étude menée en première sur l'élaboration de l'information comptable. L'objectif est d'aboutir à une représentation du modèle comptable plus proche de la réalité (sans toutefois entrer dans une technicité à visée professionnelle) de façon à enrichir le travail d'analyse et d'utilisation de l'information comptable, financière et de gestion pour l'aide à la décision. | | |
|---|---|---|
| **Thèmes** | **Sens et portée de l'étude** | **Notions et contenus à construire** |
| 2.2. Les fournisseurs d'immobilisations | | – Les différentes catégories d'actifs immobilisés : incorporels, corporels et financiers.<br>– Le coût d'entrée des actifs immobilisés.<br>– Les actifs immobilisés et leur comptabilisation : acquisition en tenant compte des avances et acomptes, cession. |

### Indications complémentaires et limites

**2.2. Les fournisseurs d'immobilisations**

Les immobilisations qui font l'objet d'une étude sont les suivantes : logiciels, terrains, constructions, matériels, autres titres immobilisés. Les titres de participation sont exclus de cette étude.

### Pré-requis de première

- Notion d'investissement
- Distinction entre immobilisations et charges
- Catégories d'immobilisations
- Acquisition des immobilisations corporelles

**Références bibliographiques**

– PCG (voir les articles 211-1 à 211-3, 311-1 et 311-2, 321-1 et 321-2, 321-10 à 321-12) : http://www.finances.gouv.fr/CNCompta/ (format PDF)

ou http://crcf.ac-grenoble.fr/index.php?tg=articles&topics=90 (format Word)

– Règlements CRC (notamment sur l'amortissement et la dépréciation des actifs) : http://www.finances.gouv.fr/CNCompta/

– Mémento comptable Francis Lefebvre 2006

– RF comptable n^os^ 311 et 318 (actifs), n° 320 (actifs, précisions du comité d'urgence du CNC)

– CRCF : http://crcf.ac-grenoble.fr/ (études de cas, documentation, analyses comptables)

– Sites académiques : documentation et études sur les nouvelles règles comptables

# Intentions et choix pédagogiques

Ce chapitre s'inscrit dans la suite des apprentissages de 1^re^ STG sur les points suivants :

– 1.1. L'entreprise et son fonctionnement (l'investissement) ;

– 1.2. Les principales activités de l'entreprise (l'activité d'investissement) ;

– 3.4. L'analyse et l'enregistrement des transactions externes (le cycle d'investissement).

Il s'inscrit également dans le cadre du concept comptable d'actif qui a fait l'objet d'une définition nouvelle (règlement CRC 2004-06 relatif à la définition, l'évaluation et la comptabilisation des actifs) insérée dans le plan comptable général.

Le texte définit qu'un « *actif est un élément identifiable du patrimoine ayant une valeur économique positive pour l'entité, c'est-à-dire un élément générant une ressource que l'entité contrôle du fait d'événements passés et dont elle attend des avantages économiques futurs* » (PCG, article 211-1).

Une immobilisation est un actif. Il faudrait donc le prendre en compte. Il nous semble cependant que cette définition est un peu complexe pour être abordée à ce niveau. Nous nous appuierons donc sur les définitions fournies, notamment par le PCG, pour les concepts d'immobilisation corporelle, d'immobilisation incorporelle et d'immobilisation financière (titres immobilisés).

L'élève sera conduit à définir et classer comptablement les différentes immobilisations d'une entreprise (incorporelles, corporelles, financières) dans la limite des prescriptions du programme de terminale STG. Sont exclues, par exemple, toutes les immobilisations incorporelles, sauf les logiciels ainsi que les immobilisations financières autres que les titres immobilisés.

Par la suite, le chapitre est centré sur le traitement comptable des opérations d'acquisition des immobilisations (évaluation, comptabilisation) et sur la façon dont le système d'information comptable les prend en compte.

Le concept de coût d'acquisition doit faire l'objet d'une étude spécifique dans le respect des nouvelles règles comptables instituées par l'avis CRC précité. La prise en compte de ces nouvelles règles conduit également à traiter le cas des immobilisations comportant des composants.

 

Pour des raisons de cohérence pédagogique, les cessions sont traitées dans le chapitre 11 relatif aux amortissements des immobilisations. Il semble difficile d'étudier le traitement comptable de ces opérations sans avoir traité le problème des amortissements.

Les travaux dirigés proposés sont progressifs et spécifiques, et doivent permettre d'approfondir les thèmes abordés :

– TD 1 : la distinction immobilisations/charges ;

– TD 2 : la méthode des composants ;

– TD 3 : les acquisitions de titres immobilisés ;

– le TD 4 (entraînement à l'écrit) permet de revenir sur les principes de détermination du coût d'acquisition des immobilisations au travers de plusieurs cas reprenant l'ensemble des particularités de ce problème ;

– le TD 5 est un entraînement à l'étude sur le thème des acquisitions d'immobilisations (méthode des composants dans le secteur du logement social) ;

– l'évaluation des acquis du chapitre synthétise le processus de traitement d'une acquisition d'immobilisation en incluant le thème des acomptes versés sur immobilisations.

## Pistes pour la réflexion préalable (p. 51)

### 1. Les biens ci-dessus constituent-ils des immobilisations ?

L'ordinateur et l'immeuble sont des immobilisations. Le pot de peinture constitue une matière première qui sera probablement utilisée dans un processus de production de biens par la suite vendus.

### 2. Pour quelle utilisation l'entreprise achète-t-elle des immobilisations ? Est-ce la même que pour des marchandises ?

Ce point a été traité en classe de 1re.

Les immobilisations sont utilisées pour contribuer directement ou indirectement à la production et/ou à la mise à disposition des biens qui seront vendus et qui permettront à l'entreprise d'en encaisser le prix.

### 3. Rappelez la distinction entre une immobilisation et une charge.

Ce point a été traité en classe de 1re.

On rappelle les éléments de définition suivants :

- immobilisation : bien utilisé par l'entreprise dans le cadre de ses activités sur une durée supérieure à un exercice ;

- charge : bien ou service faisant l'objet d'une consommation immédiate.

**4. À votre avis, l'achat d'un ordinateur constitue-t-il une immobilisation pour toute entreprise, quelle que soit son activité ?**

Non. Certaines entreprises, dont c'est l'activité, achètent des ordinateurs pour les revendre. Dans ce cas, le bien constitue une marchandise.

Cette question permet de souligner que le concept d'immobilisation n'est pas unique et intangible. Il doit être apprécié en situation dans les entreprises.

**5. Dans quelle catégorie doit-on classer les immobilisations suivantes : un logiciel, une machine-outil, des titres immobilisés ?**

Cette classification a été étudiée en classe de 1$^{re}$.

- Un logiciel : immobilisation incorporelle (actif non monétaire sans substance physique).
- Une machine-outil : immobilisation corporelle (actif physique).
- Des titres immobilisés : actif monétaire.

**6. À quelle valeur l'immobilisation entre-t-elle dans le patrimoine de l'entreprise ?**

C'est au coût d'acquisition, qui se définit comme le prix d'achat net augmenté des coûts liés à cette acquisition.

Voir activités 1 et 2 pour le développement de ce point.

# Corrigés des activités

## Activité 1 : Les coûts directement attribuables (p. 52)

### Objectif

Analyser et mettre en œuvre les modalités de détermination des coûts directement attribuables pour l'acquisition d'une immobilisation.

### Réponses aux questions

1. **Tracez un axe des temps sur lequel vous positionnerez toutes les opérations ci-dessus. Vous définirez celles qui correspondent à des coûts directement attribuables pour l'immobilisation concernée. Vous justifierez vos propositions en utilisant la réglementation comptable ci-dessus.**

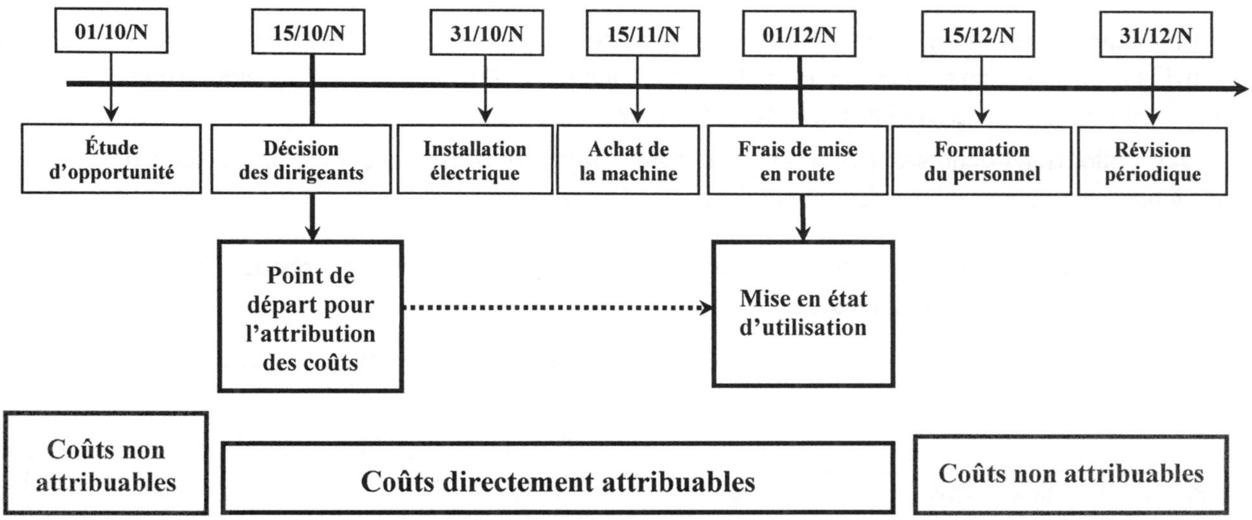


2. **Déterminez le montant des coûts directement attribuables pour cette immobilisation.**

Les coûts directement attribuables sont donc les suivants :

- facture de l'électricien pour la préparation de l'emplacement 500 €
- facture du technicien pour la mise en route de la machine 500 €

**Soient coûts directement attribuables 1 000 €**

Ainsi, le coût d'acquisition de la machine sera le suivant :

| | |
|---|---|
| Prix d'achat<br>Coûts directement attribuables | 18 000 €<br>1 000 € |
| **Coût d'acquisition de la machine** | **19 000 €** |

# Activité 2 : L'acquisition d'immobilisations par la SARL Clovis (p. 52)

## Objectifs

– Reconnaître et classer les immobilisations.

– Déterminer le coût d'acquisition des immobilisations.

## Réponses aux questions

**1. Justifiez que les opérations ci-dessus correspondent à l'acquisition d'immobilisations corporelles.**

Les deux acquisitions correspondent à des biens que l'entreprise va utiliser dans le cadre de ses activités sur une durée supérieure à un exercice. L'utilisation de ce nouvel atelier va permettre de produire des biens qui seront vendus et qui permettront donc à l'entreprise d'en encaisser le prix.

**2. Proposez un exemple d'immobilisation incorporelle et un exemple d'immobilisation financière.**

- Un logiciel est une immobilisation incorporelle car il correspond à un droit d'utilisation. Il s'agit donc d'un actif non financier (ce ne sont pas des titres immobilisés) sans substance (représentation) physique.

- Des obligations acquises par la société dans l'objectif d'une conservation de moyen ou long terme constituent des immobilisations financières.

**3. Déterminez le coût d'acquisition de la machine de production en justifiant ses composantes.**

Le coût d'acquisition de la machine inclus les coûts directement attribuables et s'entend net de rabais, remise et escompte de règlement, soit ici :

| | |
|---|---|
| Prix d'achat de la machine | 14 000,00 |
| Frais d'installation | 300,00 |
| Frais de transport | 620,00 |
| | 14 920,00 |
| Remise 10 % | - 1 492,00 |
| | 13 428,00 |
| Escompte 5 % | - 671,40 |
| **Coût d'acquisition** | **12 756,60** |

**Justification plan comptable général (article 321-1)**

- **Prix d'achat** (prix d'achat de la machine)
- **+ Coûts directement attribuables** (frais d'installation, frais de transport)
- **- Rabais, remise et escompte** (remise 10 %, escompte 5 %)

Dans cet exemple, le coût d'acquisition correspond au net financier de la facture.

 

**4. Déterminez le coût d'acquisition du terrain en envisageant les deux possibilités prévues par le plan comptable général pour les droits de mutation, honoraires, commissions et frais d'actes. Quelles sont les conséquences comptables respectives de ces deux options ?**

Pour les droits de mutation, honoraires, commissions et frais d'actes liés à une acquisition d'immobilisation, le PCG propose deux possibilités aux entreprises :

- comptabiliser ces éléments dans les charges de l'exercice ;
- inclure leur montant dans le coût d'acquisition de l'immobilisation concernée.

Pour le terrain, cela conduit aux deux coûts d'acquisition suivants :

| Rattachement au coût d'acquisition | | Comptabilisation dans les charges de l'exercice | | |
|---|---|---|---|---|
| Prix d'achat du terrain | 87 000 | Prix d'achat du terrain | 87 000 | |
| Droits de mutation | 4 176 | Droits de mutation | | Comptabilisés dans les charges de l'exercice |
| Honoraires hors taxes | 1 200 | Honoraires hors taxes | | |
| Frais d'acte | 300 | Frais d'acte | | |
| **Coût d'acquisition** | **92 676** | **Coût d'acquisition** | **87 000** | |

**Conséquences comptables**

- Lorsque les droits de mutation, honoraires, commissions et frais d'actes sont comptabilisés comme des charges de l'exercice, ils pèsent sur le résultat de l'exercice durant lequel a été réalisée l'acquisition.
- Lorsque ces éléments sont rattachés au coût d'acquisition de l'immobilisation, ils seront répartis sur la durée d'utilisation du bien du fait de son amortissement.

## Activité 3 : La comptabilisation des acquisitions d'immobilisations de la SARL Clovis (p. 54)

### Objectifs

- Analyser et comptabiliser des acquisitions d'immobilisations.
- Comptabiliser des avances et acomptes versés sur commandes d'immobilisations.
- Comptabiliser des acquisitions d'immobilisations avec composants.

 

## Réponses aux questions

**1. Comptabilisez la facture de la société Toutenbois et la note de l'étude Clément.**

| | 08/03/N | | |
|---|---|---|---|
| 2154 | Matériels industriels | 12 756,60 | |
| 44562 | TVA déductible sur immobilisations | 2 500,29 | |
| 404 | Fournisseurs d'immobilisations | | 15 256,89 |
| | *Facture n° 25/144 - Toutenbois* | | |

| | 15/03/N | | |
|---|---|---|---|
| 211 | Terrains | 92 676,00 | |
| 44562 | TVA déductible sur immobilisations | 294,00 | |
| 404 | Fournisseurs d'immobilisations | | 92 970,00 |
| | *Note n° 654 - Clément* | | |

Ces deux immobilisations sont comptabilisées au coût d'acquisition tel qu'il a été défini précédemment (activité 2).

Concernant le terrain, les procédures comptables de l'entreprise ont été appliquées : les droits de mutation, honoraires, commissions et frais d'actes ont été rattachés au coût d'acquisition de l'immobilisation.

**2. Comptabilisez l'acompte versé le 5 septembre N pour l'acquisition de l'ordinateur.**

| | 05/09/N | | |
|---|---|---|---|
| 238 | Avances et acomptes versés sur commandes d'immobilisations corporelles | 500,00 | |
| 512 | Banque | | 500,00 |
| | *Ch. n° 36548 - OrdiPourTous* | | |

**3. En utilisant le cours de la page ci-contre, définissez la nature comptable des logiciels figurant sur la facture de la SA OrdiPourTous. Comptabilisez la facture.**

- Le logiciel d'exploitation est un logiciel indissocié. Son prix est d'ailleurs intégré au prix de l'ordinateur pour lequel il assure le fonctionnement.
- Le pack logiciels outils est un logiciel dissocié. Il doit être comptabilisé distinctement dans un compte 205 (ici, 2051 - Logiciels).

10/09/N

| | | | |
|---|---|---|---|
| 2183 | Matériel de bureau et matériel informatique (1) | 1 370,00 | |
| 2051 | Logiciels | 600,00 | |
| 44562 | TVA déductible sur immobilisations | 386,12 | |
| 238 | Avances et acomptes versés sur commandes d'immobilisations corporelles | | 500,00 |
| 404 | Fournisseurs d'immobilisations | | 1 856,12 |
| | *Facture n° 678 - OrdiPourTous* | | |

(1) 1 220 + 150

**4. Pourquoi l'immeuble doit-il faire l'objet d'une ventilation par composants ? Comptabilisez la facture de la société Kofébrode Immobilier.**

Le plan comptable général impose de comptabiliser distinctement les composants d'une immobilisation lorsque leurs durées d'utilisation sont différentes.

Dans notre cas, l'immeuble a une durée d'utilisation de 50 ans et sa toiture de 25 ans.

12/10/N

| | | | |
|---|---|---|---|
| 213-1 | Constructions (bâtiment proprement dit) | 80 000,00 | |
| 213-2 | Constructions (toiture) | 22 000,00 | |
| 44562 | TVA déductible sur immobilisations | 19 992,00 | |
| 404 | Fournisseurs d'immobilisations | | 121 992,00 |
| | *Facture n° 445 - Kofébrode* | | |

**5. Comptabilisez l'acquisition des obligations La Poste en justifiant votre imputation comptable.**

Les obligations ont été acquises dans une intention de conservation durable. Ce sont donc des immobilisations financières qui seront comptabilisées dans le compte 271 - Titres immobilisés.

Concernant les frais d'acquisition, le droit comptable offre une option (activation ou charges) et le choix de l'entreprise (procédures comptables) s'est porté sur leur activation.

15/12/N

| | | | |
|---|---|---|---|
| 271 | Titres immobilisés *(2 024,30 + 20)* | 2 044,30 | |
| 44562 | TVA déductible sur immobilisations | 3,92 | |
| 512 | Banque | | 2 048,22 |
| | *Avis de débit n° 654652* | | |

 

# Corrigés des travaux dirigés

## TD 1 : La distinction entre charges et immobilisations (p. 56)

### Objectifs

– Distinguer charges et immobilisations.

– Mesurer l'impact de ces éléments sur le résultat de l'exercice.

### Réponses aux questions

1. **Rappelez les modalités de distinction entre une charge et une immobilisation.**

- Le plan comptable général précise que les éléments d'actif destinés à servir de façon durable à l'activité de l'entreprise constituent l'actif immobilisé.

- Il précise également que, lorsque les biens ou services sont acquis pour être revendus ou immédiatement consommés, ils doivent être comptabilisés dans les charges de l'exercice.

L'impact sur les résultats est évidemment différent puisqu'une charge pèsera en totalité sur le résultat de l'exercice de sa réalisation alors que le coût d'une immobilisation sera réparti sur plusieurs exercices par le biais de l'amortissement.

2. **Pour chaque opération, précisez s'il s'agit d'une immobilisation ou d'une charge et quel(s) compte(s) d'immobilisations ou de charges devront être utilisés pour comptabiliser chaque opération.**

- **Opération 1 : location et aménagement d'un local commercial**

| | Immobilisation | Charge | Comptes |
|---|---|---|---|
| Loyer | | Oui | *613* |
| Agencements divers | Oui | | *2181* |
| Marchandises | | Oui | *607* |
| Honoraires de l'avocat | | Oui | *622* |

- **Opération 2 : annonce publicitaire**

Cette opération constitue une charge pour l'entreprise. Elle sera inscrite dans le compte 623 - Publicité, publications et relations publiques.

- **Opération 3 : aménagement du magasin**

| | Immobilisation | Charge | Comptes |
|---|---|---|---|
| Acquisition et mise en place de rayonnages | Oui | | *2181* |
| Peinture des murs intérieurs du magasin | | | *2181* |
| Réparation de l'installation électrique | | Oui | *615* |
| Achat de meubles d'exposition | Oui | | *2181* |
| Mise en place de la nouvelle enseigne | Oui | | *2181* |

- Le plan comptable général précise (dans son article 442/21) que les installations générales, agencements et aménagements divers réalisés sur des immobilisations dont l'entreprise n'est pas propriétaire (c'est le cas ici) sont enregistrées dans le compte 2181 -Installations générales, agencements et aménagements divers. Dans l'autre cas, on inscrira les agencements dans le compte 2135 - Installations générales, agencements et aménagements des constructions.

- La réparation de l'installation électrique constitue une charge car elle assure seulement le maintien du bien dans un état normal d'utilisation.

- **Opération 4 : formation du personnel**

Cette opération est une charge pour l'entreprise (compte 648 - Autres charges de personnel).

**3. Indiquez de quelle manière le coût de l'opération pèsera sur le résultat de l'exercice.**

Les charges pèsent en totalité sur le résultat de l'exercice N :

| | |
|---|---|
| **Opération 1** | Loyer<br>Marchandises destinées à la revente<br>Honoraires de l'avocat |
| **Opération 2** | Annonce publicitaire |
| **Opération 3** | Réparation de l'installation électrique |
| **Opération 4** | Formation du personnel |

Le coût des immobilisations sera, par l'amortissement, réparti sur le résultat de chaque exercice comptable inclus dans la durée d'utilisation des biens :

| | |
|---|---|
| **Opération 1** | Agencements divers |
| **Opération 2** | Néant |
| **Opération 3** | Acquisition et mise en place de rayonnages<br>Peinture des murs intérieurs du magasin<br>Achat de meubles d'exposition<br>Mise en place de la nouvelle enseigne |
| **Opération 4** | Néant |

Remarque : certaines immobilisations ne sont pas amortissables. Leur coût ne pèsera donc pas sur les résultats de l'entreprise.

 

# TD 2 : Les immobilisations à décomposer (p. 56)

## Objectifs

– Analyser les raisons de la décomposition d'une immobilisation.
– Comptabiliser l'acquisition d'une immobilisation par composants.
– Calculer les premiers amortissements.

## Réponses aux questions

**1. Justifiez la nécessité de ventiler la valeur d'origine de cette immobilisation.**

Si, dès l'origine, plusieurs éléments d'une immobilisation ont chacun des utilisations différentes, alors la valeur d'origine de l'immobilisation est décomposée et chaque composant est comptabilisé séparément. Un plan d'amortissement propre à chacun de ces éléments est établi.

La machine et son moteur sont donc dissociables puisque leur durée d'utilisation respective est de 10 ans et 5 ans. Le programme de révision constitue également un composant de cette immobilisation.

Les trois éléments sont donc comptabilisés séparément dès l'origine et feront l'objet d'amortissement selon des modalités propres.

**2. Comptabilisez cette acquisition.**

| | 12/10/N | | |
|---|---|---|---|
| 2154-1 | Matériels industriels (machine proprement dite) | 150 000,00 | |
| 2154-2 | Matériels industriels (moteur) | 60 000,00 | |
| 2154-3 | Matériels industriels (programme de révision) | 14 000,00 | |
| 44562 | TVA déductible sur immobilisations | 43 904,00 | |
| 404 | Fournisseurs d'immobilisations | | 267 904,00 |
| | *Acquisition de la machine* | | |

**3. Calculez les dotations aux amortissements pour l'exercice N.**

| Éléments | Dotation aux amortissements pour N | |
|---|---|---|
| Matériel proprement dit | 150 000 × 10 % × 6,5/12 | 8 125,00 |
| Moteur | 60 000 × 20 % × 6,5/12 | 6 500,00 |
| Programme de révision | 14 000 × 50 % × 6,5/12 | 3 791,67 |
| | **Total** | **18 416,67** |

**4. Quelle aurait été la dotation si l'immeuble n'avait pas fait l'objet de cette décomposition ?**

Si la valeur d'origine de cette immobilisation n'avait pas été décomposée, l'amortissement aurait été calculé sur son montant total selon les modalités du matériel, soit une durée de 10 ans.

Pour N, on aurait calculé un amortissement égal à :

224 000 × 10 % × 6,5/12 = 12 133,33 €.

La comparaison avec les calculs faits pour la question précédente montre que l'amortissement global constaté est évidemment différent.

On remarque également ici qu'il est plus élevé en cas de décomposition. Ceci se justifie par une durée moyenne d'amortissement qui est plus courte.

# TD 3 : Les acquisitions de titres (p. 56)

## Objectifs

– Distinguer titres immobilisés et valeurs mobilières de placement.
– Mesurer les conséquences comptables de la distinction.
– Comptabiliser une acquisition de titres immobilisés.

## Réponses aux questions

**1. Ces acquisitions constituent-elles des immobilisations ? Justifiez votre réponse.**

Ce sont des immobilisations puisque les titres ont été acquis pour être conservés durablement.

**2. Comptabilisez ces acquisitions.**

| | | | |
|---|---|---|---|
| | 05/05/N | | |
| 271 | Titres immobilisés *(10,20 €× 1 000)* | 10 200,00 | |
| 627 | Services bancaires et assimilés *(0,10 €× 1 000)* | 100,00 | |
| 44566 | TVA déductible sur autres biens et services *(100× 19,60 %)* | 19,60 | |
| 512 | Banque | | 10 319,60 |
| | *Actions ABC* | | |
| | 05/05/N | | |
| 271 | Titres immobilisés *(1 052 €× 10)* | 10 520,00 | |
| 627 | Services bancaires et assimilés *(1 €× 10)* | 10,00 | |
| 44566 | TVA déductible sur autres biens et services | 1,96 | |
| 512 | Banque | | 10 531,96 |
| | *Obligations DEF* | | |

**3. Quelle(s) modification(s) doit-on envisager si ces titres sont acquis dans un objectif de placement à court terme ?**

Dans ce cas, c'est dans un compte 50 - Valeurs mobilières de placement que les acquisitions seront comptabilisées, plus précisément :

- 503 - Valeurs mobilières de placement - Actions (actions ABC) ;
- 506 - Valeurs mobilières de placement - Obligations (obligations DEF).

# TD 4 : BAC – Entraînez-vous à l'écrit (p. 57)

## Objectifs

– Distinguer charges et immobilisations.
– Déterminer le coût d'acquisition d'une immobilisation.
– Comptabiliser des acquisitions d'immobilisations.

## Réponses aux questions

**1. Analysez chaque opération pour définir si elle constitue une immobilisation.**

| | |
|---|---|
| **Facture n° 326845 AutoPlus du 02/09/N** | Ce véhicule de tourisme sera utilisé dans le cadre de l'activité de l'entreprise sur une durée supérieure à un exercice comptable. Il s'agit donc d'une immobilisation (corporelle).<br>Attention :<br>1. la TVA facturée par le fournisseur n'est pas déductible pour l'acquéreur ;<br>2. le carburant constitue une charge de l'exercice ;<br>3. la carte grise correspond à un droit d'enregistrement (droit de mutation). Le plan comptable général prévoit une option :<br>- soit les comptabiliser comme des charges de l'exercice,<br>- soit les rattacher au coût d'acquisition de l'immobilisation concernée.<br>Le choix de l'entreprise correspond à la seconde possibilité. |
| **Facture n° 5566 ÉlectroPlus SA du 03/09/N** | Il s'agit d'une installation faite dans une construction dont l'entreprise est propriétaire. L'atelier permettra de fabriquer des produits que l'entreprise vendra dans les exercices futurs. Il s'agit donc d'une immobilisation (corporelle). |

 

| | |
|---|---|
| **Facture n° 78465 Société InfoPlus du 04/09/N** | Il s'agit d'un ordinateur que l'entreprise utilisera dans le cadre de sa gestion (comptabilité, commercial...) ou de sa production (automatisation du processus). Cette immobilisation (corporelle) contribuera à l'activité de l'entreprise dès sa mise en service. Il en est de même pour le logiciel de PAO (logiciel dissociable - immobilisation incorporelle, contrairement au logiciel « Système d'exploitation », qui est indissociable). |
| **Facture n° 4321 RobotPlus du 05/09/N** | Ce robot de peinture constitue une immobilisation corporelle. Attention cependant, le lot de peinture est une charge de l'exercice. |
| **Facture n° 2459 SA OutilPlus du 08/09/N** | Sur le plan des principes, ces outillages seront utilisés dans le cadre de l'activité de l'entreprise sur une durée supérieure à un exercice. Ce sont des immobilisations corporelles. Cependant, leur faible valeur unitaire (150 € < 500 €) permet (et c'est le choix de l'entreprise) de les comptabiliser comme des charges de l'exercice. |
| **Acte de cession SCI Immobilis du 10/09/N** | L'immeuble est une immobilisation (corporelle) que l'entreprise utilisera pour y réaliser ses activités de production. |
| **Facture n° 895 SARL AtelierPlus du 12/09/N** | Il s'agit d'agencements et installations de l'atelier pour l'usage du personnel. Ils constituent des immobilisations corporelles (contribution indirecte à la production). |
| **Facture n° 2123 Maître Capelot du 15/09/N** | Il s'agit de droits de mutation et d'honoraires relatifs à la construction ci-dessus. Le plan comptable général prévoit une option (voir ci-dessus carte grise de la camionnette). Le choix de l'entreprise correspond à la seconde possibilité. |

**2. Déterminez le coût d'acquisition de chaque immobilisation.**

Il est différent du prix d'acquisition pour les immobilisations suivantes :

**Véhicule de tourisme**

| | |
|---|---|
| Prix d'achat | 15 000,00 |
| Aménagements | 1 540,00 |
| TVA non récupérable[1] | 3 241,84 |
| Carte grise[2] | 250,00 |
| **Coût d'acquisition** | **20 031,84** |

1. (15 000 + 1 540) × 19,60 %

2. Option de l'entreprise pour les droits de mutation..., frais d'actes.

**Robot de peinture**

| | |
|---|---|
| Prix d'achat | 13 625,00 |
| Frais de montage | 325,00 |
| Essais et tests[3] | 400,00 |
| **Coût d'acquisition** | **14 350,00** |

3. Par contre, la peinture utilisée pour ces tests est une charge.

**Bâtiment industriel**

| | |
|---|---|
| Prix d'achat | 95 000,00 |
| Droits d'enregistrement | 1 025,00 |
| Honoraires | 412,00 |
| **Coût d'acquisition** | **96 437,00** |

**Armoires métalliques**

| | |
|---|---|
| Prix d'achat | 1 805,00 |
| Escompte 3 % | - 54,15 |
| **Coût d'acquisition** | **1 750,85** |

Pour les autres immobilisations, le coût d'acquisition est égal au prix d'achat, soit :
-installation électrique de l'atelier : 4 530 € ;
- ordinateur : 3 000 € ;
- logiciel de production : 800 €.

 

### 3. Comptabilisez ces opérations.

| | | | |
|---|---|---|---|
| | 02/09/N | | |
| 2182 | Matériel de transport | 20 031,84 | |
| 606 | Achats non stockés de matières et fournitures | 100,00 | |
| 404 | Fournisseurs d'immobilisations | | 20 131,84 |
| | *Facture n° 326845 - AutoPlus* | | |
| | 03/09/N | | |
| 2135 | Installations, agencements, aménagements des constructions | 4 530,00 | |
| 44562 | TVA déductible sur immobilisations | 887,88 | |
| 238 | Avances et acomptes versés sur immobilisations corporelles | | 1 000,00 |
| 404 | Fournisseurs d'immobilisations | | 4 417,88 |
| | *Facture n° 5566 - ÉlectroPlus* | | |
| | 04/09/N | | |
| 2183 | Matériel de bureau et matériel informatique | 3 000,00 | |
| 2051 | Logiciels | 800,00 | |
| 44562 | TVA déductible sur immobilisations | 744,80 | |
| 404 | Fournisseurs d'immobilisations | | 4 544,80 |
| | *Facture n° 78465 InfoPlus* | | |
| | 05/09/N | | |
| 2154 | Matériels industriels | 14 350,00 | |
| 601 | Achats stockés de matières premières | 150,00 | |
| 44562 | TVA déductible sur immobilisations *(2 842,00 - 29,40)* | 2 812,60 | |
| 44566 | TVA déductible sur autres biens et services *(150 × 19,60 %)* | 29,40 | |
| 404 | Fournisseurs d'immobilisations | | 17 342,00 |
| | *Facture n° 4321 - RobotPlus* | | |
| | 08/09/N | | |
| 606 | Achats non stockés de matières et fournitures[1] | 712,50 | |
| 44566 | TVA déductible sur autres biens et services *(712,50 × 19,60 %)* | 139,65 | |
| 401 | Fournisseurs | | 852,15 |
| | *Facture n° 2459 - SA OutilPlus* | | |
| | 10/09/N | | |
| 213 | Constructions | 95 000,00 | |
| 404 | Fournisseurs d'immobilisations | | 95 000,00 |
| | *Selon acte notarial* | | |
| | 12/09/N | | |
| 2135 | Installations, agencements, aménagements des constructions | 1 750,85 | |
| 44562 | TVA déductible sur immobilisations | 343,17 | |
| 404 | Fournisseurs d'immobilisations | | 2 094,02 |
| | *Facture n° 895 - AtelierPlus* | | |
| | 15/09/N | | |
| 213 | Constructions *(1 025 + 412)*[2] | 1 437,00 | |
| 44562 | TVA déductible sur immobilisations | 80,75 | |
| 404 | Fournisseurs d'immobilisations | | 1 517,75 |
| | *Facture n° 2123 - Maître Capelot* | | |

1. Immobilisation de faible valeur. On peut également utiliser un compte 602.
2. Le coût d'acquisition de cet immeuble est donc égal à : 95 000 + 1 437 = 96 437 €.

# TD 5 : BAC – Entraînez-vous à l'étude (p. 58)

## Objectifs

– Entraîner les élèves à rechercher des informations et à en faire la synthèse sur un thème.
– Approfondir leurs connaissances sur la méthode des composants.

## Question

Existe-t-il des illustrations concrètes de la méthode des composants ?

Le secteur de la gestion des immeubles sociaux est très concerné et des études ont été menées par des organisations professionnelles. Par ailleurs, le CNC (site : http//www.finances.gouv.fr/CNCompta) a été amené à se prononcer sur ce sujet dans un avis du 23 juin 2004 relatif aux modalités d'application de la comptabilisation par composants dans les organismes de logement social.

## Compléments pour le professeur

### Délimitation dans le temps du travail

Elle relève des choix du professeur.

La constitution de groupes permet de répartir le travail de recherche puis de demander la synthèse à tous les élèves.

### Définition des champs ou délimitations possibles

Il s'agit de montrer :

– que des précisions sont apportées sur le plan de la réglementation par le Conseil national de la comptabilité par des avis sur le sujet ;

– que des études peuvent être proposées par des organismes professionnels pour aider les entreprises concernées.

D'autres pistes que le logement social pourront être envisagées, par exemple :

– le secteur aéronautique ;

– le secteur naval.

### Outils mobilisables

**1. Internet**

• L'avis du CNC du 23 juin 2004 relatif aux modalités d'application de la comptabilisation par composants et des provisions pour gros entretien dans les organismes de logement social s'appuie sur des études techniques réalisées sur un échantillon statistique représentatif, en fonction des lots de travaux retenus lors de la construction. Des préconisations précises sont apportées sur la constitution de composants et leur amortissement (notamment la durée).

• On peut aussi s'appuyer sur les travaux réalisés par l'A.RE.COOP.

• On peut trouver le texte du PCG sur les sites suivants :

– site du CNC : http://www.finances.gouv.fr/CNCompta/ ;

– site du CRCF : http://crcf.ac-grenoble.fr/.

 

**2.** Des analyses sur la méthode des composants sont proposées dans de nombreux ouvrages ou revues.

On citera, par exemple :

– *Mémento Francis Lefebvre* ;

– *Revue fiduciaire comptable* ;

– *Revue française de comptabilité.*

**Méthodologie à suivre**

Elle peut correspondre à la démarche suivante :

– recherche d'informations ;

– analyse des informations ;

– synthèse.

**Rôle du professeur**

Il guide les élèves dans cette démarche par une intervention auprès de chacun ou dans les groupes. Il peut, en particulier, accompagner la réflexion des élèves sur les directions de recherche, l'analyse des informations ou encore les méthodes de présentation de la synthèse.

# TD 6 : Évaluez les acquis du chapitre (p. 58)

## Objectifs

– Rappeler et mettre en œuvre les principes généraux pour la détermination du coût d'acquisition des immobilisations.

– Comptabiliser des opérations relatives à une acquisition d'immobilisation.

– Rappeler le principe de l'amortissement.

## Réponses aux questions

**1. Rappelez les principes qui définissent le coût d'acquisition d'une immobilisation.**

Les immobilisations acquises par l'entreprise sont comptabilisées à leur coût d'acquisition, constitué :

- de son prix d'achat, y compris les droits de douane et taxes non récupérables, après déduction des remises, rabais commerciaux et escomptes de règlement ;

- de tous les coûts directement attribuables engagés pour que l'immobilisation puisse être utilisée dans les conditions prévues.

 

**2. Quelles sont les options de comptabilisation pour la commission versée à la société Durand ?**

Les droits de mutation, honoraires, commissions et frais d'actes liés à l'acquisition peuvent, sur option, être rattachés au coût d'acquisition de l'immobilisation ou comptabilisés en charges.

**3. Déterminez le coût d'acquisition de cette immobilisation en supposant que la société Dubois choisit d'incorporer au coût d'acquisition toutes les charges liées.**

| Composantes du coût d'acquisition | Montant |
|---|---|
| Prix d'achat | 20 250,00 |
| Frais de transport et d'installation | 1 250,00 |
| | 21 500,00 |
| Remise conventionnelle 10 % | - 2 150,00 |
| | 19 350,00 |
| Escompte 5 % | - 967,50 |
| | 18 382,50 |
| Commission versée à la société Durand (option) | 1 000,00 |
| **Coût d'acquisition** | **19 382,50** |

La formation du personnel, facturée par la société Martin, est exclue du coût d'acquisition de l'immobilisation. Elle doit être comptabilisée dans les charges de l'exercice.

**4. Comptabilisez ces opérations.**

(Voir page suivante)

| | | | |
|---|---|---|---|
| | 15/03/N | | |
| 238 | Avances et acomptes versés sur immobilisations corporelles | 10 000,00 | |
| 512 | Banque | | 10 000,00 |
| | *Chèque n° 10528 - Acompte Martin* | | |
| | 28/03/N | | |
| 2154 | Matériels industriels[1] | 1 000,00 | |
| 44562 | TVA déductible sur immobilisations | 196,00 | |
| 404 | Fournisseurs d'immobilisations | | 1 196,00 |
| | *Facture n° 1234 - Durand* | | |
| | 29/03/N | | |
| 404 | Fournisseurs d'immobilisations | 1 196,00 | |
| 512 | Banque | | 1 196,00 |
| | *Chèque n° 10598 - Durand* | | |
| | 30/03/N | | |
| 2154 | Matériels industriels[2] | 18 382,50 | |
| 648 | Autres charges de personnel[3] | 3 420,00 | |
| 44562 | TVA déductible sur immobilisations[4] | 3 602,97 | |
| 44566 | TVA déductible sur autres biens et services[5] | 670,32 | |
| 238 | Avances et acomptes versés sur immobilisations corporelles | | 10 000,00 |
| 404 | Fournisseurs d'immobilisations | | 16 075,79 |
| | *Facture n° 698/03 - Martin* | | |
| | 31/03/N | | |
| 404 | Fournisseurs d'immobilisations | 16 075,79 | |
| 512 | Banque | | 16 075,79 |
| | *Chèque n° 12512 - Martin* | | |

1. Cette commission est un élément du coût d'acquisition de la machine.
2. 21 802,50 (net financier) - 3 420,00 (formation du personnel).
3. Montant brut - remise 10 % - escompte 5 % = 4 000 × 90 % × 95 %.
4. 18 382,50 × 19,60 %.
5. 3 420 × 19,60 %

### 4. Quels traitements comptables seront appliqués à cette immobilisation durant son utilisation ?

Cette immobilisation fera par la suite l'objet d'un amortissement pendant la durée de son utilisation par l'entreprise, ceci selon des modalités qui sont à définir.

 

COLLECTION

LES SPÉCIALITÉS

Term STG

# Comptabilité et finance d'entreprise


Sous la direction de **Brigitte Doriath**
*Agrégée d'économie-gestion*

Dominique Bourgeois
*Agrégé d'économie-gestion*

Isabelle Bourgeois
*Agrégée d'économie-gestion*

Jacques Boutet
*Agrégé d'économie-gestion*
*Formateur en IUFM*

David Garcia
*Certifié d'économie-gestion*

Michel Lozato
*Agrégé d'économie-gestion*

Pascal Nicolle
*Agrégé d'économie-gestion*



Nathan
TECHNIQUE

# Sommaire

# Avant-propos

Le manuel ***Comptabilité et finance d'entreprise*** de la spécialité correspondante de terminale STG (Sciences et technologies de la gestion) traite l'ensemble du programme en 19 chapitres.

Il reprend, en sept thèmes, la logique qui a présidé à la structuration du programme officiel :
– fondements du traitement et de la structuration de l'information comptable, au travers des principes comptables (thèmes 1 et 2) ;
– approche des systèmes d'information comptables par leur organisation, leur gestion et leur exploitation (thème 3) ;
– évaluation de la situation financière et de la performance par l'élaboration et l'interprétation des états financiers (thèmes 4 et 5) ;
– aide à la décision, par l'analyse des charges et la prévision du résultat et de la trésorerie (thèmes 6 et 7).

Il intègre les évolutions récentes du plan comptable général et leur impact sur les définitions, la terminologie et les logiques du programme.

Le parti pris de l'ouvrage est de proposer, conformément à la rénovation qui affirme le caractère technologique de la série STG :
– une approche notionnelle, qui exploite la pédagogie active, à partir d'exemples, d'expériences, d'observations de situations accessibles aux élèves et motivantes ;
– une écriture simple et claire, sans pour autant renoncer à la rigueur terminologique nécessaire à l'approche des notions du programme, étayée d'exemples précis, très brefs, dont la compréhension est immédiate.

Les activités et les travaux dirigés du manuel, dans l'esprit du programme, s'intéressent à tout type et toute taille d'organisation, et offrent ainsi des supports actuels et d'une grande variété.

Les activités qui accompagnent le cours sont conçues de telle sorte qu'elles laissent à l'enseignant sa marge d'initiative dans la relation entre la leçon et les supports proposés. Les démarches suggérées se fondent sur une ***pédagogie active*** ainsi que sur la diversité des supports et des pratiques. L'approche, inductive ou déductive, des notions du programme est laissée à l'appréciation de l'enseignant.

Les travaux dirigés de fin de chapitre permettent :
– de mobiliser les notions et d'appliquer les méthodes du chapitre ;
– de mettre en œuvre les technologies de l'information et de la communication ;
– de se préparer à l'épreuve de spécialité du baccalauréat, par la proposition de modules pour la partie écrite de l'épreuve et de projets ainsi que de sujets d'études, à traiter partiellement pour centrer l'effort sur une étape de la démarche ou en totalité ;
– de vérifier les acquis du chapitre (l'élève pourra procéder à une autoévaluation).

Les auteurs

# Mode d'emploi

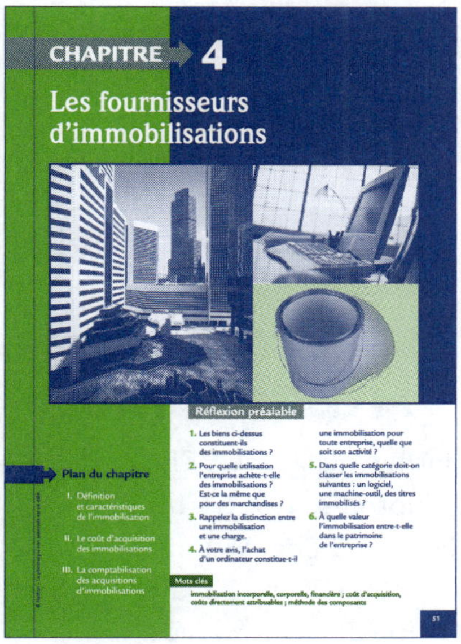


## ■ La page d'ouverture

Elle présente :
– un support, illustration ou texte, qui peut être analysé par la classe pour introduire le chapitre ;
– un premier questionnement qui permet d'introduire le chapitre et de réactiver les pré-requis du programme de première ;
– le plan et les mots clés.

## ■ Le cours et les activités

La page de gauche propose les activités, la page de droite le cours. Les activités sont toujours ***en liaison directe*** avec la leçon de la page de droite correspondante. Elles peuvent être utilisées en découverte ou en illustration du cours.

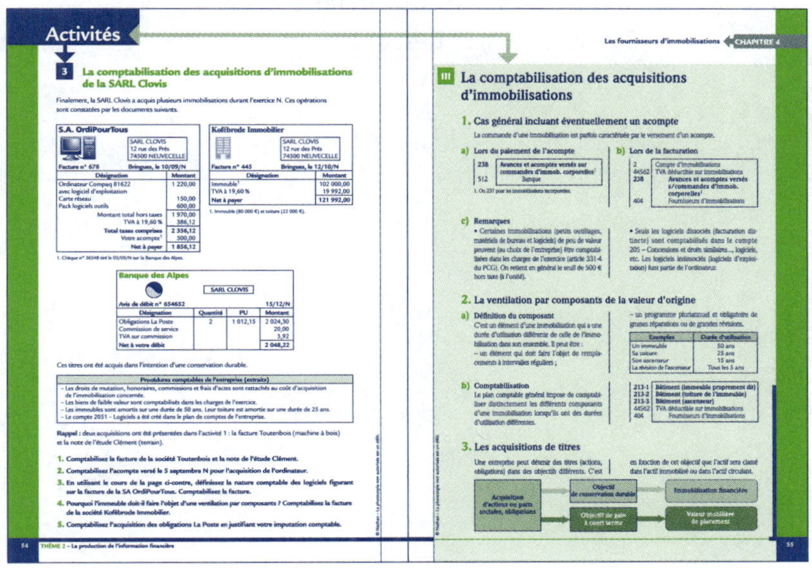


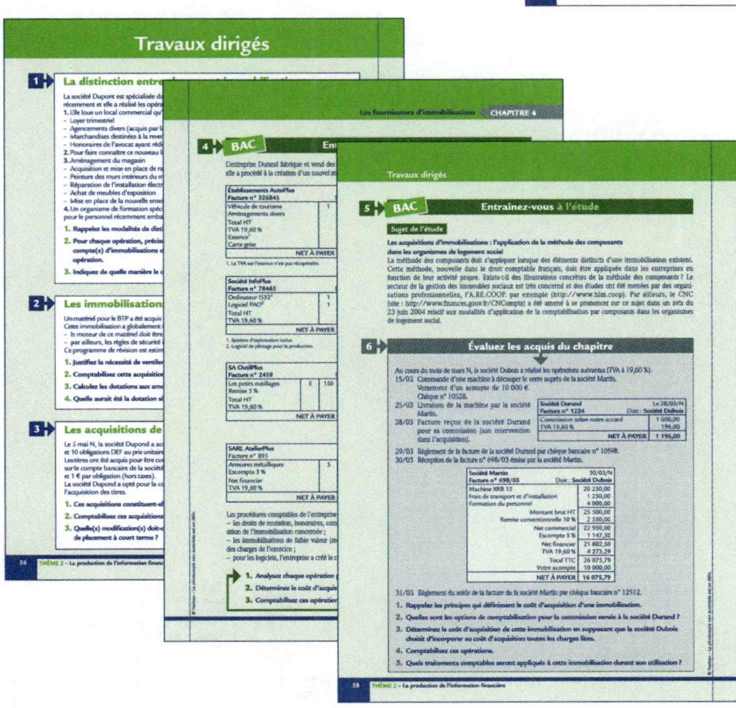


## ■ Les travaux dirigés

Ils permettent :
– une mise en œuvre des notions et méthodes du cours ;
– la mobilisation des TIC ;
– une préparation aux parties écrite et pratique de l'épreuve de spécialité du baccalauréat ;
– une évaluation des acquis du chapitre.

Le logo indique les travaux dirigés qui peuvent nécessiter l'usage de l'outil informatique.

## Crédits photographiques

Couverture : CORBIS/T. & D.A. McCarthy ; p. 7 : RÉA/Mario Fourmy ; p. 25 : GETTY IMAGES France/Digital Vision ; p. 35 : GETTY IMAGES France/Photodisc ; p. 51 d : GETTY IMAGES France/Ryan McVay ; p. 51 g : GETTY IMAGES France/Digital Vision ; p. 51 m : GETTY IMAGES France/Photodisc ; p. 59 : RÉA/LUDOVIC ; p. 73 d : RÉA/Berti Hanna ; p. 119 : MAX PPP/A. Marchi ; p. 129 : CORBIS/R. Ressmeyer ; p. 159 : RÉA/Pascal Sittler ; p. 203 : M. Dovic ; p. 219 bas : RÉA/P. Bessard ; p. 219 ht : RÉA/P. Bessard

---

**Édition :** Céline Robinot-Martin – Sylvie Ogée
**Coordination artistique :** Isabelle Jalfre
**Iconographie :** Juliette Barjon
**Conception intérieure :** Anne-Danielle Naname
**Conception couverture :** Killiwatch
**Mise en pages :** CGI
**Fabrication :** Maria Pauliat

**Illustrateurs**
Ronaldo Graça : p. 73, 177, 239
Tweedt : p. 143, 189, 211


ISBN 2-09-179684-0

# CHAPITRE 1

# L'organisation de la comptabilité dans l'entreprise

## Réflexion préalable

1. Qu'est-ce que la comptabilité ? Quels sont ses objectifs ?
2. Qu'est-ce qui distingue la comptabilité de gestion de la comptabilité financière ?
3. À votre connaissance, quels textes réglementent la comptabilité financière en France ?
4. Qui sont les utilisateurs de l'information comptable ?

## Plan du chapitre

I. La fonction comptable dans l'entreprise

II. La normalisation de la comptabilité financière

III. La comptabilité de gestion : un outil adapté

IV. Le rôle de l'informatique

### Mots clés

**fonction comptable ; normes comptables ; principes et règles comptables ; PCG, CNC, CRC, IASB ; comptabilité de gestion ; coût, marge, résultat ; PGI**

# Activités

## 1 Le recrutement d'un responsable comptable

Grand groupe spécialisé dans le commerce d'objets décoratifs recherche pour son siège social un

**Responsable comptable**

Vous aurez la responsabilité d'organiser, animer et encadrer une équipe de 7 personnes. Vos principales responsabilités porteront sur la supervision de la <u>comptabilité financière</u> (comptabilité auxiliaire : clients et fournisseurs, <u>trésorerie</u> et rapprochements bancaires, établissement des <u>comptes annuels</u> – avec travaux d'<u>inventaire</u> et présentation du <u>résultat</u>, des déclarations fiscales et sociales), de la <u>comptabilité de gestion</u> (suivi des coûts, tableaux de bord, analyse et prévisions). Vous organiserez de plus le système d'information comptable et veillerez à l'application des normes.

Vous serez l'interlocuteur privilégié du commissaire aux comptes et des banques.

Dynamique, avec un très bon sens relationnel, vous alliez la rigueur, la fiabilité et d'évidentes compétences techniques. Vous êtes à l'aise avec l'informatique, la communication orale et écrite.

Formation type ESC + DECF, avec une expérience de 5 ans dans un poste similaire. Anglais maîtrisé.

**1.** **Expliquez les termes soulignés.**

**2.** **Identifiez, à partir de cette offre d'emploi, les activités de la fonction comptable.**

**3.** **Quelles sont les qualités demandées pour ce poste ?**

## 2 Les changements dans les métiers comptables

*« Le métier devient plus gestionnaire,* assure Christophe Pousin (Randstad*), *tourné vers les autres acteurs de l'entreprise ou même l'extérieur. »* Les professionnels n'ont plus à appliquer mécaniquement des règles, mais doivent innover [...]. *« Les comptables ne travaillent plus seulement en interne,* complète Alexis Soudoplatoff. *Ils ont désormais à gérer des intervenants externes comme les cabinets d'expertise ou d'audit comptable ou bien les cabinets d'avocats. »* Loin des profils autrefois introvertis, les fonctions comptables sont devenues des postes stratégiques, où le rôle d'analyse et de décision est prégnant. [...]

Conséquence : au-delà de la technicité, les compétences recherchées par les recruteurs relèvent davantage de la personnalité et du savoir-être. [...] La maîtrise de l'anglais par les comptables est devenue primordiale : ils entrent régulièrement en contact avec les filières étrangères ou internationales de leurs employeurs.

En outre, flexibilité, qualité de gestion d'une équipe et aisance dans la communication font désormais partie de la panoplie du comptable. *« Nous avons aussi besoin de gens qui maîtrisent bien leur stress,* estime Christophe Pousin. *La fiabilité des chiffres est une obligation, avec des reportings et des communications sur les marchés. »*

[...] Paradoxalement, la pénurie de bons candidats sur certains métiers n'a pas provoqué une hausse des salaires. [...] Seules des fonctions plus stratégiques pour les entreprises, comme les auditeurs, les consolideurs ou les trésoriers, ont le vent en poupe. [...] Compter 20 000 à 25 000 euros pour un poste dans la comptabilité tiers, 30 000 à 40 000 euros pour un contrôleur de gestion selon son expérience et 60 000 euros pour un responsable consolidation dans une petite structure. Autre constat : une tendance à l'équilibre des salaires entre Paris et la province [...]. Et [...] le souci de se former constamment sur les nouvelles normes ou lois ne doit pas quitter les professionnels.

Gaëlle Ginibrière, http://www.lefigaro.fr, 25 octobre 2004.

* Agence d'intérim spécialisée dans les métiers comptables.

**1.** **Quelles sont les évolutions qui ont touché les métiers comptables ?**

**2.** **Quelles sont les qualités qu'un comptable doit posséder aujourd'hui ?**

# I La fonction comptable dans l'entreprise

## 1. Ses missions

La fonction comptable a pour missions de recueillir les données utiles, puis de produire, analyser et communiquer diverses informations financières conformes aux règles en vigueur, compréhensibles, fiables, pertinentes et aptes à éclairer les décisions des partenaires internes et externes de l'entreprise.

## 2. Les caractéristiques de la fonction comptable

La fonction comptable est en relation avec l'ensemble des autres fonctions de l'entreprise. Elle est le point d'arrivée de données plus ou moins brutes et fournit des informations aux autres fonctions mais aussi à ses partenaires extérieurs.

C'est une fonction **hiérarchisée** dans les grandes entreprises : 4 à 5 niveaux hiérarchiques pour la moitié des grandes entreprises.

C'est également une fonction **centralisée** : elle est souvent regroupée dans un même service.

Elle a donc un coût : en moyenne 1,4 % du chiffre d'affaires de ces grandes entreprises en 2002 (coût des salaires et charges sociales des comptables, coût informatique…), contre environ 2,8 % des effectifs. Cette fonction comptable est assurée en moyenne par 12 personnes dans une entreprise en France en 2002 (70 % plus tournés vers la comptabilité financière, 30 % plus orientés vers la comptabilité de gestion). 50 % des effectifs comptables ont un niveau supérieur à un bac+2 en 2002.

La fonction comptable fait largement appel à des postes de travail informatisés.

Cette fonction comptable est rattachée à la direction dans une petite structure ou à la direction administrative et financière dans une grande entreprise.

## 3. L'organisation de la fonction comptable

Pour répondre à ses diverses missions, la fonction comptable est organisée différemment selon la taille de l'entreprise et la nature des tâches à réaliser.

Dans une très petite entreprise (TPE), une personne seule peut assumer toutes les tâches comptables.

Dans une grande entreprise, la fonction comptable sera organisée en plusieurs services :

– comptabilité de gestion (ou analytique) : calculs de coûts, budgets, tableaux de bord… ;

– comptabilité financière (ou générale), elle-même subdivisée en comptabilité auxiliaire (clients, fournisseurs), trésorerie, gestion de la paie, des immobilisations, etc.

Certains éléments de la fonction comptable peuvent être assurés dans des services qui ne sont pas exclusivement comptables.

**Exemple** *La personne en charge de la facturation clients au sein du service commercial.*

Certaines missions peuvent par ailleurs être confiées à un prestataire de services (il s'agit dans ce cas d'externalisation, par exemple en recourant aux services d'un cabinet d'expertise comptable) ou à une structure centralisant toutes les activités comptables d'une même entreprise (création d'un centre de services partagés entre les différentes usines de l'entreprise…), avec des objectifs d'efficacité et d'efficience de cette fonction comptable.

La multiplicité des personnes assurant la fonction comptable montre la nécessité de coordonner leurs actions pour remplir les missions de ladite fonction.

## 3 Les normes comptables

Les normes comptables définissent les règles à suivre pour élaborer les documents qui permettent de juger de la situation financière de l'entreprise. […] Elles constituent un outil indispensable à tous les acteurs de l'économie : les dirigeants des entreprises, pour prendre de bonnes décisions ; les investisseurs, pour évaluer la rentabilité de leurs investissements et les risques qu'ils encourent ; enfin, les pouvoirs publics, pour des raisons statistiques et fiscales. Dirigeants, investisseurs et pouvoirs publics sont donc tous soucieux de disposer de comptes transparents. […]

Ces conventions ne vont pas de soi : une même dépense peut souvent être considérée soit comme une **charge** d'exploitation, soit comme un **investissement**, ce qui a un impact très différent sur les résultats. Il faut des règles applicables dans tous les cas, traduisant aussi précisément que possible à l'arbitraire. Pour cela, les normes doivent constamment évoluer. Quand elles ne suivent pas assez vite le rythme des changements, comme cela a été le cas avec l'Internet ou le négoce d'électricité (principal métier d'Enron), les directions d'entreprise en profitent souvent pour donner à leurs actionnaires une image trompeuse de leurs résultats.

N. Véron et N. Benchettrit, « Les rouages de l'entreprise », *Alternatives économiques*, n° 57 bis, septembre 2003.

**1.** Expliquez les termes en gras et la phrase soulignée.

**2.** À quoi servent les normes comptables ? Quel document regroupe ces normes en France ?

**3.** Rappelez les principes comptables sur lesquels s'appuient les normes françaises.

**4.** À quels acteurs ces normes sont-elles utiles ? Expliquez pourquoi pour chacun d'eux.

## 4 L'élaboration d'une règle comptable en France

Exemple sur la « définition, la comptabilisation et l'évaluation des actifs ».

| | |
|---|---|
| ❶ Le **CNC** émet un « **avis** » (proposition), pour se rapprocher des normes IAS, par exemple. | **Avis du CNC n° 2004-15 (extraits)**<br>Le CNC […] publie l'avis n° 2004-15 du 23 juin 2004 relatif à la définition, la comptabilisation et l'évaluation des actifs adopté par l'assemblée plénière […].<br>http://www.minefi.gouv.fr/fonds_documentaire/reglementation/avis/avisCNCompta/2004/avis0415.htm<br>Note de présentation : […] Ce texte fait référence, dans un objectif de convergence, aux dernières versions des normes IAS 16 (actifs corporels), IAS 38 (actifs incorporels), IAS 2 (stocks) […].<br>http://www.minefi.gouv.fr/fonds_documentaire/reglementation/avis/avisCNCompta/2004/note_avis0415.htm |
| ❷ Le **CRC** vote l'avis du CNC : il devient un **règlement** qui modifie le PCG. | **Règlement n° 2004-06 du 23 novembre 2004 (extraits)**<br>L'article 211-1 est modifié comme suit : « Article 211-1 : 1. Un actif est un élément identifiable du patrimoine ayant une valeur économique positive pour l'entité […]. »<br>http://www.minefi.gouv.fr/fonds_documentaire/CNCompta/rcrc/rcrc2004/04_06.pdf |
| ❸ Le règlement est homologué par **arrêté** interministériel (ministères de l'Économie, du Budget et de la Justice) : il devient **obligatoire**. | **Arrêté du 24 décembre 2004**<br>« Le garde des Sceaux, ministre de la Justice, le ministre de l'Économie, des Finances et de l'Industrie et le ministre délégué au Budget […] arrêtent :<br>Article 1 : Les règlements du [CRC] du 23 novembre 2004 :<br>– n° 2004-06 relatif à la définition, la comptabilisation et l'évaluation des actifs […] sont homologués.<br>Article 2 : Le présent arrêté et les règlements qui lui sont annexés seront publiés au *Journal officiel* de la République française. »<br>http://www.admi.net/jo/20050101/ECOT0420063A.html |

**1.** Retrouvez, en page de droite, le sens des sigles CNC, CRC et IAS. Rappelez celui du sigle PCG.

**2.** Expliquez les termes soulignés.

**3.** Quelles sont les principales étapes pour élaborer une règle comptable en France ?

**4.** À quelles entreprises ces règles comptables s'appliquent-elles ? (Aidez-vous de la page ci-contre.)

# II La normalisation de la comptabilité financière

## 1. Pourquoi normaliser l'information financière ?

### a) La nécessité

La normalisation comptable fournit aux partenaires un référentiel commun qui leur permet d'interpréter et comparer, sur les mêmes bases, les informations financières produites.

L'internationalisation des échanges conduit à envisager un référentiel commun à toutes les entreprises, quel que soit leur pays.

**Exemple** ***Un groupe français coté à New York devait établir deux versions de ses comptes : l'une selon les normes françaises, l'autre aux normes américaines, avec des bilans et comptes de résultat différents.***

Les organismes normalisateurs ont donc choisi de faire converger leurs normes comptables vers des normes internationales. L'Union européenne a adopté en 2002 les normes comptables internationales (appelées « normes IAS » [*International Accounting Standards*], puis « IFRS » [*International Financial Reporting Standards*] ou « normes d'informations financières internationales » à partir de 2001), obligatoires au 1er janvier 2005 pour les comptes consolidés des sociétés cotées (faisant appel public à l'épargne) en Europe. Les comptes individuels de ces sociétés et les comptes consolidés des sociétés non cotées peuvent, sur option, être produits aux normes IFRS.

### b) Les enjeux de la normalisation

Ils sont multiples :

– créer un langage commun compris par les acteurs économiques ;

**Exemples** ***Définir un actif, un amortissement.***

– fournir une information répondant aux besoins des dirigeants et partenaires de l'entreprise ;

**Exemple** ***Évaluer les actifs à leur juste valeur.***

– définir les principes et les règles auxquels une entreprise ne peut déroger.

**Exemple** ***Le principe de prudence, la règle d'indépendance des exercices visent à donner une image fidèle du patrimoine.***

## 2. La normalisation comptable française

### a) Les organismes normalisateurs français

Deux grands organismes existent en France.

Le CRC (Comité de réglementation comptable), créé en 1998, est une instance décisionnelle dont le rôle principal est de définir et faire évoluer les règles de droit comptable applicables en France, regroupées dans le PCG. Ces règles évoluent, notamment du fait de l'introduction des normes IAS/IFRS dans le droit comptable français.

**Exemple** ***Règlement n° 2000-06 sur les passifs.***

Le CNC (Conseil national de la comptabilité), créé en 1957, est chargé depuis 1998 de :

– proposer au CRC les textes susceptibles de modifier la réglementation comptable ;

– donner un avis préalable sur les dispositions comptables envisagées pour modifier le PCG.

### b) La procédure

Le CNC propose des textes et émet un « avis », pour se rapprocher des normes IAS par exemple. Le CRC vote l'avis du CNC (modifié si besoin) sous la forme d'un règlement. Puis le règlement est homologué par arrêté interministériel : il devient obligatoire et est alors intégré au PCG. Depuis 1999, le PCG évolue souvent, pour intégrer des dispositions proches des normes IAS/IFRS.

## 3. Les organismes normalisateurs internationaux

L'IASB (*International Accounting Standards Board*) est un organisme privé de 14 membres, créé en 1973 par des professionnels comptables pour harmoniser les normes comptables au niveau mondial, afin que les grandes entreprises puissent communiquer avec des investisseurs internationaux.

Les normes IAS sont le référentiel des comptes consolidés des sociétés européennes cotées depuis 2005.

## 5 Le réseau d'analyse

La SARL Tapissoie fabrique des tapis de soie pour des particuliers, hôtels de luxe, restaurants…
Un centre Approvisionnement commande la soie. La soie est stockée. Le centre Tissage réalise les tapis selon la commande du client. Le centre Finition corrige tout défaut. Les tapis finis sont livrés directement au client. Tapissoie propose deux modèles : « Croisette » et « Directoire ».
Elle vous fournit les informations suivantes pour mars N.

**Schéma du réseau d'analyse comptable de Tapissoie (mars N)**

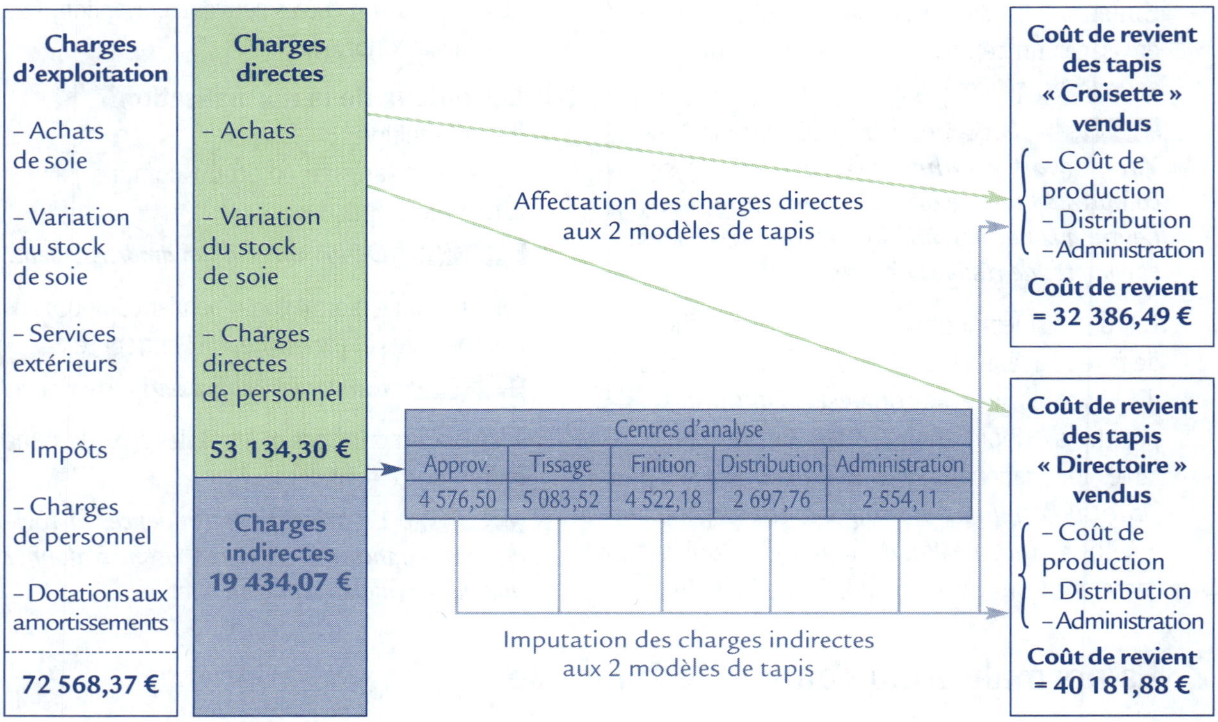


**1.** **D'après ce schéma, qu'est-ce qu'une charge directe ? une charge indirecte ?**

**2.** **À quoi sert un tableau d'analyse des charges indirectes ? À quoi sert une unité d'œuvre ?**

**3.** **Proposez, pour chaque centre d'analyse, des exemples d'unités d'œuvre possibles.**

**4.** **Qu'est-ce qui différencie le coût de production de l'exercice du coût de revient des produits vendus ?**

Les chiffres d'affaires réalisés sur la vente de tapis « Croisette » et de tapis « Directoire » s'élèvent respectivement à 35 880 € et 39 200 €.

**5.** **Calculez le résultat par produit et le résultat total.**

**6.** **Quelle décision conseilleriez-vous aux dirigeants de Tapissoie au regard de ces résultats ?**

# III La comptabilité de gestion : un outil adapté

La comptabilité de gestion, appelée aussi « comptabilité analytique », complète les informations fournies par la comptabilité financière. Les liens entre ces deux comptabilités sont nombreux.

## 1. Un outil utile pour gérer

### a) Retraiter l'information de gestion pour compléter la comptabilité financière

La comptabilité de gestion permet :

– de calculer des coûts, marges et résultats par produit, par fonction, projet, responsable... de l'entreprise, alors que la comptabilité financière donne un résultat global ;

– d'évaluer certains éléments du bilan ;

**Exemple** *La valorisation des stocks.*

– de valoriser les flux internes et d'analyser le fonctionnement spécifique de l'entreprise.

### b) Aider à la prise de décision de gestion et au pilotage de l'entreprise

À partir des informations fournies par la comptabilité de gestion, les dirigeants peuvent prendre des décisions de gestion.

**Exemples** *Augmenter le prix de vente, externaliser une fonction, réduire le coût d'un bien, accepter ou non une commande exceptionnelle.*

La comptabilité de gestion contribue aussi au pilotage de l'organisation en permettant, à partir des prévisions, de contrôler les réalisations et d'entreprendre les actions correctives.

## 2. Un outil sur mesure

La comptabilité de gestion n'est pas réglementée. Elle ne peut être codifiée comme la comptabilité financière. Elle doit s'adapter à chaque entreprise selon son organisation, son activité, ses caractéristiques, ses besoins et ses objectifs.

**Exemple** *Un grossiste alimentaire a intérêt à évaluer ses coûts et marges par zone géographique, par client, par famille de produits.*

Elle s'appuie sur la connaissance du processus de production de l'entreprise.

**Exemple** *Les phases de production et de stockage.*

Elle suppose aussi un système d'information qui permet de connaître les ressources consommées (machines, personnel, matières...).

Pour formaliser la connaissance de ces étapes et des ressources nécessaires, il est utile d'établir un schéma du processus de production.

## 3. Une démarche commune de calcul des coûts

La méthode des centres d'analyse propose une démarche fondée, à partir de l'analyse du processus de production, sur la hiérarchie des coûts, la distinction charges directes/charges indirectes et les unités d'œuvre.

### a) La hiérarchie de coûts

Les coûts s'enchaînent : coûts d'achat des matières, coûts de production puis coût de revient des produits.

### b) Le traitement distinct des charges directes et indirectes

Les **charges directes** sont affectées sans traitement intermédiaire aux coûts des produits ou des services.

Les **charges indirectes** doivent être regroupées dans des centres d'analyse pour pouvoir ensuite être imputées aux coûts des produits.

### c) Les unités d'œuvre

Elles servent à mesurer l'activité d'un centre d'analyse et à imputer les charges indirectes de ce centre aux produits ou autre objet de coût.

Une unité d'œuvre peut être physique ou monétaire (on parle alors d'une « assiette de frais »).

**Exemples** *Kg de matière achetée du centre Approvisionnement, coût de production des produits vendus du centre Administration.*

## 6 Extraits d'articles du plan comptable général

### Titre IV – Tenue, structure et fonctionnement des comptes

**410-2.** Une documentation décrivant les procédures et l'organisation comptables est établie en vue de permettre la compréhension et le contrôle du système de traitement ; cette documentation est conservée aussi longtemps qu'est exigée la présentation des documents comptables auxquels elle se rapporte.

**410-4.** L'organisation de la comptabilité tenue au moyen de systèmes informatisés implique l'accès à la documentation relative aux analyses, à la programmation et à l'exécution des traitements, en vue, notamment, de procéder aux tests nécessaires à la vérification des conditions d'enregistrement et de conservation des écritures.
Toute donnée comptable entrée dans le système de traitement est enregistrée, sous une forme directement intelligible, sur papier ou éventuellement sur tout support offrant toute garantie en matière de preuve.

PCG, consultable sur le site
http://www.minefi.gouv.fr/fonds_documentaire/reglementation/avis/avisCNCompta/pcg/sommairepcg.htm

- **Quelles sont les conditions de mise en place d'une comptabilité informatisée ?**

## 7 Les PGI (progiciels de gestion intégrés)

Le PGI ou ERP en anglais (*Enterprise Ressource Planning*) est un progiciel de gestion capable de couvrir l'ensemble des activités de l'entreprise, à travers un système informatique unique et cohérent. Il organise l'ensemble des processus et des flux d'information internes, mais aussi les échanges avec les clients, les fournisseurs et tous les partenaires de l'entreprise. On peut citer quelques éditeurs à titre d'exemple : ADONIX, BAAN, ORACLE, SAGE, SAP…

Les PGI systèmes existent depuis le milieu des années 1970. Dépassant leur cœur de métier (la gestion), les PGI de la deuxième génération prennent désormais en charge de nombreuses nouvelles fonctions liées au marketing, au décisionnel et au commerce électronique. Leur objectif est de couvrir l'ensemble des grands processus de l'entreprise de bout en bout : gestion comptable, contrôle de gestion, gestion de la production, achats et stocks, […] qualité, maintenance, administration des ventes, gestion du personnel et gestion de projets. Ces modules standard sont parfois complétés par des applications spécifiques en fonction des besoins d'une activité ou d'une profession. Ce sont des progiciels multilingues, multilégislations, multidevises […] et multisites. Une base de données unique gère l'ensemble des informations du système de gestion.

Il ne manque pas d'exemples d'entreprises, quelle que soit leur activité, qui ont choisi des PGI pour leur organisation. Une enquête Oracle/IDC (janvier 2005) indique que 48 % des PME sont équipées en PGI, et que d'autres l'envisagent.

Les entreprises de toutes tailles ont investi des sommes considérables dans ces systèmes volumineux et complexes et disposent aujourd'hui de configurations élaborées dont elles sont totalement dépendantes pour mener leurs activités.

**Pourquoi un PGI apparaît-il nécessaire pour beaucoup d'entreprises ?**

– Par choix stratégique pour accélérer la vitesse de fonctionnement de l'entreprise, pour répondre à son besoin de flexibilité et lui permettre de s'adapter en permanence à la demande du marché ;

– par choix économique, souci de réduction des coûts et des délais grâce à des solutions normalisées d'automatisation des fonctions de gestion ;

– pour une homogénéisation des données, une vision globale des données de chaque entité ;

– pour bénéficier d'une information de qualité et de données cohérentes et fiables.

Maryline Benyakhlef, Florence Lavault,
*Évolution des organisations comptables et adaptation des métiers*,
http://www.creg.ac-versailles.fr, 13 juin 2005.

**1.** **Qu'est-ce qu'un PGI ?**

**2.** **Quels sont ses avantages ?**

# IV Le rôle de l'informatique

## 1. La nécessité et les enjeux de l'informatisation de la comptabilité

La comptabilité fut le premier domaine de gestion informatisé, dès les années soixante, pour les grandes entités, grâce au caractère répétitif et aisément automatisable (car normalisé) des informations.
Elle utilise donc largement l'outil informatique, source de gains de temps et d'efficacité :
– il limite le temps et les risques d'erreurs de saisie ;
– il permet de produire à tout moment des états comptables variés et d'accélérer les échanges dans l'entreprise et avec les partenaires favorisant la réactivité de l'entreprise ;
– il permet de dématérialiser les documents et de réduire le coût de leur archivage.

L'informatisation des comptabilités requiert une réflexion préalable sur les activités et les responsabilités des acteurs et sur les conditions de sécurité (qui fait quoi, quelles limites, quel délai ?).
Elle suppose l'existence d'une documentation liée au système, pour contrôler que les opérations sont enregistrées et conservées correctement.

## 2. L'informatisation et l'organisation des traitements comptables

Des personnes extérieures à la fonction comptable peuvent assurer des activités comptables.

**Exemple** *La saisie d'une pièce comptable de base peut être assurée par un commercial.*

Les activités comptables sont alors parcellisées et les responsabilités réparties entre les intervenants.
La fonction comptable se concentre sur les traitements à opérer sur des informations de base provenant d'autres fonctions, sur le contrôle et sur la communication des résultats.

L'informatisation peut aussi créer une spécialisation des traitements de l'information comptable pour maximiser les gains de productivité.

**Exemple** *Un salarié se spécialise sur la saisie ou le contrôle des opérations de banque.*

## 3. Les principales fonctions des logiciels adaptés à la fonction comptable

Plusieurs types d'outils informatiques peuvent être utilisés par la fonction comptable.

### a) Les tableurs

Ils automatisent des calculs et sont surtout :
– des outils de calcul ;

**Exemples** *Évolution de ventes, calcul de coûts.*

– des outils de simulation.

**Exemples** *Prévisions budgétaires. Quels impacts sur les coûts et marges si l'entreprise fait baisser le prix d'une matière de 5 % ?*

Ils permettent aussi de représenter les informations sous forme graphique.

### b) Les progiciels spécialisés

Ils aident à assurer un pan de la fonction comptable grâce à des modules : gestion comptable, commerciale, des immobilisations, paie…

**Exemple** *Dans un progiciel comptable, le module comptable facilite la production des informations de comptabilité financière :*
*– grâce à des formulaires conçus pour accélérer la saisie et garantir la qualité de l'information comptable : il impute automatiquement les débits et crédits des comptes concernés ; il offre des outils comme les cases à cocher ou les listes déroulantes qui rendent la saisie plus sûre, plus conviviale et plus rapide ;*
*– par l'édition automatique des grand-livre, journal, balance, bilan, compte de résultat.*
*Il sera paramétré pour répondre aux besoins de l'entité (définir les journaux auxiliaires, les aides à la saisie, adapter le plan de comptes).*

### c) Les progiciels de gestion intégrés (PGI)

Ils créent un système d'informations plus cohérent et global à partir d'une base de données unique pour toute l'entreprise, au-delà de la seule fonction comptable. Les systèmes d'informations (comptable, commercial, etc.) sont intégrés les uns aux autres et non plus juxtaposés.

**Exemple** *Une commerciale saisit une vente ; l'information est alors accessible au directeur commercial, au comptable et au responsable des stocks en temps réel.*

# Travaux dirigés

## 1 Recherche sur les différents métiers comptables

PME à Rochefort recherche son

**DIRECTEUR ADMINISTRATIF et FINANCIER (H/F)**

Bras droit de la direction, vous aurez en charge toute l'activité comptable, fiscale, financière et juridique : supervision des équipes comptables et administratives (12 personnes), contrôle de gestion (élaboration des coûts, animation des budgets, prévisions...), reporting, suivi des immobilisations avec mise aux normes IFRS, amélioration du système d'information et mise en place d'outils de pilotage, relations avec les interlocuteurs internes et externes, formation et recrutement des personnels comptables.

Vous êtes de formation supérieure en gestion (ESC, DESCF, MSTCF, DESS/DEA) suivie d'une expérience de 5 ans minimum. Rigueur, sens relationnel, polyvalence et capacité d'adaptation vous caractérisent. Anglais courant. Maîtrise d'un PGI. 50 000 € par an + prime.

Grand cabinet d'architectes recherche son

**COMPTABLE UNIQUE (H/F)**

Rattaché à la directrice administrative et financière, vous aurez pour mission :
- de superviser 5 cabinets associés ;
- de réaliser l'ensemble des opérations comptables, du journal aux bilan, compte de résultat, annexe et liasse fiscale, dans les délais ;
- de gérer les immobilisations ;
- de suivre les factures clients et fournisseurs ;
- de gérer la trésorerie et faire les rapprochements ;
- d'établir les paies des 11 salariés.

Vous êtes autonome, rigoureux, communicant.

Vous maîtrisez l'outil informatique et l'anglais.

Votre formation : BTS CGO ou DUT GEA + 5 ans d'expérience ou DECF + 2 ans d'expérience.

35 000 € annuels.

Éditeur international de logiciels recherche :

**COMPTABLE AUXILIAIRE (H/F)**

Rattaché au directeur comptable et en lien étroit avec le service commercial, vous assumerez la tenue et le suivi des comptes clients : facturation, encaissement de règlements, relances, recouvrement des impayés, suivi et présentation du chiffre d'affaires, préparation et contrôle des éléments de TVA.

Formation demandée : bac+2 en comptabilité avec une expérience de 5 ans, ou DECF.

Maîtrise de l'outil informatique et de l'anglais.

Vous êtes rigoureux, réactif, à l'écoute.

1 600 € mensuels sur 13 mois. Prime possible.

•••

•••

Clinique spécialisée en chirurgie de la main cherche son
**Aide-comptable (H/F)**, chargé de :
– recueillir les pièces comptables auprès des divers services ;
– saisir et imputer ces pièces dans le système d'information comptable ;
– classer les factures et les justificatifs.
Formation minimum : bac professionnel en comptabilité, débutant accepté. 1 200 € mensuels.

Groupe industriel de chimie recherche son
**CONTRÔLEUR DE GESTION (H/F)**
Vous devrez :
– mettre en place et assurer le reporting mensuel ;
– élaborer et suivre les budgets : établir les prévisions, analyser les écarts en contactant les opérationnels pour optimiser la gestion ;
– calculer et analyser les coûts et les marges ; proposer des actions correctives ;
– mener des analyses ponctuelles : investissement.

De formation supérieure bac+5 ESC et/ou DESCF, DESS, vous avez eu une expérience similaire de 3 ans. Vous êtes doté d'un esprit d'analyse, de synthèse et d'initiative, dynamique, déterminé, ouvert. Vous dominez l'outil informatique.

2 500 € mensuels, sur 13 mois.

Association contre la lèpre cherche :
**Opérateur de saisie (H/F)** pour saisie de pièces comptables.
Expérience similaire exigée. Logiciel comptable maîtrisé. Rémunération : SMIC.

**1.** **Expliquez les termes soulignés.**

**À partir de ces annonces d'offres d'emploi et d'autres annonces que vous aurez recherchées (presse, Internet…), répondez aux questions suivantes et réalisez une fiche sur chaque métier.**

**2.** **Quels sont les différents métiers composant la fonction comptable ?**

**3.** **Pour chacun de ces métiers, quels sont : les tâches à effectuer, les niveaux de formation et les qualités demandés, les niveaux de rémunération ?**

**Pour répondre à ces questions, vous pouvez aussi rencontrer des recruteurs (cabinets de recrutement, par exemple spécialisés dans les métiers comptables, etc.).**

## 2 Les différentes filières de formation aux métiers de la comptabilité

- **Quelles sont les différentes filières de formation aux métiers comptables ?**

Pour répondre à la question, vous :
– recherchez des informations en utilisant le fond documentaire de votre CDI (ou celui d'une bibliothèque), du CIO, ainsi qu'Internet ;
– sélectionnez deux ou trois documents qui vous paraissent particulièrement intéressants en précisant bien leurs sources ;
– interviewez un professionnel qui témoignera de ses études et de son parcours professionnel ;
– rédigez une synthèse d'une page environ pour répondre à la question de départ.

## 3 La SA Méreau

La SA Méreau fabrique des lits en bois massif. Elle produit quatre modèles de lits, issus chacun de planches en bois massifs divers (hêtre, chêne, merisier et orme).
La SA Méreau vous demande de compléter les calculs de coûts complets liés à son dernier modèle, lancé en janvier N : le lit « Baldaquin », le seul fabriqué à partir de chêne, puis d'analyser rapidement sa situation.

### Calcul du coût complet des lits « Baldaquin »

**1. Complétez les calculs nécessaires pour aboutir au résultat des lits « Baldaquin ».**
560 lits « Baldaquin » ont été produits et 580 ont été vendus en N.

**2. Matérialisez avec des flèches les enchaînements des calculs.**
Exemple : la flèche ❶ déjà matérialisée indique que, pour obtenir le coût d'achat, on a besoin de connaître le coût d'une unité d'œuvre du centre Approvisionnement.

**Tableau d'analyse des charges indirectes**

| | Montant | Gestion du personnel | Approv. | Assemblage | Finition | Distribution | Administration |
|---|---|---|---|---|---|---|---|
| **Totaux primaires** | 553 669,00 | 41 940,00 | 30 395,00 | 124 812,00 | 47 802,00 | 107 714,00 | 201 006,00 |
| Gestion du personnel | | - 41 940,00 | 10 485,00 | 8 388,00 | 12 582,00 | 6 291,00 | 4 194,00 |
| **Totaux secondaires** | 553 669,00 | 0,00 | 40 880,00 | 133 200,00 | 60 384,00 | 114 005,00 | 205 200,00 |
| Nature de l'unité d'œuvre ou d'assiette de frais | | | 1 planche de bois achetée | 1 heure de main-d'œuvre directe | 1 lit produit | 1 lit vendu | 100 € de coût de production des lits vendus |
| Nombre d'unités d'œuvre ou assiettes de frais | | | 5 600,00 | 4 500,00 | 1 480,00 | 1 510,00 | 12 000,00 |
| Coût d'unité d'œuvre ou taux de frais | | | ❶ 7,30 | | | | |

**Coût d'achat de la période d'une planche en chêne**

| Éléments | Quantité | Prix unitaire | Montant |
|---|---|---|---|
| Prix d'achat d'une planche en chêne | 2 100,00 | 20,20 | 42 420,00 |
| Charges indirectes d'approvisionnement | | ❶ 7,30 | |
| **Coût d'achat** | | | |

**Fiche de stock des planches en chêne**

| | Quantité | Coût unitaire | Montant | | Quantité | Coût unitaire | Montant |
|---|---|---|---|---|---|---|---|
| Stock initial | 200,00 | 27,96 | 5 592,00 | Sorties | 2 000,00 | | |
| Entrée (achats) | | | | Stock final | | | |
| **Totaux** | | | | **Totaux** | | | |

**Coût de production unitaire des lits « Baldaquin »**

| Éléments | Quantité | Prix unitaire | Montant |
|---|---|---|---|
| **Charges directes**<br>Bois consommé<br>Fournitures diverses (clous…) | | | <br><br>5 600,00 |
| Main-d'œuvre directe | 2 500 h | | 85 008,00 |
| **Charges indirectes de fabrication**<br>Centre Assemblage<br>Centre Finition | | | |
| **Total du coût de production** | | | |

•••

•••

### Fiche de stock des lits « Baldaquin »

| | Quantité | Coût unitaire | Montant | | Quantité | Coût unitaire | Montant |
|---|---|---|---|---|---|---|---|
| Stock initial | 40,00 | 461,60 | 18 464,00 | Sorties | | | |
| Entrée (production) | | | | Stock final | | | |
| **Totaux** | | | | **Totaux** | | | |

### Coût de revient des lits « Baldaquin »

| Éléments | Quantité | Prix unitaire | Montant |
|---|---|---|---|
| Coût de production des produits vendus | | | |
| Centre Distribution | | | |
| Centre Administration | | | |
| **Coût de revient total des lits « Baldaquin »** | | | |

### Résultat des lits « Baldaquin »

| | Quantité | Prix unitaire | Montant |
|---|---|---|---|
| Prix de vente | | 650,00 | |
| Coût de revient total des lits « Baldaquin » | | | |
| **Résultat** | | | |

## Apports de la comptabilité de gestion et liens avec la comptabilité financière

La SA Méreau vous fournit les résultats suivants concernant ses trois autres modèles.

| | Quantité | Prix unitaire | Montant |
|---|---|---|---|
| ***Lits « Régence » (merisier)*** | | | |
| Prix de vente | 420,00 | 800,00 | 336 000,00 |
| Coût de revient total des lits « Régence » | 420,00 | 724,00 | 304 080,00 |
| **Résultat** | **420,00** | **76,00** | **31 920,00** |
| ***Lits « Hamlet » (hêtre)*** | | | |
| Prix de vente | 350,00 | 600,00 | 210 000,00 |
| Coût de revient total des lits « Hamlet » | 350,00 | 490,00 | 171 500,00 |
| **Résultat** | **350,00** | **110,00** | **38 500,00** |
| ***Lits « Loupe » (orme)*** | | | |
| Prix de vente | 160,00 | 700,00 | 112 000,00 |
| Coût de revient total des lits « Loupe » | 160,00 | 637,70 | 102 032,00 |
| **Résultat** | **160,00** | **62,30** | **9 968,00** |

**3.** **Calculez le chiffre d'affaires total de la SA Méreau à partir de ces 4 tableaux issus de la comptabilité de gestion (y compris les lits « Baldaquin »).**
**Dans quel document de la comptabilité financière pouvez-vous retrouver cette information ?**

**4.** **Retrouvez le résultat comptable à partir des tableaux de comptabilité de gestion.**

**5.** **Quelle est l'utilité de la comptabilité de gestion au regard de vos calculs ?**

## 4 La comptabilité au cœur des processus décisionnels

Longtemps limitée à l'enregistrement d'informations et à la production d'états et de documents légaux, la fonction comptable a beaucoup évolué, tant dans l'environnement de son poste, que dans le rôle qu'elle joue au sein de l'entreprise.

En effet, le développement des nouvelles technologies et du Web a accéléré l'apparition d'outils divers et de plus en plus performants, adaptés aux différentes fonctions des services comptables.

Les postes des utilisateurs se modernisent. De moins en moins sédentaires, ils apprécient de pouvoir utiliser leurs applications à partir d'un simple accès Internet. À partir d'une agence ou d'un site de production non relié au site central, le contrôleur de gestion peut naviguer dans ses données analytiques. Le chef comptable peut même, de son domicile, vérifier qu'un traitement s'est bien terminé ou comptabiliser une écriture de provision manquante. Toute la sécurité et la confidentialité nécessaires sont assurées.

Le mythe du zéro papier est en passe de se réaliser [...], les solutions simples et peu coûteuses de gestion et d'archivage des éditions évitant les stockages de papier toujours plus volumineux. Ainsi, la production d'un extrait de compte ou d'un grand-livre lors d'un audit devient quasi instantanée, grâce à un stockage et une indexation automatique préalable des informations sur CD-Rom.

Les changements que connaît la gestion comptable ne se limitent pas à une modernisation du poste comptable, ils impactent le poids et le rôle de cette fonction au sein de l'entreprise.

La comptabilité s'est largement ouverte aux échanges avec l'ensemble du système d'information de l'entreprise et de ses partenaires.

L'échange de documents avec clients ou fournisseurs est un des exemples les plus frappants. Aujourd'hui, un client ne s'étonne plus de recevoir son extrait de compte dans sa messagerie instantanément après sa demande.

De la même façon, l'expérience montre que certains envois en masse tels que les relances ou relevés ont plus d'impact lorsqu'ils sont suivis d'un envoi concomitant par mail ou par fax. Outre le gain de temps évident, cette réactivité n'est pas sans impact sur l'image de l'entreprise à l'extérieur.

La comptabilité s'ouvre également aux autres acteurs de l'entreprise. Ainsi, les commerciaux reçoivent-ils dans leur messagerie la balance âgée de leurs clients, le recouvrement des créances étant devenu un « point sensible » et la préoccupation de tous. Pour les « nomades », les micros portables leur assurent un contact permanent avec l'entreprise (consultation de la situation de leurs clients, risque financier, CA, commandes en cours, délai moyen de règlement...). Avec des PDA, plus petits et plus légers, c'est encore plus simple, la mise à jour des données s'effectue directement à partir d'un téléphone portable.

Désormais, la comptabilité intègre la gestion des flux d'information.

Le *workflow*, s'appuyant sur une messagerie interne, permet d'automatiser simplement les cycles d'approbation. Ainsi, les demandes de « Bon à payer » sont-elles soumises aux signataires par mail avec la facture scannée jointe. Après acceptation, la mise à jour du BAP dans l'application comptable est automatique.

La traçabilité des signatures magnétiques est assurée. Ce concept de validation par *workflow* se généralise également pour le suivi des demandes d'achat, des commandes ou des notes de frais.

Enfin, la comptabilité est devenue un élément fondamental dans la construction d'un système décisionnel.

On demande désormais aux services financiers de produire, dans des environnements mouvants et donc, dans des délais de plus en plus courts, les tableaux de bord, les états de reporting et les analyses budgétaires qui permettront de mettre en valeur des indicateurs de gestion pertinents dans le cadre de la définition des orientations stratégiques de l'entreprise.

Là encore, la technologie fait des miracles, l'utilisation de solutions de « Business Intelligence » intégrées en standard permettant de pallier les difficultés traditionnellement rencontrées dans la récupération des données des applications comptables, nécessaires pour produire ce type d'analyses (ressaisie fastidieuse, risque d'erreur, [...] problématique de volumes importants).

Ainsi, toutes ces solutions, tout en libérant des ressources et en permettant aux gestionnaires de se consacrer essentiellement à leur métier, apparaissent-elles aujourd'hui comme autant d'outils au service des dirigeants d'entreprises.

Philippe Rousseau, responsable produit finance,
http://www.france.geac.com/object/philipperousseau_FR.html

**1. Expliquez les mots soulignés.**

**2. Quelles sont les évolutions qui concernent la fonction comptable ?**

**3. Quels sont les apports des outils informatiques ?**

**4. En quoi la comptabilité est-elle « au cœur des processus décisionnels » ?**

## 5 BAC Entraînez-vous au projet

### Intitulé du projet

**Analyse des coûts de la société Saveurs de mon enfance.**

### Condition de réalisation

**Travail de groupe : 4 élèves**

La société Saveurs de mon enfance est une PME spécialisée dans la réalisation de gâteaux selon des recettes anciennes et régionales. La société fabrique notamment des biscuits haut de gamme à la cannelle et au chocolat, mais également d'autres biscuits. Elle est divisée en trois ateliers de fabrication : pétrissage, cuisson et conditionnement.
Le dirigeant vous demande de participer à l'étude des coûts des biscuits à la cannelle et au chocolat. Son objectif de marge (Résultat/Chiffre d'affaires) est de 5 % minimum pour chaque produit.
Il souhaite que vous élaboriez un outil lui permettant de calculer le coût et le résultat des produits, puis de positionner ces produits par rapport à la concurrence. Il vous précise qu'il souhaite un outil convivial, qui simplifie la saisie des données mensuelles.
Lors d'une première phase de travail, vous avez collecté un ensemble d'informations qui figurent dans les documents 1 à 4.
Vous envisagez maintenant de programmer les feuilles de calcul permettant d'automatiser les calculs à l'aide d'un tableur et de présenter un rapport aux dirigeants.
Pour cela, vous vous êtes répartis le travail de la façon suivante.

- **Analyse du processus de production et automatisations (2 élèves)**

**1.** **Déterminez les différents coûts à calculer.**

**2.** **Automatisez le calcul du coût et du résultat des biscuits, prenant en compte la demande d'une saisie simplifiée et regroupée des données mensuelles.**

- **Présentation d'un rapport aux dirigeants (2 élèves)**

**Élaborez un modèle type de rapport qui, réalisé sur traitement de textes, comportera :**
**– une page de garde avec un titre, le destinataire, la date et le nom de l'auteur ;**
**– un tableau de bord comportant les indicateurs les plus importants. Ce tableau de bord sera renseigné automatiquement à partir de la feuille de calcul ;**
**– les commentaires des résultats obtenus ;**
**– l'analyse de la situation des prix proposés par Saveurs de mon enfance par rapport à la concurrence (après avoir effectué un relevé des prix des biscuits dans des magasins) ;**
**– la proposition d'actions correctives.**

**Document 1** Schéma du processus de production

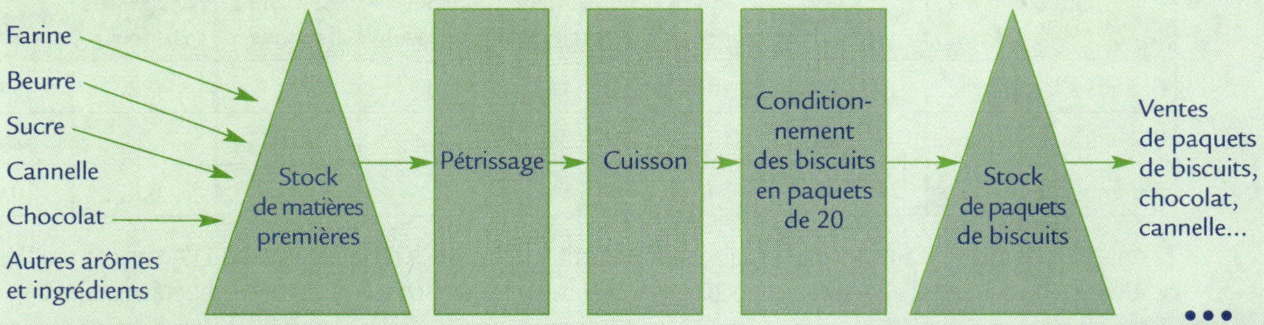

•••

**Document 2** **Stocks et achats pour les biscuits au chocolat et à la cannelle**

**a) Stocks au début du mois de septembre**
- Farine : 2 tonnes à 194 € la tonne
- Beurre : 1 tonne à 922 € la tonne
- Sucre : 2 tonnes à 453 € la tonne
- Cannelle : pas de stock initial, ni de stock final
- Chocolat : 3 tonnes à 1 379,50 € la tonne
- Emballage : 40 000 paquets à 0,02 € l'unité
- Paquets de 20 biscuits au chocolat : 750 paquets à 1,58 € l'unité
- Paquet de 20 biscuits à la cannelle : 1 000 paquets à 1,80 € le paquet.

**b) Achats du mois de septembre**
- Farine : 28 tonnes à 200 € la tonne
- Beurre : 12 tonnes à 990 € la tonne
- Sucre : 12 tonnes à 398 € la tonne
- Cannelle : 0,3 tonne à 1 523,50 € la tonne

**Document 3** **Extrait du tableau de répartition des charges indirectes pour le mois de septembre**

| Éléments | Total | Approvisionnement | Pétrissage | Cuisson | Conditionnement | Distribution | Administration |
|---|---|---|---|---|---|---|---|
| Montant en € | **217 730** | 990 | 300 | 900 | 2 040 | 38 500 | 175 000 |
| Nature de l'unité d'œuvre | | Tonne de matières achetées | Heure d'utilisation du mélangeur | Heure de fonctionnement du four | Heure de main-d'œuvre des ouvrières | Coût de production des paquets de biscuits vendus | Coût de production des paquets de biscuits vendus |
| Nombre d'unités d'œuvre | | | | | | | |
| **Coût d'unité d'œuvre** | | | | | | | |

**Document 4** **Activité et ventes du mois de septembre**

Au total, le nombre de tonnes de matières achetées au cours de la période (tous achats confondus) est de 60 tonnes.
Le mélangeur a travaillé 400 heures, dont 100 heures pour les biscuits à la cannelle et 60 heures pour les biscuits au chocolat.
Le four a fonctionné pendant 600 heures, dont 138 heures pour les biscuits à la cannelle et 32,2 heures pour les biscuits au chocolat.
Les ouvrières de l'atelier Conditionnement ont travaillé 1 020 heures. Leur salaire est une charge directe (taux moyen horaire de 10 €). Il faut 0,01 heure de main-d'œuvre directe par paquet de 20 biscuits.
Le total des coûts de production de tous les produits vendus est de 350 000 €.

**Production du mois de septembre**

| Biscuits | Quantités produites | Farine consommée (tonnes) | Beurre consommé (tonnes) | Sucre consommé (tonnes) | Chocolat consommé (tonnes) | Cannelle consommée (tonnes) | Emballages consommés |
|---|---|---|---|---|---|---|---|
| Biscuits à la cannelle | 100 000 | 10 | 4 | 3 | | 0,2 | 5 000 |
| Biscuits au chocolat | 45 000 | 5 | 2 | 1,2 | 0,6 | | 2 250 |
| Ensemble des biscuits | 290 000 | 24 | 11 | 13 | 2,6 | 0,3 | 30 000 |

Les paquets de biscuits au chocolat et à la cannelle sont vendus 3 € HT le paquet. La TVA sur ces produits est à 5,50 %. 2 900 paquets de biscuits au chocolat et 5 100 paquets de biscuits à la cannelle ont été vendus.

## 6 BAC Entraînez-vous à l'écrit

La SARL Tapissoie fabrique des tapis de soie pour des particuliers, hôtels de luxe, restaurants… Un centre Approvisionnement commande la soie. La soie est stockée. Le centre Tissage réalise les tapis selon la commande du client. Le centre Finition corrige tout défaut. Les tapis finis sont livrés directement au client. Tapissoie propose deux modèles : « Directoire » et « Croisette ». Elle veut calculer le coût de revient du modèle « Croisette » et vous fournit les informations suivantes pour mars N.

- **Calculez le coût complet des tapis « Croisette ».**

**Tableau d'analyse des charges indirectes**

| | Montant | Gestion du personnel | Approv. | Assemblage | Finition | Distribution | Administration |
|---|---|---|---|---|---|---|---|
| **Totaux primaires** | 19 434,07 | 2 218,00 | 4 022,00 | 4 529,02 | 3 856,78 | 2 475,96 | 2 332,31 |
| Gestion du personnel | | - 2 218,00 | 554,50 | 554,50 | 665,40 | 221,80 | 221,80 |
| **Totaux secondaires** | 19 434,07 | 0,00 | 4 576,50 | 5 083,52 | 4 522,18 | 2 697,76 | 2 554,11 |
| Nature de l'unité d'œuvre ou d'assiette de frais | | | 100 mètres de soie achetée | 1 heure de main-d'œuvre directe | 1 tapis produit | 1 tapis vendu | 100 € de coût de production des tapis vendus |
| Nombre d'unités d'œuvre ou assiettes de frais | | | 270 | 416 | 26 | 26 | 673,17 |
| Coût d'unité d'œuvre ou taux de frais | | | | | | | |

**Coût d'achat de la période des 27 000 mètres de soie**

| Éléments | Quantité | Prix unitaire | Montant |
|---|---|---|---|
| Prix d'achat d'un mètre de soie | 27 000 | 1,5105 | 40 783,50 |
| Charges indirectes d'approvisionnement | | | |
| **Coût d'achat** | | | |

**Fiche de stock de la soie**

| | Quantité | Coût unitaire | Montant | | Quantité | Coût unitaire | Montant |
|---|---|---|---|---|---|---|---|
| Stock initial | 1 800 | 1,20 | 2 160,00 | Sorties | 27 400 | | |
| Entrée (achats) | | | | Stock final | | | |
| **Totaux** | | | | **Totaux** | | | |

**Coût de production unitaire des 12 tapis « Croisette »**

| Éléments | Quantité | Prix unitaire | Montant |
|---|---|---|---|
| **Charges directes** | | | |
| Soie consommée | 12 000 | | |
| Main-d'œuvre directe | 192 h | 30,05 | 5 769,60 |
| **Charges indirectes de fabrication** | | | |
| Centre Tissage | | | |
| Centre Finition | 12 | | |
| **Total coût de production** | | | |

**Coût de revient des tapis « Croisette »**

| Éléments | Quantité | Prix unitaire | Montant |
|---|---|---|---|
| Coût de production des tapis vendus | | | |
| Centre Distribution | 12 | | |
| Centre Administration | | | |
| **Coût total de revient des tapis** | | | |

•••

•••

**Résultat des tapis « Croisette »**

| | Quantité | Prix unitaire | Montant |
|---|---|---|---|
| Prix de vente | 12 | 2 990,00 | |
| Coût de revient total des tapis « Croisette » | | | |
| **Résultat** | | | |

## 7 BAC Entraînez-vous à l'étude

**Sujet de l'étude**

**La fonction comptable dans les entreprises/associations**

- **Quelles sont les diverses façons d'organiser la fonction comptable au sein des entreprises ou associations ?**

**Aide pour l'étude**

- **Recherchez des informations en utilisant le fond documentaire de votre CDI (ou celui d'une bibliothèque) ainsi qu'Internet.**
- **Sélectionnez deux ou trois documents qui vous paraissent particulièrement intéressants en précisant bien leurs sources.**
- **Rencontrez des comptables exerçant leur activité dans des entités de tailles diverses et des membres d'un cabinet d'expertise comptable.**
  **Vous leur poserez notamment les questions suivantes.**
  **– Quelles sont les activités assurées par la fonction comptable de votre entreprise/association ?**
  **– Quelles sont celles qui sont éventuellement sous-traitées ?**
  **– Quels sont les effectifs (à comparer aux effectifs totaux) ?**
  **– Comment les tâches sont-elles réparties entre les diverses personnes assumant une fonction comptable dans l'entreprise/association ?**
  **– Quel est le coût de cette fonction ?**
  **– Quel est le rôle de l'informatique au sein de votre organisation (quels logiciels ? quelles utilisations ? quel intérêt ? quelles contraintes ?...) ?**
- **Rédigez une synthèse d'une page environ pour répondre à la question de départ.**

## 8 Évaluez les acquis du chapitre

1. **Quelle est la mission de la fonction comptable ?**
2. **Quelles sont ses principales caractéristiques ?**
3. **À quoi et à qui servent les normes comptables ?**
4. **Décrivez le processus d'adoption d'une norme comptable en France. Vous pouvez répondre sous forme de schéma.**
5. **Toutes les entreprises françaises sont-elles soumises aux mêmes règles comptables ? Expliquez.**
6. **Quels sont les apports de la comptabilité de gestion ?**
7. **Qu'est-ce qu'une charge indirecte ? À quoi sert un centre d'analyse ?**
8. **Qu'est-ce qu'un PGI ? Quelle est son utilité ?**

CHAPITRE 2

# Les relations clients et fournisseurs

## Réflexion préalable

1. Quelles sont les principales mentions obligatoires dans une facture ?
2. Pour quel(s) motif(s) peut-on accorder des réductions ?
3. Comment calcule-t-on le montant de la TVA ?
4. Le net à payer d'une facture est-il HT ou TTC ?
5. La notion de créance est-elle rattachée aux fournisseurs ou aux clients ?
6. Quelle est l'influence d'un achat sur le compte de résultat ?

## Plan du chapitre

I. L'étude des conditions commerciales

II. L'étude chez le fournisseur

III. La comptabilisation chez le client

IV. Incidences sur le système d'information comptable

**Mots clés**

**réductions commerciales et financières ; acompte ; frais de transport ; impacts sur la trésorerie, incidences sur les documents de synthèse**

# Activités

## 1 L'analyse d'une vente dans la SA Sauni

La SA Sauni fabrique du matériel hi-fi et vidéo. M. Richard, responsable commercial de l'entreprise, est en communication téléphonique avec un client, M. Berbier, pour finaliser une vente. Voici un extrait de leur conversation.

> **M. Richard :** Nous sommes donc d'accord pour une livraison fin de semaine pour 12 ensembles home vidéo avec une remise de 10 % parce que vous êtes client depuis longtemps. Votre magasin se trouve-t-il toujours à Carpentras ?
> **M. Berbier :** Tout à fait, à 35 km au nord-est d'Avignon. Dites-moi, en ce qui concerne le paiement, je souhaiterais procéder de la même façon que la dernière fois.
> **M. Richard :** Pas de problème, je vois que vous avez déjà versé un acompte de 100 € lors de la commande et nous accordons toujours un escompte de 2 % pour tout paiement au comptant, dès réception de la facture.
> **M. Berbier :** Tout cela me semble parfait, j'attends avec impatience la livraison... À bientôt.
> **M. Richard :** Je vous remercie et n'hésitez pas à me contacter au moindre souci M. Berbier.

**1.** **Pourquoi M. Berbier bénéficie-t-il d'une remise ? S'agit-il d'une réduction commerciale ou financière ?**

**2.** **Quel est l'intérêt, pour M. Richard, d'accorder cette réduction ?**

**3.** **Pourquoi M. Berbier bénéficie-t-il d'un escompte ? S'agit-il d'une réduction commerciale ou financière ?**

**4.** **Quel est l'intérêt, pour M. Richard, d'accorder cette réduction ?**

Comme prévu, M. Berbier est livré le 18 septembre dans la matinée. Le livreur lui remet la facture suivante.

**SA SAUNI**
75 rue de l'Horloge
84000 AVIGNON

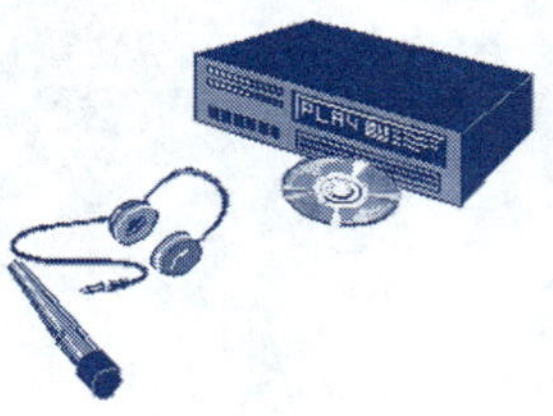


Avignon, le 17 septembre N

Doit : BERBIER DIFFUSION
12 bd Jean Jaurès
84500 CARPENTRAS

**FACTURE N° 21**

| Désignation | Quantité | Prix unitaire | Montant |
|---|---|---|---|
| Ensemble home vidéo composé d'un tuner, d'un lecteur-enregistreur de DVD, de 5 enceintes satellite et d'un caisson de basse | 12 | 210,00 | 2 520,00 |
| | | Remise commerciale 10 % | |
| | | Net commercial | |
| | | Escompte 2 % | |
| | | Net financier | |
| | | Transport (a) | |
| | | TVA à 19,60 % | 444,46 |
| | | Montant TTC | |
| | | Acompte versé | |
| | | **Net à payer** | |

*(a) Transport forfaitaire HT selon le barème suivant :*
*– rayon géographique inférieur à 10 km : franco ;*
*– rayon géographique inférieur à 25 km : 30 € ;*
*– rayon géographique inférieur à 50 km : 45 € ;*
*– rayon géographique supérieur à 50 km : 60 €.*

**Règlement dès réception**

**5.** **Quel est le montant du transport que devra payer M. Berbier ?**

**6.** **Terminez la facture en complétant les sommes manquantes.**

**7.** **Justifiez le montant de la TVA.**

**8.** **À votre avis, pourquoi le transport est-il soumis à la TVA ?**

# I L'étude des conditions commerciales

Dans le cadre de son activité, l'entreprise réalise de nombreuses opérations commerciales à travers ses achats et ses ventes de biens ou de services. Selon la nature de l'opération et les conditions commerciales négociées, la facture générée par ces opérations va comporter des éléments spécifiques.

## 1. Les différentes réductions

### a) Les réductions commerciales

Lorsqu'elles sont présentes sur la facture de doit, elles se déduisent du prix brut des articles de façon à obtenir le net commercial. On distingue trois types de réductions selon les circonstances :

– les **remises** correspondent à une réduction pratiquée habituellement sur le prix de vente pour tenir compte soit du volume important de la vente, soit de la qualité du client si celui-ci achète régulièrement les biens ou les services de l'entreprise ;

– les **rabais** correspondent à une réduction exceptionnelle, pratiquée sur le prix de vente, pour tenir compte d'une défaillance dans la vente. Il peut s'agir d'un défaut dans la qualité du bien vendu mais aussi d'un non-respect des conditions commerciales (retard de livraison, non-conformité avec la commande) ;

– les **ristournes** correspondent à une réduction accordée à un client habituel afin de le remercier pour sa fidélité. Elles se calculent sur le total des opérations faites avec ce client pour l'ensemble de la période (trimestre, semestre, année) et donnent naissance à des factures d'avoir (étudiées dans le chapitre suivant).

### b) Les réductions financières

Ce type de réduction est lié aux conditions de paiement. Ainsi, un **escompte** peut être accordé lorsque le client paie avant l'échéance prévue : au comptant ou par anticipation.

L'avantage est réel aussi bien pour le client que pour le fournisseur. Le premier paie, au final, une somme moins élevée tandis que le second encaisse rapidement l'argent. Le raccourcissement du délai de créance chez le fournisseur (voire son absence en cas de paiement comptant) contribue à améliorer le niveau de sa trésorerie. L'escompte est une réduction de nature financière. Dans une facture, le montant obtenu après déduction d'un escompte correspond au net financier.

## 2. Les frais de transport

Si la vente du bien nécessite une livraison chez le client, les frais de transport peuvent être à la charge :

– du fournisseur qui décide de ne pas facturer ce service à son client. Dans ce cas, les conditions de vente sont dites « franco de port » ;

– du client qui paie une facture majorée par le coût du transport. Ce dernier peut être calculé de façon « forfaitaire » par le fournisseur, c'est-à-dire que son montant ne correspond pas exactement aux frais engagés pour effectuer le transport.

**Exemple** *Tout client qui réside à plus de 15 km du magasin paiera des frais de transport de 10 € s'il souhaite être livré.*

À l'inverse, lorsque le fournisseur fait appel à un transporteur professionnel, il peut refacturer, à son client, le montant réel du transport.

# Activités

## 2 La comptabilisation de l'acompte reçu par la SA Sauni

**L'acompte : un engagement réciproque**

Le versement d'un acompte sur un bien signifie un engagement double puisque le consommateur et le commerçant sont liés l'un envers l'autre. Cet acompte devient une sorte de contrat et, légalement, un commerçant pourrait refuser votre demande d'annulation et vous obliger à concrétiser votre achat.

http://www.opc.gouv.qc.ca/publications/cp_021129_noel.asp

Lors de sa commande (voir activité 1), M. Berbier a versé 100 €. Le comptable de la SA Sauni a passé l'écriture suivante.

| | 03/09/N | | |
|---|---|---|---|
| 512 | Banque | 100 | |
| 4191 | Clients – Avances et acomptes reçus sur commandes | | 100 |
| | *Selon chèque du client M. Berbier* | | |

**1.** **Pour quelle(s) raison(s) M. Richard a-t-il réclamé le versement d'un acompte ?**

**2.** **Justifiez le sens du compte crédité sachant que le compte client (racine 41) fonctionne normalement au débit.**

## 3 La comptabilisation de la facture chez Sauni

À partir de la facture n° 21 de l'activité 1, répondez aux questions suivantes.

**1.** **Analysez la facture du point de vue de la SA Sauni en répondant aux questions suivantes.**

A. L'entreprise Berbier Diffusion est-il le fournisseur ou le client ?
B. Quel est le véritable prix HT des articles : 2 520 € ou 2 268 € ?
C. Ces articles correspondent-ils à des marchandises, des matières 1^res ou des produits finis ?
D. La TVA est-elle déductible ou collectée ?
E. L'escompte est-il obtenu ou accordé du point de vue de la SA Sauni ?
F. Le transport augmente-t-il la facture ? Est-ce une charge ou un produit ?
G. Par qui et quand ce montant sera-t-il payé ?
H. Quelle est la date d'enregistrement de cette facture ?

Voici l'écriture comptable de cette opération dans le journal de la SA Sauni.

| | N (H) | | |
|---|---|---|---|
| 411 | Clients (A) (G) | | |
| 665 | Escomptes accordés (E) | | |
| 4191 | Clients – Avances et acomptes reçus sur commandes | | |
| 701 | Ventes de produits finis (B) (C) | | |
| 7085 | Ports et frais access. facturés (F) | | |
| 44571 | TVA collectée (D) | | |
| | *Selon notre facture n° 21* | | |

**2.** **Complétez cette écriture en précisant les montants et en essayant de justifier le choix des comptes (aidez-vous de vos réponses à la question précédente).**

**3.** **Suite à cette écriture, mettez à jour le compte ci-dessous et justifiez son solde.**

4191 – Clients – Avances et acomptes reçus sur commandes

| Débit | Crédit | |
|---|---|---|
| | 100,00 | Écriture du 3 septembre (voir activité 2) |

# II L'étude chez le fournisseur

## 1. Les avances et acomptes

### a) Définitions

Lors de la commande, le vendeur peut demander le versement d'une somme d'argent à déduire du prix convenu. Le montant versé porte le nom :
– d'**avance**, si la commande n'est pas encore exécutée ;
– d'**acompte**, si la commande est partiellement exécutée.

Exemple *Dans la réalisation d'un bâtiment, le fournisseur réclamera une somme d'argent à chacune des étapes de la construction.*

Dans la pratique, le terme « acompte » est communément utilisé, même lorsqu'il s'agit en fait d'une avance. Depuis le 1er janvier 2004, la loi NRE (nouvelle réglementation des entreprises) oblige le fournisseur à émettre une facture pour les avances et acomptes perçus.

### b) La justification

L'acompte présente deux avantages majeurs pour le fournisseur, car il permet :
– d'éviter que le client se rétracte : le versement d'une somme d'argent par le client implique un engagement ferme de sa part ;
– d'encaisser une somme d'argent avant l'exécution totale de la commande, ce qui est favorable à sa trésorerie disponible. Cette somme aide l'entreprise à financer les frais engagés pour réaliser la commande (notamment l'achat de matières premières ou de marchandises).

## 2. La comptabilisation

### a) L'enregistrement de l'acompte

À la date du versement, un compte financier (512 – Banque ou 53 – Caisse) doit être débité par le crédit d'un sous-compte client : **4191 – Clients – Avances et acomptes reçus sur commandes**. Ce compte ne fonctionne pas dans son sens habituel (au débit), car il traduit ici une dette vis-à-vis du client jusqu'à l'exécution totale de la commande et l'émission de la facture définitive. À noter que, dans ce cas particulier, le plan comptable insère le chiffre 9 en troisième position pour indiquer que le compte fonctionne dans un sens inhabituel. Enfin, il faut souligner l'absence de TVA dans le cas d'un acompte sur commande de biens.
Lors de l'enregistrement de la facture finale, le compte 4191 sera débité de façon à être soldé.

### b) L'enregistrement des frais de transport

Les frais de transport augmentent le montant total de la facture. Pour le fournisseur, cette augmentation se traduit par un **produit supplémentaire** (compte de la classe 7). Il ne s'agit par contre que d'un revenu accessoire qui a permis la réalisation de son activité principale : la vente d'un bien ou d'un service. Un compte « Produits des activités annexes » doit être utilisé (au crédit, comme l'ensemble des produits) : **7085 – Ports et frais accessoires facturés.**
À noter que le transport est toujours soumis à la TVA, en principe au taux normal.

### c) L'enregistrement des réductions

Les réductions commerciales sur facture de doit ne s'enregistrent pas puisque le compte de vente est crédité pour le montant du net commercial. Par contre, l'escompte fait l'objet d'une comptabilisation spécifique au débit du compte **665 – Escomptes accordés.**

## 4 La comptabilisation de l'opération dans le magasin Berbier Diffusion

À partir de la facture n° 21 de l'activité 1, répondez aux questions suivantes.

**1. Analysez la facture du point de vue de Berbier Diffusion en répondant aux questions suivantes.**

A. La SA Sauni est-elle le fournisseur ou le client ?
B. Quel est le véritable prix HT des articles : 2 520 € ou 2 268 €?
C. Ces articles correspondent-ils à des marchandises, des matières 1res ou des produits finis ?
D. La TVA est-elle déductible ou collectée ?
E. L'escompte est-il obtenu ou accordé du point de vue de Berbier Diffusion ?
F. Le transport augmente-t-il la facture ? Est-ce une charge ou un produit ?
G. La présence de l'acompte sur la facture vient-elle augmenter la dette de Berbier Diffusion ?
H. Par qui et quand ce montant sera-t-il encaissé ?
I. Quelle est la date d'enregistrement de cette facture ?

Voici les écritures comptables de cette opération dans le journal de Berbier Diffusion.

| | | | |
|---|---|---|---|
| | 03/09/N | | |
| 4091 | Fournisseurs – Avances et acomptes versés sur commandes | 100 | |
| 512 | Banque | | 100 |
| | *Selon chèque n° 345563 à la SA Sauni* | | |
| | N (I) | | |
| 607 | Achats de marchandises (B) (C) | | |
| 624 | Transports (F) | | |
| 44566 | TVA déductible/ABS (D) | | |
| 765 | Escomptes obtenus (E) | | |
| 4091 | Fournisseurs – Av. et acomptes versés (G) | | |
| 401 | Fournisseurs (A) (H) | | |
| | *Selon la facture n° 21 de SA Sauni* | | |

**2. Complétez cette écriture en précisant les montants et en essayant de justifier le choix des comptes ainsi que le sens (débit ou crédit).**

**3. Suite à ces écritures, mettez à jour le compte 4091 et justifiez son solde.**

## 5 Les impacts sur la trésorerie et les documents de synthèse

● **Complétez le schéma ci-dessous en indiquant, chaque fois, le nom de l'entreprise concernée.**

**Au moment de l'acompte**

*L'acompte est encaissé, donc ↗ de la trésorerie.*
Entreprise :................................

+  –

*L'acompte est payé, donc ↘ de la trésorerie.*
Entreprise :................................

**Au moment de la facturation**

*Augmentation des charges, donc ↘ du résultat*
Entreprise :................................

| Cpte de résultat | |
|---|---|
| Charges | Produits |

*Augmentation des produits, donc ↗ du résultat*
Entreprise :................................

**À l'échéance**

*Augmentation de la trésorerie et ↘ des créances*
Entreprise :................................

| Bilan | |
|---|---|
| Actif | Passif |
| | |

*Diminution de la trésorerie et ↘ des dettes*
Entreprise :................................

# III La comptabilisation chez le client

## 1. L'enregistrement de l'acompte

À la date du paiement, un compte financier (512 – Banque ou 53 – Caisse) doit être crédité par le débit d'un sous-compte client : **4091 – Clients – Avances et acomptes versés sur commandes.**

Lors de l'enregistrement de la facture finale, le compte 4091 sera crédité de façon à être soldé.

## 2. L'enregistrement des frais de transport

Ce transport constitue un service et représente une **charge supplémentaire** (compte de la classe 6). Le compte **624 – Transports** doit être débité (comme l'ensemble des charges) pour le montant hors taxes du port.

## 3. L'enregistrement des réductions

Il faut rappeler que les réductions commerciales sur facture de doit ne s'enregistrent pas puisque le compte d'achat est débité pour le montant du net commercial. Par contre, l'escompte fait l'objet d'une comptabilisation spécifique au crédit du compte **765 – Escomptes obtenus.**

# IV Incidences sur le système d'information comptable

Dans le processus d'achat-vente, trois étapes chronologiques influencent la situation de l'entreprise : la date de la commande, la date de la facture et la date d'échéance en cas de paiement à crédit.
À noter que si l'opération est au comptant, les deux dernières dates sont confondues.

## 1. Les conséquences sur la trésorerie

| | Chez le fournisseur (vendeur) | Chez le client (acheteur) |
|---|---|---|
| **À la commande** | ↗ trésorerie si acompte réclamé | ↘ trésorerie si acompte payé |
| **À la facturation** | Sans conséquences | Sans conséquences |
| **À l'échéance** | ↗ trésorerie car encaissement | ↘ trésorerie car paiement |

## 2. Les impacts sur les documents de synthèse

| | Chez le fournisseur (vendeur) | Chez le client (acheteur) |
|---|---|---|
| Cpte de résultat<br>**À la commande**<br>Bilan | Pas d'impact<br><br>↗ trésorerie (à l'actif) et ↗ dettes (au passif) si présence d'un acompte | Pas d'impact<br><br>↘ trésorerie (à l'actif) et ↗ créances (à l'actif) si présence d'un acompte |
| Cpte de résultat<br>**À la facturation**<br>Bilan | ↗ du **résultat** pour le montant de la vente HT<br><br>↗ créances (sur clients) pour le TTC et ↗ dettes (sur État) pour la TVA | ↘ du **résultat** pour le montant de l'achat HT<br><br>↗ créances (sur État) pour la TVA et ↗ dettes (sur fournisseurs) pour le TTC |
| Cpte de résultat<br>**À l'échéance**<br>Bilan | Pas d'impact<br><br>↗ trésorerie et ↘ créance client | Pas d'impact<br><br>↘ trésorerie et ↘ dette fournisseur |

Lorsqu'une opération de vente ou d'achat est terminée, c'est-à-dire réglée, elle donne lieu :
– pour la vente, à une augmentation de la trésorerie, et donc du patrimoine de l'entreprise, ainsi qu'à une augmentation du résultat ;
– pour l'achat, à l'opposé, à une réduction de la trésorerie ainsi que du résultat.

# Travaux dirigés

## 1 Traitement d'une vente chez Top Bateau

**FACTURE N° 10/E214**

À Montpellier,
le 25 octobre N

Doit : M. HUGON
5 bd Sergent Triaire
30340 ROUSSON

**Top Bateau**
Place de Belgique 34000 MONTPELLIER
N°identification TVA : FR 40 305 654 987

| Désignation | Quantité | Prix unitaire | Montant |
|---|---|---|---|
| Bateau 6 places avec cabine double | 1 | 7 200,00 | 7 200,00 |
| Moteur Yamara 4 temps 10 CV *Modèle expo* | 1 | 550,00 | 550,00 |
| Peinture glacée en option | | | |
| | | Brut | 7 750,00 |
| | | **Net à payer TTC** | |

*En votre aimable règlement. Échéance : 30 novembre N. Toutes sommes non payées à l'échéance porteront intérêt égal à une fois et demi le taux d'intérêt légal. Tout paiement anticipé pourra bénéficier d'un escompte de 1 %.*

Top Bateau – SARL au capital de 12 000 € – RCS Montpellier 334 667 363 – Code APE 420T

**1. Terminez le corps de cette facture sachant que M. Hugon, le client, a :**
- **payé un acompte de 1 000 € le 15 septembre ;**
- **bénéficié d'un escompte pour paiement comptant par chèque ;**
- **bénéficié d'un rabais exceptionnel de 500 € ;**
- **souhaité bénéficier d'une livraison : frais de transport de 200 € HT.**

La facture est un document juridique et sa présentation est soumise à des règles strictes.
S'il est admis plusieurs variantes dans la forme, une facture doit comporter toutes les mentions obligatoires. Celles-ci sont nombreuses :
- une date, un numéro ;
- les coordonnées du vendeur, son n° d'immatriculation, sa forme juridique et son capital ;
- les coordonnées du client et son n° de TVA intracommunautaire ;
- la dénomination précise des articles ainsi que les quantités, le prix HT, le taux de TVA applicable ;
- les rabais, ristournes et remises ;
- la date du règlement ;
- l'escompte applicable en cas de paiement anticipé ;
- le taux des pénalités de retard.

**2. Vérifiez la conformité de cette facture en repérant les mentions obligatoires.**

**3. Justifiez la présence du rabais sur cette facture.**

**4. Comptabilisez l'acompte puis la facture dans le journal de l'entreprise Top Bateau.**

**5. Quelle est la valeur du compte 4191 – Clients – Avances et acomptes reçus sur commandes après comptabilisation de la facture ?**

## 2 BAC Entraînez-vous à l'écrit

L'entreprise Flora est spécialisée dans la revente d'articles de décoration en céramique (vases, jarres, pots de fleurs, fontaines…). Elle vient de terminer son premier exercice comptable. Voici ses documents de synthèse simplifiés au 31 décembre N.

**Compte de résultat de l'exercice N**

| Charges | | Produits | |
|---|---|---|---|
| Charges d'exploitation | 334 985 | Produits d'exploitation | 404 844 |
| Charges financières | 55 789 | Produits financiers | 321 |
| Charges exceptionnelles | 5 431 | Produits exceptionnels | 0 |
| **Bénéfice :** | **8 960** | | |
| **TOTAL :** | **405 165** | **TOTAL :** | **405 165** |

**Bilan au 31/12/N**

| Actif | | Passif | |
|---|---|---|---|
| Actif immobilisé | | Capitaux propres | |
| Constructions : | 165 000 | Capital : | 65 000 |
| Matériels : | 23 550 | Résultat : | 8 960 |
| Actif circulant | | Dettes | |
| Stock de m/s : | 32 400 | Emprunts : | 119 200 |
| Créances client : | 11 300 | Dettes frs : | 44 265 |
| Banques : | 5 275 | Client, avances et acptes reçus : | 100 |
| **TOTAL :** | **237 525** | **TOTAL :** | **237 525** |

Les opérations du mois de janvier, soumises au taux normal de TVA, sont résumées dans ce tableau.

| Date | Opérations |
|---|---|
| 01/01 | Réception de la facture n° 57 du fournisseur Sacha pour l'achat de 3 jardinières. Montant brut : 300 € HT, remise de 10 % et frais de transport de 30 €. Facture à régler le 28 février. |
| 05/01 | Envoi de notre facture n° 712 à notre cliente Mme Quentin pour 2 moulins miniatures et divers articles. Brut total : 465 € HT, escompte de 2 % car paiement comptant. |
| 07/01 | Achat de fournitures de bureau non stockables chez Pro Buro. Montant brut : 56 € HT, remise de 8 % sur la facture n° 17. Frais de transport de 15 € HT.<br><br>Commande au fournisseur Simon et paiement par chèque d'un acompte de 150 €. |
| 09/01 | Envoi de notre facture n° 713 à M. et Mme Samuel pour la livraison d'un ensemble de personnages en céramique. Montant : 1 905 € TTC payable le 9 février. Un acompte de 100 € avait été versé. |
| 10/01 | Réception de la facture n° 89 du fournisseur Zébu concernant la réalisation d'une publicité pour le Salon de l'habitat pour un montant de 280 € HT. Remise de 12 %. Paiement au 15 mars. |
| 11/01 | Réception de la facture n° 345 du fournisseur Simon pour l'achat de 30 amphores divers modèles. Brut : 785 € HT. Remise obtenue de 5 % et règlement immédiat sous déduction de l'acompte versé. |
| 13/01 | Réception de la facture France Télécom pour un montant de 226 € HT payable le 5 février. |
| 14/01 | Envoi de notre facture n° 714 à M. et Mme Mathieu pour un montant de 1 203 € TTC. Frais de transport inclus : 30 € HT. Paiement le 14 février. |
| 15/01 | Avis de débit de la banque concernant des services bancaires pour un montant de 55 € HT. |

1. **Enregistrez ces opérations dans le journal de l'entreprise Flora.**
2. **Réalisez une partie du grand-livre de l'entreprise en reportant les sommes dans les comptes 401 – Fournisseurs, 411 – Clients et 512 – Banque, et en calculant les différents soldes.**
3. **Présentez le compte de résultat simplifié de cette première quinzaine.**
4. **Calculez la variation de la trésorerie entre la fin de l'année et le 15 janvier N+1. Pourquoi n'est-elle pas identique au résultat de la quinzaine ?**

# 3 Évaluez les acquis du chapitre

Marseille, le 18 novembre N

**FACTURE N° 21-452**

**SA Transport +**
755 rue de l'Autobus
13000 MARSEILLE

Doit : SARL BASTIDE
12 bd Régeane
83000 TOULON

| Désignation | Montant |
|---|---|
| Avance versée ce jour pour la commande d'un transport de marchandises le 28/12 | 500,00 € |

Marseille, le 28 décembre N

**FACTURE N° 21-465**

**SA Transport +**
755 rue de l'Autobus
13000 MARSEILLE

Doit : SARL BASTIDE
12 bd Régeane
83000 TOULON

| Désignation | Quantité | Prix unitaire | Montant |
|---|---|---|---|
| Transport de 8 500 kg de marchandises importées d'Italie et conditionnées par palettes de 100 kg | 1 850 km | 3,50 | 6 475,00 |
| | | Remise 5 % | 323,75 |
| | | Net commercial | 6 151,25 |
| | | Escompte 1 % | 61,51 |
| | | Net financier | 6 089,74 |
| | | TVA à 19,60 % | 1 193,59 |
| | | Montant TTC | 7 283,33 |
| | | Acompte versé | 500,00 |
| **Règlement dès réception** | | **Net à payer** | **6 783,33** |

Le 3 janvier N+1, la SARL Bastide envoie le chèque n° 1251289 d'un montant de 6 783,33 € à la SA Transport + qui le reçoit le lendemain.

1. **Justifiez la présence d'un acompte sur ces documents. Quel est son rôle ?**
2. **La facture n° 21-465 comporte-t-elle des réductions ? Si oui, précisez la nature et l'intérêt de chacune des réductions.**
3. **Enregistrez ces opérations dans le journal de la SA Transport +.**
4. **Pourquoi ne pas avoir utilisé le compte 7085 – Ports et frais accessoires facturés ?**
5. **Indiquez l'incidence de ces opérations sur le résultat de l'exercice N.**
6. **Dans le bilan au 31 décembre N, chiffrez la variation des postes suivants :**
   **– dans l'actif circulant : créances clients et disponibilités ;**
   **– dans les dettes : avances et acomptes reçus des clients.**

Vous travaillez avec ces mêmes documents mais du point de vue de la SARL Bastide.

7. **Enregistrez ces opérations dans le journal de la SARL Bastide.**
8. **Indiquez l'incidence de ces opérations sur le résultat de l'exercice N.**
9. **Dans le bilan au 31 décembre N, chiffrez la variation des postes suivants :**
   **– dans l'actif circulant : disponibilités, avances et acomptes versés ;**
   **– dans les dettes : dettes fournisseurs.**

# CHAPITRE 3

# Le suivi des comptes clients, fournisseurs et la TVA

## Réflexion préalable

**1.** La TVA est-elle une charge ou un produit pour l'entreprise ?

**2.** Pourquoi est-il important de vérifier si les dates d'échéance sont bien respectées par les clients ?

**3.** Un client insatisfait retourne des marchandises à son fournisseur. Quelles en sont les conséquences en termes de flux financiers ?

**4.** Quelle(s) action(s) une entreprise peut-elle engager lorsqu'elle constate un retard de paiement chez un client ?

## Plan du chapitre



**Mots clés**

**retour de marchandises ; facture d'avoir, réductions commerciales et financières ; créance, dette ; lettrage, relance ; TVA à décaisser**

# Activités

## 1 Le traitement des réclamations dans la SA Sauni

M. Richard, responsable commercial de la SA Sauni, traite le dossier du client Berbier Diffusion (voir chapitre précédent). Ce client est mécontent car les ensembles home vidéo sont arrivés avec un retard important et un des articles a subi un choc pendant le transport. Il le retourne à la SA Sauni, qui établit la facture d'avoir correspondante.

**SA SAUNI**
75 rue de l'Horloge
84000 AVIGNON

Avignon, le 22 septembre N

À : BERBIER DIFFUSION
12 bd Jean Jaurès
84500 CARPENTRAS

**Facture d'avoir n° A-21**

| Désignation | Quantité | Prix unitaire | Montant |
|---|---|---|---|
| Ensemble home vidéo composé d'un tuner, d'un lecteur enregistreur DVD, de 5 enceintes satellite et d'un caisson de basse | 1 | 210,00 | |
| | Remise commerciale 10 % | | |
| | Net commercial<br>Escompte 2 % | | |
| | Net financier<br>TVA à 19,60 % | | |
| | **Net à déduire** | | |

**1. Terminez la facture en complétant les sommes manquantes.**

**2. Quelle situation une facture d'avoir traduit-elle ?**

**3. Justifiez la présence d'une remise de 10 % et d'un escompte de 2 %.**

**4. Pour la SA Sauni, le retour d'un article constaté par cette facture d'avoir génère-t-il une créance ou une dette ?**

**5. Expliquez l'expression « net à déduire » au bas du document.**

En ce qui concerne le retard, M. Richard, après l'avoir vérifié auprès du transporteur, décide d'accorder un rabais de 60 € HT. Il fait préparer la facture d'avoir n° A-22 correspondante.
Le comptable de la SA Sauni enregistre ces deux factures d'avoir dans le journal de l'entreprise.

| | | | |
|---|---|---|---|
| | 22/09/N | | |
| 701 | Ventes de produits finis | 189,00 | |
| 44571 | TVA collectée | 36,30 | |
| 665 | Escomptes accordés | | 3,78 |
| 411 | Clients | | |
| | *Selon notre facture d'avoir n° A-21* | | |
| | 23/12/N | | |
| 709 | Rabais, remises et ristournes accordés | 60,00 | |
| 44571 | TVA collectée | 11,76 | |
| 411 | Clients | | |
| | *Selon notre facture d'avoir n° A-22* | | |

**6. Complétez ces deux écritures.**

**7. Le compte 411 – Clients fonctionne-t-il dans son sens habituel ? Pourquoi ?**

**8. Justifiez le sens du compte 701 – Ventes de produits finis.**

**9. Pourquoi la réduction accordée dans la facture d'avoir n° A-22 correspond-elle à un rabais ?**

**10. Dans quel compte une réduction supplémentaire s'enregistre-t-elle ?**

# I La facture d'avoir

Dans le cadre de ses relations avec son client, un fournisseur peut être amené à établir un document particulier : la facture d'avoir.

## 1. Les caractéristiques du document

### a) Sa forme

Il s'agit avant tout d'une facture et, à ce titre, elle comporte de très nombreux points communs avec la facture de doit traditionnelle. En effet, elle est réalisée par la même personne, à savoir le fournisseur, et comporte les mêmes mentions obligatoires. Comme elle se présente de la même façon, certaines entreprises utilisent une couleur différente pour éviter la confusion entre ces deux documents.

### b) Sa portée

Une facture d'avoir est un document juridique qui constate la naissance d'une dette du fournisseur vis-à-vis de son client. Elle traduit donc une situation exceptionnelle car c'est le vendeur qui est redevable de la somme. À noter que, dans la pratique, cette somme est rarement rendue directement au client mais vient plutôt en déduction du montant qui reste dû par le client.

## 2. Les origines et la comptabilisation d'une facture d'avoir

### a) Le retour des articles

Le client retourne au fournisseur les marchandises, les matières premières ou les produits finis qui ne sont pas conformes avec la commande.

**Exemples** *Un charcutier a envoyé 15 kg de saucissons au lieu des 12 kg commandés et son client retourne le surplus. Un boulanger a livré des pains au chocolat alors que son client avait commandé des croissants.*

La facture d'avoir reprend exactement les mêmes réductions que celles figurant sur la facture de doit à laquelle elle se rapporte.

Le retour d'articles diminue le montant de la vente initiale pour le fournisseur et celui de l'achat pour le client. La facture d'avoir s'enregistre donc en inversant l'écriture passée lors de la comptabilisation de la facture de doit initiale.

### b) L'octroi de réductions supplémentaires

Il est possible que des réductions commerciales ou financières soient accordées après la facture initiale.

**Exemple** *Un fournisseur accorde un rabais car les articles sont légèrement endommagés ou encore un escompte car son client a payé par anticipation.*

Si la réduction est de nature financière, l'escompte est enregistré dans son compte spécifique, selon qu'il concerne le fournisseur (665 – Escomptes accordés) ou le client (765 – Escomptes obtenus).

En cas de réductions commerciales supplémentaires, la comptabilisation mobilise de nouveaux comptes.

**Chez le fournisseur**

| | | | |
|---|---|---|---|
| 709 | RRR accordés | Réduc. HT | |
| 44571 | TVA collectée | TVA | |
| 411 | Clients | | TTC |

**Chez le client**

| | | | |
|---|---|---|---|
| 401 | Fournisseurs | TTC | |
| 609 | RRR obtenus | | Réduc. HT |
| 44566 | TVA déd./ABS | | TVA |

Remarque : le chiffre 9 placé en troisième position d'un compte signifie que celui-ci fonctionne dans un sens inhabituel. Ainsi, le compte 709 est utilisé au débit alors qu'un compte de produits est normalement crédité. Ceci s'explique par le fait que la réduction commerciale accordée diminue le montant de la vente qui lui a été crédité lors de la comptabilisation de la facture de doit correspondante.

## 2 Le suivi d'un compte client

Le magasin Berbier Diffusion est client de la SA Sauni depuis le mois de décembre de l'an dernier. Ce premier achat s'était élevé à 1 590 € TTC. Depuis, les relations se sont développées et les transactions sont régulières, comme le montre le compte client Berbier Diffusion, extrait du grand-livre de la SA Sauni au 30 septembre.

| Compte n° 411BER : Client BERBIER DIFFUSION | | | | | | |
|---|---|---|---|---|---|---|
| **JL** | **Date** | **Libellé** | **Débit** | **Lettrage** | **Crédit** | **Solde** |
| AN | 01/01/N | Report à nouveau | 1 590,00 | A | | 1 590,00 |
| BQ | 04/02/N | Chèque n° 252 | | A | 1 590,00 | 0,00 |
| VE | 06/02/N | Facture n° 2 | 1 190,63 | B | | 1 190,63 |
| VE | 09/03/N | Facture n° 4 | 621,17 | B | | 1 811,80 |
| VE | 12/05/N | Facture n° A-5 | | B | 58,14 | 1 753,66 |
| VE | 15/06/N | Facture n° 6 | 312,40 | | | 2 066,06 |
| BQ | 17/06/N | Chèque n° 753 | | B | 1 753,66 | 312,40 |
| VE | 22/07/N | Facture n° 9 | 870,25 | | | 1 182,65 |
| VE | 20/06/N | Facture n° 12 | 2 005,90 | | | 3 188,55 |
| BQ | 24/08/N | Chèque n° 2545 | | | 2 318,30 | 870,25 |
| VE | 26/08/N | Facture n° A-8 | | | 23,12 | 847,13 |
| VE | 17/09/N | Facture n° 21 | 2 567,10 | | | 3 414,23 |
| VE | 22/09/N | Facture n° A-21 | | | 221,52 | 3 192,71 |
| VE | 22/09/N | Facture n° A-22 | | | 71,76 | 3 120,95 |
| | | **Total mouvements** | **9 157,45** | | **6 036,50** | |
| | | **Solde débiteur au 30/09/N** | | | | **3 120,95** |

**1.** **Les sommes débitées ou créditées sont-elles HT ou TTC ? Pourquoi ?**

**2.** **Que signifie le mouvement au 1er janvier N ? À quoi correspond-il ?**

**3.** **Les factures de vente s'enregistrent-elles au débit ou au crédit du compte client ?**

**4.** **Ce compte client présente-t-il un solde débiteur ou créditeur ? Est-ce toujours le cas ?**

**5.** **Dans quels cas ce compte est-il crédité ?**

**6.** **Dans le bilan, ce compte 411BER sera incorporé au compte 411 – Clients avec l'ensemble des autres clients. Quel est l'intérêt de cette organisation ?**

Le retard de paiement des factures par les clients peut être à l'origine de difficultés de trésorerie. C'est pourquoi, le chef d'entreprise doit rester vigilant en effectuant régulièrement un suivi de ses comptes clients. De plus, les chances de paiement se réduisent avec le temps, c'est pourquoi il est recommandé de réagir rapidement le cas échéant.

Le montant de la dette, l'importance du client, la fréquence des relations commerciales avec celui-ci seront autant d'éléments à prendre en compte pour adapter la forme et le contenu des actions à mettre en œuvre pour le recouvrement des créances impayées afin de garantir la poursuite de bonnes relations commerciales avec les clients retardataires.

http://www.apce.com, mars 2005.

**7.** **Expliquez à quoi correspond la présence des lettres dans la colonne « Lettrage » du compte.**

**8.** **Terminez le lettrage du compte 411BER.**

**9.** **Reconstituez le montant du solde au 30 septembre N. Constatez-vous des anomalies ?**

**10.** **Lors d'une conversation téléphonique, M. Berbier a évoqué l'envoi d'un chèque de 847,13 € début octobre. À quoi ce paiement correspond-il ?**

**11.** **Illustrez le dernier paragraphe du texte en énonçant des exemples d'actions à entreprendre.**

# II Le suivi des comptes clients et fournisseurs

Les clients et fournisseurs étant des partenaires de l'entreprise, leurs comptes appartiennent logiquement à la classe 4, intitulée « Comptes de tiers ».

## 1. Le fonctionnement des comptes clients et fournisseurs

Comme tous les comptes de la classe 4, les comptes clients et fournisseurs sont amenés à être soldés dès le dénouement de l'opération, c'est-à-dire lorsque le paiement intégral intervient.

### a) Le compte fournisseur

Ce compte est crédité lors de l'enregistrement d'un achat à crédit. La somme créditée correspond toujours au montant TTC de la facture, c'est-à-dire au « net à payer ». Ainsi, chaque fois que l'acheteur ne paie pas au comptant, sa dette est portée au crédit du compte 401 – Fournisseurs. Lors du paiement, ce compte est débité pour réduire (si le paiement est partiel), voire annuler (si le paiement est intégral) la dette, figurant au crédit.

À noter qu'en présence d'une facture d'avoir, le compte est débité car l'acheteur détient alors une créance sur son fournisseur.

### b) Le compte client

Le compte 411 – Clients est inversé par rapport au compte fournisseur car l'opération est opposée : il s'agit ici d'une vente et non d'un achat. La créance détenue par le vendeur s'enregistre donc au débit du compte clients pour le montant TTC de la facture de doit. L'encaissement des sommes versées par le client se traduit par un crédit du compte pour diminuer la créance client.

Enfin, en présence d'une facture d'avoir, ce compte est crédité de façon à traduire la situation de dette du vendeur sur son client.

## 2. Le contrôle des comptes clients et fournisseurs

Les opérations d'achat et de vente sont très nombreuses au cours d'un exercice. Il faut donc vérifier que les factures sont bien réglées à l'échéance.

### a) Les comptes individualisés

Une comptabilité tenue sur informatique permet d'individualiser les comptes clients et fournisseurs. Ainsi, des sous-comptes clients et fournisseurs sont créés pour enregistrer les opérations effectuées avec un client donné ou un fournisseur donné.

**Exemple** ***Un boulanger achète sa farine auprès de deux minoteries. Chaque fournisseur possède un compte particulier : 401FRA pour le fournisseur Francis et 401PER pour le fournisseur Pernaud. Cela permet de savoir combien il doit à chacun et à quelle échéance il devra payer.***

### b) Le lettrage de compte

Le lettrage permet de vérifier que la dette ou la créance a été réglée.

Cette technique consiste à rechercher les sommes communes entre le débit et le crédit d'un même compte et à attribuer une même lettre à chacune des sommes communes. Il s'agit de rapprocher, manuellement ou par informatique, des éléments débités avec des éléments crédités.

**Exemple** ***Deux chèques de 100 € et 400 € correspondent au règlement d'une dette de 500 €. Ces trois sommes concernant la même opération se voient attribuer une lettre identique.***

L'intérêt de cette méthode est de pouvoir justifier le solde du compte client ou fournisseur. Seuls les éléments non lettrés expliquent le solde. Il faut vérifier que ce dernier ne comporte pas d'anomalies, comme par exemple une ancienne facture non réglée. Dans ce dernier cas, l'entreprise procède à une relance auprès de son client. Dans un premier temps, cette relance peut prendre la forme d'un courrier ou d'une communication téléphonique.

## 3 Le traitement de la TVA chez la SA Sauni

Si l'opération est soumise à la TVA, alors la facture doit indiquer clairement son montant. En cas de présence de plusieurs taux, la présentation de la facture doit intégrer une ventilation des montants par taux de TVA. Cette obligation de forme doit être scrupuleusement respectée pour que la TVA soit comptabilisée en classe 4.

**1.** **Rappelez le principe général de la TVA et les comptes utilisés pour l'enregistrer.**

**2.** **Rappelez la formule de calcul de la TVA à décaisser.**

Vous disposez d'un extrait de la balance de la SA Sauni au 30 septembre N (TVA au taux normal).

| N° de compte | Nom du compte | Solde débiteur | Solde créditeur |
|---|---|---|---|
| 44562 | TVA déductible/immobilisations | 4 520 | |
| 44566 | TVA déductible/ABS | 25 876 | |
| 44567 | Crédit de TVA à reporter | 235 | |
| 44571 | TVA collectée | | 34 782 |

**3.** **Expliquez l'origine de ce crédit de TVA.**

**4.** **Calculez la TVA à décaisser du mois de septembre N.**

**5.** **Cette TVA à décaisser correspond-elle à une charge pour l'entreprise qui doit la payer à l'administration ? Justifiez votre réponse.**

Voici la comptabilisation de la TVA pour le mois de septembre N.

| | | | | |
|---|---|---|---|---|
| | | 30/09/N | | |
| 44571 | | TVA collectée | 34 782 | |
| | 44562 | TVA déductible/immobilisations | | 4 520 |
| | 44566 | TVA déductible/ABS | | 25 876 |
| | 44567 | Crédit de TVA à reporter | | 235 |
| | 44551 | TVA à décaisser | | 4 151 |
| | | *Comptabilisation de la TVA à décaisser de septembre* | | |

**6.** **Complétez l'extrait de la balance après cette écriture.**

| N° de compte | Nom du compte | Solde débiteur | Solde créditeur |
|---|---|---|---|
| 44551 | | | |
| 44562 | | | |
| 44566 | | | |
| 44567 | | | |
| 44571 | | | |

**7.** **Pourquoi certains soldes de cet extrait de la balance sont devenus nuls ?**

**8.** **Retrouvez le montant des ventes et celui des investissements pour le mois de septembre N.**

**9.** **Le solde du compte 44551 – TVA à décaisser est-il débiteur ou créditeur ? Représente-t-il une dette ou une créance ? Un compte de tiers créditeur représente-t-il toujours une dette ?**

La SA Sauni règle par chèque bancaire n° 458 à l'ordre du Trésor public le montant de la TVA à décaisser le 18 octobre N.

**10.** **Présentez l'écriture à comptabiliser au 18 octobre N.**

**11.** **Quel est le nouveau solde du compte 44551 – TVA à décaisser ? Que traduit-il ?**

# III La taxe sur la valeur ajoutée

La TVA est un impôt indirect supporté uniquement par le particulier, consommateur final. L'entreprise est ici un intermédiaire qui collecte cet impôt pour le compte de l'État.

## 1. La restitution de la TVA par l'entreprise

Tous les mois (ou tous les trimestres pour les petites entreprises), l'entreprise doit régulariser sa situation en restituant à l'État la TVA à décaisser :
**TVA à décaisser = TVA collectée – TVA déductible/ABS – TVA déductible/immobilisations**

### a) La déclaration de TVA

Le calcul de la TVA à décaisser figure sur une déclaration spéciale envoyée à l'administration fiscale avec le règlement éventuel. Sur cette déclaration, les **montants** sont systématiquement **arrondis à l'entier le plus proche**.

### b) Le cas du crédit de TVA

Lorsque le calcul de la TVA à décaisser aboutit à un résultat négatif, l'entreprise est en situation de crédit de TVA. Dans ce cas, c'est l'administration fiscale qui doit de l'argent à l'entreprise et cette dernière détient donc une créance vis-à-vis de l'État.

Cette situation reste toutefois exceptionnelle et peut s'expliquer par des opérations d'investissement au cours de la période qui ont généré une importante TVA déductible sur immobilisations.

## 2. Le traitement comptable de la TVA

La TVA est neutre pour l'entreprise, elle ne représente ni une charge ni un produit.
Comme elle appartient, au final, à l'État, la TVA apparaît uniquement dans des comptes de la classe 4.

### a) Le fonctionnement des comptes

La TVA collectée correspond au montant de TVA perçue lors des ventes de l'entreprise. Son compte fonctionne normalement au crédit car il constate une dette : l'entreprise doit restituer cette TVA à l'État.

Au contraire, la TVA payée lors des achats de biens, de services ou d'immobilisations doit être remboursée à l'entreprise pour respecter le caractère neutre de la TVA. L'entreprise détient alors une créance sur l'État, qui se comptabilise logiquement au débit d'un compte de TVA déductible.

L'enregistrement de la TVA à décaisser est l'occasion de solder tous les comptes de TVA.

| | | | |
|---|---|---|---|
| 44571 | TVA collectée | Total du mois | |
| 44566 | TVA déductible sur ABS | | Total du mois |
| 44562 | TVA déductible sur immobilisations | | Total du mois |
| **44551** | **TVA à décaisser** | | $\neq$ |

À noter que le montant de la TVA à décaisser est toujours un nombre entier. Il faut éventuellement équilibrer cette écriture en soldant les centimes par le compte 658 – Charges diverses de gestion courante au débit si l'arrondi est défavorable à l'entreprise ou 758 – Produits divers de gestion courante au crédit dans le cas contraire.
En situation de crédit de TVA, son montant devra être porté au débit (situation de créance pour l'entreprise) d'un compte spécifique : 44567 – Crédit de TVA à reporter. La somme sera soit remboursée par l'État, soit déduite de la prochaine déclaration de TVA.

### b) La TVA et les documents de synthèse

La TVA n'apparaît pas dans le compte de résultat car elle ne constitue ni une charge ni un produit. Par conséquent, toutes les sommes figurant dans ce document sont hors taxes.

Dans le bilan, la TVA à décaisser du dernier mois de l'exercice figure parmi les dettes, au bas du passif. Son paiement interviendra vers le 20 du mois suivant. En cas de crédit de TVA, la créance doit apparaître dans un poste de l'actif circulant.

# Travaux dirigés

## 1 Le suivi d'un client dans la société Nature Verte

La société Nature Verte fabrique et commercialise des produits certifiés bio à des particuliers et à des professionnels. Ces produits garantissent la présence de plus de 95 % d'ingrédients issus de l'agriculture biologique (sans engrais chimique, sans pesticide de synthèse, sans traitement à la conservation). Les produits vendus sont soumis à la TVA au taux réduit de 5,50 %.

**1.** **Vérifiez le taux de remise indiqué sur la facture d'avoir de l'annexe 1.**

**2.** **Comptabilisez les opérations de l'annexe 1 dans le journal en utilisant le compte 411NAL.**

**3.** **Donnez d'autres raisons pour établir des factures d'avoir.**

**4.** **Définissez la notion de lettrage, en précisant son utilité.**

**5.** **Complétez le compte client Nalle et terminez le lettrage en vous aidant de l'annexe 2.**

**6.** **Calculez puis justifiez le solde de ce compte.**

**7.** **Constatez-vous une anomalie ? Si oui, proposez des actions à entreprendre.**

**Annexe 1** **Opérations du mois de décembre**

01/12 – Réception d'un chèque bancaire de M. Nalle, d'un montant de 1 180,30 €
08/12 – Émission d'une facture de vente au client Nalle

*Nature Verte*

Le 8 décembre N

Doit : M. NALLE

**Facture n° 109**

| Désignation | Quantité | Prix unitaire | Montant |
|---|---|---|---|
| Fromage de chèvre (paquet de 3 pélardons) | 250 | 4,25 | 1 062,50 |
| Tapenade d'olives noires bio (pot de 250 g) | 150 | 4,50 | 675,00 |
| Galette de Sarazin biologique | 50 | 5,65 | 282,50 |
| | | TOTAL HT | 2 020,00 |
| | | Port forfaitaire | 10,00 |
| | | TVA 5,50 % | 111,65 |
| | | **TOTAL TTC** | **2 141,65** |
| | | Acompte versé à la commande | 250,00 |
| | | **NET À PAYER** | **1 891,65** |
| EN VOTRE AIMABLE RÈGLEMENT | | | |

12/12 – Émission d'une facture d'avoir au client Nalle

*Nature Verte*

Le 12 décembre N

À : M. NALLE

**Avoir n° 85**

| Désignation | Quantité | Prix unitaire | Montant |
|---|---|---|---|
| Remise de 10 % oubliée sur la facture n° 109 | | | 202,00 |
| | | TOTAL HT | 202,00 |
| | | TVA 5,50 % | 11,11 |
| | | **TOTAL TTC** | **213,11** |
| | | **NET À VOTRE CRÉDIT** | **213,11** |

12/12 – Réception d'un chèque bancaire de M. Nalle, d'un montant de 735,18 €

•••

•••

**Annexe 2** Extrait du compte 411NAL : client Nalle au 31 décembre N

| Date | Libellé | Débit | Crédit | Lettrage |
|---|---|---|---|---|
| 01/10 | À nouveau | 4 470,25 | | A |
| 03/10 | Règlement factures – chèque SG n° 828 | | 1 620,30 | A |
| 05/10 | Facture n° 1025 | 541,23 | | B |
| 16/10 | Facture n° 1034 | 870,37 | | |
| 19/10 | Règlement factures – chèque CCF n° 68 | | 2 849,95 | A |
| 10/11 | Avoir n° 79 sur facture n° 1034 | | 340,37 | |
| 12/11 | Facture n° 1040 | 950,35 | | |
| 15/11 | Facture n° 1048 | 650,30 | | |
| 17/11 | Règlement factures – chèque SG n° 843 | | 541,23 | B |
| 28/11 | Facture n° 1051 | 735,18 | | |
| ............ | ............ | ............ | ............ | ............ |
| ............ | ............ | ............ | ............ | ............ |
| ............ | ............ | ............ | ............ | ............ |
| ............ | ............ | ............ | ............ | ............ |

## 2 La comptabilisation des opérations courantes dans la SARL Micro

Vous travaillez dans la SARL Micro, revendeur de matériels informatiques. Le magasin est installé au 18 de la rue Carnot de Mende (48000). La comptabilité est tenue à partir d'un progiciel dédié. Vous disposez, dans les annexes, de plusieurs documents concernant la seconde quinzaine du mois d'octobre N.

**1.** **Créez le dossier SARL Micro sur votre progiciel de comptabilité.**

**2.** **Saisissez la balance (voir annexe 1) dans le journal des OD en date du 15 octobre N.**

**3.** **Rappelez la définition d'une balance des comptes et expliquez l'intérêt du travail fait à la question précédente.**

**4.** **Enregistrez les opérations des annexes 2, 3 et 4 dans les journaux appropriés.**

**5.** **Imprimez la balance des comptes au 31 octobre N et répondez aux questions suivantes.**
**– Combien devez-vous à vos fournisseurs ?**
**– Combien les clients vous doivent-ils ?**
**– Quel est le montant des achats ? Quelle période concernent-ils ?**
**– Quel est le montant du chiffre d'affaires réalisé au cours de ces dix premiers mois ?**

**6.** **Calculez le montant de la TVA à décaisser au titre du mois d'octobre N.**

**7.** **Enregistrez, dans le journal des OD, le montant de la TVA à décaisser.**

**8.** **Effectuez un suivi du client Saze (compte 411SAZ) :**
**– réalisez un lettrage automatique ;**
**– imprimez ce compte, y compris avec les mouvements lettrés, et analysez-le (justification du solde, repérage d'anomalies de règlement) ;**
**– si nécessaire, relancez ce client en réalisant une lettre de relance (automatisée ou non).**

**9.** **Pourquoi est-il important d'effectuer un suivi rigoureux des comptes clients en général ?**

•••

•••

**Annexe 1** **Balance des comptes au 15 octobre N**

| N° compte | Intitulé du compte | Solde débiteur | Solde créditeur |
|---|---|---|---|
| 101 | Capital | | 350 000,00 |
| 164 | Emprunts auprès des établissements de crédit | | 67 000,00 |
| 2183 | Matériel de bureau et matériel informatique | 80 000,00 | |
| 2184 | Mobilier | 50 000,00 | |
| 28183 | Amortissements du matériel de bureau | | 45 000,00 |
| 28184 | Amortissements du mobilier | | 35 000,00 |
| 370 | Stocks de marchandises | 43 870,00 | |
| 401TOP | Fournisseur Top Info | | 26 433,00 |
| 401RAN | Fournisseur Ranigo | | 235,20 |
| 401TEL | Fournisseur France Télécom | | 343,00 |
| 4091 | Fournisseurs – Avances et acomptes versés sur commandes | 75,00 | |
| 411COR | Client Cordeiro | 200,00 | |
| 411SAZ | Client Saze | 200,45 | |
| 44562 | TVA déductible/immobilisations | 6 036,00 | |
| 44566 | TVA déductible/ABS | 23 567,00 | |
| 44571 | TVA collectée | | 73 567,00 |
| 512 | Banque | 155 800,00 | |
| 530 | Caisse | 58 014,00 | |
| 6064 | Achats non stockés de fournitures de bureau | 80 000,00 | |
| 607 | Achats de marchandises | 380 647,75 | |
| 616 | Primes d'assurance | 18 000,00 | |
| 6226 | Honoraires | 13 800,00 | |
| 626 | Frais postaux et frais de télécommunications | 25 600,00 | |
| 641 | Rémunération du personnel | 158 433,00 | |
| 645 | Charges de Sécurité sociale et de prévoyance | 53 700,00 | |
| 661 | Charges d'intérêt | 22 200,00 | |
| 707 | Ventes de marchandises | | 602 700,00 |
| 7097 | RRR accordés | 30 135,00 | |
| | **Totaux** | **1 200 278,20** | **1 200 278,20** |

**Annexe 2** **Factures reçues**

| **TOP INFO** | **19/10/N** |
|---|---|
| **FACTURE n° 87** | |
| Doit : SARL MICRO | |
| 15 PC INTEL | 18 300,00 |
| 28 graveurs DVD | 2 300,00 |
| 45 clés USB 256 | 450,00 |
| Connectiques divers | 210,00 |
| Net commercial | 21 260,00 |
| Port | 150,00 |
| TVA à 19,60 % | 4 196,36 |
| **Net à payer TTC** | **25 606,36** |
| Échéance : le 30 novembre | |

| Ranigo Assurances | 26/10/N |
|---|---|
| FACTURE n° 43F5 | |
| Doit : SARL MICRO | |
| Cotisations semestrielles | |
| – Locaux et biens | 78,00 |
| – Responsabilité civile | 122,00 |
| Acompte versé | 75,00 |
| Net à payer | 125,00 |
| Échéance : le 30 novembre | |

| **Cabinet PCG Expert-comptable** | **27/10/N** |
|---|---|
| **FACTURE n° 35** | |
| Doit : SARL MICRO | |
| Honoraires suite travaux 4e trimestre | 600,00 |
| TVA à 19,60 % | 117,60 |
| **Net à payer TTC** | **717,60** |
| Échéance : le 30 octobre | |

•••

•••

**Annexe 3** Factures émises

| SARL MICRO | 15/10/N |
|---|---|
| **FACTURE n° 384** | |
| Doit : M. SAZE<br>4 rue du Ghislain<br>48000 MENDE | |
| CD-Rom + clé USB | 45,00 |
| TVA à 19,60 % | 8,82 |
| **Net à payer TTC** | **53,82** |
| Échéance : le 24 octobre | |

| SARL MICRO | 19/10/N |
|---|---|
| **FACTURE n° 385** | |
| Doit : M. SAZE<br>4 rue du Ghislain<br>48000 MENDE | |
| Mini tour + écran TFT | 650,00 |
| Remise | 50,00 |
| Net commercial | 600,00 |
| TVA à 19,60 % | 117,60 |
| **Net à payer TTC** | **717,60** |
| Échéance : le 25 octobre | |

| SARL MICRO | 21/10/N |
|---|---|
| **FACTURE n° 386** | |
| Doit : Mme CORDEIRO<br>Lot de l'Eau<br>48000 MENDE | |
| Portable Toshiho | 990,00 |
| TVA à 19,60 % | 194,04 |
| **Net à payer TTC** | **1 184,04** |
| Échéance : le 27 octobre | |

| SARL MICRO | 24/10/N |
|---|---|
| **FACTURE n° A 43** | |
| Avoir : M. SAZE<br>4 rue du Ghislain<br>48000 MENDE | |
| Retour clé USB<br>(facture n° 384) | 25,00 |
| TVA à 19,60 % | 4,90 |
| **Net à déduire TTC** | **29,90** |

| SARL MICRO | 27/10/N |
|---|---|
| **FACTURE n° 387** | |
| Doit : M. JOËL<br>Avenue de la Carrosserie<br>48000 MENDE | |
| Imprimante laser | 550,00 |
| Cartouches et toner | 88,00 |
| Remise commerciale | 26,00 |
| Net commercial | 612,00 |
| TVA à 19,60 % | 119,95 |
| **Net à payer TTC** | **731,95** |
| Échéance : le 10 novembre | |

| SARL MICRO | 28/10/N |
|---|---|
| **FACTURE n° 388** | |
| Doit : M. SAZE<br>4 rue du Ghislain<br>48000 MENDE | |
| Terminal réseau X 43 | 1 000,00 |
| TVA à 19,60 % | 196,00 |
| **Net à payer TTC** | **1 196,00** |
| Échéance : le 30 octobre | |

**Annexe 4** Mouvements de trésorerie de la période

16/10 – Chèques BNP Paribas n° 2353 émis au profit de France Télécom pour 343,00 €
et n° 2354 au profit du fournisseur Top Info pour 26 433,00 €
18/10 – Chèque reçu du client Saze : 200,45 €
20/10 – Chèque BNP Paribas n° 2355 émis au profit du fournisseur Ranigo : 235,20 €
24/10 – Chèque reçu du client Saze : 23,92 €
27/10 – Réception d'un chèque de la part de Mme Cordeiro : 1 384,04 €
30/10 – Chèque reçu du client Saze : 1 196,00 €

## 3 L'impact des opérations courantes sur les documents de synthèse

La SARL Acmix commercialise du matériel de détection d'incendie et des extincteurs.
Elle est spécialisée sur le marché des bâtiments publics (musées, gares, théâtres, écoles...).

**Extrait de la balance des comptes de la SARL Acmix au 31 décembre N**

| N° compte | Intitulé du compte | Solde débiteur | Solde créditeur |
|---|---|---|---|
| 401 | Fournisseurs | | 9 500 |
| 411 | Clients | 7 100 | |
| 44551 | TVA à décaisser | | 2 200 |
| 607 | Achats de marchandises | 52 800 | |
| 6097 | RRR obtenus | | 1 400 |
| 707 | Ventes de marchandises | | 87 690 |
| 7097 | RRR accordés | 3 450 | |

**1.** **À partir de cet extrait de la balance, complétez le bilan de la SARL Acmix au 31 décembre N.**

| ACTIF | Brut | Amort. | Net | PASSIF | Net |
|---|---|---|---|---|---|
| **ACTIF IMMOBILISÉ** | | | | **CAPITAUX PROPRES** | |
| Immobilisations corporelles | 109 600 | 21 300 | 88 300 | Capital | 11 000 |
| | | | | Résultat de l'exercice | 32 800 |
| **ACTIF CIRCULANT** | | | | **DETTES** | |
| Stocks et en-cours | 27 500 | | 27 500 | Emprunts | 70 000 |
| ........................................ | | | | ........................................ | |
| Disponibilités | 8 000 | | 8 000 | Dettes sociales | 5 400 |
| | | | | ........................................ | |
| TOTAL ACTIF | | | | TOTAL PASSIF | |

**2.** **À partir de cet extrait de la balance, justifiez les sommes de l'extrait du compte de résultat.**

| CHARGES | N | PRODUITS | N |
|---|---|---|---|
| **Charges d'exploitation** | | **Produits d'exploitation** | |
| Achats de marchandises | 51 400 | Ventes de marchandises | 84 240 |

## 4 Le traitement de la TVA dans le snack Rapid'croc

Le snack Rapid'croc est une entreprise familiale qui propose une restauration rapide à emporter à proximité d'un lieu touristique : le pont du Gard.
Au cours du mois d'octobre N, l'entreprise a réalisé les opérations suivantes.

| Opérations | Montant HT |
|---|---|
| Chiffre d'affaires (activité soumise au taux réduit) | 210 000,00 € |
| Achats alimentation (taux réduit 5,50 %) | 69 500,00 € |
| Autres achats de biens et de services (taux normal 19,60 %) | 20 000,00 € |
| Investissements (taux normal 19,60 %) | 8 500,00 € |

**1.** **Calculez le montant de la TVA à décaisser au titre du mois d'octobre N.**

**2.** **Comptabilisez, dans le journal de l'entreprise Rapid'croc, cette TVA à décaisser.**

**3.** **Enregistrez le paiement de cette TVA en date du 21 novembre N par chèque postal n° 814562.**

•••

•••

Depuis quelque temps, le propriétaire a le projet de proposer la prise du repas sur place en terrasse et, plus tard, l'ouverture d'une salle de restaurant sur le site. Il a entendu à la radio le reportage suivant.

« **Taux réduit pour la restauration...** Les professionnels français de la restauration vont peut-être bientôt pouvoir pousser un "Ouf !" de soulagement. La Commission européenne a adopté mercredi une proposition sur une nouvelle liste de produits et de services qui pourraient bénéficier de taux de TVA réduits dans l'UE, dans laquelle figure la restauration. Bruxelles accorde ainsi à la France la possibilité d'appliquer un taux réduit de TVA de 5,5 % pour la restauration, au lieu du taux normal de 19,6 %, conformément à une promesse électorale faite en 2002 par le président Jacques Chirac. »

http://www.rtl.fr/rtl.info

**4.** **Expliquez pourquoi les restaurateurs souhaitent une baisse du taux de la TVA alors que la TVA est neutre pour les professionnels.**

**5.** **Pourquoi l'entreprise Rapid'croc est-elle soumise à plusieurs taux de TVA ?**

## 5 BAC Entraînez-vous à l'étude

### Sujet d'étude

**La pluralité des taux de TVA en France**

- **Vous avez choisi de traiter ce sujet en répondant à la question suivante. Le taux de TVA est fonction de l'activité exercée par l'entreprise : pourquoi existe-t-il plusieurs taux de TVA ?**

### Aide pour l'étude

- Recherchez des informations en utilisant le fonds documentaire de votre CDI (ou celui d'une bibliothèque) ainsi qu'Internet.
- Sélectionnez deux ou trois documents qui vous paraissent particulièrement intéressants, en précisant bien leurs sources.
- Observez la réalité professionnelle en consultant certains articles du code général des impôts et en examinant différentes factures réelles (commerces, grandes surfaces, boulangeries-pâtisseries, restauration rapide et traditionnelle, travaux dans le bâtiment tels que plomberie, électricité, carrelage...).
- Rédigez une petite synthèse d'une page environ pour répondre à la question initiale. Vous porterez vos efforts sur la rédaction (utilisation d'un vocabulaire choisi, souci de clarté dans les phrases en évitant de reproduire à l'identique des passages issus des documents sélectionnés) et sur la structure du document.

### Exemple de plan

1. **Les différents taux de TVA utilisés (comparaison éventuelle avec la situation dans les autres pays)**
2. **Les explications traditionnelles de cette pluralité de taux**
3. **Les enjeux économiques et politiques (relance de certains secteurs en difficulté, moyen de lutte contre le travail non déclaré...)**

## 6 BAC Entraînez-vous au projet

### Intitulé du projet

**Mise en place d'une relation électronique entre l'entreprise Passingshot et ses clients**

La société Passingshot est une entreprise commerciale spécialisée dans la revente d'articles de tennis : tenues vestimentaires, raquettes, balles, cordages, filets, revêtements des courts et accessoires divers. Ses clients sont des détaillants professionnels, essentiellement des magasins de sport situés dans les villes de la Drôme et dans les communes des départements limitrophes.

Depuis un certain temps, le dirigeant, M. Thomas Davis, envisage la création d'un site Internet. Ce dernier permettrait d'élargir le nombre de clients potentiels en éliminant la barrière géographique.
Au départ, M. Davis pensait axer le site uniquement sur l'aspect commercial en mettant en avant les produits et les tarifs pratiqués. À la suite d'une réunion de travail, vous l'avez convaincu de faire évoluer son projet. En tant que responsable du secteur administratif et financier de la société, vous avez constaté que de nombreux clients réclament régulièrement des informations complémentaires. Les demandes sont variées mais elles concernent souvent les quantités disponibles, des commandes incomplètes, l'avancement de la dernière commande, un changement de lieu de livraison, le montant de la prochaine échéance, la bonne réception du règlement…
Vous suggérez donc à M. Davis de compléter le contenu du futur site en intégrant un espace Gestion. L'objectif est d'améliorer la relation avec le client en lui proposant des services associés à son achat. Parallèlement, ce nouvel outil devra faciliter en interne le contrôle et le suivi des clients par la société. En effet, il faut envisager des échanges avec les clients, dans des espaces réservés et sécurisés, dans lesquels il sera possible de les contacter directement.
La communication portera bien évidemment sur la politique commerciale mise en place (tarifs promotionnels, délais de paiement personnalisés, explications techniques, offres diverses…), mais il est possible d'envisager que certains messages relèveront plutôt du domaine de la gestion : courriel de relance en cas de retard de paiement, calcul de la ristourne trimestrielle à accorder, prise en compte des retours à travers les factures d'avoir, relevé de factures, suivi des en-cours…
Sensible à votre démarche, M. Davis a intégré votre idée dans la structure du futur site (annexe page suivante).

- **M. Davis vous demande de constituer une équipe de trois ou quatre personnes afin de réaliser un cahier des charges pour l'espace Gestion du site. Ce document servira de guide à la société informatique B2i, qui aura pour rôle de réaliser le site, de le mettre en ligne et de l'administrer. Pour respecter le devis proposé par cette société, il faudra fournir un cahier des charges suffisamment précis pour limiter la prestation aux seuls aspects informatiques.**

**Ce document devra donc contenir :**
**– le schéma de l'architecture du site (voir annexe) actualisé par les éléments concernant l'espace Gestion. Il faudra donc clairement indiquer les rubriques et sous-rubriques à mettre en place ;**
**– une note pour justifier les choix opérés et l'intérêt des différentes rubriques proposées. Dans votre argumentation, vous vous placerez du point de vue de la SARL Passingshot en précisant l'exploitation en interne, et notamment par le service Comptabilité, des informations échangées ;**
**– une maquette de la page d'accueil du site avec son contenu : menu, liens, informations, illustrations ;**
**– une présentation des principales pages liées à l'espace Gestion. Chaque membre du groupe prendra en charge la réalisation d'une page en expliquant l'articulation entre les pages.**
**M. Davis, soucieux de la confidentialité des informations, souhaite que vous lui proposiez également des moyens pour sécuriser l'espace réservé aux clients.**

Enfin, M. Davis vous précise que, parallèlement à votre travail, il a demandé à une autre équipe, pilotée par le directeur des ventes, d'effectuer le cahier des charges de l'espace Commercial.

**Annexe** **Projet d'architecture du futur site**

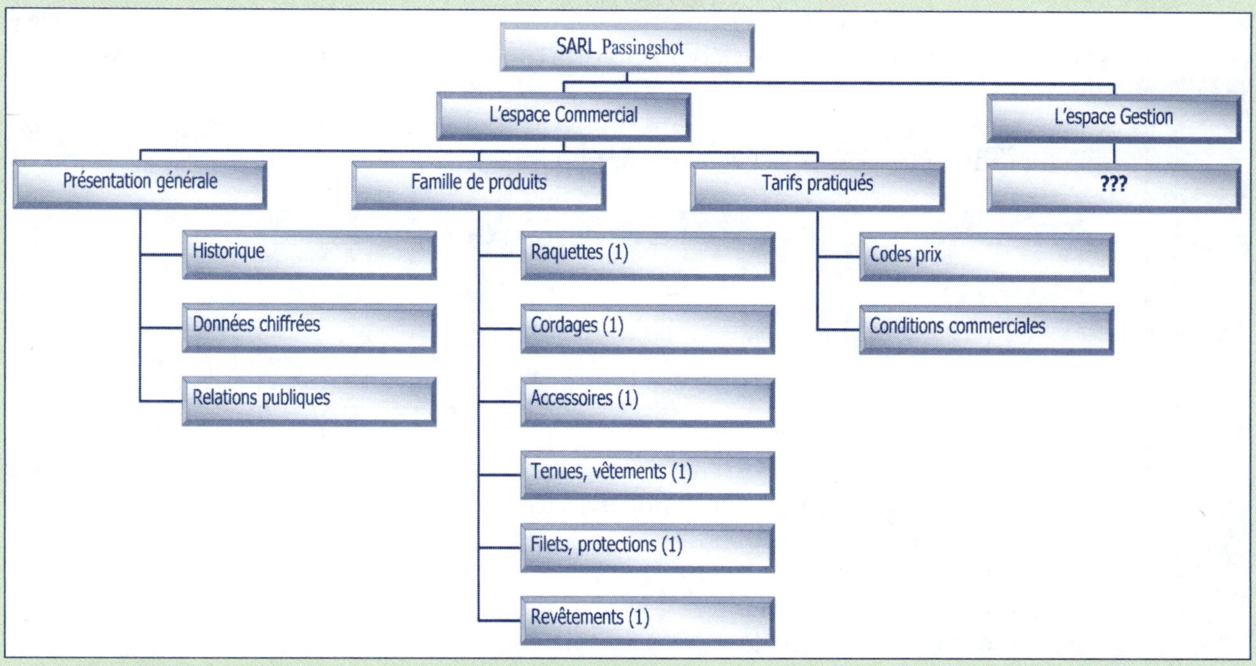


- **M. Davis vous demande d'établir le cahier des charges de l'espace Gestion. Il ne vous impose pas de logiciel particulier pour réaliser ce document, mais il souhaite que vous portiez une attention particulière à la présentation. Ce document sera exploité par la société B2i. En outre, il compte sur vous pour réaliser une présentation orale de ce travail à la personne chargée de la mise en œuvre informatique.**

## 7 Évaluez les acquis du chapitre

L'entreprise Palmi commercialise des articles de jardinerie dans le Var. Voici des informations concernant le compte du fournisseur SA Rosas et ses modalités de calcul des ristournes.

**Compte 401015 – Fournisseur Rosas**

| Date | Libellé | Débit | Crédit |
|---|---|---|---|
| 01/01/N | Report à nouveau | | 190,00 |
| 06/02/N | Facture n° 422 | | 1 190,63 |
| 14/02/N | Chèque n° 2952 | 1 380,63 | |
| 09/03/N | Facture n° 453 | | 2 621,87 |
| 15/06/N | Facture n° 498 | | 872,40 |
| 17/06/N | Chèque n° 7853 | 3 494,27 | |
| 20/06/N | Facture n° 503 | | 1 906,42 |
| **06/07/N** | **Facture avoir n° A18** | **191,90** | |
| 22/07/N | Facture n° 512 | | 570,49 |
| 24/08/N | Chèque n° 2545 | 2 285,01 | |
| 18/09/N | Facture n° 545 | | 2 945,99 |
| 17/10/N | Facture n° 589 | | 1 567,10 |
| 22/11/N | Chèque n° 8921 | 4 513,09 | |
| 29/11/N | Facture n° 601 | | 892,10 |
| 23/12/N | Facture n° 633 | | 1 345,88 |
| | **Solde créditeur** | **2 237,98** | |
| | **Total mouvements** | **14 102,88** | **14 102,88** |

•••

•••

**SA Rosas**

## Conditions commerciales

Nous sommes heureux de vous compter parmi nos clients et nous vous remercions de votre confiance.
Nous accordons une ristourne semestrielle à tous nos clients en fonction des achats effectués au cours du semestre. Nous appliquons le barème suivant.

| Chiffre d'affaires HT du semestre | % de réduction |
|---|---|
| De 0 à 1 000 € | 1 % |
| De 1 000 à 2 000 € | 2 % |
| De 2 000 à 3 000 € | 3 % |
| Au-delà de 3 000 € | 4 % |

Exemple : un client qui a acheté pour 2 500 € HT de marchandises pendant ce semestre se verra attribuer une ristourne de 45 € HT :
– jusqu'à 1 000 € : 1 %, soit 10 € ;
– de 1 000 à 2 000 € : 2 %, soit 20 € ;
– de 2 000 à 2 500 € : 3 %, soit 15 €.

**1.** **Les sommes figurant dans ce compte fournisseur sont-elles HT ou TTC ? Pourquoi ?**

**2.** **Quelle est la signification du solde de ce compte fournisseur ? Justifiez-le.**

**3.** **Rappelez la définition d'une ristourne et la raison pour laquelle elle est accordée.**

**4.** **Retrouvez le calcul de l'avoir n° A18 du 6 juillet N correspondant à la ristourne du premier semestre.**

**5.** **Calculez le montant de la ristourne obtenue au titre du second semestre.**

**6.** **Comptabilisez cette ristourne en date du 31 décembre N dans le journal de l'entreprise Palmi.**

CHAPITRE 4

# Les fournisseurs d'immobilisations

## Réflexion préalable

**1.** Les biens ci-dessus constituent-ils des immobilisations ?

**2.** Pour quelle utilisation l'entreprise achète-t-elle des immobilisations ? Est-ce la même que pour des marchandises ?

**3.** Rappelez la distinction entre une immobilisation et une charge.

**4.** À votre avis, l'achat d'un ordinateur constitue-t-il une immobilisation pour toute entreprise, quelle que soit son activité ?

**5.** Dans quelle catégorie doit-on classer les immobilisations suivantes : un logiciel, une machine-outil, des titres immobilisés ?

**6.** À quelle valeur l'immobilisation entre-t-elle dans le patrimoine de l'entreprise ?

## Plan du chapitre



**Mots clés**

**immobilisation incorporelle, corporelle, financière ; coût d'acquisition, coûts directement attribuables ; méthode des composants**

# Activités

## 1 Les coûts directement attribuables

À propos d'une machine acquise par la SARL Germain, le comptable s'interroge sur la notion de « coûts directement attribuables » inclus dans le coût d'acquisition des immobilisations. Il a recueilli les extraits suivants du PCG.

> **321-11** Point de départ de l'attribution des coûts.
> Les coûts sont attribués au coût de l'immobilisation à compter de la date à laquelle la direction a pris la décision de l'acquérir ou de la produire pour l'utiliser [...].
>
> **321-12** Les coûts cessent d'être activés lorsque l'immobilisation est en place et en état de fonctionner selon l'utilisation prévue par la direction.
>
> L'acquisition de la machine a généré les événements suivants (montants hors taxes) :

| | | |
|---|---|---|
| 01/10/N | Étude d'opportunité pour l'acquisition d'une nouvelle machine de production | 2 000 € |
| 15/10/N | Décision d'investissement prise par les dirigeants | |
| 31/10/N | Facture de l'électricien pour la préparation de l'emplacement | 500 € |
| 15/11/N | Achat de la machine | 18 000 € |
| 01/12/N | Facture du technicien pour la mise en route de la machine | 500 € |
| 15/12/N | Formation du personnel | 1 000 € |
| 31/12/N | Facture pour la révision périodique de la machine | 800 € |

**1.** **Tracez un axe des temps sur lequel vous positionnerez toutes les opérations ci-dessus. Vous définirez celles qui correspondent à des coûts directement attribuables pour l'immobilisation concernée. Vous justifierez vos propositions en utilisant la réglementation comptable ci-dessus.**

**2.** **Déterminez le montant des coûts directement attribuables pour cette immobilisation.**

## 2 L'acquisition d'immobilisations par la SARL Clovis

La SARL Clovis exerce une activité de fabrication et de vente de meubles pour la maison.
Durant le mois de mars N, l'entreprise a notamment réalisé les acquisitions suivantes.

**Toutenbois S.A.**
**Tout pour le professionnel**

SARL CLOVIS
12 rue des Prés
74500 NEUVECELLE

**Bon de livraison n° 25/144** — **Brest, le 08/03/N**

| Désignation | Quantité | PU | Montant |
|---|---|---|---|
| Machine à bois XRV 555 | 1 | 14 000,00 | 14 000,00 |
| Frais d'installation | 1 | 300,00 | 300,00 |
| Frais de transport | 1 | 620,00 | 620,00 |
| | | Montant brut | 14 920,00 |
| | | Remise conventionnelle 10 % | 1 492,00 |
| | | Net commercial | 13 428,00 |
| | | Escompte conventionnel 5 % | 671,40 |
| | | Net financier | 12 756,60 |
| | | TVA à 19,60 % | 2 500,29 |
| | | **Net à payer** | **15 256,89** |

**En votre aimable règlement sous huitaine selon nos accords**

**Étude notariale Clément**

SARL CLOVIS
12 rue des Prés
74500 NEUVECELLE

**Note n° 654** — **Piéplat, le 15/03/N**

| Objet de la note | Montant |
|---|---|
| Votre acquisition d'un terrain sis 14 rue des Prés à Neuvecelle | 87 000,00 |
| Droits de mutation | 4 176,00 |
| Total hors honoraires | 91 176,00 |
| Honoraires hors taxes | 1 200,00 |
| Frais d'acte | 300,00 |
| TVA à 19,60 % | 294,00 |
| Montant TTC pour notre intervention | 1 794,00 |
| **En votre aimable règlement** | **92 970,00** |

**1.** **Justifiez que les opérations ci-dessus correspondent à l'acquisition d'immobilisations corporelles.**

**2.** **Proposez un exemple d'immobilisation incorporelle et un exemple d'immobilisation financière.**

**3.** **Déterminez le coût d'acquisition de la machine de production en justifiant ses composantes.**

**4.** **Déterminez le coût d'acquisition du terrain en envisageant les deux possibilités prévues par le plan comptable général pour les droits de mutation, honoraires, commissions et frais d'actes. Quelles sont les conséquences comptables respectives de ces deux options ?**

# I Définition et caractéristiques de l'immobilisation

## 1. Les immobilisations corporelles et incorporelles

– Une **immobilisation corporelle** est un actif physique détenu pour être utilisé dans la production de biens ou services et dont l'entreprise attend qu'il soit utilisé au-delà d'un exercice.

**Exemple** *Un matériel de production.*

– Une **immobilisation incorporelle** est un actif non monétaire sans substance physique.

**Exemple** *Un logiciel.*

## 2. Les immobilisations financières

Ce sont essentiellement des **titres de sociétés** (actions, obligations) que l'entreprise souhaite conserver durablement et des **prêts** à moyen ou long terme accordés à des tiers.

# II Le coût d'acquisition des immobilisations

• Le **coût d'acquisition** est constitué :
– du **prix d'achat**, y compris les droits de douane et taxes non récupérables, après déduction des remises, rabais et escomptes de règlement ;
– de tous les **coûts directement attribuables** engagés pour que l'immobilisation puisse être utilisée dans les conditions prévues, tels que les frais de démolition pour la mise en place de l'immobilisation ; les frais de livraison, de transport, de manutention, d'installation, de stockage ; les coûts liés aux essais de fonctionnement.

**Exemple** **Facture du fournisseur**

| | |
|---|---|
| **Prix d'achat** | **2 200,00** |
| **Frais d'installation** | **300,00** |
| Formation du personnel | 325,00 |
| Total HT | 2 825,00 |
| **Remise 10 %** | **282,50** |
| Net commercial | 2 542,50 |
| **Escompte 3 %** | **76,28** |
| Net financier | 2 466,22 |
| TVA 19,60 % | 483,38 |
| **Net à payer** | **2 949,60** |

**Coût d'acquisition**

| | |
|---|---|
| **Prix d'achat** | **2 200,00** |
| **Frais d'installation** | **+ 300,00** |
| | **2 500,00** |
| **Remise 10 %** | **– 250,00** |
| **Net commercial** | **2 250,00** |
| **Escompte 3 %** | **– 67,50** |
| **Total** | **2 182,50** |

Remarque : la formation du personnel n'est pas un coût directement attribuable car elle ne conditionne pas la mise en état d'utilisation du bien.

• **Les droits de mutation, honoraires ou commissions et frais d'actes** liés à l'acquisition peuvent, **sur option**, être rattachés au coût d'acquisition de l'immobilisation ou comptabilisés en charges.

**Exemple** *L'acquisition d'un bâtiment.*

**Acte d'achat**

| | |
|---|---|
| Prix d'achat | 75 000,00 |
| **Honoraires** | **2 300,00** |
| **Droits d'enregistrement** | **3 600,00** |
| **Frais d'acte** | **250,00** |
| Total hors taxes | 81 150,00 |
| TVA 19,60 % (sur honoraires) | 450,80 |
| **Net à payer** | **81 600,80** |

**Option de rattachement au coût d'acquisition**
Coût d'acquisition : **81 150 €**

**Option de comptabilisation en charges**
Coût d'acquisition : **75 000 €**
Charges : 2 300 €, 3 600 €, 250 €
(dans les comptes de charges par nature)

L'option est exercée de manière différenciée pour l'ensemble des immobilisations incorporelles et corporelles d'une part et pour l'ensemble des titres immobilisés et des titres de placement d'autre part.

## 3 La comptabilisation des acquisitions d'immobilisations de la SARL Clovis

Finalement, la SARL Clovis a acquis plusieurs immobilisations durant l'exercice N. Ces opérations sont constatées par les documents suivants.

**S.A. OrdiPourTous**

SARL CLOVIS
12 rue des Prés
74500 NEUVECELLE

**Facture n° 678** **Bringues, le 10/09/N**

| Désignation | Montant |
|---|---|
| Ordinateur Compaq 81622 avec logiciel d'exploitation | 1 220,00 |
| Carte réseau | 150,00 |
| Pack logiciels outils | 600,00 |
| Montant total hors taxes | 1 970,00 |
| TVA à 19,60 % | 386,12 |
| **Total taxes comprises** | **2 356,12** |
| Votre acompte[1] | 500,00 |
| **Net à payer** | **1 856,12** |

1. Chèque n° 36548 tiré le 05/09/N sur la Banque des Alpes.

**Kofébrode Immobilier**

SARL CLOVIS
12 rue des Prés
74500 NEUVECELLE

**Facture n° 445** **Bringues, le 12/10/N**

| Désignation | Montant |
|---|---|
| Immeuble[1] | 102 000,00 |
| TVA à 19,60 % | 19 992,00 |
| **Net à payer** | **121 992,00** |

1. Immeuble (80 000 €) et toiture (22 000 €).

**Banque des Alpes**

SARL CLOVIS

**Avis de débit n° 654652** **15/12/N**

| Désignation | Quantité | PU | Montant |
|---|---|---|---|
| Obligations La Poste | 2 | 1 012,15 | 2 024,30 |
| Commission de service | | | 20,00 |
| TVA sur commission | | | 3,92 |
| **Net à votre débit** | | | **2 048,22** |

Ces titres ont été acquis dans l'intention d'une conservation durable.

| Procédures comptables de l'entreprise (extraits) |
|---|
| – Les droits de mutation, honoraires, commissions et frais d'actes sont rattachés au coût d'acquisition de l'immobilisation concernée.<br>– Les biens de faible valeur sont comptabilisés dans les charges de l'exercice.<br>– Les immeubles sont amortis sur une durée de 50 ans. Leur toiture est amortie sur une durée de 25 ans.<br>– Le compte 2051 – Logiciels a été créé dans le plan de comptes de l'entreprise. |

**Rappel :** deux acquisitions ont été présentées dans l'activité 1 : la facture Toutenbois (machine à bois) et la note de l'étude Clément (terrain).

**1.** **Comptabilisez la facture de la société Toutenbois et la note de l'étude Clément.**

**2.** **Comptabilisez l'acompte versé le 5 septembre N pour l'acquisition de l'ordinateur.**

**3.** **En utilisant le cours de la page ci-contre, définissez la nature comptable des logiciels figurant sur la facture de la SA OrdiPourTous. Comptabilisez la facture.**

**4.** **Pourquoi l'immeuble doit-il faire l'objet d'une ventilation par composants ? Comptabilisez la facture de la société Kofébrode Immobilier.**

**5.** **Comptabilisez l'acquisition des obligations La Poste en justifiant votre imputation comptable.**

# III La comptabilisation des acquisitions d'immobilisations

## 1. Cas général incluant éventuellement un acompte

La commande d'une immobilisation est parfois caractérisée par le versement d'un acompte.

### a) Lors du paiement de l'acompte

| | |
|---|---|
| **238** | **Avances et acomptes versés sur commandes d'immob. corporelles**[1] |
| 512 | Banque |

1. Ou 237 pour les immobilisations incorporelles.

### b) Lors de la facturation

| | |
|---|---|
| 2 | Compte d'immobilisations |
| 44562 | TVA déductible sur immobilisations |
| **238** | **Avances et acomptes versés s/commandes d'immob. corporelles**[1] |
| 404 | Fournisseurs d'immobilisations |

### c) Remarques

• Certaines immobilisations (petits outillages, matériels de bureau et logiciels) de peu de valeur peuvent (au choix de l'entreprise) être comptabilisées dans les charges de l'exercice (article 331-4 du PCG). On retient en général le seuil de 500 € hors taxe (à l'unité).

• Seuls les logiciels dissociés (facturation distincte) sont comptabilisés dans le compte 205 – Concessions et droits similaires..., logiciels, etc. Les logiciels indissociés (logiciels d'exploitation) font partie de l'ordinateur.

## 2. La ventilation par composants de la valeur d'origine

### a) Définition du composant

C'est un élément d'une immobilisation qui a une durée d'utilisation différente de celle de l'immobilisation dans son ensemble. Il peut être :
– un élément qui doit faire l'objet de remplacements à intervalles réguliers ;
– un programme pluriannuel et obligatoire de grosses réparations ou de grandes révisions.

| Exemples | Durée d'utilisation |
|---|---|
| Un immeuble | 50 ans |
| Sa toiture | 25 ans |
| Son ascenseur | 15 ans |
| La révision de l'ascenseur | Tous les 5 ans |

### b) Comptabilisation

Le plan comptable général impose de comptabiliser distinctement les différents composants d'une immobilisation lorsqu'ils ont des durées d'utilisation différentes.

| | |
|---|---|
| **213-1** | **Bâtiment (immeuble proprement dit)** |
| **213-2** | **Bâtiment (toiture de l'immeuble)** |
| **213-3** | **Bâtiment (ascenseur)** |
| 44562 | TVA déductible sur immobilisations |
| 404 | Fournisseurs d'immobilisations |

## 3. Les acquisitions de titres

Une entreprise peut détenir des titres (actions, obligations) dans des objectifs différents. C'est en fonction de cet objectif que l'actif sera classé dans l'actif immobilisé ou dans l'actif circulant.

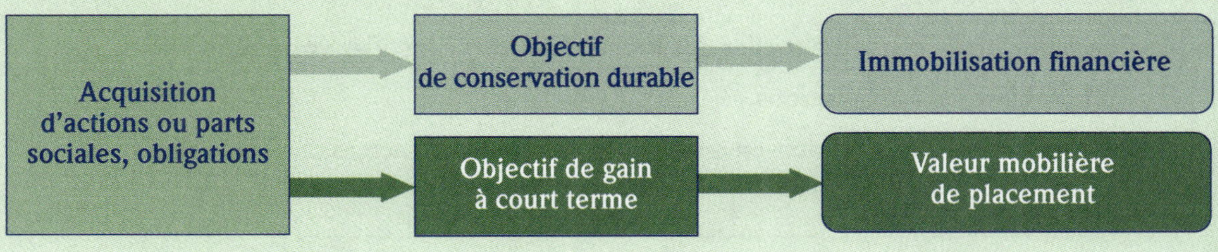

# Travaux dirigés

## 1 La distinction entre charges et immobilisations

La société Dupont est spécialisée dans la vente de vêtements prêts-à-porter. Son activité a débuté récemment et elle a réalisé les opérations suivantes (montants hors taxes).

**1.** Elle loue un local commercial qu'elle aménage et achalande.

| | |
|---|---|
| – Loyer trimestriel | 3 500 € |
| – Agencements divers (acquis par la société Dupont) | 2 040 € |
| – Marchandises destinées à la revente | 21 320 € |
| – Honoraires de l'avocat ayant rédigé le bail du local | 1 200 € |
| **2.** Pour faire connaître ce nouveau lieu de vente, elle réserve un encart dans un journal. | 3 250 € |
| **3.** Aménagement du magasin | |
| – Acquisition et mise en place de rayonnages neufs fixés à demeure | 8 420 € |
| – Peinture des murs intérieurs du magasin | 3 150 € |
| – Réparation de l'installation électrique | 3 029 € |
| – Achat de meubles d'exposition | 2 040 € |
| – Mise en place de la nouvelle enseigne | 1 368 € |
| **4.** Un organisme de formation spécialisé dans la vente assure une formation de 2 semaines pour le personnel récemment embauché | 5 040 € |

**1. Rappelez les modalités de distinction entre une charge et une immobilisation.**

**2. Pour chaque opération, précisez s'il s'agit d'une immobilisation ou d'une charge et quel(s) compte(s) d'immobilisations ou de charges devront être utilisés pour comptabiliser chaque opération.**

**3. Indiquez de quelle manière le coût de l'opération pèsera sur le résultat de l'exercice.**

## 2 Les immobilisations à décomposer

Un matériel pour le BTP a été acquis par la société Martin le 15 juin N pour un coût global de 224 000 €.
Cette immobilisation a globalement une durée de vie de 10 ans. Cette valeur englobe les éléments suivants :
- le moteur de ce matériel doit être remplacé tous les 5 ans, ceci pour une valeur initiale de 60 000 € ;
- par ailleurs, les règles de sécurité imposent une révision de ce matériel tous les 2 ans.

Ce programme de révision est estimé à une valeur de 14 000 €.

**1. Justifiez la nécessité de ventiler la valeur d'origine de cette immobilisation.**

**2. Comptabilisez cette acquisition.**

**3. Calculez les dotations aux amortissements pour l'exercice N.**

**4. Quelle aurait été la dotation si l'immeuble n'avait pas fait l'objet de cette décomposition ?**

## 3 Les acquisitions de titres

Le 5 mai N, la société Dupond a acquis 1 000 actions de la société ABC au prix unitaire de 10,20 € et 10 obligations DEF au prix unitaire de 1 052 €.
Les titres ont été acquis pour être conservés durablement et ont été réglés par prélèvement sur le compte bancaire de la société. Le Crédit Lyonnais facture des commissions de 0,10 € par action et 1 € par obligation (hors taxes).
La société Dupond a opté pour la comptabilisation en charges des commissions versées pour l'acquisition des titres.

**1. Ces acquisitions constituent-elles des immobilisations ? Justifiez votre réponse.**

**2. Comptabilisez ces acquisitions.**

**3. Quelle(s) modification(s) doit-on envisager si ces titres sont acquis dans un objectif de placement à court terme ?**

## 4 BAC Entraînez-vous à l'écrit

L'entreprise Durand fabrique et vend des articles divers pour le ski de montagne. Durant le mois de septembre N, elle a procédé à la création d'un nouvel atelier et a notamment réalisé les opérations suivantes.

| **Établissements AutoPlus** **Facture n° 326845** | | Le 02/09/N Doit : Durand |
|---|---|---|
| Véhicule de tourisme | 1 | 15 000,00 |
| Aménagements divers | | 1 540,00 |
| Total HT | | 16 540,00 |
| TVA 19,60 % | | 3 241,84 |
| Essence[1] | | 100,00 |
| Carte grise | | 250,00 |
| **NET À PAYER** | | **20 131,84** |

1. La TVA sur l'essence n'est pas récupérable.

| **ÉlectroPlus SA** **Facture n° 5566** | | Le 03/09/N Doit : Durand |
|---|---|---|
| Installation électriquede l'atelier | 1 | 4 530,00 |
| TVA 19,60 % | | 887,88 |
| **Total TTC** | | **5 417,88** |
| Votre acompte | | 1 000,00 |
| **NET À PAYER** | | **4 417,88** |

| **Société InfoPlus** **Facture n° 78465** | | Le 04/09/N Doit : Durand |
|---|---|---|
| Ordinateur IS32[1] | 1 | 3 000,00 |
| Logiciel PAO[2] | 1 | 800,00 |
| Total HT | | 3 800,00 |
| TVA 19,60 % | | 744,80 |
| **NET À PAYER** | | **4 544,80** |

1. Système d'exploitation inclus.
2. Logiciel de pilotage pour la production.

| **Société RobotPlus** **Facture n°4321** | | Le 05 09/N Doit : Durand |
|---|---|---|
| Robot de peinture | 1 | 13 625,00 |
| Frais de montage | | 325,00 |
| Lot peinture pour test | | 150,00 |
| Essais et tests | | 400,00 |
| Total HT | | 14 500,00 |
| TVA 19,60 % | | 2 842,00 |
| **NET À PAYER** | | **17 342,00** |

| **SA OutilPlus** **Facture n° 2459** | | | Le 08/09/N Doit : Durand |
|---|---|---|---|
| Lot petits outillages | 5 | 150 | 750,00 |
| Remise 5 % | | | 37,50 |
| Total HT | | | 712,50 |
| TVA 19,60 % | | | 139,65 |
| **NET À PAYER** | | | **852,15** |

**Acte de cession**

Établi le 10 septembre N, ci-devant Maître Capelot, notaire à Paris.
La SCI Immobilis cède à la société Durand un bâtiment industriel situé au 15 rue Blanche à Paris. Le prix convenu est de 95 000 €[1] réglés le jour même par chèque bancaire n° 01666 sur le Crédit Parisien.

1. Non soumis à TVA.

| **SARL AtelierPlus** Facture n° 895 | | Le 12/09/N Doit : **Durand** |
|---|---|---|
| Armoires métalliques | 5 | 1 805,00 |
| Escompte 3 % | | – 54,15 |
| Net financier | | 1 750,85 |
| TVA 19,60 % | | 343,17 |
| **NET À PAYER** | | **2 094,02** |

| **Maître Capelot** Facture n° 2123 | Le 15/09/N Doit : **Durand** |
|---|---|
| Droits d'enregistrement | |
| (votre achat d'un local industriel) | 1 025,00 |
| Honoraires | 412,00 |
| TVA 19,60 % (sur honoraires) | 80,75 |
| **NET À PAYER** | **1 517,75** |

Les procédures comptables de l'entreprise prévoient que :
– les droits de mutation, honoraires, commissions et frais d'actes sont systématiquement rattachés au coût d'acquisition de l'immobilisation concernée ;
– les immobilisations de faible valeur (montant unitaire hors taxes inférieur à 500 €) sont comptabilisées comme des charges de l'exercice ;
– pour les logiciels, l'entreprise a créé le compte 2051 – Logiciels.

**1. Analysez chaque opération pour définir si elle constitue une immobilisation.**
**2. Déterminez le coût d'acquisition de chaque immobilisation.**
**3. Comptabilisez ces opérations.**

## 5 BAC Entraînez-vous à l'étude

**Sujet de l'étude**

**Les acquisitions d'immobilisations : l'application de la méthode des composants dans les organismes de logement social**

La méthode des composants doit s'appliquer lorsque des éléments distincts d'une immobilisation existent. Cette méthode, nouvelle dans le droit comptable français, doit être appliquée dans les entreprises en fonction de leur activité propre. Existe-t-il des illustrations concrètes de la méthode des composants ? Le secteur de la gestion des immeubles sociaux est très concerné et des études ont été menées par des organisations professionnelles, l'A.RE.COOP. par exemple (http://www.hlm.coop). Par ailleurs, le CNC (site : http://www.finances.gouv.fr/CNCompta) a été amené à se prononcer sur ce sujet dans un avis du 23 juin 2004 relatif aux modalités d'application de la comptabilisation par composants dans les organismes de logement social.

## 6 Évaluez les acquis du chapitre

Au cours du mois de mars N, la société Dubois a réalisé les opérations suivantes (TVA à 19,60 %).

15/03 Commande d'une machine à découper le verre auprès de la société Martin. Versement d'un acompte de 10 000 €. Chèque n° 10528.

25/03 Livraison de la machine par la société Martin.

28/03 Facture reçue de la société Durand pour sa commission (son intervention dans l'acquisition).

| **Société Durand** <br> **Facture n° 1234** | Le 28/03/N <br> Doit : **Société Dubois** |
|---|---|
| Commission selon notre accord | 1 000,00 |
| TVA 19,60 % | 196,00 |
| **NET À PAYER** | **1 196,00** |

29/03 Règlement de la facture de la société Durand par chèque bancaire n° 10598.

30/03 Réception de la facture n° 698/03 émise par la société Martin.

| **Société Martin** <br> **Facture n° 698/03** | 30/03/N <br> Doit : **Société Dubois** |
|---|---|
| Machine XRB 15 | 20 250,00 |
| Frais de transport et d'installation | 1 250,00 |
| Formation du personnel | 4 000,00 |
| Montant brut HT | 25 500,00 |
| Remise conventionnelle 10 % | 2 550,00 |
| Net commercial | 22 950,00 |
| Escompte 5 % | 1 147,50 |
| Net financier | 21 802,50 |
| TVA 19,60 % | 4 273,29 |
| Total TTC | 26 075,79 |
| Votre acompte | 10 000,00 |
| **NET À PAYER** | **16 075,79** |

31/03 Règlement du solde de la facture de la société Martin par chèque bancaire n° 12512.

1. **Rappelez les principes qui définissent le coût d'acquisition d'une immobilisation.**
2. **Quelles sont les options de comptabilisation pour la commission versée à la société Durand ?**
3. **Déterminez le coût d'acquisition de cette immobilisation en supposant que la société Dubois choisit d'incorporer au coût d'acquisition toutes les charges liées.**
4. **Comptabilisez ces opérations.**
5. **Quels traitements comptables seront appliqués à cette immobilisation durant son utilisation ?**

# CHAPITRE 5

# Les relations avec la banque

## Réflexion préalable

1. Proposez trois situations dans lesquelles une entreprise entre en relation avec sa banque.
2. Quel est le risque lorsqu'une entreprise se trouve en situation de découvert bancaire ?
3. Pourquoi est-il déconseillé de conserver une somme importante dans le compte banque ?
4. Quel est le nom du document envoyé régulièrement (tous les mois, voire toutes les quinzaines) par la banque à ses clients ?
5. Une somme enregistrée au débit du compte 512 – Banque correspond-elle à un encaissement ou à un décaissement pour l'entreprise ?
6. Le solde du compte 512 – Banque peut-il être créditeur ?

## Plan du chapitre



### Mots clés

**relevé de compte ; comptes réciproques ; avis de débit, avis de crédit, état de rapprochement ; VMP, plus ou moins-value ; placement financier, agios, commissions, découvert bancaire**

# Activités

## 1 La relation banque-entreprise

Des demandes claires et étayées : « Pour chaque établissement, explique Alain Fradet (trésorier du groupe de transport routier Mousset, 56 millions d'euros de chiffre d'affaires), j'ai récapitulé les conditions en vigueur (dates de valeur, intérêts débiteurs, commissions…) et celles vers lesquelles je voulais aller. Parallèlement, j'ai établi des comptes d'exploitation succincts faisant ressortir ce que le groupe rapportait à chacun de ses banquiers. Je leur ai dit : "Voilà ce que vous gagnez grâce à nous. C'est beaucoup d'argent. Nous voudrions que vous en gagniez un peu moins." Ils ont compris. »

Pour se donner plus de marges de manœuvre dans les négociations, Alain Fradet entreprend par ailleurs d'augmenter progressivement le nombre de ses partenaires bancaires – porté à huit aujourd'hui.

Nathalie Mourlot, *L'Entreprise*, n° 223, mai 2004.

**1.** **Citez trois exemples d'opérations réalisées par l'entreprise avec sa banque.**

**2.** **Rappelez les différents moyens de paiement fournis par une banque.**

**3.** **Expliquez la phrase soulignée.**

**4.** **Pourquoi une entreprise est-elle cliente de plusieurs banques ?**

## 2 Conséquences d'un découvert bancaire dans la SA Sauni

Suite à son découvert bancaire, la banque de la SA Sauni a prélevé des agios et une commission pour un montant total de 250 €. Le comptable de la SA Sauni a enregistré le prélèvement.

| | 03/04/N | | |
|---|---|---|---|
| 661 | Charges d'intérêt | 190,20 | |
| 627 | Services bancaires | 50,00 | |
| 44566 | TVA déductible/ABS | 9,80 | |
| 512 | Banque | | 250,00 |
| | *Selon avis de débit reçu ce jour concernant notre découvert bancaire* | | |

**1.** **Quel est le montant de la commission ? Quel est le montant des agios ?**

**2.** **Un seul de ces deux éléments est soumis à la TVA. Lequel ? À votre avis, pourquoi ?**

**3.** **Cette écriture augmente-t-elle le solde du compte banque ?**

## 3 Le recours à l'emprunt bancaire par la SA Sauni

La SA Sauni envisage d'investir dans une nouvelle machine à commande numérique. Cet appareil serait financé par emprunt selon le tableau d'amortissement suivant.

| Échéances | Capital restant dû au début | Intérêts annuels | Amortissement annuel | Annuité | Capital restant dû à la fin |
|---|---|---|---|---|---|
| 01/07/N+1 | 5 000,00 | 275,00 | 1 578,27 | 1 853,27 | 3 421,73 |
| 01/07/N+2 | 3 421,73 | 188,20 | 1 665,07 | 1 853,27 | 1 756,65 |
| 01/07/N+3 | 1 756,65 | 96,62 | 1 756,65 | 1 853,27 | 0,00 |

**1.** **Quel est le montant emprunté ? Déduisez-en la valeur de la machine à commande numérique.**

**2.** **Caractérisez cet emprunt : durée, taux d'intérêt, annuité.**

**3.** **Quelle différence faites-vous entre amortissement et annuité ?**

**4.** **Pourquoi les intérêts annuels diminuent-ils au fil du temps ?**

**5.** **Présentez le compte 164 – Emprunts auprès des établissements de crédit au 30 juin N+2 en précisant bien les dates en face des sommes reportées.**

**6.** **Comptabilisez, au journal de la SA Sauni, la dernière annuité.**

**7.** **Quelle est la valeur du compte 164 après cette dernière écriture ?**

# I Les opérations réalisées avec la banque

La banque facilite le fonctionnement de l'entreprise en lui proposant notamment des services de plus en plus perfectionnés. Par contre, la banque facture la plupart de ses interventions.

## 1. Les relations courantes

Pour exercer son activité, l'entreprise sollicite souvent sa banque : règlement d'un achat, d'un salaire, encaissement d'une vente…

La plupart de ces flux financiers sont enregistrés dans le compte 512 – Banque.

| 512 – Banque | |
|---|---|
| – Chèques et virements reçus<br>– Cartes bleues encaissées<br>– Versements d'espèces<br>…. | – Chèques et virements émis<br>– Cartes bleues effectuées<br>– Retraits d'espèces<br>– Prélèvements |

Pour certaines opérations, la banque facture ses prestations sous forme de **commissions.**

**Exemple** *Un commerçant (fleuriste, boucher, buraliste…) paie une commission lorsque le client règle par carte bleue.*

Cette commission représente une charge pour l'entreprise. Elle est soumise à la TVA.

| | | | |
|---|---|---|---|
| 627 | Services bancaires | HT | |
| 44566 | TVA déductible/ABS | TVA | |
| 512 | Banque | | TTC |

## 2. L'emprunt bancaire

Pour financer son activité, et en particulier ses investissements, l'entreprise peut solliciter un emprunt.

Lorsque l'emprunt est débloqué, le compte banque augmente par le crédit du compte 164 – Emprunts auprès des établissements de crédit.

L'emprunteur paie périodiquement une somme (mensualité, trimestrialité, annuité), qui comprend deux éléments :

– un amortissement qui vient en déduction du capital emprunté ;

– un intérêt (rémunération du prêteur).

| | | | |
|---|---|---|---|
| 661 | Charges d'intérêt | Intérêts | |
| 164 | Emprunts | Amortis. | |
| 512 | Banque | | Annuité |

Lorsque le remboursement de l'emprunt est terminé, le compte 164 est soldé.

# II L'insuffisance de trésorerie

Les dirigeants doivent surveiller l'évolution du solde bancaire. Ce suivi du solde permet de prévenir d'éventuelles défaillances qui conduiraient l'entreprise à manquer de disponibilités.

## 1. Le découvert bancaire pour les insuffisances ponctuelles

La banque considère un découvert bancaire comme une avance financière et prélève des agios qui seront fonction de la durée du découvert, de son montant et du taux d'intérêt appliqué. Ces agios ne sont pas soumis à TVA.

| | | | |
|---|---|---|---|
| 661 | Charges d'intérêt | Agios | |
| 512 | Banque | | Agios |

## 2. L'emprunt bancaire pour les insuffisances chroniques

Lorsque les problèmes de trésorerie persistent, l'entreprise doit réagir. Elle peut modifier notamment les délais de paiement avec ses partenaires (voir chapitre 15) ou encore solliciter un nouvel emprunt.

## 4 Faites fructifier votre trésorerie

Un bon entrepreneur ne peut supporter d'avoir de « l'argent qui dort ». Même à court terme, il est possible de faire fructifier sa trésorerie sur des placements sans risque. [...] Mais l'époque où les Sicav monétaires permettaient d'obtenir des rendements à deux chiffres avec une prise de risque quasi nulle est bien loin. Comment optimiser vos placements maintenant que plus les produits sont liquides [se transforment rapidement en monnaie] et sûrs, moins ils sont rentables... c'est-à-dire, somme toute, que la situation est redevenue normale ?

[...] Pour les placements de très courte durée, inférieurs à un mois, inutile de chercher midi à quatorze heures : les OPCVM de trésorerie (Sicav et fonds communs de placement monétaires) dits « réguliers » sont les produits les plus adaptés.

[...] Cela étant, placer sa trésorerie n'est pas toujours le meilleur moyen de la faire fructifier. Il en existe un autre : régler ses fournisseurs par anticipation. [...]

Nathalie Mourlot, *L'Entreprise*, n° 174.

**1.** **Pourquoi les entreprises cherchent à placer leur excédent de trésorerie ?**

**2.** **Quels sont les placements proposés par cet article ?**

**3.** **En quoi « régler ses fournisseurs par anticipation » rapporte-t-il de l'argent ?**

**4.** **À votre avis, quelles sont les qualités que doit posséder un bon placement ?**

## 5 La gestion de la trésorerie dans la SA Sauni

Pour utiliser son excédent de trésorerie, la SA Sauni décide d'acquérir, le 25 février, 48 obligations Casper pour un montant total de 1 824 € et 30 actions Masure à 30 € l'action. Cette année, la société Casper rémunère ses obligations sur la base de 8 € unitaire. Le versement de ces intérêts a lieu le 19 août.
La SA Masure a distribué, ce jour-là, 12 € de dividendes par action détenue. Enfin, la SA Sauni, ayant un besoin imminent de liquidité le 23 décembre, décide de vendre 30 obligations au prix unitaire de 40 € et les actions Masure pour un montant de 780 €.
Pour l'ensemble de ces opérations, le comptable de la SA Sauni a préparé les écritures suivantes.

| | | | | |
|---|---|---|---|---|
| | | 25/02/N | | |
| 503 | | Actions | | |
| 506 | | Obligations | | |
| 512 | | Banque | | |
| | | *Acquisitions de VMP ce jour* | | |
| | | 19/08/N | | |
| 512 | | Banque | | |
| 764 | | Revenus des VMP | | |
| | | *Revenu des VMP* | | |
| | | 23/12/N | | |
| 512 | | Banque | | |
| 767 | | Produits nets/cession de VMP | | 60,00 |
| 506 | | Obligations | | |
| | | *Cession des 30 obligations Casper* | | |
| | | 23/12/N | | |
| 512 | | Banque | | |
| 667 | | Charges nettes/cession de VMP | 120,00 | |
| 503 | | Actions | | |
| | | *Cession des 30 actions Masure* | | |

**1.** **Comment appelle-t-on le revenu d'une action ? d'une obligation ?**

**2.** **Pourquoi la SA Sauni décide-t-elle d'acquérir ces actions et ces obligations ?**

**3.** **Comparez le prix de vente au prix d'achat des deux catégories de titres vendus le 23 décembre. Ces cessions ont-elles permis à l'entreprise de gagner de l'argent ?**

**4.** **Terminez les écritures en complétant les montants.**

**5.** **À quoi correspondent les montants de 60 € et de 120 € dans ces écritures ?**

**6.** **Combien de titres détient la SA Sauni dans son portefeuille à la fin de l'année ?**

**7.** **Présentez les comptes 503 et 506, et vérifiez avec la réponse précédente.**

# III L'excédent de trésorerie

L'entreprise a intérêt à faire fructifier ses excédents de trésorerie. En fonction de ses échéances, elle en conserve une part et place le reste.

## 1. Les titres de placement

Il est fréquent d'utiliser un excédent de trésorerie pour acquérir des titres en Bourse.

### a) La notion de titre

Un titre correspond :
– soit à une **action** si le titre représente un droit de propriété sur une société ;
– soit à une **obligation** si le titre représente un droit de créance sur une société.

Le « portefeuille titres » est le terme qui désigne l'ensemble des titres possédés par une entreprise à une date donnée.

### b) Les valeurs mobilières de placement

Les valeurs mobilières de placement (VMP) sont des titres achetés dans une vision à court terme. Ce type de placement présente l'avantage d'être rapidement transformable en monnaie en cas de besoin de disponibilités.

**Exemple** *L'entreprise décide de vendre la moitié des VMP achetées le mois dernier car sa trésorerie est désormais insuffisante.*

### c) Les revenus générés par les VMP

Il faut distinguer la nature du titre détenu. Une action procure un **dividende** qui correspond à une fraction du bénéfice réalisé par la société. L'inconnue réside donc dans le montant du résultat mais aussi dans la proportion distribuée aux actionnaires.

Si le titre possédé correspond à une obligation, alors l'entreprise perçoit des **intérêts** en attendant d'être remboursée.

### d) Les plus ou moins-values de cession

Lorsque l'entreprise cède une partie ou la totalité de ses VMP, elle enregistre :
– soit une plus-value si le prix de vente est supérieur au prix d'achat ;
– soit une moins-value dans le cas contraire.

## 2. Le traitement comptable des VMP

Le système d'information comptable prend en charge les différentes opérations liées à la gestion des VMP, de leur entrée dans le patrimoine de l'entreprise à leur sortie.

### a) L'acquisition des VMP

L'acquisition de VMP se fait par l'intermédiaire de la banque. Il est fréquent qu'une commission soit retenue par le banquier et directement prélevée sur le montant de la transaction. Cette commission est soumise à la TVA, contrairement au reste, car il n'y a pas de TVA sur les titres.

| | | | |
|---|---|---|---|
| 50 | VMP | Valeur | |
| 627 | Services bancaires | Commission | |
| 44566 | TVA déd./ABS | TVA/com. | |
| 512 | Banque | | X |

### b) Les revenus des VMP

Il n'est pas utile de distinguer la nature du revenu : dividende ou intérêt. Il s'agit d'un produit financier pour l'entreprise qui encaisse une somme d'argent.

| | | | |
|---|---|---|---|
| 512 | Banque | X | |
| 764 | Revenus de VMP | | X |

### c) La cession des VMP

L'enregistrement comptable tient compte de la nature du résultat de la cession.

| | | | |
|---|---|---|---|
| 512 | Banque | Px vte | |
| 667 | Charges nettes/cession de VMP | – value | |
| **ou** | | | |
| 767 | Produits nets/cession de VMP | | + value |
| 50 | VMP | | Px ach. |

## 6 Le rapprochement avec la comptabilité tenue par la banque

La SA Sauni vient de recevoir son relevé de compte, qu'elle compare à son compte banque.

**Document 1** **Relevé de compte de la SA Sauni au 15 novembre**

| CRÉDIT INTER ÉPARGNE | | Relevé de compte | |
|---|---|---|---|
| Date | Nature de l'opération | Débit | Crédit |
| | Solde créditeur au 1er novembre | | 3 432,39 |
| 01/11 | Versement espèces | | 250,00 |
| 07/11 | Prélèvement remboursement emprunt n° 436503 | 542,65 | |
| 08/11 | Facture carte bleue Autoroute du Sud | 23,55 | |
| 09/11 | Déblocage nouvel emprunt n° 436792 | | 18 000,00 |
| 10/11 | Remise de chèque n° 384 Client Mathis | | 2 356,54 |
| 14/11 | Paiement du chèque n° 2338342 | 345,85 | |
| 14/11 | Commission cartes bleues semaine 32 dont TVA 3,92 € | 23,92 | |
| 15/11 | Achat de 50 VMP | 3 745,05 | |
| | Solde créditeur au 15 novembre | | 19 357,91 |

**Document 2** **Extrait du compte 512 – Banque issu de la comptabilité de la SA Sauni**

| Date | Libellé de l'écriture | Débit | Crédit |
|---|---|---|---|
| 01/11 | Solde initial | 3 432,39 | |
| 05/11 | Versement espèces | 250,00 | |
| 06/11 | Chèque n° 2338341 au fournisseur Hifi | | 1 425,87 |
| 08/11 | Prélèvement remboursement emprunt n° 436503 | | 542,65 |
| 09/11 | Facture carte bleue Autoroute du Sud | | 23,55 |
| 10/11 | Remise de chèque n° 384 Client Mathis | 2 356,54 | |
| 10/11 | Chèque n° 2338342 à l'assureur | | 345,85 |
| 14/11 | Chèque n° 2338343 au fournisseur Malo | | 234,92 |
| 15/11 | Versement espèces | 2 000,00 | |

**1. Combien la société Sauni pense-t-elle détenir en banque le 15 novembre ?**

**2. Le relevé bancaire reçu (document 1) confirme-t-il ce montant ?**

Pour expliquer cet écart, il faut « rapprocher » ces deux comptes. L'objectif est de rechercher les différences qui expliquent cet écart. Il s'agit d'abord d'éliminer les sommes communes.

**3. Pointez les sommes communes entre les deux documents sachant qu'une somme débitée dans un compte se retrouve au crédit dans l'autre compte (ces comptes sont dits « réciproques »).**

Le document suivant permet de faire concorder les deux comptes : c'est l'« état de rapprochement ».

| Compte 512 – Banque | Débit | Crédit | Cpte SA Sauni à la banque | Débit | Crédit |
|---|---|---|---|---|---|
| Solde final au 15/11 | | | Solde final au 15/11 | | |
| Nouvel emprunt | 18 000,00 | | Chèque n° 2338341 | 1 425,87 | |
| Commission | | 23,92 | Chèque n° 2338343 | 234,92 | |
| Souscription VMP | | 3 745,05 | Versement espèces | | 2 000,00 |
| **Solde rapproché** | | | **Solde rapproché** | | |

**4. Expliquez comment ont été traitées les sommes non pointées.**

**5. Terminez l'état de rapprochement en complétant les soldes manquants.**

Ci-contre, l'écriture passée par le comptable :

| | | | |
|---|---|---|---|
| 512 | Banque | 14 231,03 | |
| 627 | Services bancaires | 20,00 | |
| 44566 | TVA déductible/ABS | 3,92 | |
| 50. | VMP | 3 745,05 | |
| 164 | Emprunts | | 18 000,00 |

**6. Quelle partie de l'état de rapprochement a été enregistrée ?**

**7. Mettez à jour le compte 512 – Banque. Que constatez-vous ?**

**8. Pourquoi est-il important de réaliser ce travail de rapprochement avec la banque ?**

# IV Le contrôle du compte banque

Pour assurer une gestion optimale de ses disponibilités, l'entreprise doit contrôler l'exactitude des informations portées dans son compte banque.

## 1. La réciprocité des comptes

### a) Les documents envoyés par la banque

Régulièrement, l'entreprise reçoit un **relevé de compte** émis par la banque. Ce document constitue un extrait de la comptabilité tenue par la banque et retrace toutes les opérations réalisées avec l'entreprise.

De plus, grâce à Internet, l'entreprise peut visualiser à tout moment les opérations présentes sur son compte bancaire. Cette faculté améliore la qualité de la relation entre la banque et l'entreprise en réduisant le délai de communication des informations.

**Exemple** ***L'entreprise consulte son compte sur le site de sa banque pour vérifier qu'une subvention a bien été reçue.***

### b) L'interprétation de l'information

Lorsque l'entreprise possède de l'argent en banque, le solde de son compte 512 – Banque est débiteur. Or, le relevé bancaire envoyé par la banque indiquera un solde créditeur.

En fait, les sommes sont inversées parce que la situation des deux intervenants est opposée : l'argent déposé à la banque par l'entreprise doit lui être restitué à tout moment, à sa demande. La banque a donc une dette qui s'inscrit au crédit du compte de l'entreprise (compte de tiers car il s'agit d'un client pour la banque). Ces deux comptes sont dits **« réciproques »**, comme le montre ce schéma :

– Dans la comptabilité de l'entreprise

| 512 – Banque | |
|---|---|
| X<br>(entrée d'argent) | Y<br>(sortie d'argent) |

– Dans la comptabilité de la banque

| 4. – Compte client : entreprise | |
|---|---|
| Y<br>(créance sur le client) | X<br>(dette envers le client) |

## 2. Le rapprochement

Le solde du compte 512 – Banque est souvent différent de celui du relevé bancaire.

### a) Les origines de l'écart

Plusieurs raisons peuvent expliquer cette différence de solde entre les deux comptes :
– une erreur dans la saisie d'une opération ;
– un oubli lorsque le paiement se fait automatiquement (prélèvement ou virement) ;
– un décalage dans le temps qui fait que seule la banque (ou l'entreprise) connaît l'opération à la date du relevé. C'est, par exemple, le cas lorsqu'un chèque est émis par l'entreprise (et donc présent dans sa comptabilité) et celui où il est encaissé par son bénéficiaire (et donc présent à la banque).

### b) L'objectif recherché

Il est nécessaire de faire coïncider le solde des deux comptes en identifiant les différences. Ce travail de rapprochement permet à l'entreprise de connaître la véritable somme détenue en banque et de vérifier si certaines opérations se sont réellement dénouées.

**Exemple** ***L'entreprise vient de signer un marché avec un important client et elle vérifie, sur son relevé bancaire, que le virement de l'acompte prévu a bien été effectué.***

### c) La méthode utilisée

La démarche consiste :
– **à pointer les sommes communes** pour faire ressortir les sommes qui expliquent l'écart entre les soldes initiaux ;
– **à réaliser l'état de rapprochement** qui se présente sous forme de tableau (voir exemple dans l'activité 6) :
– **à mettre à jour le compte banque** en enregistrant les opérations présentes dans la partie de l'état de rapprochement qui concerne le compte 512 – Banque.

# Travaux dirigés

## 1 La recherche d'informations sur les termes financiers

Comme tous les spécialistes dans leur domaine, les banquiers utilisent un langage spécifique avec des termes particuliers. Certains parlent de jargon comme pour la santé avec les médecins, pour le droit avec les juristes... pour la finance avec les banquiers.

Le site suivant propose un lexique de termes financiers : www.lesclesdelabanque.com

● **À partir d'Internet et de vos connaissances, complétez le tableau suivant.**

| Terme | Définition | Exemple |
|---|---|---|
| Agios | Intérêts perçus par votre banque à l'occasion d'un découvert en compte ou d'une avance. Ils sont calculés en fonction de la somme, de la durée et du taux d'intérêt. | Les trois jours de découvert ont généré des agios de 110 € prélevés par la banque. |
| Autorisation de découvert | | |
| Commissions | | |
| Incident de paiement | | |
| Intérêts débiteurs | | |
| Intérêts créditeurs | | |
| Plus-value | | |
| OPCVM | | |
| RIB | | |
| Souscription | | |

## 2 L'emprunt bancaire de la société Relax

La société Relax fabrique des chaises longues haut de gamme depuis trois générations. La production nécessite une machine sophistiquée et polyvalente capable de travailler avec plusieurs essences de bois (pins douglas, châtaigniers, merisiers...) mais aussi du fer forgé, voire des résines plastiques. Cette machine, d'une valeur de 20 000 € HT, a été acquise il y a trois ans grâce à un emprunt réalisé auprès de la banque de la société pour la totalité de la valeur. Le comptable de la société vient d'enregistrer la troisième échéance.

| | | | | |
|---|---|---|---|---|
| | | 15/05/N | | |
| 661 | | Charges d'intérêt | 524,38 | |
| 164 | | Emprunts auprès des établissements de crédit | 5 115,86 | |
| | 512 | Banque | | 5 640,24 |
| | | *Paiement de la troisième échéance de l'emprunt* | | |

**1.** **À partir de cette écriture, mettez à jour le tableau d'amortissement de l'emprunt.**

| Échéances | Capital restant dû au début | Intérêts à 5 % l'an | Amortissement annuel | Annuité | Capital restant dû à la fin |
|---|---|---|---|---|---|
| 15/05/N-2 | 20 000,00 | 1 000,00 | 4 640,24 | 5 640,24 | 15 359,76 |
| 15/05/N-1 | 15 359,76 | 767,98 | 4 872,24 | 5 640,24 | 10 487,52 |
| 15/05/N | | | | | |

**2.** **Quelle est la durée de cet emprunt ?**

**3.** **Pourquoi les amortissements annuels augmentent-ils au fil des années ?**

## 3 Les placements financiers de la SARL Ronsard

La SARL Ronsard est une librairie très fréquentée dans la ville d'Hyères (83). Pendant la période estivale, son chiffre d'affaires augmente d'environ 50 %. Cette progression de l'activité conduit à des excédents de trésorerie non négligeables.
Peu avant l'été, la gérante de la société prend contact avec son banquier pour envisager un placement de surplus de trésorerie à venir. Voici un extrait de leur discussion.
**Banquier :** « [...] *Il n'y a aucun problème, vous me téléphonez et dans la journée je m'occupe personnellement de votre placement.* »
**Gérante :** « *Très bien, mais je souhaiterais placer cet argent dans une sorte de livret épargne pour pouvoir en disposer en fonction de mes besoins.* »
**Banquier :** « *Je vous conseille plutôt un placement dans des OPCVM, qui offrent un meilleur rendement et une grande souplesse dans leur utilisation* [...]. »
Finalement, la gérante de la SARL Ronsard a suivi ces conseils et a acheté, le 18 juillet N, 58 titres à 36 € le titre. Une commission HT de 0,5 % du montant de la souscription a été prélevée le même jour par le banquier. Un revenu de 85 € a été encaissé le 21 août N et, comme prévu, la société a vendu la moitié de ses titres pour répondre à un besoin de trésorerie le 7 septembre N. Cette cession a généré un produit de 1 276 €.

**1.** **Expliquez le sens du propos du banquier, souligné dans le texte.**

**2.** **Comptabilisez, dans le journal de la société, l'acquisition des titres.**

**3.** **Comptabilisez l'opération du 21 août N.**

**4.** **La vente du 7 septembre N a-t-elle généré une plus-value ou une moins-value ?**

**5.** **Comptabilisez cette cession dans le journal de la société.**

**6.** **Les conseils du banquier se sont-ils avérés pertinents ?**

**7.** **Sachant qu'aucun changement n'est intervenu depuis le 7 septembre N, identifiez les conséquences de ce placement sur les documents de synthèse au 31 décembre N :**
**– Pour quelle valeur apparaîtront ces titres ? Dans quel document ?**
**– Quelle est l'influence sur le résultat de l'exercice ? Dans quelle rubrique ?**

## 4 L'état de rapprochement dans l'hôtel des Chênes blancs

Gabriel Malas est le responsable d'un hôtel trois étoiles dans l'arrière-pays cévenol, en plein cœur de la Lozère.
Sensibilisé par les problèmes de gestion, il réalise lui-même le rapprochement de son compte banque avec le relevé bancaire dès qu'il reçoit le document.
Malheureusement, en pleine saison d'été, trop occupé par son activité, il n'en a plus le temps.
Il vous charge donc de ce travail.
Vous disposez des documents nécessaires en annexes.

**1. Recherchez les sommes qui expliquent la différence entre les soldes des deux comptes au 1er juillet.**

**2. Pourquoi ces sommes figurent-elles dans le précédent état de rapprochement (annexe 1) ?**

**3. Réalisez l'état de rapprochement du mois de juillet.**

**4. Passez les écritures nécessaires au 31 juillet dans le journal de l'entreprise.**

**5. Quel est le solde du compte 512 – Banque au 31 juillet ?**

**6. Quel est le solde à la banque à cette même date ?**

**Annexe 1** État de rapprochement du mois de juin

| Compte 512 – Banque | Débit | Crédit | Cpte hôtel Chênes blancs à la banque | Débit | Crédit |
|---|---|---|---|---|---|
| Solde final au 30/06 | 5 055,51 | | Solde final au 30/06 | | 5 013,21 |
| Virement du client Taps | 280,00 | | Versement espèces | | 300,00 |
| Prélèvement France Télécom | | 286,03 | Chèque n° 345681 | 263,73 | |
| **Solde débiteur** | | **5 049,48** | **Solde créditeur** | **5 049,48** | |

**Annexe 2** Extrait du compte 512 – Banque

| Date | Libellé de l'écriture | Débit | Crédit |
|---|---|---|---|
| | Solde au 01/07 | 5 049,48 | |
| 02/07 | Chèque n° 345682 au fournisseur Felon | | 300,00 |
| 09/07 | Remise de chèques | 78,92 | |
| 10/07 | Chèque n° 345683 à l'EDF | | 189,65 |
| 11/07 | Chèque n° 345684 règlement taxe professionnelle | | 286,00 |
| 12/07 | Retrait espèces | | 440,00 |
| 13/07 | Versement espèces | 575,00 | |
| 16/07 | Chèque n° 345685 au fournisseur Leonardo | | 215,48 |
| 18/07 | Virement blanchisserie Blanco | | 144,02 |
| 21/07 | TIP règlement TVA mois de juin | | 317,00 |
| 22/07 | Remise de chèques | 267,37 | |
| 25/07 | Chèque n° 345686 au fournisseur Crap | | 193,02 |
| 27/07 | Virement loyer garage | | 200,00 |
| 29/07 | Remise de chèques | 410,09 | |
| | Solde débiteur au 31/07 | | 4 095,69 |
| | **TOTAL** | **6 380,86** | **6 380,86** |

• • •

•••

**Annexe 3** **Relevé de compte du mois de juillet**

| Jour | Opération du mois de juillet | Débit | Crédit |
|---|---|---|---|
| | Solde créditeur au 30/06 | | 5 013,21 |
| 01 | Versement espèces du 28/06 | | 300,00 |
| 02 | Virement client Stopira | | 387,28 |
| 02 | Chèque n° 345681 | 263,73 | |
| 05 | Chèque n° 345682 | 300,00 | |
| 08 | Remise de chèques | | 78,92 |
| 09 | Versement espèces | | 575,00 |
| 12 | Chèque n° 345684 | 286,00 | |
| 16 | Retrait espèces | 440,00 | |
| 19 | Virement client Faugeres | | 279,48 |
| 21 | Chèque n° 345683 | 189,65 | |
| 23 | Prélèvement assurances Maza | 167,20 | |
| 25 | Cession 40 VMP achetées 58 € l'unité | | 2 500,00 |
| 27 | Chèque n° 345685 | 215,48 | |
| 28 | Frais sur cession de VMP dont TVA 0,30 € | 1,83 | |
| 29 | Virement Blanco | 144,02 | |
| | **Solde créditeur au 31/07** | **7 125,98** | |

## 5 L'état de rapprochement dans la boulangerie Panos

Le comptable de la boulangerie vient d'établir l'état de rapprochement du mois d'avril.

| **Compte 512 – Banque chez Panos** | | |
|---|---|---|
| Solde au 30 avril | 2 771,99 | |
| Virement client Raoul | 1 305,20 | |
| Mensualité emprunt[1] | | 1 783,15 |
| Correction erreur saisie[2] | | 9,00 |
| Frais dossier emprunt | | 64,43 |
| **Solde rapproché** | | **2 220,61** |

1. Dont 1 500,00 € d'amortissement.
2. Le chèque n° 234570 au fournisseur Sani avait été comptabilisé pour 545,22 € au lieu de 554,22 € (après vérification, la souche du chèque confirmait bien cette erreur de saisie).

| **Compte Panos à la banque de l'Est** | | |
|---|---|---|
| Solde au 30 avril | | 3 928,04 |
| Chèque n° 234568 | 1 369,90 | |
| Chèque n° 234572 | 337,53 | |
| **Solde rapproché** | **2 220,61** | |

**1.** **Comment le comptable s'est-il aperçu de son erreur de saisie sur le chèque n° 234570 ?**

**2.** **Que signifie la présence des chèques n$^{os}$ 234568 et 234572 dans l'état de rapprochement ?**

**3.** **Présentez, au journal de l'entreprise, les écritures nécessaires au 30 avril.**

## 6 BAC Entraînez-vous à l'écrit

L'entreprise Sport X-Trem est spécialisée dans les sports extrêmes et organise de nombreuses expéditions, en particulier des journées de canyoning.

Elle souhaite renouveler son matériel de transport en investissant dans un grand 4x4 capable d'emmener participants et matériels au plus proche des canyons, souvent peu accessibles.

Pour financer ce véhicule, elle sollicite plusieurs banques.

Après avoir étudié l'ensemble des offres reçues, elle décide de ne retenir que les deux propositions suivantes :
– un emprunt de 30 000 € sur 5 ans remboursable par annuités constantes auprès de la banque Crédit du Sud, dont les frais bancaires s'élèvent à 500 € HT (annexe 1) ;
– un emprunt de 30 000 € sur 5 ans remboursable par amortissements constants auprès de la banque Picard, dont les frais de dossier HT sont de 3 % du capital emprunté (annexe 2).

**Annexe 1** **Proposition de la banque Crédit du Sud**

| Échéances | Capital restant dû au début | Intérêts annuels | Amortissement annuel | Annuité | Capital restant dû à la fin |
|---|---|---|---|---|---|
| 01/01/N+1 | 30 000,00 | 1 500,00 | 5 429,24 | 6 929,24 | 24 570,76 |
| 01/01/N+2 | 24 570,76 | 1 228,53 | 5 700,71 | 6 929,24 | 18 870,05 |
| 01/01/N+3 | 18 870,05 | 943,50 | 5 985,74 | 6 929,24 | 12 884,31 |
| 01/01/N+4 | 12 884,31 | 644,21 | 6 285,03 | 6 929,24 | 6 599,28 |
| 01/01/N+5 | 6 599,28 | 329,96 | 6 599,28 | 6 929,24 | 0,00 |

**Annexe 2** **Proposition de la banque Picard**

| Échéances | Capital restant dû au début | Intérêts annuels | Amortissement annuel | Annuité | Capital restant dû à la fin |
|---|---|---|---|---|---|
| 01/01/N+1 | 30 000,00 | 1 500,00 | 6 000,00 | 7 500,00 | 24 000,00 |
| 01/01/N+2 | 24 000,00 | 1 200,00 | 6 000,00 | 7 200,00 | 18 000,00 |
| 01/01/N+3 | 18 000,00 | 900,00 | 6 000,00 | 6 900,00 | 12 000,00 |
| 01/01/N+4 | 12 000,00 | 600,00 | 6 000,00 | 6 600,00 | 6 000,00 |
| 01/01/N+5 | 6 000,00 | 300,00 | 6 000,00 | 6 300,00 | 0,00 |

**1.** **Le taux d'intérêt pratiqué par les deux banques est identique. Quelle est sa valeur ?**

**2.** **Calculez, après avoir précisé quelles en sont les composantes, le coût de l'opération supporté par l'entreprise Sport X-Trem si elle opte pour la proposition de la banque Crédit du Sud.**

**3.** **Même question si la proposition de la banque Picard est retenue.**

**4.** **À partir de vos réponses, quelle est la banque que vous conseillez de choisir ? Les frais de dossier ont-ils joué un rôle important dans votre décision ?**

Finalement, l'entreprise Sport X-Trem traite avec le Crédit du Sud. L'entreprise est notamment sensible au fait que les sommes prélevées par la banque ne changent pas pendant la durée de l'emprunt. L'argent est débloqué le 2 janvier N et les frais de dossier sont prélevés directement par la banque le lendemain.

**5.** **Expliquez le nouvel argument avancé par les dirigeants de l'entreprise dans le choix du Crédit du Sud.**

**6.** **Passez, dans le journal de l'entreprise, les écritures de déblocage des fonds.**

**7.** **Dans quel document de synthèse cet emprunt figurera-t-il et pour quel montant au 31 décembre N ?**

**8.** **Comptabilisez, dans le journal de l'entreprise, le paiement de la première annuité.**

**9.** **Indiquez les conséquences de cet emprunt dans les documents de synthèse de l'entreprise au 31 décembre N+1.**

## 7 Évaluez les acquis du chapitre

Vous travaillez au sein du cabinet d'expertise compable JLB. Vous êtes chargé(e) de traiter trois dossiers.

**L'entreprise Mathieu et fils**

L'entreprise Mathieu et fils est spécialisée dans la construction de maisons individuelles pour le compte de particuliers. Elle est cliente auprès de la banque SDB. Elle reçoit ces trois documents.

**Document 1**

| **Banque SDB** — **Avis de débit n° 346** | Le 03/03/N |
|---|---|
| Prélèvement de 97,23 € suite découvert bancaire | |
| Commission HT | 18,50 |
| TVA sur commission | 3,63 |
| Intérêts débiteurs (agios) | 75,10 |

**Document 2**

**Banque SDB**

Entreprise MATHIEU & FILS

Le 10/03/N

Objet : Montant des intérêts reçus

Monsieur,

La rémunération de votre compte épargne a été créditée ce jour : 350 € au titre des intérêts de l'année.

Je vous prie d'agréer, Monsieur, mes sincères salutations.

M. Blanc
Chargé de compte

**Document 3**

| **Banque SDB** — **Avis de crédit n° 349** | Le 15/03/N |
|---|---|
| Mise à disposition des fonds suite demande de prêt bancaire de 10 000 €, n° dossier 3PF21 | 10 000,00<br>Frais : 23,92<br>(dont 3,92 de TVA)<br>Net : 9 976,08 |

**1.** **Enregistrez ces documents au journal de l'entreprise Mathieu et fils.**

**2.** **Quel est l'impact de ces opérations sur la trésorerie de l'entreprise ?**

**3.** **Ces opérations augmentent-elles le résultat de l'entreprise ?**

•••

•••

**Le portefeuille titres de l'entreprise Surplouf**

L'entreprise Surplouf dispose d'un portefeuille de titres résumé dans le tableau suivant.

| N° de compte | Nom du titre | Acquisition | | | Cession | | | Revenu | |
|---|---|---|---|---|---|---|---|---|---|
| | | Date | Nombre | Prix | Date | Nombre | Prix | Date | Montant |
| 503 | Also | 31/03/N-1 | 65 | 27 € | 30/10/N | 65 | 23 € | 01/09/N-1 | 458 € |
| 503 | Basf | 10/02/N | 90 | 18 € | | | | 23/12/N | 135 € |
| 506 | Zoe | 25/02/N | 50 | 48 € | 15/11/N | 32 | 59 € | 28/06/N | 294 € |

1. **Quels noms portent les revenus perçus en N ?**
2. **Les cessions de l'exercice N ont-elles généré une plus-value ?**
3. **Recensez et classez chronologiquement les opérations concernant ces titres pendant l'exercice N.**
4. **Reconstituez l'ensemble des écritures enregistrées dans le journal de l'entreprise Surplouf pendant l'exercice N.**
5. **Précisez la valeur des titres de placement figurant au bilan :**
   **– du 31 décembre N-1 ;**
   **– du 31 décembre N.**

**Le rapprochement bancaire dans la SA Waterblue**

L'extrait de compte envoyé par la banque à la SA Waterblue fait apparaître un solde créditeur de 33 000 € au 31 décembre N. Le compte 512 – Banque présente des totaux de mouvements de 12 450,24 € au débit et 33 275,28 € au crédit.

Constatant une divergence entre les soldes, le comptable a commencé le travail de rapprochement des deux comptes. Il a effectué le pointage des sommes communes entre les deux documents. Il en résulte que certains montants ne figurent que d'un seul côté :

– les chèques concernant la paie du mois de décembre, pour un montant de 31 000 €, ne figurent pas sur le relevé bancaire ;

– des frais de tenue de compte, dont la société n'avait pas connaissance, sont présents dans le relevé pour 11,96 € TTC ;

– les revenus des VMP ne figurent que sur le relevé pour 3 550 € ;

– seul le relevé bancaire indique le déblocage du nouvel emprunt : 15 000 € ;

– le chèque n° 235535, d'un montant de 225 €, au fournisseur Paris ne figure pas sur le relevé ;

– le versement d'espèces de 800 €, effectué le 30 décembre, est absent du relevé bancaire ;

– le chèque n° 235537 de 547 €, correspondant à la TVA du mois de novembre, n'a pas encore été encaissé par le Trésor public ;

– un virement du client Paul, d'une valeur de 4 315 €, figure sur le relevé bancaire.

1. **Calculez le montant que la société Waterblue pensait détenir au 31 décembre N. Que représente-t-il ?**
2. **Le relevé bancaire confirme-t-il votre réponse à la question 1 ?**
3. **Rappelez l'intérêt de faire un état de rapprochement.**
4. **Pourquoi parle-t-on de « comptes réciproques » ?**
5. **Réalisez l'état de rapprochement du mois de décembre N en intégrant les différents points identifiés par le comptable de la société.**
6. **Passez les écritures nécessaires au 31 décembre N dans le journal de l'entreprise.**
7. **Pour quelle valeur apparaîtra le poste banque dans le bilan de la société au 31 décembre N ?**

# CHAPITRE 6

# Les relations avec le personnel et les organismes sociaux

## Réflexion préalable

1. Pourquoi le personnage de droite ajoute-t-il cette précision dans sa dernière phrase ?
2. Quel est le rôle des cotisations sociales ?
3. Par qui les cotisations sociales sont-elles payées ?
4. À votre avis, que prend-on en compte pour déterminer le coût d'un salarié ?

## Plan du chapitre



### Mots clés

**salaire brut, salaire net ; cotisations sociales, cotisations salariales, cotisations patronales ; URSSAF, ASSEDIC ; caisses de retraite ; plafond Sécurité sociale ; indemnité, prime**

Activités

## 1 La rémunération d'un salarié de la SA Sauni

Lors de son embauche, M. Richard avait négocié avec le PDG de la SA Sauni plusieurs éléments concernant sa rémunération :
- un salaire de base de 12 € de l'heure ;
- un salaire mensualisé de 169 heures tous les mois qui correspond à un horaire mensuel moyen de travail sur l'année (39 heures par semaine × 52 semaines dans l'année) / 12 mois de l'année ;
- une prime sur objectif de 3 % sur le surplus de ventes réalisé.

Ces accords figurent dans le contrat de travail avec les autres obligations de chacune des parties.
Voici le dernier bulletin de paie reçu par M. Richard.

| BULLETIN DE PAIE | Période du 01/12/N au 31/12/N |
|---|---|
| **SA SAUNI**<br>75 rue de l'Horloge<br>84000 AVIGNON<br><br>N° SIRET : 36 847 456 531 566<br>Code APE : 314Z<br>N° URSSAF : 341256541232132 | NOM : RICHARD<br>Prénom : Frédéric<br>Adresse : 58 rue du Stade<br>84000 Avignon<br>Entré(e) le : 1er novembre N-5<br>N° Sécurité sociale : 1771080181363 82<br>Emploi : Responsable commercial |

| | **Base** | **Taux** | **Montant** | |
|---|---|---|---|---|
| Salaire de base<br>Prime d'ancienneté<br>Prime sur chiffre d'affaires[1] | 151,67 h | 15,00 € | 2 275,05<br>136,50<br>288,45 | Plafond Sécurité soc. : 2 516 € |
| **Salaire brut** | | | **2 700,00** | SMIC : 8 € de l'heure |

| **Cotisations** | **Base** | **Cotisations salariales** | | **Cotisations patronales** | |
|---|---|---|---|---|---|
| | | **Taux** | **Montant** | **Taux** | **Montant** |
| URSSAF | | | | | |
| – non plafonnée | 2 700,00 | 8,00 % | 216,00 | 20,00 % | 540,00 |
| – plafonnée | 2 516,00 | 6,50 % | 163,54 | 8,20 % | 206,31 |
| ASSEDIC | 2 700,00 | 2,40 % | 64,80 | 4,50 % | 121,50 |
| Retraite | 2 700,00 | 4,00 % | 108,00 | 10,50 % | 283,50 |
| **Total des cotisations** | | | **552,34** | | **1 151,31** |
| Indemnités :<br>remboursement frais déplacement | | | 125,82 | | |
| **Salaire net** | | | **2 273,48** | Paiement : le 02/01/N+1 | |
| *Conservez ce bulletin de paie sans limitation de durée pour faire valoir vos droits.* | | | | | |

1. Le surplus des ventes réalisées par M. Richard pour ce mois de décembre s'élève à 9 615 €.

**1.** **Relevez les informations relatives au salarié qui figurent sur ce bulletin. Quelle est leur utilité ?**

**2.** **À quelle période correspond ce bulletin de paie ?**

**3.** **Ce bulletin de paie est-il conforme aux éléments du contrat de travail ? Identifiez les éventuelles différences.**

**4.** **L'évolution du salaire de base est-il favorable à M. Richard ?**

**5.** **Vérifiez que M. Richard est rémunéré sur une base de 35 heures de travail par semaine.**

**6.** **Pourquoi, à votre avis, le taux horaire a-t-il augmenté ? Est-ce obligatoire (aidez-vous de l'information sur la valeur du SMIC) ?**

**7.** **Retrouvez le calcul qui conduit au salaire net. Proposez une formule de calcul en général.**

**8.** **Les primes et les indemnités sont-elles soumises aux cotisations sociales ? Pourquoi ?**

**9.** **Les cotisations sociales sont-elles toujours calculées sur le salaire brut ?**

**10.** **Combien de temps le salarié doit-il conserver son bulletin de paie ? Pourquoi ?**

# I Le bulletin de paie

L'employeur a l'obligation de délivrer tous les mois un bulletin de paie que l'employé doit conserver sans limitation de durée.

## 1. Le rôle du bulletin de paie

Le bulletin de paie a une valeur juridique importante car il prouve que le salarié a travaillé dans l'entreprise pendant la période indiquée sur le document et permet de justifier les droits à la retraite en fin d'activité.

### a) Le calcul du salaire

Le bulletin de paie permet de calculer le salaire net, c'est-à-dire la somme que le salarié va recevoir. Il comporte le détail du salaire brut et le montant des cotisations salariales qui sont retenues.

**Exemple** ***Un salaire brut de 2 000 € conduit à un salaire net de 1 600 € après avoir déduit les cotisations salariales d'un montant de 400 €.***

### b) Le salaire de base

En contrepartie de sa prestation de travail, le salarié perçoit un salaire de base. Ce dernier est fonction du nombre d'heures travaillées pendant le mois et du taux horaire fixé avec son employeur. Ce taux horaire peut évoluer mais ne doit jamais être inférieur au SMIC (salaire minimum interprofessionnel de croissance) ou au niveau défini par la convention collective dont dépend l'entreprise.

**Exemple** ***Un salarié payé 10 € de l'heure perçoit un salaire de base de 1 200 € s'il travaille pendant 120 heures dans le mois.***

### c) La mensualisation

La mensualisation est un mode de rémunération quasiment généralisé. Le salarié perçoit tous les mois le même salaire de base. En effet, il n'est pas rémunéré à partir du nombre réel d'heures travaillées pendant le mois mais à partir d'un volume d'heures moyen calculé sur les douze mois de l'année. Cette méthode présente des avantages :

– le salarié perçoit toujours le même salaire de base, ce qui lui facilite la gestion de son budget ;

– le travail du responsable de la paie dans l'entreprise est simplifié.

**Exemple** ***Un salarié travaillant en moyenne 35 heures par semaine sera payé sur une base de 151,67 heures tous les mois :***
***(35 heures × 52 semaines)/12 mois.***

## 2. Les majorations de salaire

Un bulletin de paie peut comporter des éléments qui augmentent le montant du salaire.

### a) Les primes

Le salaire de base peut être complété par des primes pour former le salaire brut. Une prime est un supplément accordé en fonction de certains critères.

**Exemple** ***La prime d'ancienneté récompense les salariés présents dans l'entreprise depuis plusieurs années. Une prime peut être accordée lorsque les objectifs ont été atteints (nombre de produits fabriqués, montant de chiffre d'affaires, réduction des réclamations clients...).***

La prime est soumise aux cotisations sociales car elle correspond à un complément de salaire.

Remarque : les heures supplémentaires effectuées par le salarié ne sont pas assimilées à des primes. Elles correspondent à la rémunération d'un surplus de travail et font également partie du salaire brut.

### b) Les indemnités

Les indemnités sont des remboursements de frais de transport ou de repas avancés par le salarié.

**Exemple** ***Un technicien ayant effectué un déplacement à ses frais chez un client pour effectuer une maintenance percevra des indemnités de transport et d'hébergement.***

Les indemnités ne représentent pas un revenu supplémentaire pour le salarié. À ce titre, les indemnités ne sont pas soumises aux cotisations sociales. Elles se trouvent donc en bas du bulletin de paie et majorent le salaire net à payer.

# Activités

## 2 Le traitement de la paie dans la SA Sauni

Vous disposez du livre de paie du mois de décembre N pour l'ensemble des salariés de la SA Sauni.

| Salarié | NOM Prénom | GUIBIL Ange | ... | RICHARD Frédéric | TOTAL |
|---|---|---|---|---|---|
| Salaire brut | | 1 850,00 | ... | | 22 450,85 |
| Cotisations salariales | URSSAF | 311,54 | ... | | 3 780,72 |
| | ASSEDIC | 44,40 | ... | | 538,82 |
| | Retraites | 74,00 | ... | | 898,03 |
| Indemnités | | 0,00 | | | 512,00 |
| Salaire net | | 1 420,06 | ... | | 17 745,28 |
| Cotisations patronales | URSSAF | 576,31 | ... | | 6 993,86 |
| | ASSEDIC | 83,25 | ... | | 1 010,29 |
| | Retraites | 194,25 | ... | | 2 357,34 |

**1.** **Complétez le livre de paie à l'aide du bulletin de paie de l'activité précédente.**

**2.** **Calculez le total des cotisations salariales.**
**Quel pourcentage représente-t-il par rapport au salaire brut ?**

**3.** **Calculez le total des cotisations patronales.**
**Quel pourcentage représente-t-il par rapport au salaire brut ?**

**4.** **Calculez le coût du personnel supporté par la SA Sauni pour le mois de décembre.**

**5.** **Quelle est la dette de la SA Sauni vis-à-vis de son personnel ?**

**6.** **Quelle est la dette de la SA Sauni vis-à-vis de chacun des organismes sociaux ?**

Voici un extrait du grand-livre de la SA Sauni au 30 décembre N avant la comptabilisation de la paie du mois.

| 421 – Personnel, rémunérations dues | |
|---|---|
| 193 102,52 | 193 102,52 |

| 431 – URSSAF | |
|---|---|
| 118 580,18 | 118 580,18 |

| 4371 – ASSEDIC | |
|---|---|
| 17 215,23 | 17 215,23 |

| 4372 – Caisses de retraite | |
|---|---|
| 36 254,14 | 36 254,14 |

| 641 – Rémunérations du personnel | |
|---|---|
| 254 351,32 | |

| 645 – Ch. de Sécurité sociale et de prévoyance | |
|---|---|
| 114 894,98 | |

**7.** **À quoi correspondent les mouvements qui figurent dans les comptes ? Calculez les soldes.**

**8.** **Comptabilisez le livre de paie du mois de décembre dans le journal de la société.**

**9.** **Mettez à jour le grand-livre et calculez les nouveaux soldes.**

**10.** **À partir du bulletin de paie de l'activité précédente, précisez à quelle date la SA Sauni paie ses salariés.**

En ce qui concerne les cotisations sociales, elles sont réglées le 15 du mois suivant. L'exercice comptable se terminant le 31 décembre, la SA Sauni prépare ses documents de synthèse. L'ensemble des sommes dues par une entreprise sont regroupées sous le terme « dettes sociales ».

**11.** **Quel est le montant des « dettes sociales » (sommes dues au personnel et aux organismes sociaux) qui apparaîtra dans les documents de synthèse ?**

**12.** **Dans quel document ces dettes sociales apparaîtront-elles ? Dans quelle rubrique ?**

**13.** **Quel est le coût du personnel supporté par la SA Sauni sur l'ensemble de l'exercice ?**

**14.** **Dans quel document de synthèse ce coût figurera-t-il ? Dans quelle rubrique ?**

## 3. Les cotisations sociales

### a) Les organismes sociaux

Les cotisations sociales sont versées à plusieurs organismes sociaux :
- l'**URSSAF**, qui prend en charge les dépenses de Sécurité sociale (maladie, soins, allocations familiales, retraite de base…) ;
- l'**ASSEDIC**, qui s'occupe de verser des allocations aux demandeurs d'emploi ;
- les **caisses de retraite complémentaire**, qui versent une pension aux retraités.

### b) Le calcul des cotisations sociales

Les cotisations sociales se calculent à partir de taux appliqués à une base, le salaire brut. Ces taux, exprimés en pourcentage, sont modifiés en fonction de la conjoncture économique et de la politique suivie par les organismes sociaux.

Pour de rares cotisations, la base de calcul se limite au « plafond de la Sécurité sociale » lorsque le salaire brut lui est supérieur.

**Exemple** ***Un salarié gagnant 3 000 € brut verra sa base de cotisation réduite à 2 500 € si tel est le plafond de la Sécurité sociale.***

# II La paie dans le système d'information comptable

## 1. Les différentes étapes de l'enregistrement

Le livre de paie est le document de base de l'enregistrement des charges de personnel car il fournit le cumul des salaires bruts, des salaires nets et des différentes cotisations sociales.

### a) L'enregistrement des charges de personnel

| | | | |
|---|---|---|---|
| 641 | Rémunérations du personnel | Sal. brut + Indemnités | |
| 421 | Personnel, rémunérations dues | | Sal. brut + Indemnités |
| 421 | Personnel, rémunérations dues | Cot. salar. | |
| 431 | Sécurité sociale | | X |
| 4371 | ASSEDIC | | X |
| 4372 | Caisses de retraite | | X |
| 645 | Charges de Sécu. sociale et de prévoyance | Cot. patr. | |
| 431 | Sécurité sociale | | X |
| 4371 | ASSEDIC | | X |
| 4372 | Caisses de retraite | | X |

Les cotisations sociales étant versées à des organismes distincts, il faudra utiliser des sous-comptes spécifiques lors de l'enregistrement.

### b) L'enregistrement des paiements

Les salaires nets sont normalement payés à la fin du mois et le compte 421 – Personnel, rémunérations dues doit alors se solder.

| | | | |
|---|---|---|---|
| 421 | Personnel, rémunérations dues | Sal. net | |
| 512 | Banque | | Sal. net |

Les cotisations sociales sont payées par l'employeur au cours du mois (ou du trimestre) suivant aux différents organismes.

| | | | |
|---|---|---|---|
| 431 | Sécurité sociale | X | |
| 4371 | ASSEDIC | X | |
| 4372 | Caisses de retraite | X | |
| 512 | Banque | | Cot. sociales |

## 2. L'impact sur les documents de synthèse

**Compte de résultat de l'exercice N**

| CHARGES | PRODUITS |
|---|---|
| Charges d'exploitation :<br>…<br>Salaires et traitements<br>Charges sociales | |

**Coût du personnel** = Salaire brut + Cotisations patronales

**Bilan au 31/12/N**

| Actif | Passif |
|---|---|
| **Actif immobilisé** | **Capitaux propres** |
| | … |
| **Actif circulant** | **Dettes** |
| … | … |
| Disponibilités (1) | Dettes sociales et fiscales |

**Salaires + Cot. sociales non versés**
(1) Impact négatif lors du paiement des salaires et des cotisations sociales.

# Travaux dirigés

## 1 La confection de bulletins de paie

La société Quentinou emploie quatre salariés.

**1.** **Complétez, dans l'annexe 1, les zones grisées du bulletin de paie de M. Martinez.**

**2.** **Sachant que ce bulletin est réalisé sur une feuille de calcul de tableur, proposez les formules de calcul à implanter dans les cellules grisées.**

**3.** **Concevez un bulletin de paie type automatisé en restant fidèle à l'annexe 1.**

**4.** **Réalisez les autres bulletins du mois sur des feuilles de calcul séparées (informations en annexe 2).**

**5.** **Dans une dernière feuille, construisez un livre de paie du mois en vous inspirant du livre de paie de la SA Sauni présenté dans l'activité 2.**

**6.** **Passez toutes les écritures nécessaires dans le journal de l'entreprise à la fin décembre.**

**Annexe 1** **Bulletin de paie de M. Martinez**

| | A | B | C | D | E | F |
|---|---|---|---|---|---|---|
| 1 | | **BULLETIN DE PAIE** | | Période du 01/12/N au 31/12/N | | |
| 2 | | **SARL QUENTINOU** | | NOM : | MARTINEZ | |
| 3 | | Chocolaterie haut de gamme | | Prénom : | Lionel | |
| 4 | | Zone d'activité de Prenne | | Adresse : | 58 rue du Pont | |
| 5 | | 59000 LILLE | | | 59500 DOUAI | |
| 6 | N°SIRET | 15 936 847 456 531 | | Entré(e) le : | 1er novembre N-2 | |
| 7 | Code APE | 451F | | N° Sécurité sociale : 1871080181363 82 | | |
| 8 | N°URSSAF | 478341256541232 | | Emploi : | Commercial | |
| 9 | | | **Base** | **Taux** | **Montant** | Plafond |
| 10 | Salaire de base | | 151,67 h | 16,50 € | | Sécurité soc. : |
| 11 | Prime d'ancienneté | | | | | 2 516 € |
| 12 | Prime exceptionnelle | | | | 400,00 | |
| 13 | | | | | | SMIC : 8 € |
| 14 | **Salaire brut** | | | | | de l'heure |
| 15 | **Cotisations** | **Base** | **Cotisations salariales** | | **Cotisations patronales** | |
| 16 | | | **Taux** | **Montant** | **Taux** | **Montant** |
| 17 | URSSAF | | | | | |
| 18 | – non plafonnée | | 8,00 % | | 20,00 % | |
| 19 | – plafonnée | | 6,50 % | | 8,20 % | |
| 20 | ASSEDIC | | 2,40 % | | 4,50 % | |
| 21 | Retraite | | 4,00 % | | 10,50 % | |
| 22 | | | **Total des cotisations** | | | |
| 23 | Indemnités | | | | | |
| 24 | | | **Salaire net** | | Paiement : le 31/12/N | |

**Annexe 2** **Informations sur les autres salariés de la SARL Quentinou**

| | | | |
|---|---|---|---|
| Nom du salarié | PALPA | LEFÈVRE | FERRE |
| Prénom du salarié | Marco | Nathalie | Fred |
| Adresse rue | 7 avenue des Pins | 68 impasse des Mines | 191 bd Diderot |
| Adresse ville | 59000 LILLE | 62300 LENS | 62000 ARRAS |
| Date d'entrée | 12/03/N-6 | 28/04/N-1 | 15/10/N-5 |
| N° Sécurité sociale | 1690412124235 22 | 2771042845568 99 | 1760630124487 54 |
| Emploi occupé | Technicien | Secrétaire | Ouvrier spécialisé |
| Taux horaire | 15,00 € | 10,00 € | 12,00 € |
| Nombre d'heures | 151,67 h | 75,00 h | 151,67 h |
| Prime d'ancienneté | 136,50 € | – | 54,60 € |
| Prime de fin d'année | 250,00 € | 130,00 € | 180,00 € |
| Indemnités déplacement | 75,00 € | – | – |

## 2 Les baisses de charges sociales dopent l'emploi

Les partisans des allègements de charges sociales ont trouvé un allié inattendu : l'Insee. L'Institut a publié une étude de Bruno Crépon et Rozenn Desplatz, deux économistes qui ont mesuré l'impact de la réduction des charges sociales sur les bas salaires entre 1993 et 1996. Cette année-là, la ristourne s'appliquait jusqu'à 1,33 % du Smic. Résultat : « 460 000 emplois auraient été créés ou sauvegardés dans l'économie entre 1993 et 1997 grâce à ces mesures. » Soit plus que les 412 000 emplois annoncés pour les 35 heures par le gouvernement.

Les auteurs de l'étude estiment qu'un point de réduction du coût du travail fait progresser l'emploi de 1,6 % dans l'industrie et de 1,8 % dans le tertiaire. Ce coup de pouce a d'abord profité à l'emploi non qualifié (220 000 emplois) et aux PME. Il a généré une réduction moyenne du coût du travail de 1,8 % pour les entreprises de moins de 20 salariés, contre seulement 0,8 % dans celles de plus de 500 salariés. [...]

Pour un salarié payé au Smic, la réduction du taux de charges sociales avait ainsi grimpé de 5,4 % en 1993 à 18,2 % en 1996. Le manque à gagner pour l'État continue de progresser aujourd'hui.

Sylvain Seyrig, *L'Entreprise*, n° 199, avril 2002.

**1.** **Que représentent les « charges sociales » évoquées par l'article ?**

**2.** **Quelle est la relation entre le niveau des charges sociales et l'emploi ? Pourquoi ?**

**3.** **Expliquez la dernière phrase du texte.**

## 3 La simulation de salaire dans le cabinet Milissigne

Vous travaillez au sein du cabinet d'expertise comptable Milissigne. Vous êtes chargé(e) des travaux liés à la paie pour les clients du cabinet. Vous êtes contacté(e) par Mme Anis, qui dirige une société spécialisée dans la pose d'automatismes et de contrôle d'accès (ouverture de portails, visiophone, détecteur de présence...). Elle vient d'apprendre que son principal concurrent souhaite débaucher son conducteur de travaux, M. Jérôme. Ce dernier vient de recevoir une proposition de salaire de 2 500 € net par mois !
Mme Anis est fortement contrariée car elle souhaite conserver son salarié, qui effectue un travail de qualité. Elle vous sollicite pour faire l'étude d'une augmentation de salaire sous contrainte de coût. En effet, le coût salarial annuel de M. Jérôme ne doit pas excéder 48 000 € sous peine de mettre en danger la rentabilité de l'entreprise.
Vous effectuez cette étude à partir de son dernier bulletin de paie (annexe 1) et d'un tableur.

**1.** **Pourquoi ce type de logiciel convient-il pour cette étude ?**

**2.** **Coloriez les cellules calculées du bulletin de paie de l'annexe 1, sachant que la prime d'ancienneté est égale à 6 % du salaire de base.**

**3.** **Concevez le bulletin de paie de l'annexe 1 et implantez toutes les formules nécessaires.**

**4.** **Complétez le tableau de l'annexe 2 en effectuant des simulations d'augmentation de salaire.**

**5.** **Réalisez un graphique représentant l'évolution du salaire net en fonction du taux horaire.**

**6.** **Quel taux horaire permettrait d'égaler la proposition du concurrent ? Vérifiez votre réponse en simulant un bulletin de paie.**

**7.** **Réalisez un graphique représentant l'évolution du coût en fonction du taux horaire.**

**8.** **Le nouveau taux horaire respecterait-il le budget de Mme Anis ? Sinon, quelle augmentation maximale proposeriez-vous ?**

•••

•••

**Annexe 1**

| BULLETIN DE PAIE | | | | | Période du 01/05/N au 31/05/N |
|---|---|---|---|---|---|
| **SARL ANIS**<br>*Automatismes et contrôle d'accès*<br>45 avenue Gabriel Peri – 30100 ALÈS<br>N° SIRET : 12 515 936 847 456<br>Code APE : 242F<br>N° URSSAF : 387341256541 | | | | | NOM : JÉRÔME<br>Adresse : 56 chemin des Sommets<br>30340 Mons<br>Entré(e) le : 1er janvier N-6<br>N° Sécurité sociale : 1771030181363 41<br>Emploi : Conducteur de travaux |
| | | **Base** | **Taux** | **Montant** | Plafond Sécurité soc. : 2 700 € |
| Salaire de base<br>Prime d'ancienneté | | 151,67 | 15,50 € | 2 350,89<br>141,05 | |
| **Salaire brut** | | | | **2 491,94** | SMIC : 8 € de l'heure |
| **Cotisations** | **Base** | **Cotisations salariales** | | **Cotisations patronales** | |
| | | **Taux** | **Montant** | **Taux** | **Montant** |
| URSSAF non plafonnée | 2 491,94 | 9,40 % | 234,24 | 18,00 % | 448,55 |
| URSSAF plafonnée | 2 491,94 | 5,87 % | 146,28 | 7,04 % | 175,43 |
| ASSEDIC | 2 491,94 | 2,20 % | 54,82 | 3,10 % | 77,25 |
| Retraite | 2 491,94 | 3,60 % | 89,71 | 7,00 % | 174,44 |
| **Total des cotisations** | | | **525,05** | | **875,67** |
| Indemnités | | | | | |
| **Salaire net** | | | **1 966,89** | Paiement : le 31/05/N | |

**Annexe 2** **Tableau des incidences d'une augmentation de salaire**

| Évolution du taux horaire | 16,00 € | 17,00 € | 18,00 € | 19,00 € | 20,00 € |
|---|---|---|---|---|---|
| Salaire net | | | | | |
| Total des cotisations sociales | | | | | |
| Coût pour la SARL Anis | | | | | |

## 4 BAC Entraînez-vous à l'écrit

Le magasin English Home est spécialisé dans la vente d'objets de décoration intérieure et de meubles en pin dans un pur style britannique.
La gérante, Delphine Riton, achète les marchandises auprès de fournisseurs réputés tels que Sia, Jien, Cristallerie d'Arques, etc.
Les clients sont essentiellement des particuliers et parfois des entreprises qui désirent décorer leurs locaux.
Mme Riton vous demande de participer à différents travaux de comptabilité générale.

### Partie 1 : l'état de rapprochement

Vous disposez, en annexe 1, de l'extrait du compte 512 – Banque (tenu par l'entreprise) ainsi que le relevé envoyé par la banque le 30 novembre N.

1. **Quel est l'intérêt d'un état de rapprochement ?**
2. **Réalisez l'état de rapprochement bancaire au 30 novembre N.**
3. **Enregistrez au journal de l'entreprise les écritures nécessaires.**
4. **Quel est le solde après rapprochement du compte 512 – Banque ? Quel est le solde du compte English Home à la banque ?**

**Annexe 1**

| Compte 512 – Banque | | | |
|---|---|---|---|
| **Jour** | **Nature des opérations** | **Débit** | **Crédit** |
| 15 | Report à nouveau | 10 683,26 | |
| 16 | Remise de chèques | 8 723,80 | |
| 18 | Chèque n° 643640 (Lucas) | | 1 723,36 |
| 19 | Cessions des 250 VMP Zama | 27 120,00 | |
| 20 | Chèque n° 643641 (Trésor public) | | 16 207,00 |
| 21 | Retrait d'espèces | | 3 000,00 |
| 23 | Remise de chèque (Monnet) | 6 340,00 | |
| 24 | Virement fournisseur | | 12 827,50 |
| 25 | Chèque n° 643643 (Étienne) | | 1 007,20 |
| 25 | Chèque n° 643644 (Arpège SA) | | 3 140,50 |
| 26 | Chèque n° 643645 (SAGEC) | | 4 887,00 |
| 28 | Remise de chèque (Lambert) | 2 529,50 | |
| 30 | Solde débiteur au 30/11 | | 12 604,00 |

| Extrait du compte de l'entreprise English Home à la Banque Nationale | | | |
|---|---|---|---|
| **Date** | **Nature des opérations** | **Débit** | **Crédit** |
| 15/11 | Report précédent (solde créditeur) | | 10 683,26 |
| 16/11 | Remise de chèques | | 8 723,80 |
| 17/11 | Chèque n° 643640 (Lucas) | 1 723,36 | |
| 19/11 | Retrait d'espèces | 3 000,00 | |
| 20/11 | Chèque n° 643641 (Trésor public) | 16 207,00 | |
| 21/11 | Montant net sur cessions des VMP Zama | | 26 956,45 |
| 22/11 | Prélèvement France Télécom | 4 630,00 | |
| 24/11 | Remise de chèques (Monnet) | | 6 430,00 |
| 25/11 | Virement n° 1254 (entreprise Baou) | 12 827,50 | |
| 26/11 | Revenus des VMP Fiz | | 3 230,00 |
| 28/11 | Chèque n° 643642 (salarié Antoine) | 1 731,00 | |
| 29/11 | Chèque n° 643643 (Étienne) | 1 007,20 | |
| 30/11 | Frais de tenue de compte TTC | 90,45 | |
| 30/11 | Solde en votre faveur au 30 novembre | 14 807,00 | |

Remarque
Les sommes indiquées par la banque sont réputées exactes et les frais de gestion retenus par la banque lors de la cession des VMP Zama sont de 163,55 € (dont TVA : 26,80 €).

**Partie 2 : la paie**
À partir des informations de l'annexe 2, répondez aux questions suivantes.

1. **Passez les enregistrements comptables relatifs à la paie du mois de novembre N.**
2. **Déterminez le coût du personnel du mois de novembre N.**
3. **Calculez le montant des salaires nets à verser fin novembre N.**
4. **Enregistrez le paiement des salaires en date du 30 novembre.**

**Annexe 2** **Extrait du livre de paie au 30 novembre N pour l'ensemble des employés**

| Salaire brut | Organismes | Part patronale | Part salariale |
|---|---|---|---|
| | Sécurité sociale | 21 674,00 € | 11 261,00 € |
| | ASSEDIC | 4 202,00 € | 2 389,00 € |
| | Caisses de retraite | 4 143,00 € | 2 480,00 € |
| **78 000,00 €** | TOTAUX | **30 019,00 €** | **16 130,00 €** |

### Partie 3 : la TVA

Les informations concernant la déclaration de TVA du mois de novembre figurent en annexe 3.

**1. Quel est le montant du chiffre d'affaires HT de l'entreprise en novembre N ?**

**2. Que signifie la présence d'un crédit de TVA dans le tableau de l'annexe 3 ?**

**3. Déterminez la TVA à décaisser au titre du mois de novembre.**

**4 Enregistrez au journal la déclaration de TVA en date du 30 novembre N.**

**Annexe 3** **Extrait de la balance des comptes au 30 novembre N (TVA à 19,60 %)**

| Numéro | Intitulé du compte | Montant exact | Position |
|---|---|---|---|
| 44571 | TVA collectée | 850 430,45 | C |
| 445661 | TVA déductible sur ABS | 531 163,39 | D |
| 44562 | TVA déductible sur immobilisations | 101 351,51 | D |
| 44567 | Crédit de TVA à reporter | 20 610,00 | D |

### Partie 4 : les opérations d'achat-vente

Vous disposez de l'annexe 4.

**1. Rappelez la condition pour qu'un achat puisse être enregistré dans un compte d'immobilisations.**

**2. Enregistrez toutes les opérations du mois de décembre de l'annexe 4.**

**3. Dans la facture n° 2501 apparaît un escompte de règlement.**
**– Pour quelle raison une entreprise accorde-t-elle un escompte de règlement ?**
**– Calculez le taux d'escompte accordé par le fournisseur SIA.**

**4. Justifiez les 200 € de l'avoir n° A25.**

**Annexe 4** **Opérations courantes de décembre N**

Au cours du mois de décembre, English Home a reçu les factures suivantes.

SIA
20 rue du Printemps
75100 PARIS

Le 02/12/N

Doit : ENGLISH HOME
12 rue des Étoiles
75000 PARIS

**Facture n° 2501**

| | |
|---|---|
| 50 horloges | 1 000,00 |
| Escompte | 50,00 |
| Net financier | 950,00 |
| Frais de port | 100,00 |
| Montant brut | 1 050,00 |
| TVA à 19,60 % | 205,80 |
| **Net TTC** | **1 255,80** |
| Date de règlement : 02/01/N+1 | |

CABINET EXPERT+
15 rue Saint-Louis
02100 SAINT-QUENTIN

Le 05/12/N

ENGLISH HOME
12 rue des Étoiles
75000 PARIS

**Facture n° 2806**

| | |
|---|---|
| Honoraires du 01/01/03 au 31/12/N | 2 200,00 |
| TVA à 19,60 % | 431,20 |
| **Net à payer** | **2 631,20** |
| Règlement le 31 janvier N+1 | |

SIA
20 rue du Printemps
75100 PARIS

Le 10/12/N

ENGLISH HOME
12 rue des Étoiles
75000 PARIS

**Avoir n° A25**

| | |
|---|---|
| Retour 10 horloges | 200,00 |
| Escompte de règlement | 10,00 |
| Net financier | 190,00 |
| TVA 19,60 % | 37,24 |
| **Net TTC** | **227,24** |

SSII JMF
9 place 8 octobre
75002 PARIS II

Le 12/12/N

**Facture n° 1703** ENGLISH HOME

| | | |
|---|---|---|
| Caisse enregistreuse - scanner | | 1 200,00 |
| Installation et tests | | 300,00 |
| Montant brut | | 1 500,00 |
| Remise | 10 % | 150,00 |
| Net commercial | | 1 350,00 |
| TVA | 19,60 % | 264,60 |
| **Net à payer** | | **1 614,60** |
| Règlement immédiat par carte bleue | | |

**15/12** Paiement des cotisations sociales du mois de novembre (voir partie 2).

**16/12** Paiement de la facture n° 2806 par chèque bancaire n° 3100561 pour 2 631,20 €.

**21/12** Versement d'un emprunt de 40 000,00 € sur le compte en banque en prévision de l'acquisition d'un matériel de transport.

**22/12** Commande du véhicule de transport auprès de la société Renault. Une avance de 5 000,00 € est versée ce jour par chèque bancaire n° 3100562.

**23/12** Paiement par virement de la TVA due au titre du mois de novembre (voir partie 3).

**24/12** Reception de la facture n° F639 de la société Visioplus pour la réalisation d'affiches publicitaires destinées au Salon de l'habitat. Montant brut HT : 180,00 €. TVA 19,60 %. Paiement au comptant par chèque n° 31000563.

**27/12** Cession de 35 VMP Fiz pour 770 €. Le prix d'achat unitaire de ces VMP était de 20 €.

**31/12** Réception de la facture n° F V030 de Renault suite à l'acquisition du véhicule.

| | |
|---|---|
| Camion | 45 000,00 |
| Aménagement remorque | 1 500,00 |
| Carte grise | 381,00 |
| Gasoil | 100,00 |
| TVA (19,60 %) | 9 114,00 |
| Total TTC | 56 095,00 |
| Acompte versé le 22/12/N | 5 000,00 |
| **Net à payer** | **51 095,00** |
| *Règlement : moitié par chèque (n° 3100564) ce jour, le solde à échéance du 31/01/N+1.* | |

## 5 BAC Entraînez-vous à l'étude

### Sujet d'étude

**La rémunération de la fonction comptable**

- **Les métiers liés à la comptabilité sont nombreux et variés. Quel métier pour quel salaire ?**

### Aide pour l'étude

- Recherchez des informations en utilisant le fond documentaire de votre CDI (ou celui d'une bibliothèque), la presse ainsi qu'Internet.
- Sélectionnez deux ou trois documents qui vous paraissent particulièrement intéressants en précisant bien leurs sources.
- Observez la réalité professionnelle en consultant les annonces d'offre d'emploi, les grilles de salaire dans les conventions collectives ou un bulletin de paie réel.

- **Rédigez une synthèse d'une page environ pour répondre à la question de départ. Vous porterez vos efforts sur la rédaction (utilisation d'un vocabulaire choisi, souci de clarté dans les phrases, en évitant de reproduire à l'identique des passages issus des documents sélectionnés) et sur la structure du document.**

**Exemple de plan**

1. **Présentation du métier (missions et principaux travaux réalisés)**
2. **Formation et diplôme (précisions sur le cursus d'études à suivre)**
3. **Les éléments financiers (montant des rémunérations moyennes constatées)**

## 6 Évaluez les acquis du chapitre

### A. La réalisation d'un bulletin de paie

M. Roce, dentiste à Vichy, vient d'embaucher, ce 1er mars, Mlle Malo pour un poste d'assistante médicale à temps complet dans son cabinet.

- **Complétez le bulletin de paie du mois de mars présenté en annexe 3 à partir des informations contenues dans les autres annexes.**

**Annexe 1** **Extrait du contrat de travail**

Nom : MALO Prénom : Kathia N° Sécurité sociale : 2 8812181352 23
Adresse : 24 rue des Lilas – 03200 Vichy
Mode de rémunération : mensualisation à 35 h Taux horaire : 10 €

**Annexe 2** **Tableau des cotisations sociales**

| | URSSAF | ASSEDIC | Caisses de retraite |
|---|---|---|---|
| Cotisations salariales | 14,50 % | 2,40 % | 4,00 % |
| Cotisations patronales | 28,00 % | 4,50 % | 10,50 % |

**Annexe 3**

<table>
<tr><th colspan="6">BULLETIN DE PAIE</th></tr>
<tr><td colspan="3">Cabinet dentaire<br>du Dr Adam ROCE<br>6 impasse de la Roulette<br>14000 VICHY<br>N° SIRET : 45 847 456 531 545<br>Code APE : 444T<br>N° URSSAF : 18256541232178</td><td colspan="3">NOM :<br>Prénom :<br>Adresse :<br><br>Entré(e) le :<br>N° Sécurité sociale :<br>Emploi :</td></tr>
<tr><td colspan="2"></td><th>Base</th><th>Taux</th><th>Montant</th><td>Période</td></tr>
<tr><td colspan="2">Salaire de base</td><td></td><td></td><td></td><td>du : / /N<br>au : / /N</td></tr>
<tr><td colspan="2">Salaire brut</td><td></td><td></td><td></td><td></td></tr>
<tr><th rowspan="2">Cotisations</th><th rowspan="2">Base</th><th colspan="2">Cotisations salariales</th><th colspan="2">Cotisations patronales</th></tr>
<tr><th>Taux</th><th>Montant</th><th>Taux</th><th>Montant</th></tr>
<tr><td>URSSAF<br>ASSEDIC<br>Caisse<br>de retraite</td><td></td><td></td><td></td><td></td><td></td></tr>
<tr><td colspan="3">Total des cotisations</td><td></td><td></td><td></td></tr>
<tr><td colspan="3">Salaire net</td><td></td><td></td><td></td></tr>
<tr><td colspan="6">Conservez ce bulletin de paie sans limitation de durée.</td></tr>
</table>

### B. L'enregistrement de la paie dans l'entreprise Flora

L'entreprise Flora est spécialisée dans la vente par correspondance de fleurs coupées, de bouquets séchés et de plantes décoratives. Elle emploie plusieurs salariés et son livre de paie du mois de novembre se présente de la façon suivante.

| Salaire brut | Cotisations salariales | | | Salaire net | Cotisations patronales | | |
|---|---|---|---|---|---|---|---|
| | URSSAF | ASSEDIC | Retraites | | URSSAF | ASSEDIC | Retraites |
| 32 456,00 | 5 465,59 | 778,94 | 1 298,24 | 24 913,23 | 10 110,66 | 1 460,52 | 3 407,88 |

**1.** **Enregistrez les charges de personnel dans le journal de l'entreprise en date du 29 novembre.**

**2.** **Enregistrez le paiement des salaires qui a eu lieu le 30 novembre.**

**3.** **Enregistrez le règlement des cotisations sociales qui intervient le 14 décembre.**

# CHAPITRE 7

# La base de données : le modèle relationnel

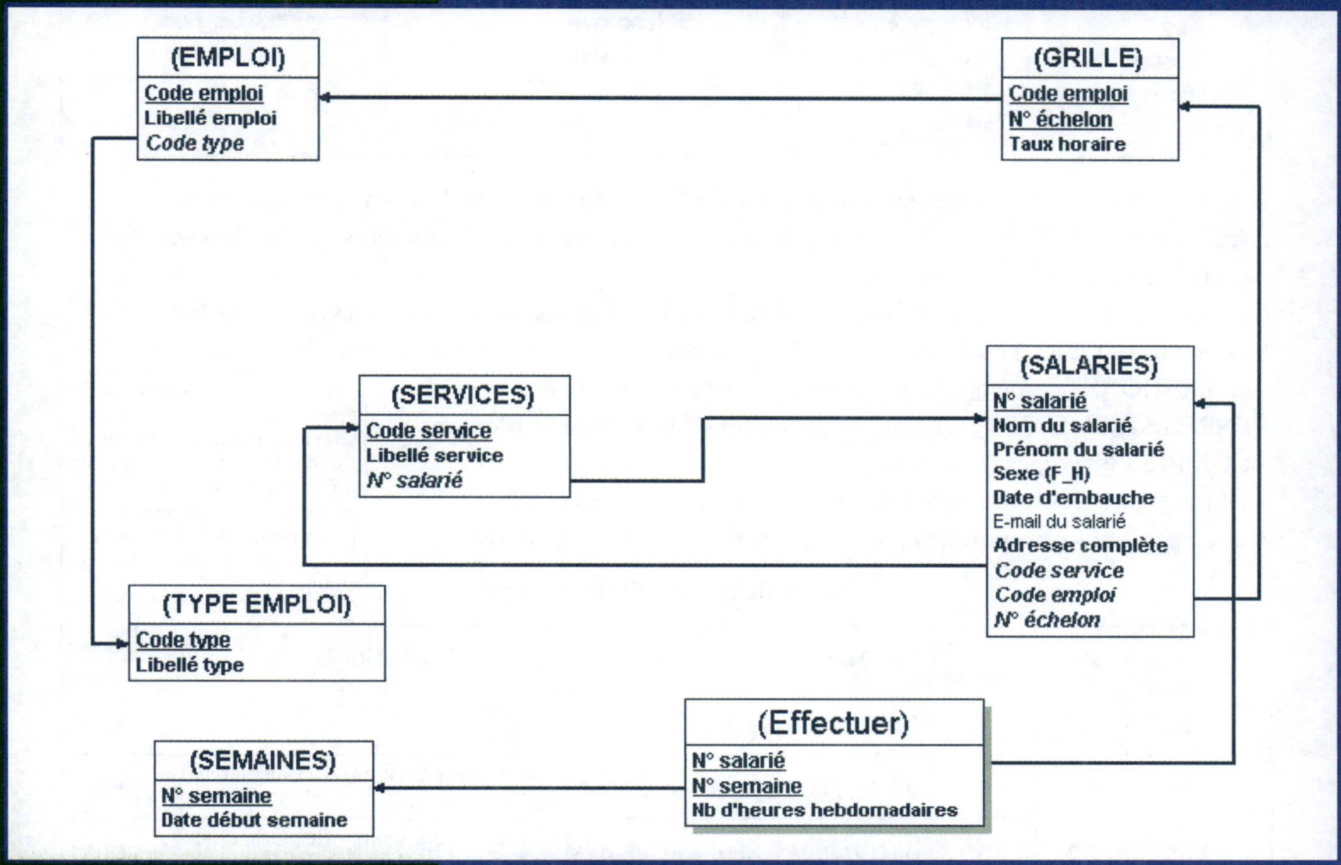


## Réflexion préalable

1. Que représente le schéma ci-dessus ?
2. Donnez la signification de chaque flèche.
3. À quoi ce schéma va-t-il servir ?
4. À quel domaine de gestion correspond-il ?

## Plan du chapitre



**Mots clés**

formes normales ; groupe répétitif ; transitivité ; clé primaire, clé étrangère ; contrainte d'intégrité référentielle

# Activités

## 1 La base de données de Vêt'Chic

Dans l'entreprise Vêt'Chic, située à Lyon et spécialisée dans le prêt-à-porter, les enregistrements comptables se font dans une base de données dont la schématisation des relations sous le SGBDR Access est la suivante.

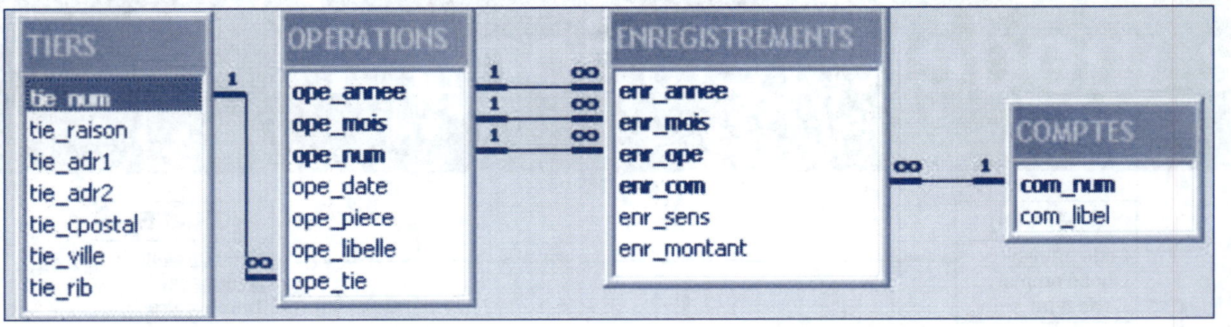


La base de données a été créée sous Access dans le fichier VetChic.mdb. Le nom de chaque champ a été codé pour faciliter l'écriture des requêtes SQL et le travail des programmeurs qui développeront des applications autour de cette BDD.

Chaque champ a une légende qui exprime sa signification et qui est utilisée par Access pour afficher le contenu des tables. Le schéma de cette base de données peut être représenté sous la forme suivante :

- OPÉRATIONS(<u>N°opération</u>,Date,Pièce,Libellé,N°tiers#) ;
- ENREGISTREMENTS(<u>N°opération#,N°compte#</u>,Débit/Crédit,Montant) ;
- COMPTES(<u>N°compte</u>,Intitulé) ;
- TIERS(<u>N°tiers</u>,Raison sociale,Adresse1,Adresse2,Code_postal,Ville,Rib).

À une opération correspondent plusieurs enregistrements ou lignes d'écriture.

> Les clés primaires sont soulignées.
> Les clés étrangères sont suivies du symbole # et portent le même nom que les clés primaires qu'elles référencent.
> La clé primaire de la table OPÉRATIONS est vue comme un seul champ.

**Extrait de la table OPÉRATIONS**

| Année | Mois | N° dans le mois | Date | Pièce | Libellé | Code Tiers |
|---|---|---|---|---|---|---|
| 2006 | 12 | 1 | 01/12/2006 | Facture n° D-657 | Fournisseur Cacharel – À régler le 28/01 | F003 |
| 2006 | 12 | 2 | 02/12/2006 | Facture n° 32144 | Fournisseur Crocos – Achat de tissu satin polyester | F002 |
| 2006 | 12 | 3 | 05/12/2006 | Facture n° VE-456 | Client Mme Jasmin – Robe de chez Nina Ricci | C001 |

**Extrait de la table ENREGISTREMENTS**

| Année | Mois | N° dans le mois | N° de compte | Débit/Crédit | Montant |
|---|---|---|---|---|---|
| 2006 | 12 | 1 | 401 | C | 478,40 € |
| 2006 | 12 | 1 | 44566 | D | 78,40 € |
| 2006 | 12 | 1 | 607 | D | 400,00 € |

**1. Quelle est la clé primaire de la table OPÉRATIONS ? Comment la justifiez-vous ?**

**2. Comment est constituée la clé primaire de la table ENREGISTREMENTS ? Quelle est la règle comptable qui justifie la clé primaire de cette table ?**

**3. Que représente le champ *ope_tie* dans la table OPÉRATIONS ?**

**4. Que signifient les symboles 1 et ∞ entre la table OPÉRATIONS et la table TIERS ?**

**5. Est-il possible de représenter tous les enregistrements d'une opération dans la table OPÉRATIONS ?**

L'opération n° 2006122 concerne un achat à crédit d'un montant HT de 1 031,77 € alors que l'opération n° 2006123 constate une vente d'un montant HT de 465,00 €.

**6. En vous aidant de votre plan comptable, reconstituez la table ENREGISTREMENTS pour ces deux opérations.**

# I Le principe du modèle relationnel

Le principe du modèle relationnel est de structurer les données d'un domaine de gestion dans des tables.

**Exemple** *Les tables CLIENTS, FACTURES, PRODUITS.*

Chaque table est composée d'attributs (ou champs).

**Exemple** *La table FACTURES comporte les attributs :* N° facture, Date facture, N° client.

Chaque table contient des enregistrements. Chaque enregistrement est constitué par l'ensemble de valeurs que prend chacun des champs.

**Exemple** *Enregistrement de la facture n° F003 du 17 novembre adressée au client n° LOG015.*

Chaque enregistrement doit pouvoir être identifié par une valeur unique, appelée « clé primaire ».

**Exemple** N° client *est la clé primaire de la table CLIENTS.*

Les tables sont reliées entre elles par des clés étrangères qui font référence à des clés primaires.

**Exemple** *Les tables FACTURES et CLIENTS sont reliées entre elles par le numéro du client :* N° client.

# II Les trois formes normales du modèle relationnel

Les formes normales présentées ci-dessous sont un guide pour construire correctement un schéma relationnel où les répétitions et les redondances de données seront évitées.
Il existe trois principaux types de formes normales.

## 1. La première forme normale (1FN)

La première forme normale du modèle relationnel a pour but d'éliminer les groupes répétitifs dans une table.

**Exemple** *Supposons que la table FACTURES soit structurée de la façon suivante :*
*FACTURES(N° facture, Date facture, N° client, Nom client, Code produit, Nom produit, Prix produit, Quantité commandée).*
*La facture n° F003, comprenant trois articles, prend la forme suivante :*

| N° facture | Date facture | N° client | Nom client | Code produit | Nom produit | Prix produit | Quantité commandée |
|---|---|---|---|---|---|---|---|
| F003 | 01/12/2006 | DUB026 | DUBOIS | 200612 | Pull | 10 | 40 |
| F003 | 01/12/2006 | DUB026 | DUBOIS | 200607 | T-shirt | 8 | 20 |
| F003 | 01/12/2006 | DUB026 | DUBOIS | 125050 | Polo | 15 | 50 |

***Cette table ne respecte pas la première forme normale parce que la clé primaire se répète : pour une facture, il y a plusieurs produits achetés.***
***Ces champs constituent un groupe nommé « groupe répétitif ».***

Le groupe répétitif doit être transformé en une table.

***La table FACTURES est alors scindée en deux tables :***

*FACTURES (N° facture, Date facture, N° client, Nom client, Code produit, Nom produit, Prix produit, Quantité commandée)*

→ *FACTURES (N° facture, Date facture, N° client, Nom client)*

→ *LIGNES DE FACTURE (#N° facture, #Code produit, Nom produit, Prix produit, Quantité commandée)*

***La clé primaire composée de la table LIGNES DE FACTURE contient la clé primaire de la table FACTURES.***

Par convention, les clés primaires sont soulignées et les clés étrangères portent le même nom que les clés primaires qu'elles référencent et sont précédées du symbole #.

## 2 La base de données de Vêt'Chic (suite)

Les extraits des tables données de l'activité 1 sont complétés.

**TIERS**

| N°tiers | Raison ou nom | Adresse début | Suite | Code postal | Ville | RIB |
|---|---|---|---|---|---|---|
| C001 | Jasmin | 178 rue des Écoles | | 69005 | Lyon | Société Générale 89562245 |
| C002 | Jacquot | 10 place du 8 mai 45 | | 69004 | Lyon | Crédit Foncier 784511244 |
| C003 | Bertin | 89 rue E. Herriot | | 69005 | Lyon | Société Générale 89562285 |
| C004 | Riche Hôtel | 145 rue Jean Moulin | | 69003 | Lyon | BNP Paribas 865245574 |
| C005 | M. Torres | 4 place des Remparts | | 69005 | Lyon | Crédit Lyonnais 451278455 |
| C006 | Mme Laon | 74 avenue Jean Jaurès | | 69003 | Lyon | Crédit Lyonnais 895623455 |
| C007 | M & Mme Sokao | 14 bd de la Libération | | 69003 | Lyon | BNP Paribas 984714345 |
| F001 | Yves Saint Laurent | 78 Champs-Élysées | | 75007 | Paris | Crédit Lyonnais 895477412 |
| F002 | Crocos | 7 impasse Crozatier | | 75008 | Paris | Banque Populaire 56224444 |
| F003 | Cacharel | 45 bd de la République | | 75013 | Paris | Crédit Lyonnais 78451114 |
| F004 | Aigle | 14 rue de Rennes | | 75005 | Paris | BNP Paribas 784514445 |
| F005 | Lamartine | 14 rue de l'Abbaye | | 71250 | Cluny | Société Générale 84571211 |
| F006 | J-P Gauthier | 456 av. des Champs-Élysées | | 75008 | Paris | BNP Paribas 884524455 |

**COMPTES**

| N° de compte | Intitulé | N° de compte | Intitulé |
|---|---|---|---|
| 401 | Fournisseurs | 607 | Achats de marchandises |
| 411 | Clients | 616 | Primes d'assurance |
| 421 | Personnel - Rémunérations dues | 621 | Personnel extérieur à l'entreprise |
| 43 | Sécurité sociale et autres organismes sociaux | 623 | Publicité, publications, relations publiques |
| 44566 | TVA déductible/ABS | 641 | Rémunérations du personnel |
| 44571 | TVA collectée | 645 | Charges de Sécurité sociale et de prévoyance |
| 512 | Banque | 665 | Escomptes accordés |
| 601 | Achats de matières premières | 701 | Ventes de produits finis |
| 602 | Achats stockés - Autres approvisionnements | 707 | Ventes de marchandises |
| 606 | Achats non stockés de matières et fournitures | 765 | Escomptes obtenus |

**À l'aide de la schématisation des relations sous le SGBDR Access et des extraits des tables, répondez aux questions suivantes.**

1. **Pourquoi le champ *tie_raison* (Raison sociale - ou nom - d'un tiers) de la table TIERS n'est-il pas présent dans la table OPÉRATIONS ?**
2. **Pourquoi le champ *com_libel* (l'intitulé d'un compte) de la table COMPTES n'est-il pas présent dans la table ENREGISTREMENTS ?**
3. **Pourquoi le champ *ope_date* de la table OPÉRATIONS n'est-il pas présent dans la table ENREGISTREMENTS ?**
4. **Qu'est-ce qui, dans la table ENREGISTREMENTS, permet de comprendre à quelle opération correspond tel enregistrement ?**

## 2. La deuxième forme normale (2FN)

La deuxième forme normale du modèle relationnel a pour but d'éliminer les dépendances partielles au sein d'une table.
Pour qu'une table soit en deuxième forme normale, il faut :
– qu'elle soit en première forme normale ;
– que tous les champs, hormis ceux constituant la clé primaire, dépendent de la totalité de la clé primaire et non d'une partie de cette clé.

**Exemple** *La table* LIGNES DE FACTURE *n'est pas en 2FN puisque le nom et le prix du produit ne dépendent que d'une partie de la clé primaire,* Code produit.
*Code produit → Nom produit*

Pour que le modèle respecte la deuxième forme normale, il faut créer une nouvelle table.

**Exemple** *On crée la table* PRODUITS*(<u>Code produit</u>,Nom produit,Prix produit) : la structure de la table* LIGNES DE FACTURE *est désormais : (#<u>N°facture</u>,#<u>Code produit</u>,Quantité commandée).*

Remarque : la 2FN ne concerne donc que les tables dont la clé primaire est composée de plusieurs champs.

## 3. La troisième forme normale (3FN)

La troisième forme normale du modèle relationnel a pour but d'éliminer les dépendances transitives au sein d'une table.
Pour qu'une table soit en troisième forme normale, il faut :
– que la table soit déjà en 2FN ;
– que tous les champs, hormis ceux constituant la clé primaire, dépendent de rien d'autre que de cette clé (dépendance fonctionnelle directe).

**Exemple** *Dans la table* FACTURES*(<u>N°facture</u>,Date facture,N°client,Nom client) :*
– N°facture *permet d'obtenir* N°client *:*
*N°facture → N°client ;*
– N°facture *permet d'obtenir* Nom client *:*
*N°facture → Nom client, puisque* N°facture *est la clé primaire.*
*Par ailleurs,* N°client *permet d'obtenir* Nom client *: N°client → Nom client.*
*Nous obtenons donc l'enchaînement suivant :*
*N°facture → N°client → Nom client.*

Pour éliminer cette **transitivité**, il faut créer une nouvelle table.
*CLIENTS(<u>N°client</u>,Nom client)*
*La structure de la table FACTURES devient :*
*FACTURES(<u>N°facture</u>,Date facture,#N°client).*

Le respect de ces trois formes normales permet d'éviter les redondances des données. Chaque donnée ne se trouve que dans un seul champ. Les seules redondances autorisées sont les clés étrangères.

**Exemple** *Le schéma relationnel suivant respecte les trois formes normales :*
*FACTURES(<u>N°facture</u>,Date facture,#N°client)*
*PRODUITS(<u>Code produit</u>,Nom produit,Prix produit)*
*CLIENTS(N°client,Nom client)*
*LIGNES DE FACTURE(<u>#N°facture,#Code produit</u>,Quantité commandée)*

## 4. La contrainte d'intégrité référentielle

La contrainte d'intégrité référentielle exprime un lien entre deux tables T1 et T2 réalisé par la présence de la clé primaire de T1 dans T2, où elle est qualifiée de « clé étrangère » (elle vient d'une autre table).

**Exemple** *Dans la table* FACTURES, N°client *représente la clé primaire de la table* CLIENTS.
Conséquences : on ne pourra pas créer une opération qui concerne un client si celui-ci n'a pas été *au préalable* enregistré dans la table CLIENTS. De même, on ne pourra pas supprimer un client s'il existe au moins une opération le concernant dans la table FACTURES.

Remarque : une clé primaire peut être constituée de plusieurs clés étrangères. Celle de la table LIGNES DE FACTURE (<u>#N°facture,#Code produit</u>) est constituée par la clé primaire de la table FACTURES et par celle de la table PRODUITS.

# Travaux dirigés

## 1 Normaliser un modèle relationnel

Vous reprenez la démarche d'amélioration d'un modèle relationnel par la vérification du respect de la première forme normale, puis de la deuxième et de la troisième. Vous appliquez ce cheminement à la table suivante :

OPÉRATIONS(<u>N° opération</u>,Date,Pièce,Libellé,N° tiers,Raison sociale,N° compte, Intitulé compte,Débit/Crédit,Montant)

Exemple d'opération : l'achat de fournitures de bureau au fournisseur BURO+, constaté par la facture n° 3612, en date du 15 février N, pour un montant de 75,48 € hors taxes.

**1.** **Quel est, dans cette table, le groupe d'attributs (de champs) répétitif ? Quelle nouvelle table devez-vous donc créer ?**

**2.** **Cette nouvelle table est-elle en 2FN ? Pourquoi ? Quelle nouvelle table devez-vous créer ?**

**3.** **Montrez que la nouvelle table OPÉRATIONS n'est pas en 3FN. Tirez-en les conséquences.**

**4.** **Présentez le schéma relationnel qui résulte de vos réponses aux questions précédentes.**

**5.** **Contrôlez le schéma obtenu en le comparant à celui de l'activité 1.**

## 2 BAC Entraînez-vous à l'écrit

Dans l'école d'informatique de gestion de la ville de Marseille (EIGM), les étudiants reçoivent un bulletin de notes à la fin de chaque trimestre (trois trimestres par an numérotés de 1 à 9). Voici quatre bulletins.

E.I.G.M
14 Bd Baille
13005 Marseille

**BULLETIN**

Trimestre n° 1

Promotion 2002 N° étudiant 1

Nom : AOUCHICHE Prénom Soria

Evaluation

| Matière | Professeur | Note | Coefficient |
|---|---|---|---|
| Algorithmie - Programmation | Boulin | 11 | 3 |
| Anglais | Boulon | 13 | 3 |
| Economie/Droit | Marin | 8 | 2 |
| Français | Braille | 13 | 2 |
| Gestion | Boulin | 14 | 1 |
| Mathématiques | Catrin | 5 | 2 |
| Technologie - Réseaux | Bissan | 7 | 2 |

Moyenne 10,13

E.I.G.M
14 Bd Baille
13005 Marseille

**BULLETIN**

Trimestre n° 1

Promotion 2002 N° étudiant 2

Nom : CHAOUCHE Prénom Samir

Evaluation

| Matière | Professeur | Note | Coefficient |
|---|---|---|---|
| Algorithmie - Programmation | Boulin | 14 | 3 |
| Anglais | Boulon | 14 | 3 |
| Economie/Droit | Marin | 10 | 2 |
| Français | Braille | 10 | 2 |
| Gestion | Boulin | 8 | 1 |
| Mathématiques | Catrin | 11 | 2 |
| Technologie - Réseaux | Bissan | 18 | 2 |

Moyenne 12,67

E.I.G.M
14 Bd Baille
13005 Marseille

**BULLETIN**

Trimestre n° 1

Promotion 2003 N° étudiant 1

Nom : RAYNAUT Prénom Michel

Evaluation

| Matière | Professeur | Note | Coefficient |
|---|---|---|---|
| Algorithmie - Programmation | Boulin | 19 | 4 |
| Anglais | Boulon | 14 | 3 |
| Economie/Droit | Marin | 7 | 2 |
| Français | Titan | 7 | 2 |
| Gestion | Boulin | 11 | 1 |
| Mathématiques | Marteau | 15 | 3 |
| Technologie - Réseaux | Boulin | 16 | 4 |

Moyenne 14,00

E.I.G.M
14 Bd Baille
13005 Marseille

**BULLETIN**

Trimestre n° 2

Promotion 2002 N° étudiant 1

Nom : AOUCHICHE Prénom Soria

Evaluation

| Matière | Professeur | Note | Coefficient |
|---|---|---|---|
| Algorithmie - Programmation | Boulin | 8 | 3 |
| Anglais | Boulon | 11 | 3 |
| Economie/Droit | Marin | 9 | 2 |
| Français | Braille | 10 | 2 |
| Gestion | Boulin | 16 | 1 |
| Mathématiques | Catrin | 7 | 2 |
| Technologie - Réseaux | Bissan | 5 | 2 |

Moyenne 9,00

**Analyse des données**

1. **Présentez le dictionnaire des données en donnant un nom à chaque information et en précisant :**
   **– si elle est calculée (dans ce cas, précisez la règle de calcul) ;**
   **– son type.**
2. **Après avoir bien observé ces quatre bulletins, répondez aux questions suivantes.**
   **– Que signifie l'information « Promotion » ?**
   **– Comment est formé un numéro d'étudiant ? Pourquoi ?**
   **– De quoi dépend (au sens de dépendance fonctionnelle) le coefficient d'une matière ?**
   **– Un professeur peut-il enseigner plusieurs matières ?**
   **– Une matière est-elle toujours enseignée par le même professeur ?**

## Modèle relationnel

Ces informations sont structurées dans les tables suivantes.

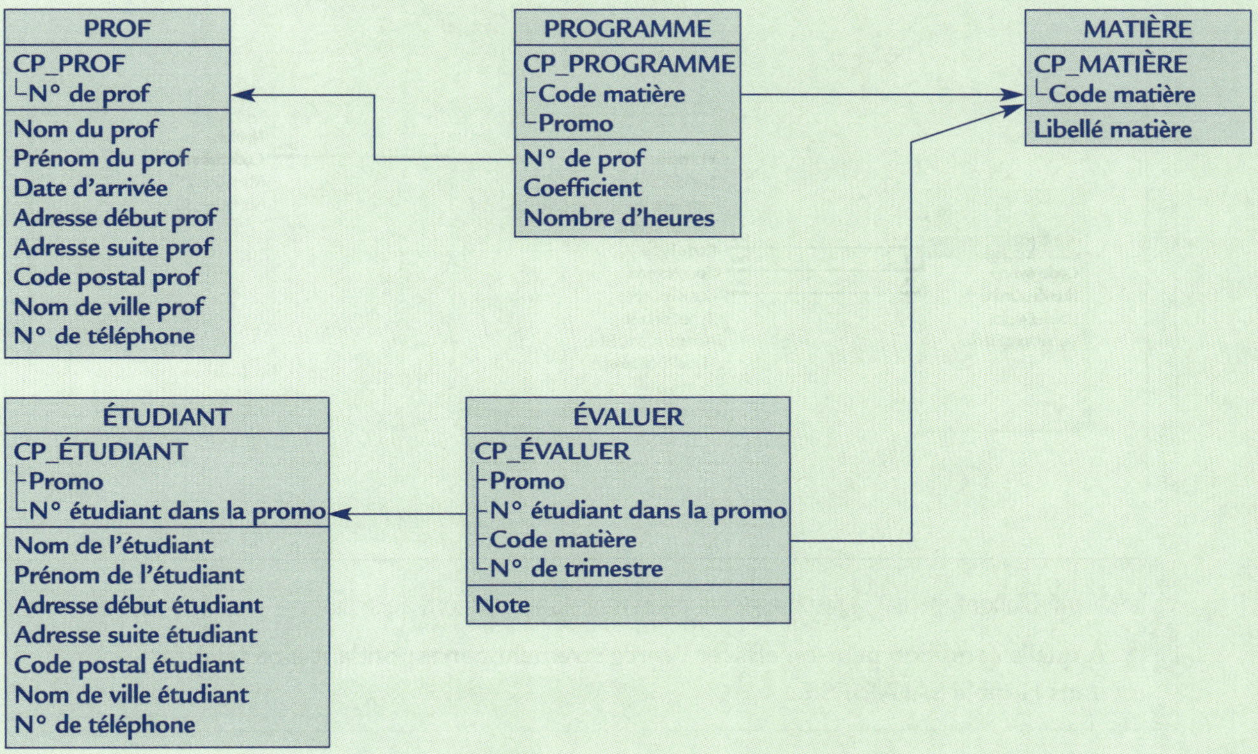


### Précisions

– Outre leur nom, les professeurs ont un numéro, un prénom, la date à laquelle ils sont arrivés dans l'école et on veut connaître leur adresse complète ainsi que leur numéro de téléphone.
– Les élèves ont un numéro et on veut connaître leur adresse complète ainsi que leur numéro de téléphone.
– Les matières sont codées.
– Nous avons donné un nom aux clés primaires (CP_Nom_delatable) puisque plusieurs clés sont constituées de plusieurs champs. Mais ce n'est pas obligatoire : on peut se contenter d'une couleur ou de souligner les champs qui les composent.

1. **Vérifiez que ce modèle reprend bien les données des bulletins ainsi que celles indiquées ci-dessus.**
2. **Vérifiez que ce modèle respecte la troisième forme normale. Vous justifierez votre réponse.**
3. **Si l'on voulait conserver la trace des moyennes trimestrielles des étudiants, quelle table devriez-vous ajouter ? Placez-la dans le schéma relationnel.**

## 3 Évaluez les acquis du chapitre

Le schéma relationnel suivant est fourni.
CLIENTS(N°Client,Nom client,Prénom client,Adresse client,Code postal client,Ville client,Tél client)
COMMANDES(N°bon de commande,Date commande,Référence produit,Désignation produit,Prix produit, Quantité commandée)

**1. Quelles sont les trois formes normales qui président à la construction du modèle relationnel ?**

**2. Expliquez en quoi ce schéma relationnel ne vérifie pas les trois formes normales.**

**3. Proposez un schéma relationnel conforme.**

**4. À partir de votre schéma, donnez un exemple de clé primaire, de clé étrangère.**

**5. Précisez le rôle de ces clés.**

Vous disposez des tables suivantes issues du domaine Gestion des ressources humaines.

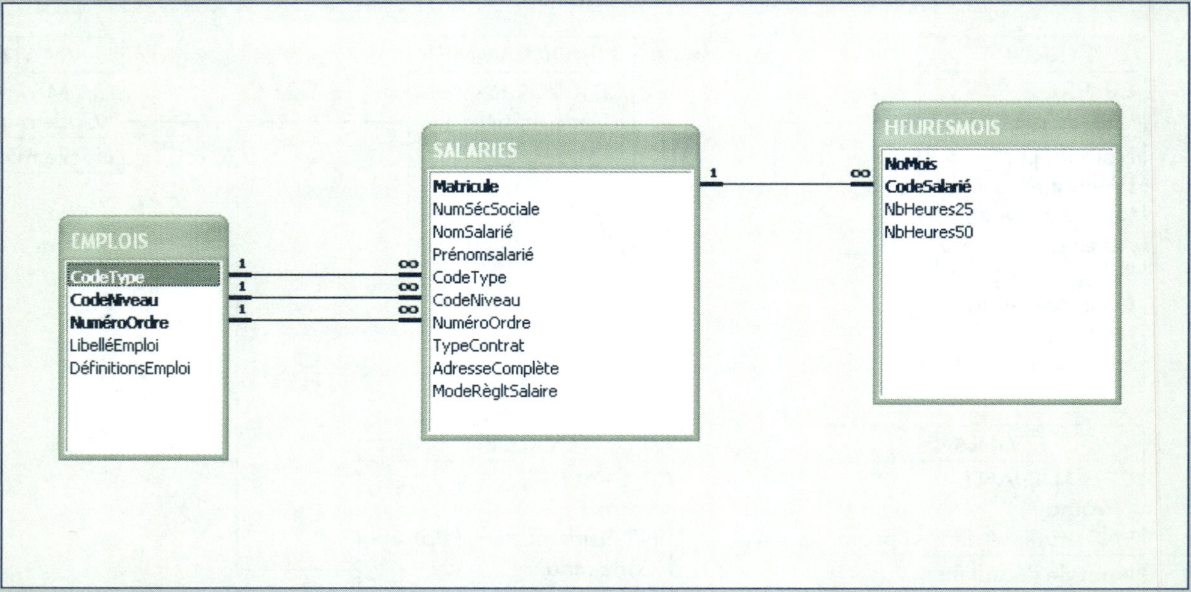


Le salarié Dupont, parti à la retraite au cours du mois, doit être sorti de la base.

**6. À quelle condition peut-on effacer l'enregistrement correspondant à ce salarié dans la table SALARIÉS ?**

# CHAPITRE 8

# L'interrogation et la modification d'une base de données

**Base de données Facturation (extrait)**

**PRODUITS**

| Code produit | Nom produit | Prix produit |
|---|---|---|
| 128001 | Chemise | 22 |
| 128002 | Chemisette | 18 |
| 125050 | Polo | 15 |
| 200612 | Pull | 10 |
| 200607 | T-shirt | 8 |
| [...] | [...] | [...] |

**CLIENTS**

| N° client | Nom client | Ville |
|---|---|---|
| DUB026 | DUBOIS | Paris |
| RAM112 | RAMBOURG | Marseille |
| VER001 | VERNIER | Lyon |
| [...] | [...] | [...] |

**FACTURES**

| N° facture | Date | N° client |
|---|---|---|
| F003 | 01/12/2006 | DUB026 |
| F004 | 01/12/2006 | VER001 |
| F005 | 02/12/2006 | RAM112 |
| F006 | 03/12/2006 | VER001 |
| [...] | [...] | [...] |

**LIGNES DE FACTURE**

| N° facture | Code produit | Quantité commandée |
|---|---|---|
| F003 | 200612 | 40 |
| F003 | 200607 | 20 |
| F003 | 125050 | 50 |
| F004 | 200607 | 200 |
| F005 | 128001 | 50 |
| F005 | 128002 | 30 |
| F006 | 200612 | 5 |
| [...] | [...] | [...] |

*Je souhaite que vous établissiez les listes suivantes :*
*– noms et prix des produits ;*
*– clients par ordre alphabétique ;*
*– clients habitant à Paris ;*
*– factures avec le nom du client.*

*Le chef de service*

## Réflexion préalable

**1.** À quel type d'opération relationnelle correspond chacune des demandes du chef de service ?

**2.** Avec quel langage pourra-t-on interroger cet ensemble de données ?

**3.** Formulez les requêtes correspondant à chaque demande.

## Plan du chapitre

I. Les opérations de base du SQL

II. Les requêtes portant sur les groupes

III. Les requêtes action

**Mots clés**

**projection, restriction, jointure, tri, fonctions statistiques ; Group By, Having ; Insert, Update, Delete**

# Activités

## 1 Des requêtes en SQL

Voici la schématisation des relations sous le SGBDR Access correspondant à la situation de gestion décrite dans le chapitre précédent.

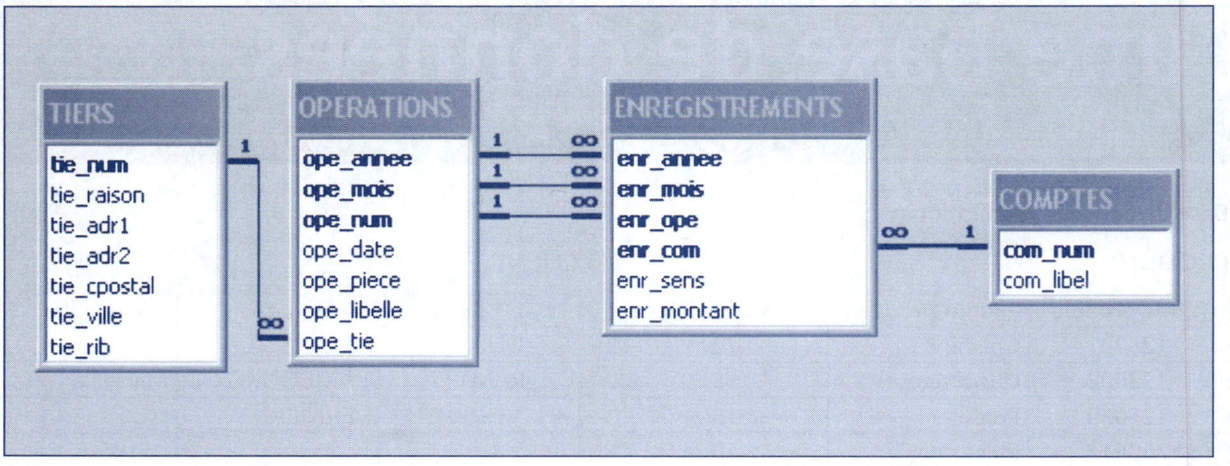


**Programmez en SQL les requêtes suivantes.**

**1.** **Liste des opérations (N° complet, Date et Pièce).**

**2.** **Liste des tiers (identité et adresse complète).**

**3.** **Liste des tiers domiciliés à Paris.**

**4.** **Liste des opérations (tous les champs) dans l'ordre chronologique de date.**

**5.** **Liste des opérations de décembre 2006 dans l'ordre chronologique.**

**6.** **Liste des enregistrements liés à l'opération n° 2006125.**

**7.** **Liste des opérations concernant le fournisseur F004 en 2006.**

**8.** **Liste des opérations de décembre 2006 avec le nom du tiers concerné.**

**9.** **Liste des opérations de décembre 2006 concernant le tiers de « Cacharel ».**

**10.** **Nombre d'opérations concernant le tiers F003 en 2006.**

**11.** **Somme des débits du mois de décembre 2006.**

**12.** **Montants minimum, maximum et moyen des enregistrements en décembre 2006.**

# I Les opérations de base du SQL

## 1. Les opérations relationnelles

Les opérations relationnelles permettent d'extraire des données de la base. Le résultat s'affiche sous la forme d'une table. Le langage SQL, utilisé par tous les SGBDR, est le langage informatique qui les traduit.

– La **projection** permet de ne retenir que quelques champs (colonnes) d'une table.

**Exemple** *Liste des tiers* (N° tiers *et* Raison sociale).

```
Select tie_num, tie_raison
From TIERS
```

– La **sélection** (appelée aussi **restriction**) consiste à n'afficher que certaines lignes d'une table. Elle peut être monocritère (=, >, >, <=, >=, like) ou multicritère (And, Or, Between).

**Exemple** *Liste des tiers dont le code postal est 75005.*

```
Select *
From TIERS
Where tie_cp="75005"
```

Remarque : * indique que tous les champs de la table doivent être affichés.

– La **jointure** permet d'obtenir des données provenant de plusieurs tables.

**Exemple** *Liste des opérations avec le nom du tiers.*

```
Select OPERATIONS.*, tie_raison
From OPERATIONS, TIERS
Where ope_tie = tie_num
```

– Le **tri** consiste à ordonner les enregistrements en fonction d'un ou de plusieurs critères.

**Exemple** *Liste des tiers par ordre alphabétique.*

```
Select *
From TIERS
Order by tie_raison asc
```

**asc** est retenu pour réaliser un tri croissant et **desc** pour un tri décroissant. Par défaut, le tri est croissant.

## 2. Les fonctions d'agrégation

Ces fonctions permettent d'effectuer des calculs statistiques.

- **Dénombrer des enregistrements :**

**– Count(*)** compte le nombre d'enregistrements.

```
Select Count(*) As [Nombre d'opérations]
From OPÉRATIONS
Where ope_annee=2006
And ope_mois=12
```

**Exemple** *Nombre d'opérations en décembre 2006.*

**– Count(Nom d'un champ)** compte le nombre d'enregistrements pour lesquels le champ a une valeur.

**Exemple** *Nombre d'opérations concernant un tiers (certaines opérations ne concernent pas de tiers).*

```
Select count(ope_tie) As [Nombre d'opérations]
From OPÉRATIONS
```

- **Additionner les valeurs d'un champ numérique : sum**

**Exemple** *Montant des mouvements débiteurs du compte 44566 en décembre 2006.*

```
Select sum([enr_montant]) As [Total débit
44566 - 12/06]
From ENREGISTREMENTS
Where enr_com = "44566"
And enr_mois = 12
And enr_annee = 2006
And enr_sens = "D"
```

- **Moyenne (avg), maximum (max), minimum (min), écart type (stdev), variance (var)**

**Exemple** *Montant minimum et maximum des enregistrements.*

```
Select
Min(enr_montant) As Minimum,
Max(enr_montant) As Maximum
From ENREGISTREMENTS
```

# Activités

## 2 Jeux d'enfants...

Supposez que vous êtes animateur(trice) dans un centre de vacances. Vous devez vous occuper plus particulièrement de quatre enfants de 4 à 6 ans qui savent compter et qui reconnaissent les couleurs. Vous avez mis au point l'activité suivante : au milieu de la pièce, sur un tapis, vous avez disposé un gros tas de bâtonnets de quatre couleurs : des rouges, des bleus, des verts et des jaunes.

- **Que dites-vous aux enfants ? Quelles opérations vont-ils accomplir ?**

## 3 Des requêtes sur la table ENREGISTREMENTS

Voici un nouvel extrait de la table ENREGISTREMENTS.

| Année | Mois | N° | N°compte | Débit/Crédit | Montant |
|---|---|---|---|---|---|
| 2006 | 12 | 1 | 401 | C | 478,40 € |
| 2006 | 12 | 1 | 44566 | D | 78,40 € |
| 2006 | 12 | 1 | 607 | D | 400,00 € |
| 2006 | 12 | 2 | 401 | C | 1 234,00 € |
| 2006 | 12 | 2 | 44566 | D | 202,23 € |
| 2006 | 12 | 2 | 601 | D | 1 031,77 € |
| 2006 | 12 | 3 | 411 | D | 556,14 € |
| 2006 | 12 | 3 | 44571 | C | 91,14 € |
| 2006 | 12 | 3 | 707 | C | 465,00 € |
| 2006 | 12 | 4 | 401 | C | 3 920,44 € |
| 2006 | 12 | 4 | 44566 | D | 642,48 € |
| 2006 | 12 | 4 | 607 | D | 3 277,96 € |
| [...] | [...] | [...] | [...] | [...] | [...] |
| 2006 | 12 | 14 | 401 | D | 2 668,93 € |
| 2006 | 12 | 14 | 512 | C | 2 668,93 € |
| [...] | [...] | [...] | [...] | [...] | [...] |
| 2007 | 1 | 3 | 401 | C | 782,18 € |
| 2007 | 1 | 3 | 44566 | D | 128,18 € |
| 2007 | 1 | 3 | 623 | D | 654,00 € |
| 2007 | 1 | 4 | 401 | C | 516,67 € |
| 2007 | 1 | 4 | 44566 | D | 84,67 € |
| 2007 | 1 | 4 | 602 | D | 432,00 € |
| [...] | [...] | [...] | [...] | [...] | [...] |
| 2007 | 1 | 11 | 401 | D | 478,40 € |
| 2007 | 1 | 11 | 512 | C | 478,40 € |

**1.** **Calculez la somme des débits et celle des crédits. Présentez ces deux résultats dans une même table.**

**2.** **Calculez la somme des débits et des crédits pour décembre 2006 et pour janvier 2007. Comment représenteriez-vous ces résultats dans une même table ?**

**3.** **Calculez la somme des crédits pour le compte 401, celle des débits pour le compte 401, puis celle des débits pour le compte 44566.**
**Pouvez-vous représenter ces trois résultats dans une même table et généraliser cette représentation ?**

**4.** **Expliquez la méthodologie pour calculer la somme des débits par fournisseur (n° et raison sociale).**

# II Les requêtes portant sur les groupes

## 1. Le principe

La requête « Nombre d'opérations en décembre 2006 » ne renvoie qu'un seul résultat : par exemple, 17. Toutefois, il peut s'avérer nécessaire de procéder à des calculs par catégories.

**Exemple** *Nombres d'opérations par tiers.*

| Raison sociale ou nom | N° de tiers | Nombre d'opérations |
|---|---|---|
| Aigle | F004 | 25 |
| Cacharel | F003 | 31 |
| Crocos | F002 | 1 |
| J.-P. Gauthier | F006 | 28 |
| Lamartine | F005 | 4 |

## 2. La clause Group By

La clause **Group By** (= « groupé par ») permet de partitionner une table en groupes d'après un ou plusieurs champs de la table.

**Syntaxe :**

```
Select liste des champs, fonction statistique
From TABLE (éventuellement plusieurs)
Where critères (facultatif)
Group By liste des champs de groupe
Order By critères (facultatif)
```

Après Group By, il faut répéter la liste des champs énumérés après Select, dans le même ordre. La clause Order By, si elle est nécessaire, se trouve toujours après Group By.

Une ou plusieurs fonctions statistiques (count, sum, avg, etc.) pourront être appliquées sur chacun des groupes.

### a) Le regroupement avec un critère

L'opération de groupement consiste à (re)grouper les lignes d'une table (ou d'une jointure entre tables) d'après la valeur de l'un de leurs champs (ou d'une expression) appelé **« critère de groupement »**. Toutes les lignes qui ont la même valeur pour ce champ formeront un groupe (ou un agrégat).

**Exemple 1** *Nombre d'opérations pour le mois de décembre 2006, par dates.*
*1. Dans la table OPÉRATIONS, on ne retient (restriction) que les opérations du mois et de l'année concernés.*
*2. On regroupe ces opérations par dates à l'aide du critère de groupement :* ope_date.
*3. On compte le nombre d'opérations.*

```
Select ope_date,
Count(*) As [Nombre d'opérations]
From OPÉRATIONS
Where ope_annee=2006
And ope_mois=12
Group By ope_date
```

**Exemple 2** *Nombre d'opérations par tiers (avec son nom) dans l'ordre alphabétique.*
*1. On effectue une jointure entre les tables OPÉRATIONS et TIERS pour avoir les noms des tiers.*
*2. On regroupe les opérations par tiers à l'aide du critère de groupement :* ope_tie *ou* tie_num *(puisqu'ils sont égaux).*

```
Select tie_raison, tie_num,
Count(*) As [Nombre d'opérations]
From TIERS,OPÉRATIONS
Where tie_num=ope_tie
Group By tie_raison, tie_num
Order By tie_raison
```

Remarque : il n'y a qu'un critère de regroupement puisque *tie_raison* dépend fonctionnellement de *tie_num*. La syntaxe du SQL oblige à répéter, après la clause Group By, les champs qui illustrent la statistique.

**Exemple 3** *Nombre de tiers par type (clients, fournisseurs, etc.). La première lettre du champ* tie_num *symbolise le type de tiers.*

```
Select Left(tie_num,1) As [Code type de tiers],
Count(*) As [Nombre de tiers]
From TIERS
Group By Left(tie_num,1)
```

Remarque : la fonction chaîne **Left**(*nom-de-champ*, n) renvoie les n premiers caractères de gauche de *nom-de-champ*, de type texte.

## 4 Jeux d'enfants... (suite)

L'activité 2 que vous avez imaginée pour les quatre enfants a fort bien marché et vous décidez de compliquer un peu le jeu. Non seulement les bâtonnets sont de quatre couleurs, mais en plus, ils sont de deux longueurs différentes : des longs et des courts.

- **Comment proposez-vous aux enfants de poursuivre le jeu ?**

## 5 Des requêtes sur la table ENREGISTREMENTS (suite)

En vous appuyant sur l'extrait de la table ENREGISTREMENTS donné dans l'activité 3, répondez aux questions suivantes.

**1.** **Calculez la somme des débits et des crédits de chaque classe.**

**2.** **Vérifiez que la balance respecte le principe de la partie double.**

**3.** **Vérifiez que chaque opération enregistrée respecte le principe de la partie double.**

**4.** **En vous basant sur le résultat de la requête « Nombre d'opérations par tiers » de la page précédente (elle a par exemple été enregistrée sous le nom de R10), écrivez en SQL la requête R11 qui retourne les tiers qui sont concernés par plus d'une opération.**

**5.** **En vous aidant du résultat d'une requête sur la base VetChic.mdb présentée ci-dessous, retrouvez l'intitulé de la requête. Comment pourriez-vous présenter ces résultats de façon plus lisible ?**

| Type de tiers | Ville | Nombre de tiers |
|---|---|---|
| C | Cluny | 4 |
| C | Grenoble | 10 |
| C | Lyon | 38 |
| C | Paris | 51 |
| F | Grenoble | 2 |
| F | Paris | 10 |
| [...] | [...] | [...] |

L'image suivante est une copie d'écran de l'assistant, qui, sous Access, permet de programmer des requêtes sans connaître le langage SQL.

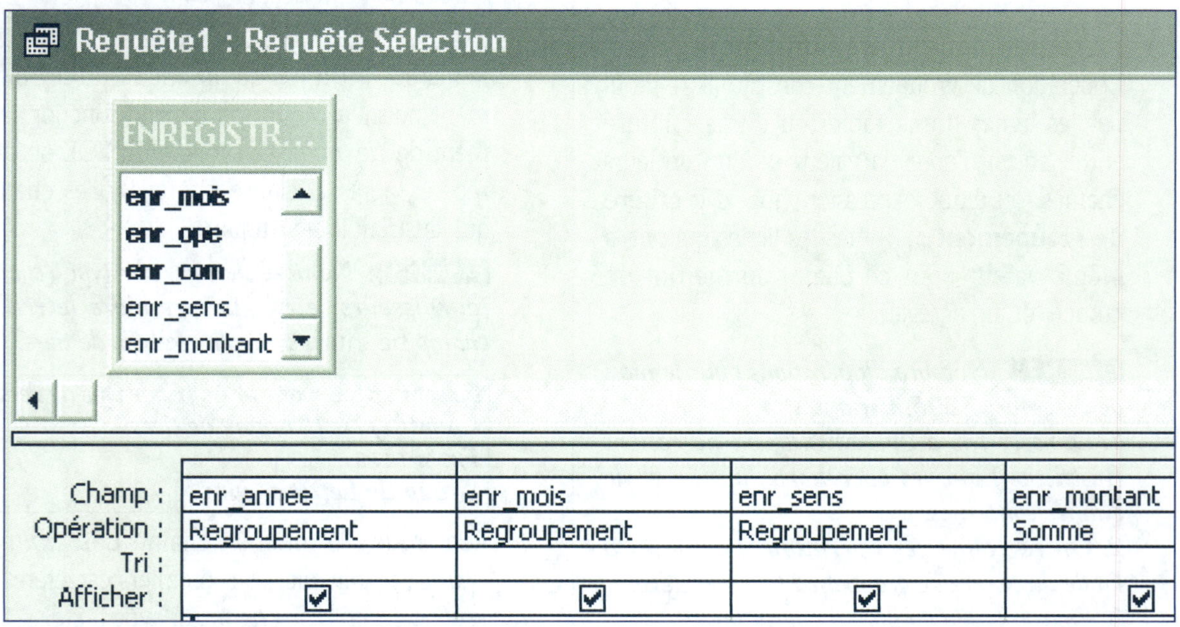


**6.** **Interprétez cet écran et indiquez les finalités de la requête présentée.**

### b) Les regroupements avec plusieurs critères indépendants

Afin de parvenir à un résultat plus pertinent, il peut s'avérer nécessaire de procéder à des regroupements sur plusieurs critères indépendants.

L'ordre des noms de champs dans la clause **Group By** détermine les niveaux de regroupement, du plus élevé au plus bas.

**Exemple** *Somme des débits et crédits de chaque compte (avec le libellé du compte).*

*1. Une jointure entre les tables* ENREGISTREMENTS *et* COMPTES *doit être réalisée pour avoir le libellé du compte.*

*2. Ensuite, on regroupe les enregistrements par comptes (critère* enr_com *ou* com_num*), puis au sein de chacun de ces groupes par débit ou crédit (critère* enr_sens*).*

```
Select enr_com, com_intitule, enr_sens,
Sum(enr_montant) As [Montant]
From ENREGISTREMENTS E Inner Join COMPTES C On
E.enr_com=C.com_num
Group By enr_com, com_intitule, enr_sens
```

Remarque : il n'y a que deux critères puisque le critère *com_intitule* est en dépendance fonctionnelle avec *enr_com*.

## 3. La restriction sur les groupes : la clause Having

Une fois que l'on a obtenu des statistiques sur des groupes, on peut vouloir en faire une restriction (sélection).

### a) Définition

La clause **Having** spécifie les enregistrements regroupés à afficher dans une instruction Select dotée d'une clause Group By.

Une fois que la clause Group By a regroupé les enregistrements, la clause Having affiche tous les enregistrements qui ont été regroupés par la clause Group By et qui répondent aux critères de la clause Having.

### b) Syntaxe

```
Select liste des champs, fonction statistique
From TABLE (éventuellement plusieurs)
Where critère (facultatif)
Group By liste des champs groupe
Having critères de groupe
```

**Exemple 1** *Quels sont les jours où plus d'une opération a été enregistrée ?*

```
Select ope_date,
Count(*) As [Nombre d'opérations]
From OPÉRATIONS
Group By ope_date
Having Count(*) >1
```

**Exemple 2** *Quel est le fournisseur le plus important ?*

*Afin d'obtenir le résultat escompté, il faut procéder en deux temps.*

*1. Tout d'abord, il faut calculer le montant total des débits d'un fournisseur. Or, cela a déjà été réalisé dans une requête précédente. Enregistrons-la sous le nom « Somme des débits par fournisseur ».*

*2. On cherche maintenant parmi ces fournisseurs celui dont le montant total des débits est égal au montant maximum de tous ces montants.*

```
Select *
From [Somme des débits par fournisseur] Where
[Montant]=(Select Max([Montant])
From [Somme des débits par fournisseur])
```

Les parenthèses indiquent que la requête (Select Max) est imbriquée, c'est-à-dire qu'elle est d'abord évaluée avant de retourner le montant le plus élevé.

Ce montant est ensuite comparé à chacun des montants des débits de chaque fournisseur.

Ce mécanisme de l'**imbrication** est le fait de pouvoir réutiliser une requête enregistrée comme une table permettant de réaliser des requêtes plus complexes.

## 6 Vêt'Chic

Vêt'Chic a reçu la facture suivante.

| | |
|---|---|
| TRANS-ROUTE<br>78 bd Magenta<br>75004 PARIS<br>Compte n° 7854885 à la BNP Paribas | Le 03/02/2007 |
| FACTURE n° 12VXD<br>**Doit :** VÊT'CHIC | |
| Transport Paris-Lyon<br>Escompte | 4 500,00<br>225,00 |
| Net financier<br>TVA à 19,60 % | 4 275,00<br>837,90 |
| **Net à payer TTC**<br>Payable par chèque | **5 112,90** |

**1.** **Ouvrez la base de données VetChic.mdb et procédez à l'ajout des enregistrements nécessaires dans les différentes tables.**

Rappel : pour ajouter un enregistrement dans une table, il suffit de la pointer, de double-cliquer et de se positionner sur la ligne vierge.

**2.** **Le client n° C001 (Jasmin) vous signale qu'il a changé de banque pour passer à la BNP Paribas et que, désormais, son compte a pour numéro 5612784451. Que faites-vous ?**

**3.** **Un « vieux » client (le n° C004) n'a rien commandé depuis quatre ans et vient de vous écrire pour ne plus faire partie des fichiers de l'entreprise (il ne désire plus recevoir les courriers commerciaux que Vêt'Chic envoie régulièrement à ses clients). Que faites-vous ? Dans quel cas est-il impossible de supprimer un tiers ?**

En double-cliquant sur le trait qui relie les tables TIERS et OPÉRATIONS dans le schéma relationnel de la BDD VetChic.mdb, voici l'écran qui apparaît.

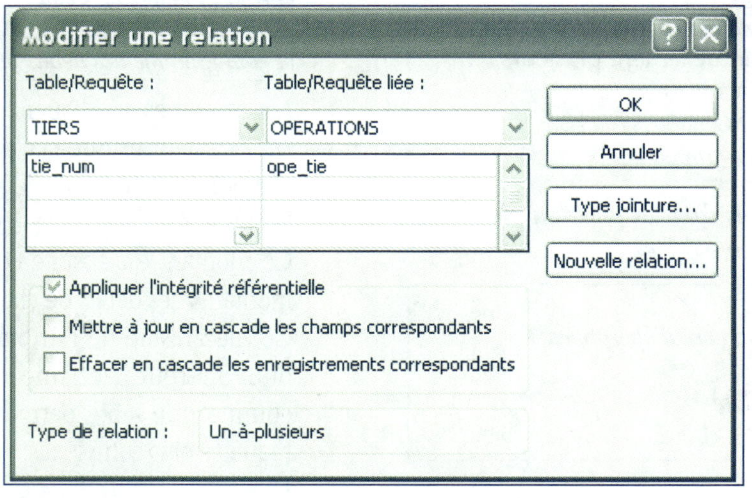


**4.** **Que se passera-t-il si l'on coche la troisième case « Effacer en cascade les enregistrements correspondants » avant de valider ?**

# III Les requêtes action

Nous avons vu les requêtes d'interrogation, appelées aussi « requêtes sélection » par Access.
Elles se contentent d'interroger la base de données pour extraire des résultats sous forme d'une table.

Certaines requêtes modifient le contenu de la base, par l'ajout, la suppression et la modification d'enregistrements, sans modifier en rien la structure de la base.

## 1. La requête Ajout = Insert

Elle sert à **ajouter** un ou des enregistrements dans une table et commence par **Insert**.

### a) L'insertion d'une ligne

**Exemple** *Enregistrement d'un nouveau compte.*

```
Insert Into COMPTES(com_num,com_libel)
Values ("765","Escomptes obtenus")
```

### b) L'insertion de plusieurs lignes

**Exemple** *Tous les mois, on archive toutes les opérations de 2006 dans une table ARCHMOUV, qui a la même structure que OPÉRATIONS.*

```
Insert Into ARCHMOUV
Select * From OPÉRATIONS
Where ope_annee=2006
```

## 2. La requête Suppression = Delete

Elle sert à **supprimer** un ou des enregistrements dans une table et commence par **Delete**.

### a) La suppression d'une ligne

**Exemple** *Suppression d'un code postal.*

```
Delete From VILLES
Where vil_cp="83000"
```

### b) La suppression de plusieurs lignes

**Exemple** *Après avoir archivé les opérations de 2006, on les supprime de la table OPÉRATIONS.*

```
Delete From OPÉRATIONS
Where ope_annee=2006
```

## 3. La requête Mise à jour = Update

Elle a pour but de **modifier** la valeur d'un ou de plusieurs champs ou d'un ou de plusieurs enregistrements. Elle commence par **Update**.

### a) La modification d'un champ d'une ligne

**Exemple** *Changement du RIB d'un tiers, le client n° C001.*

```
Update TIERS
Set tie_rib="BNP PARIBAS 5612784451"
Where tie_num="C001"
```

### b) La modification de plusieurs champs d'une ligne

**Exemple** *Le client n° C001 change d'adresse mais dans le même arrondissement de Lyon.*

```
Update TIERS
Set tie_adr1="11 rue de Nancy", tie_adr2=
"Résidence Magenta"
Where tie_num="C001"
```

### c) La modification de plusieurs lignes

**Exemple** *Dans la BDD d'un supermarché, il existe une table ARTICLES(art_ref,art_design, art_puht,art_cat), qui permet d'enregistrer, pour chaque article, sa référence, sa désignation, son prix de vente hors taxes et sa catégorie (B comme « boucherie », E comme « épicerie », etc.). L'entreprise décide de diminuer de 5 % tous les articles d'épicerie.*

```
Update ARTICLES
Set art_puht=art_puht*0.95
Where art_cat="E"
```

## 4. La mise en œuvre

Dans la pratique, on utilise rarement les requêtes pour automatiser l'insertion, la suppression ou la mise à jour d'une ligne, puisqu'il suffit d'ouvrir la table ou, mieux, le formulaire adéquat.
Les requêtes action modifient parfois en profondeur, et de manière irréversible, le contenu de la base. Il faut donc les utiliser avec précaution. Dans le cas d'un SGBDR client-serveur, l'administrateur de la base de données prendra bien soin de n'autoriser ces opérations qu'à certains utilisateurs et pour certaines tables.

# Travaux dirigés

## 1 Utiliser une base de données

Dans une entreprise, les employés se déplacent souvent en missions. Ils utilisent alors une des voitures de l'entreprise et partent parfois pour plusieurs jours.
Voici le schéma relationnel du domaine de la gestion des missions.
La base de données Chapitre08_TD01.mdb vous sera fournie par votre professeur.

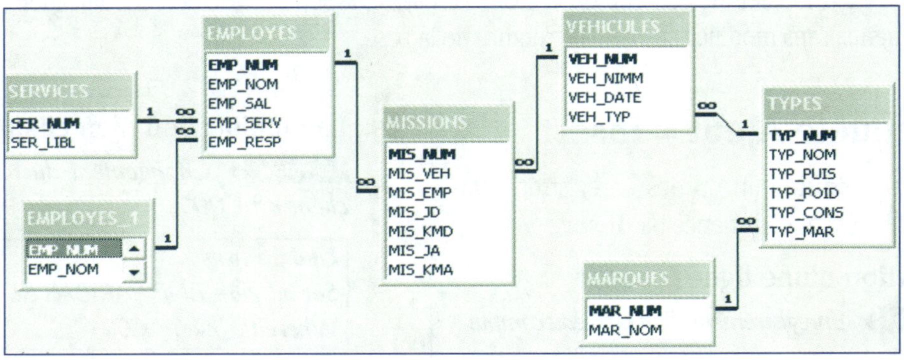


### EMPLOYÉS

| N° employé | Nom | Salaire mensuel de base | Code service | A pour chef |
|---|---|---|---|---|
| 01 | MARTIN | 8 900,00 € | 02 | 01 |
| 02 | DUBOIS | 2 400,00 € | 02 | 01 |
| 03 | DUPERRIER | 2 600,00 € | 02 | 01 |
| 04 | VERLAN | 10 000,00 € | 04 | 07 |
| 05 | MICHEL | 1 800,00 € | 04 | 07 |
| 06 | TUPPO | 1 850,00 € | 04 | 07 |
| 07 | RICHAULME | 2 150,00 € | 04 | 07 |
| [...] | [...] | [...] | [...] | [...] |

### SERVICES

| Code service | Libellé |
|---|---|
| 01 | ACHATS |
| 02 | COMMERCIAL |
| 03 | COMPTABILITÉ |
| 04 | TECHNIQUE |
| 05 | INFORMATIQUE |
| 06 | COMMUNICATION |
| 07 | PERSONNEL |

### MISSIONS

| N° de mission | N° véhicule | N° employé | Date et heure de départ | Compteur au départ | Date et heure d'arrivée | Compteur à l'arrivée |
|---|---|---|---|---|---|---|
| 01 | 05 | 10 | 13/01/2006 08:30:00 | 134500 | 13/01/2006 17:00:00 | 134832 |
| 02 | 10 | 14 | 18/01/2006 10:45:00 | 81857 | 18/01/2006 11:30:00 | 82458 |
| 03 | 09 | 11 | 25/01/2006 08:45:00 | 33750 | 25/01/2006 18:00:00 | 34510 |
| 04 | 06 | 01 | 26/01/2006 14:00:00 | 127800 | 27/01/2006 17:45:00 | 128142 |
| 05 | 11 | 03 | 04/02/2006 09:30:00 | 34850 | 04/02/2006 17:45:00 | 34952 |
| 06 | 01 | 14 | 08/02/2006 10:00:00 | 78954 | 08/02/2006 15:50:00 | 79345 |
| 07 | 05 | 13 | 09/02/2006 08:00:00 | 134832 | 09/02/2006 11:55:00 | 134858 |
| 08 | 01 | 06 | 20/03/2006 09:15:00 | 79345 | 20/03/2006 16:40:00 | 79391 |
| 10 | 09 | 11 | 23/03/2006 08:00:00 | 34510 | 23/03/2006 15:50:00 | 35452 |
| 09 | 11 | 17 | 23/03/2006 10:15:00 | 34952 | 23/03/2006 12:00:00 | 35015 |
| 11 | 06 | 15 | 03/04/2006 09:25:00 | 128142 | 03/04/2006 11:40:00 | 128254 |
| [...] | [...] | [...] | [...] | [...] | [...] | [...] |

### TYPES

| Code type | Nom du type | Puissance (chevaux fiscaux) | Poids (tonnes) | Consommation (l/100 km) | Code marque |
|---|---|---|---|---|---|
| 01 | 206 | 7 | 1 | 7 | 01 |
| 02 | 206 GTI | 9 | 2 | 9 | 01 |
| 03 | 407 | 9 | 3 | 8 | 01 |
| 04 | Safrane | 7 | 2 | 8 | 02 |

•••

•••

MARQUES

| Code marque | Nom commercial |
|---|---|
| 01 | PEUGEOT |
| 02 | RENAULT |
| 03 | MERCEDES |
| [...] | [...] |

VÉHICULES

| N° véhicule | Immatriculation | Date achat | Code type |
|---|---|---|---|
| 01 | 7845 NH 13 | 13/04/2005 | 01 |
| 02 | 4567 KL 13 | 23/02/2005 | 03 |
| 03 | 6789 HL 13 | 10/10/2003 | 03 |
| 04 | 4231 KZ 13 | 07/05/2005 | 02 |
| 05 | 6754 JT 13 | 02/04/2003 | 07 |
| [...] | [...] | [...] | [...] |

Familiarisez-vous avec cette base de données en répondant aux questions suivantes.

**1.** **Dans quel service travaille l'employé Michel ?**

**2.** **Qui est son chef ?**

**3.** **Donnez toutes les caractéristiques de la voiture n° 03.**

**4.** **À quelles missions a servi la voiture immatriculée 6754 JT 13 ?**

**5.** **Qui sont les chefs de service ?**

Pour mieux gérer les déplacements des employés, le gestionnaire vous demande de programmer les requêtes ci-dessous.
*Conseil : donnez un nom à chaque requête (R01, R02, etc.) car, une fois enregistrée, une requête peut être utilisée comme une table dans une autre requête.*

**6.** **Les employés du service commercial.**

**7.** **Les employés partis en mission au mois de janvier (→ *month(mis_jd)* renvoie le numéro du mois où la mission est partie).** *Conseil : pour éviter qu'un employé, parti plusieurs fois au mois de janvier, n'apparaisse autant de fois dans le résultat, insérez, juste après* ***Select****, la clause* ***Distinct****.*

**8.** **La liste des véhicules par marque (avec nom du modèle, n° de véhicule et d'immatriculation et date d'achat).**

**9.** **Les employés du service commercial partis en mission ce mois-ci (*month(date())* renvoie le n° du mois en cours).**

**10.** **Les missions prévues pour les employés du service commercial.**

**11.** **La liste des employés responsables de service.**

**12.** **Les missions déjà accomplies par les chefs de service.**

**13.** **Le nombre de missions accomplies au mois de janvier.**

**14.** **Le nombre de kilomètres parcourus pour chaque mission.**

**15.** **Le nombre de missions par véhicule.**

**16.** **Le nombre de kilomètres parcourus par employé.**

**17.** **Le nombre de kilomètres parcourus par service.**

**18.** **Le salaire moyen par service.**

**19.** **Les employés qui ont effectué plus de deux missions.**

**20.** **Chaque début de mois, archivez les missions vieilles de plus d'un an, c'est-à-dire dont la différence en année est égale à 1.**

La fonction ***DateDiff(«yyyy »,mis_jd, date())*** renvoie la différence, exprimée en années (*"yyyy"*) entre la date où vous lancez la requête (*date()*) et la date de départ de la mission (*mis_jd*).
Une table ARCHMISSIONS existe et a exactement la même structure que la table MISSIONS.

**21.** **Supprimez ensuite toutes ces missions.**

La direction a décidé d'augmenter de 5 % tous les salaires du service commercial.

**22.** **Rédigez la requête qui met à jour le salaire de base des salariés concernés.**

## 2 Évaluez les acquis du chapitre

Dans une auto-école, voici le dictionnaire de toutes les données nécessaires à la gestion des leçons de conduite et le schéma relationnel de la base de données AUTOÉCOLE qui contient les tables ÉLÈVE, MONITEUR, VOITURE, MODÈLE et LEÇON.

Remarque : nous sommes au mois de décembre 2006.

| Nom de la donnée | Exemple et commentaires |
|---|---|
| N° de l'élève | L'année où l'élève s'est inscrit suivi d'un numéro d'ordre. Ex. : l'élève n° 2006_18 est le 18e inscrit pour l'année 2006. |
| Nom de l'élève | |
| Prénom de l'élève | |
| N° de téléphone de l'élève | |
| N° du moniteur | 1, 2, 3, etc. |
| Nom du moniteur | |
| Date d'embauche du moniteur | |
| N° de la leçon | La leçon 2006_104 est la 104e leçon de l'année 2006. |
| Date et heure de la leçon | 23/01/2007 14:30 |
| N° de la voiture | 1, 2, 3, etc. |
| N° d'immatriculation | |
| Nombre de kilomètres au compteur | |
| Date d'achat | |
| Code du modèle de voiture | 1, 2, 3, etc. |
| Nom du modèle | Clio, 206, etc. |
| Cylindrée du modèle | En cm$^3$ : 700, 1 100, 1 600 |

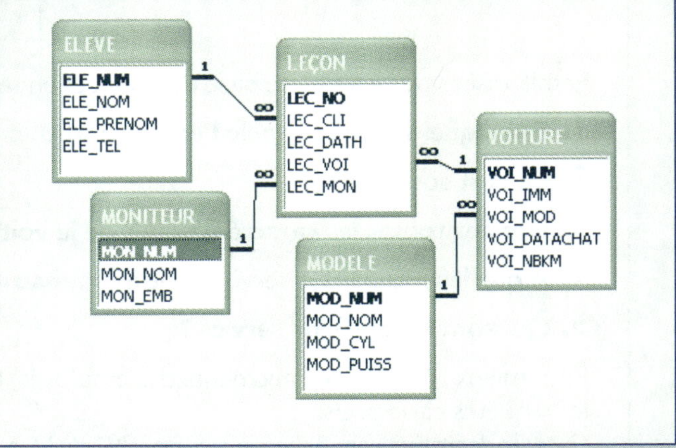


**Règles de gestion**

– Une leçon est prise par un élève sur une voiture et est assurée par un moniteur.
– Une voiture est d'un modèle donné.
– Les leçons sont aussi bien celles qui ont déjà été prises que celles qui sont programmées.

**Programmez les requêtes suivantes.**

1. **Liste des clients classés par noms de moniteurs.**
2. **Liste chronologique des leçons pour le mois de janvier 2007.**
3. **Liste des leçons programmées en janvier 2006 pour le moniteur n° 4.**
4. **Liste chronologique des leçons que doit prendre l'élève Akim Gineste avec le nom du moniteur, le n° de la voiture et le nom du modèle.**

Conseil : la date du jour s'exprime par *date()* ; donc, toutes les leçons dont la date est supérieure à *date()* sont des leçons à venir (planifiées).

5. **Nombre de leçons qu'a déjà prises Akim Gineste.**
6. **Nombre de leçons par moniteur pour le mois de janvier 2007.**
7. **La voiture qui a le plus roulé.**

# CHAPITRE 9

# Le traitement des données comptables en environnement réseau

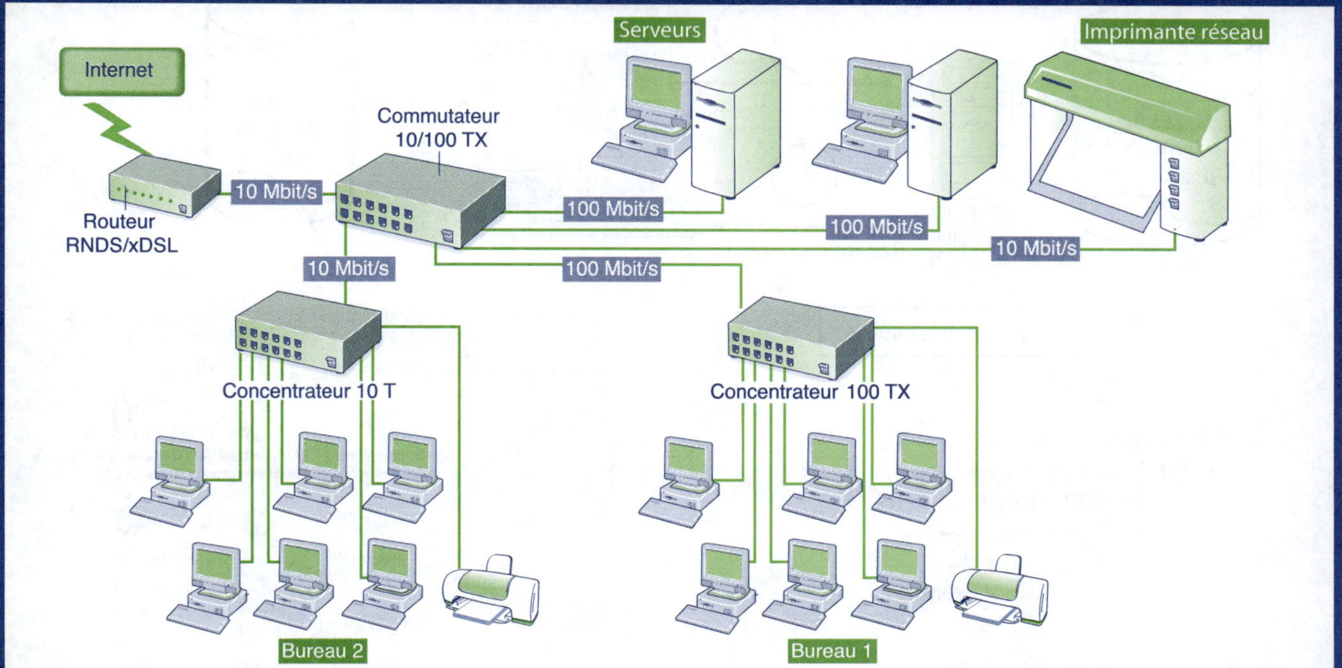


http://www.pcinpact.com/articles/d/6/1.htm

## Plan du chapitre

I. La répartition des données et des traitements

II. Les formulaires sur les postes clients

III. Les états sur les postes clients

IV. La logique des traitements et leur répartition

## Réflexion préalable

En vous appuyant sur vos connaissances acquises en classe de première STG, répondez aux questions suivantes.

1. Identifiez sur cette image les composants d'un réseau local.
2. Quel matériel permet à ce réseau local de se connecter à Internet ?
3. Donnez des exemples de ressources matérielles et logicielles que les utilisateurs pourront partager.
4. Qui gère l'allocation des ressources matérielles et logicielles pour les membres (les utilisateurs) du réseau ?
5. Si les différentes stations de travail des bureaux 1 et 2 doivent accéder à une base de données, où celle-ci doit-elle se trouver ?
6. Qui va gérer cette base de données ? Sur quoi vont porter les droits des utilisateurs ?

### Mots clés

**source de données ; base de données distante ; SGBDR client/serveur ; formulaires ; contrôles ; état ; procédures stockées ; composants ; architecture client/serveur**

# Activités

## 1 Base de données locale et base de données distante

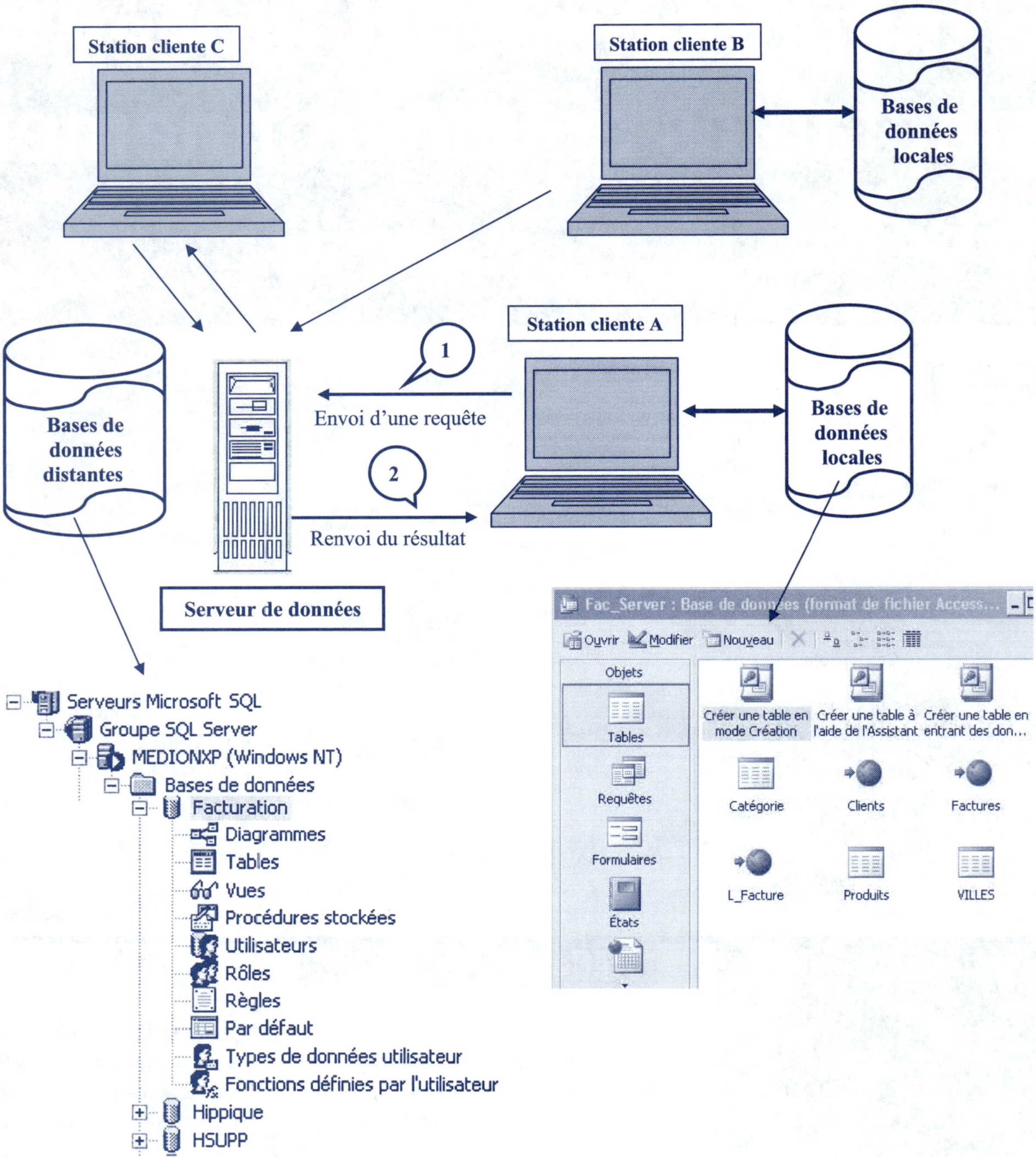


**1.** Dans l'arborescence ci-dessus, quel est le nom donné au serveur de données ?

**2.** Quel est le SGBDR utilisé sur ce serveur ?

**3.** Comment justifiez-vous le « s » de « bases » dans « bases de données » ?

**4.** Expliquez les adjectifs « locales » et « distantes ».

**5.** Parmi les tables de la base de données locale Fac_Server, quelles sont celles qui sont liées à la base distante et quelles sont celles qui sont locales ?

**6.** La base de données locale ne contient-elle que des tables ?

**7.** À votre avis, dans quelle base sont les données comptables ? Pourquoi ?

# I La répartition des données et des traitements

Le système d'information comptable comporte une grande diversité de données. Selon les choix de l'entreprise, certaines sont centralisées dans une base de données distante installée sur un serveur de données, d'autres sont installées sur les postes de travail des utilisateurs.

**Exemple** *La base de données comptables est installée sur le serveur de données alors que les données prévisionnelles sont sur le poste du contrôleur de gestion.*

## 1. L'environnement réseau et son organisation

L'organisation générale du réseau de l'entreprise comprend sa configuration matérielle, la répartition des données et des traitements entre le serveur et les postes utilisateurs, ainsi que la définition des droits de chaque utilisateur. Le **schéma synoptique** du réseau permet de représenter l'ensemble des matériels ainsi que la répartition des données et des traitements.

## 2. La base de données sur le serveur

La base de données sur le serveur regroupe les données fournies par et utiles à plusieurs utilisateurs afin d'obtenir une information unique et pertinente. Elle doit alors être commune et accessible à tous.

Elle est gérée par un responsable, l'administrateur de la base, dont le rôle essentiel est de veiller à sa sécurité et de gérer les droits de chacun sur les différentes tables qui la structurent.

Depuis son poste de travail équipé d'un micro-ordinateur relié au réseau local (on parle alors de « station de travail »), chaque utilisateur va se connecter au serveur de données.

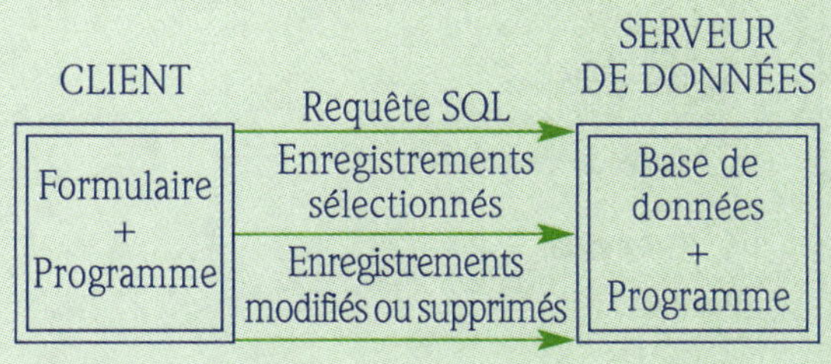


Grâce à des logiciels présents sur son poste, il va dialoguer avec cette base de données distante.

## 3. L'accès aux données du réseau

### a) L'identification de la source des données

Pour pouvoir identifier la source des données, quatre éléments sont indispensables :

– le **nom du serveur de données** où se trouve la base distante ;

– le **nom du SGBDR** qui la gère ;

**Exemples** *SQL*Server, Oracle, MySQL.*

– le **nom de la base de données** ;

Un SGBDR client/serveur peut gérer en même temps plusieurs bases de données.

**Exemples** *Comptabilité, gestion de la production.*

Access, qui ne peut gérer qu'une base de données à la fois, ne peut tourner sur un serveur de données.

– la **connexion.**

Le SGDBR vérifie qu'il reconnaît cette connexion (c'est l'**authentification** de l'utilisateur) et gère ses droits en conséquence.

### b) Les droits sur la base de données

L'annuaire des utilisateurs, géré par le système d'exploitation du réseau local, définit, pour chaque salarié, ses accès aux seules informations qui lui sont nécessaires.

Il permet ou non l'accès à la base de données, c'est l'**habilitation.**

Il précise, pour chaque table, les **autorisations**, c'est-à-dire si le salarié peut :

– créer (enregistrer) un enregistrement ;
– modifier tel ou tel champ ;
– lire (consulter) les enregistrements ;
– supprimer un enregistrement.

L'administrateur de la base de données gère ces droits et assure ainsi la **confidentialité** et l'**intégrité** des données de la base.

## 2 L'interface de saisie d'une facture

Dans l'entreprise SAFPB (société anonyme de fabrication de produits de boulangerie), une base de données est implantée physiquement sur le disque d'un serveur de données et gérée par le SGBDR SQL*Server. Cette base de données contient notamment les tables CLIENTS (n°, raison sociale, adresse, code catégorie, etc.), FACTURES (n°, date et n° de client), LIGNES_FACTURE (n° de facture, référence du produit, quantité), PRODUITS (référence du produit, désignation, prix de vente), CATÉGORIES (code catégorie, libellé, taux de remise).

**Règles de gestion**

- À chaque nouvelle facture, son numéro s'incrémente de 1.
- Les produits sont facturés au prix de vente catalogue tel qu'il est indiqué dans la table PRODUITS.

Voici l'interface (le formulaire) de la saisie d'une facture à la SAFPB dont dispose, sur son micro-ordinateur, la personne chargée de saisir les factures.

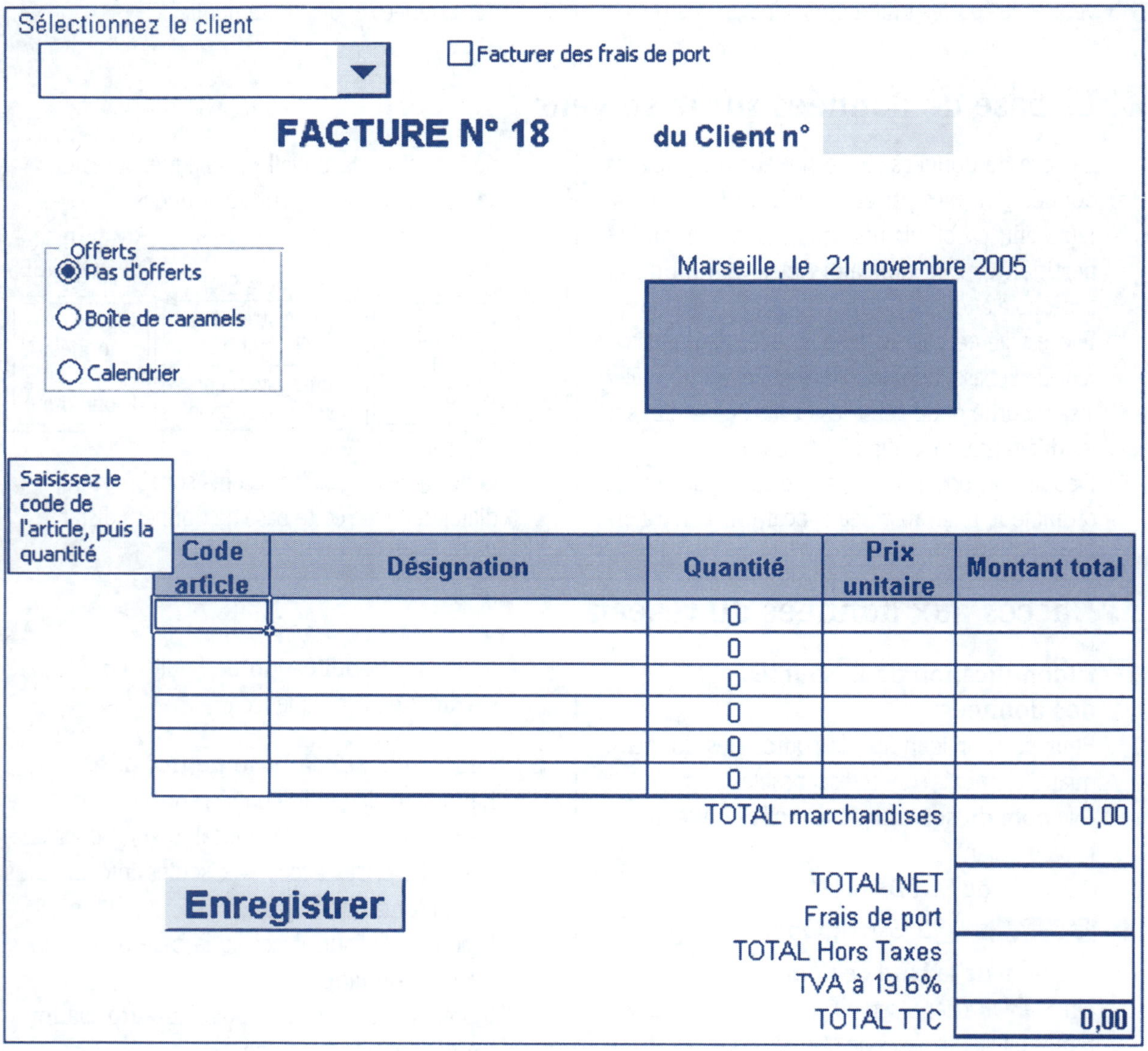


**1.** **Quelles informations doivent être saisies ?**

**2.** **Quelles sont les données qui proviennent de la base de données ?**

**3.** **Que se produit-il quand on clique sur le bouton Enregistrer ?**

**4.** **Pourquoi les différents objets graphiques rendent la saisie plus sûre et plus conviviale ?**

**5.** **Connaissez-vous les différents objets graphiques qui composent un formulaire ?**

# II Les formulaires sur les postes clients

## 1. Le rôle d'un formulaire

Un formulaire est une interface entre l'utilisateur et la base de données distante. Il prend la forme d'une page d'écran complétée par l'utilisateur et remplit plusieurs fonctions.

### a) Rendre la saisie plus conviviale

Sur son écran, l'utilisateur voit un document à remplir, appelé « formulaire », dont le but est de lui faciliter la saisie et de la rendre plus sûre.

**Exemple** *Le formulaire de saisie de commande.*

### b) Accéder aux données contenues dans la base de données distante

De son poste de travail, l'utilisateur peut accéder aux données pour procéder à des opérations de natures diverses :

– consulter : les données viennent alors de la base et s'affichent dans le formulaire ;

**Exemple** ***Le commercial, par consultation de la base, peut dire à son client s'il reste ou non des produits en stock.***

– ajouter et/ou modifier : les données sont alors saisies dans le formulaire et vont aller modifier le contenu des tables concernées ;

**Exemple** ***La création d'un nouveau code client dans le plan des comptes.***

– supprimer des données.

**Exemple** ***Suppression dans la base, par une personne autorisée, d'un produit qui n'est plus au catalogue.***

Le formulaire est bâti, grâce à une source de données, sur une ou plusieurs tables de la base de données, souvent par l'intermédiaire de requêtes. On parle d'« interface homme-machine » (IHM).

## 2. Les contrôles de saisie d'un formulaire

Les éléments constitutifs d'un formulaire sont qualifiés de « contrôles » parce qu'ils participent au contrôle de la saisie des informations.

- Tout doit être mis en œuvre pour éviter que l'utilisateur, par fatigue ou par distraction, saisisse des données erronées. Or, un programme informatique produira toujours des résultats erronés si les données qu'on lui fournit le sont.
- Pour limiter au maximum la saisie, des contrôles de type liste déroulante, cases à cocher, boutons radio sont utilisés.

Pour assister l'utilisateur, des messages accompagnent la saisie et avertissent l'utilisateur en cas de saisie non conforme.

**Exemple** ***Lors de la saisie d'une quantité, le message d'erreur « Veuillez saisir un nombre entier s'il vous plaît » s'affiche si l'utilisateur ne saisit pas un nombre entier.***

Pour guider l'utilisateur, une aide en ligne est à sa disposition.

## 3. La gestion du formulaire

La présentation du formulaire, sa dynamique, la gestion des erreurs sont prises en charge par les ressources informatiques de la station de travail où il est traité. Le tableau ci-contre recense les boutons de saisie les plus courants.

| Contrôle | Aspect | Utilité |
|---|---|---|
| Étiquette | Quantité | Inaltérable, guide l'utilisateur dans sa saisie. |
| Zone de texte | L001 | Permet se saisir des données de toute nature. |
| Bouton d'option | ◉ Oui ○ Non | Traduit un choix exclusif entre plusieurs options. |
| Case à cocher | ☑ Téléphone ☑ Télévision | Traduit un choix non exclusif entre plusieurs options. |
| Zone de liste modifiable | Arts et Miel ▾ | Facilite et sécurise la saisie puisqu'on ne peut saisir qu'en cliquant sur un des choix proposés par la liste. |
| Bouton | Enregistrer | Un clic déclenche une action programmée. |

## 3 Produire un état sur la clientèle

La SAFPB vend à une clientèle composée de boulangeries, d'épiceries, de supermarchés et d'hypermarchés. Le responsable commercial désire obtenir un état qui lui montre, par catégorie :
- la liste des clients ;
- le nombre total de clients ;
- le chiffre d'affaires de la catégorie ;
- en fin de rapport, le total de tous les clients et le chiffre d'affaires.

Il vous charge de ce travail.

Vous disposez des deux extraits de tables suivants.

**CLIENTS**

| Code catégorie | N° dans la catégorie | Raison sociale | Chiffre d'affaires |
|---|---|---|---|
| BOU | 001 | Anis et Miel | 3 584,00 € |
| BOU | 002 | Les Moulins de Provence | 2 458,00 € |
| EPI | 001 | Bataille | 8 245,00 € |
| HYP | 001 | Auchan | 105 147,00 € |
| HYP | 002 | Casino | 250 475,00 € |
| HYP | 003 | Leclerc | 85 560,00 € |
| PAT | 001 | Les Moulins de Provence | 5 780,00 € |
| SUP | 001 | Intermarché | 1 854,00 € |
| SUP | 002 | Casino | 15 784,00 € |

**CATÉGORIES**

| Code | Libellé | Taux de remise |
|---|---|---|
| BOU | Boulangerie | 0,055 |
| EPI | Épicerie | 0 |
| HYP | Hypermarché | 0,125 |
| PAT | Pâtisserie | 0,07 |
| SUP | Supermarché | 0,1 |

Dans un premier temps, pour préparer ce rapport, vous avez réalisé une requête qui vous retourne le résultat suivant.

| Catégorie | N° de client | Raison sociale | Chiffre d'affaires |
|---|---|---|---|
| Boulangerie | BOU001 | Anis et Miel | 3 584,00 € |
| Boulangerie | BOU002 | Les Moulins de Provence | 2 458,00 € |
| Épicerie | EPI001 | Bataille | 8 245,00 € |
| Hypermarché | HYP001 | Auchan | 105 147,00 € |
| Hypermarché | HYP002 | Casino | 250 475,00 € |
| Hypermarché | HYP003 | Leclerc | 85 560,00 € |
| Pâtisserie | PAT001 | Les Moulins de Provence | 5 780,00 € |
| Supermarché | SUP002 | Casino | 15 784,00 € |
| Supermarché | SUP001 | Intermarché | 1 854,00 € |

**1.** **Quelle est cette requête ?**

**2.** **Présentez l'état demandé.**

**3.** **Comment pourriez-vous illustrer la répartition du chiffre d'affaires par catégorie ? Quel logiciel utiliseriez-vous ? Comment se ferait alors le lien avec la base de données ?**

# III Les états sur les postes clients

## 1. Le rôle d'un état

Il sert à établir et à mettre en page des rapports synthétiques sur des données contenues dans la base de données. Il permet de les regrouper selon un ou plusieurs critères pour faire des calculs statistiques.

## 2. La construction d'un état

Beaucoup de logiciels proposent un assistant qui permet de réaliser des états.
Ils offrent des fonctionnalités liées à l'édition (impression) sur papier.
Il faut d'abord rédiger une requête qui contient les enregistrements qui vont servir de matériau de base à la construction de l'état. Ces enregistrements doivent être triés dans l'ordre correspondant au(x) critère(s) de regroupement.

**Exemple** ***Les clients sont triés par catégories si le but de l'état est d'obtenir des statistiques par catégorie.***

## 3. La structure d'un état

Les états sont composés de plusieurs zones :
– l'**en-tête d'état** est ce qui apparaît en tout début d'état (en haut de la première page.) On y mettra souvent le titre du rapport ;
– le **pied d'état** est ce qui apparaît à la toute fin de l'état (en bas de la dernière page.) On peut y placer des informations de droits sur la reproduction ou les coordonnées de la personne responsable de l'état ;
– l'**en-tête de page** est ce qui apparaît en haut de chaque page. On y place souvent les intitulés de colonnes ;
– le **pied de page** est ce qui apparaît en bas de chaque page. L'assistant y place la date d'impression et le numéro de page ;
– l'**en-tête de groupe** est ce qui est affiché avant chaque regroupement ;
– le **pied de groupe** est ce qui est affiché après chaque regroupement (quand il y en a) ;
– le **détail** est ce qui est affiché pour chaque enregistrement. C'est donc la partie essentielle de l'état.

*Exemple sous Access*

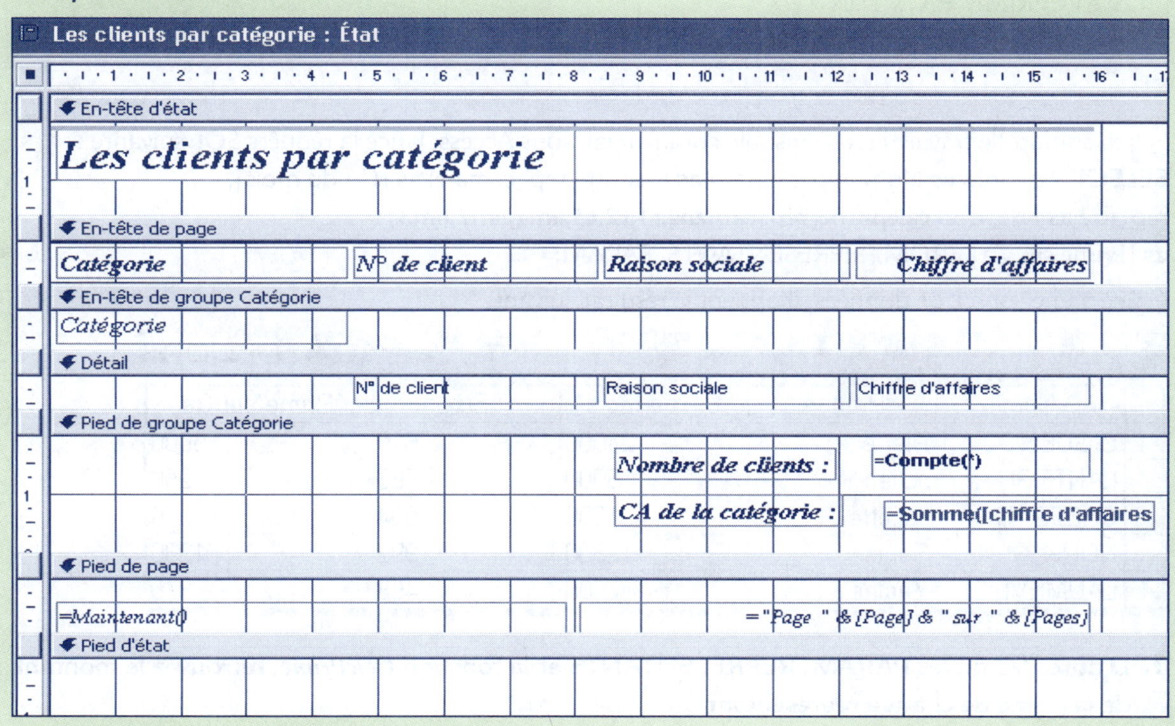

## 4 Le calcul de la prime mensuelle d'un représentant à la SAFPB

Sur le **serveur MEDIONXP**, dans la base de données CLIREPT, voici les deux tables.

**PARAM**

Données de la table « PARAM » dans « CliRept » sur « MED

| t1 | t2 | t3 | lim1 | lim2 | lim3 |
|---|---|---|---|---|---|
| 0,05 | 0,1 | 0,25 | 2000 | 10000 | 20000 |

**REPRÉSENTANTS**

| rep_num | rep_nom | rep_prenom | rep_ca |
|---|---|---|---|
| 01 | SIGUENOU | Pierre | 480485 |
| 02 | LANTEGI | Julien | 245410 |
| 03 | CHEZSAN | Juliette | 175408 |
| 04 | NORK | Sonia | 226943 |
| 05 | LAUMEVI | Yacine | 150000 |

Voici l'algorithme de la fonction ***CalcPrime***.

```
Fonction CALCPRIME (entier : C,
  décimal : T1;T2;T3,
  entier : L1;L2;L3) : entier

  Déclarer décimal : Taux
  Taux ← 0
  Si C > Lim3 Alors
  |  Taux ← T3
  Sinon
      Si C > lim2 Alors
      |  Taux ← T2
      Sinon
        Si C > lim1 Alors
        |  Taux ← T1
        Fin si
      Fin si
   Fin si

  CALCPRIME ← C x Taux
Fin Fonction
```

Sur sa station de travail, le responsable commercial, sous Access, lance la requête SQL suivante :
**SELECT** rep_nom **as** Nom, rep_prénom **as** Prénom, rep_cemans **as** [CA du mois], rep_fixe **as** Fixe, **dbo.calcprime(rep_camens,t1,t2,t3,lim1,lim2,lim3)** **as** [Prime sur Ca] **FROM** REPRESENTANTS, PARAM;

Grâce à une source de données, il obtient le résultat suivant.

Prime sur CA des représentants : Requête SQL directe

| Nom | Prénom | CA du mois | Fixe | Prime sur Ca |
|---|---|---|---|---|
| SIGUENOU | Pierre | 24000 | 610 | 6000 |
| LANTEGI | Julien | 5000 | 763 | 250 |
| CHEZSAN | Juliette | 1500 | 534 | 0 |
| NORK | Sonia | 12300 | 992 | 1230 |
| LAUMEVI | Yacine | 7500 | 458 | 375 |

**1.** **D'après les tables PARAM, REPRÉSENTANTS et la fonction *CalcPrime*, retrouvez le montant de la prime de chaque représentant.**

**2.** **Exprimez la requête en une phrase.**

**3.** **Où est installé le programme de calcul de la prime ? Où s'affichent les résultats ?**

# IV La logique des traitements et leur répartition

## 1. Les trois phases d'un traitement

Tout traitement peut se représenter ainsi :

**Exemple**

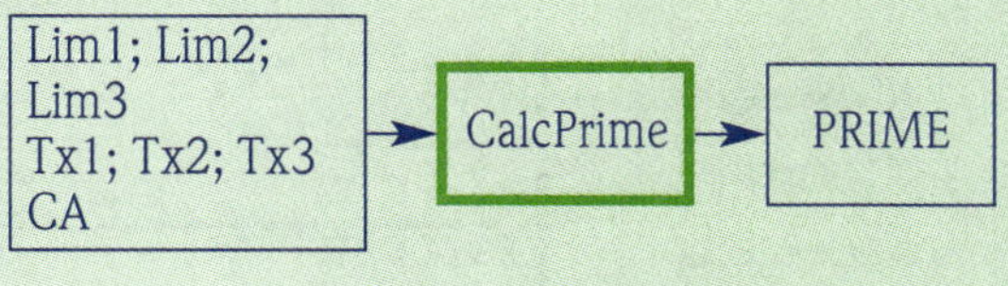


## 2. D'où viennent les entrées ?

Les entrées peuvent être :
– saisies dans un formulaire ;
– lues dans une (ou plusieurs) table(s) d'une base de données.

Cette base se trouve :
– soit sur le même ordinateur que le formulaire. Cette situation convient fort bien à un gestionnaire qui est le seul (ou presque) à utiliser cette base de données qu'il a lui-même conçue et qu'il gère.
Un SGBDR comme Access est alors un outil tout à fait approprié ;
– soit sur un serveur de données. Le gestionnaire doit alors se connecter, *via* une source de données, au serveur pour en extraire les informations dont il a besoin.

## 3. Où se déroule la logique de traitement ?

### a) Sur une station de travail

Le traitement se fait alors en local, le programme informatique qui permet à l'ordinateur de l'exécuter doit alors se trouver dans la mémoire centrale de cette station. Soit il a été téléchargé depuis un serveur du réseau local (ou sur Internet), soit il était déjà présent sur le disque de l'ordinateur.

**Exemples** *Vérifier la cohérence d'une date ; calculer un prix TTC ; calculer une remise.*

L'utilisateur peut aussi construire ses programmes à l'aide des logiciels les plus courants.

**Exemple** *Programmation de feuilles de calcul afin de procéder à des simulations.*

### b) Dans une base de données distante

Le traitement s'effectue au niveau du serveur de bases de données.

**Exemples** *Vérifier que le client et le produit existent avant de mettre à jour les commandes, que le seuil de réapprovisionnement est atteint ; déclencher automatiquement une procédure de commande au fournisseur du produit.*

### c) Dans un composant indépendant

Le traitement se fait alors en dehors de la base de données sur un serveur.

## 4. Comment s'effectuent les sorties ?

### a) L'affichage des sorties

Quand les sorties sont affichées, elles le sont sur la station de travail :
– soit dans le même formulaire que celui où certaines données ont été saisies, soit dans un autre formulaire, qui est alors exclusivement un formulaire de consultation ;
– soit dans un tableau lorsque l'affichage consiste à afficher des lignes de résultats.

**Exemple** *La liste des clients douteux s'affiche sur l'écran de l'utilisateur.*

### b) La modification de la base

Quand les entrées modifient, ajoutent ou suppriment des données dans la base, un message de sécurité avertit l'utilisateur.

**Exemple** *Un message informe le commercial que la commande qu'il a saisie a bien été prise en compte.*

# Travaux dirigés

## 1 L'ergonomie d'un formulaire

L'agence immobilière Neige & Soleil loue des appartements à la semaine pour le compte de propriétaires qui lui confient leur(s) appartement(s).

Voici un formulaire brut qui permet d'enregistrer un nouvel appartement.

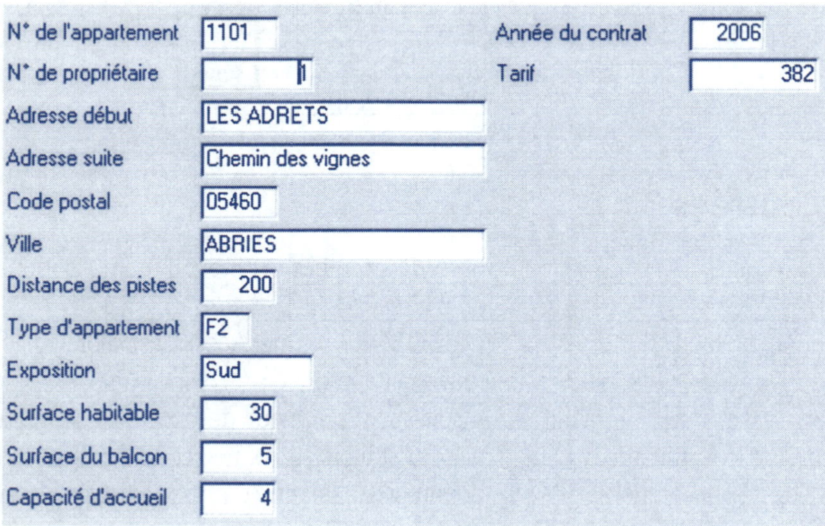


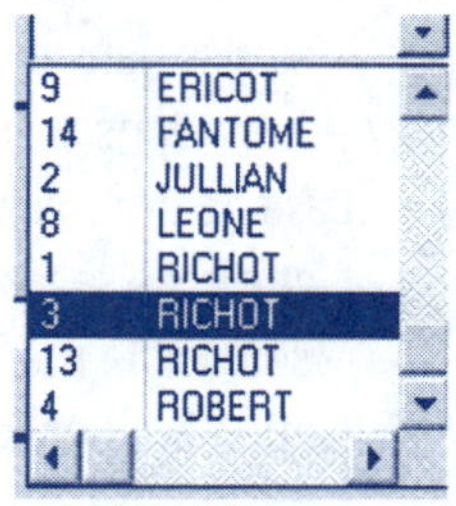


Un stagiaire propose au responsable de l'agence le nouveau formulaire suivant.

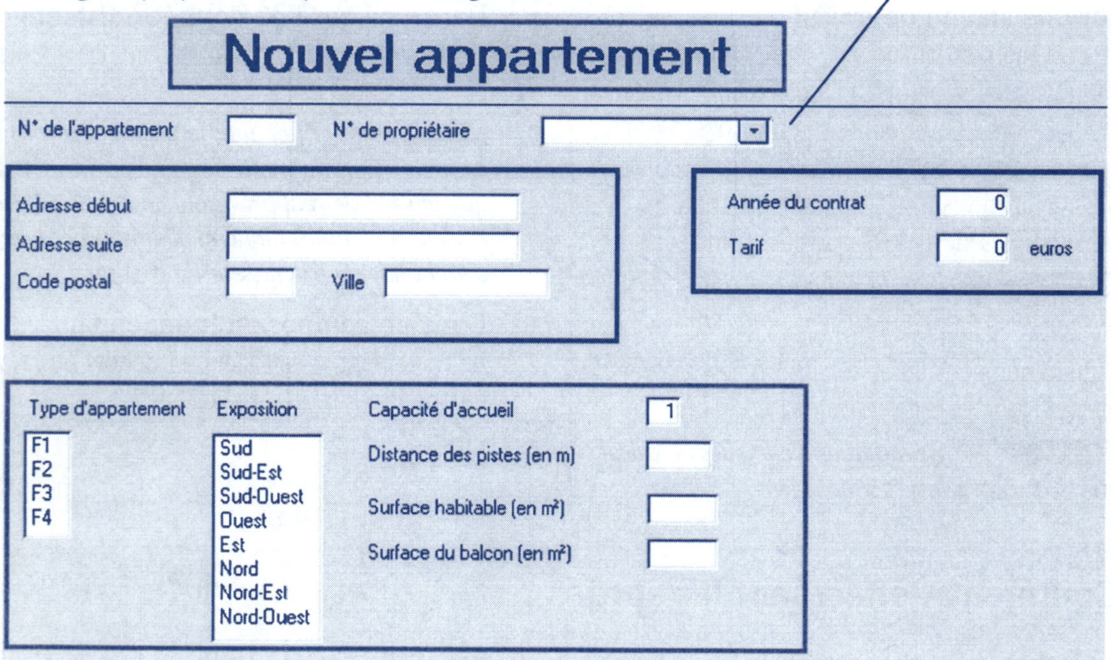


**1.** **Faites l'inventaire de tous les types de contrôle présents dans ce second formulaire.**

**2.** **Exposez les différentes améliorations apportées.**

**3.** **Dans la base Chapitre09_TD01.mdb, le formulaire « brut » vous sera proposé, sous Access, par votre professeur. En utilisant l'assistant Formulaire, modifiez-le pour obtenir le nouveau formulaire.**

## 2 La différence entre Access et un SGBDR client/serveur

Access est un SGBDR de type fichier alors que SQL*Server (ou Oracle, ou MySQL, etc.) est un SGBDR de type client/serveur (C/S).
Avec Access, si plusieurs utilisateurs travaillent sur la même base de données, celle-ci doit se trouver sur un serveur de fichiers ; par contre, Access doit se trouver sur chaque poste client.
Avec SQL*Server, la base de données se trouve sur un serveur de données. Depuis les postes clients, on peut interroger la base de données distante avec un outil de son choix : Access, Excel ou par le biais d'un navigateur ou autres...
En fait, dans le cadre d'un SGBDR de type fichier, celui-ci exécute toujours la requête de manière locale, tandis que dans un SGBDR C/S, ce dernier exécute la requête sur le serveur.
La différence est fondamentale en matière de congestion du trafic réseau... et il ne faut pas oublier qu'à la base, que ce soit en fichier ou en C/S, tous les accès aux données se font par le biais de requêtes.

Pour comprendre la différence, voici un exemple simple. Une table de nom TIERS contient 50 000 enregistrements de 200 octets chacun. La requête est la suivante :
**Select * From** TIERS **Where** tie_vil like "75"
Dans un SGBDR de type fichier, voici le flot de données.
– Le PC rapatrie depuis le serveur le fichier contenant la table TIERS (soit au minimum 50 000 × 200 octets).
– Le PC traite localement la requête.
– Le PC affiche le résultat (soit par exemple 50 lignes de 200 octets).
Dans un SGBDR de type C/S, voici le flot de données.
– Le PC envoie au serveur le fichier texte de la requête (soit environ 50 octets).
– Le serveur exécute la requête sur la table TIERS.
– Le serveur renvoie au PC les données répondant à la requête (soit nos 50 lignes de 200 octets).
– Le PC affiche le résultat.

- **Selon ce document, qu'est-ce qui distingue Accesss d'un SGDBR de type client/serveur ?**

## 3 Le calcul des heures supplémentaires

Dans la base de données d'une grande entreprise (où les 35 heures sont appliquées), gérée par un SGBDR client/serveur, une table HEURES contient pour chaque numéro de salarié (heu_sal), pour chaque numéro de semaine de l'année (heu_sem), le nombre d'heures effectuées (heu_heures).
En envoyant au serveur de données la requête suivante : Select heu_sal, heu_sem, heu_heures,dbo.**FH25(heu_heures)** as 'Heures à 25%', dbo.**FH50(heu_heures)** as 'Heures à 50%' from heures

voici un extrait du résultat que l'on reçoit :

| heu_sal | heu_sem | heu_heures | Heures à 25% | Heures à 50% |
|---|---|---|---|---|
| 0845X | 41 | 41 | 6 | 0 |
| 0845X | 42 | 48 | 8 | 5 |
| 0845X | 43 | 49 | 8 | 6 |
| 0845X | 44 | 43 | 8 | 0 |
| 1045C | 41 | 40 | 5 | 0 |
| 1045C | 42 | 42 | 7 | 0 |
| 1045C | 43 | 45 | 8 | 2 |
| 1045C | 44 | 43 | 8 | 0 |
| 4105V | 41 | 39 | 4 | 0 |
| 4105V | 42 | 45 | 8 | 2 |
| etc. | | | | |

**1. Où se trouvent les deux fonctions FH25 et FH50 ?**

**2. Exprimez sous la forme de deux algorithmes le contenu des deux fonctions FH25 et FH50.**

## 4 Concevoir un tableau statistique

Voici un extrait des appartements à la montagne que loue une agence immobilière.

| N° de l'appartement | Type d'appartement | Ville |
|---|---|---|
| 2A004 | F1 | ABRIÈS |
| 1301 | F1 | ABRIÈS |
| 6A004 | F2 | ABRIÈS |
| 5110 | F2 | ABRIÈS |
| 1101 | F2 | ABRIÈS |
| 3304 | F3 | ABRIÈS |
| 2B204 | F3 | ABRIÈS |
| 1204 | F4 | ABRIÈS |
| 4C107 | F2 | MOLINES |
| 5120 | F3 | MOLINES |
| 3007 | F3 | MOLINES |
| C110 | F4 | MOLINES |
| 24 | F1 | SAINT VÉRAN |
| 71 | F2 | SAINT VÉRAN |
| 1107 | F3 | SAINT VÉRAN |

Le directeur de l'agence vous demande de lui présenter le nombre d'appartements par station et par type d'appartement.

**1. Présentez ce tableau statistique.**

Votre professeur vous donne sous Excel l'extrait ci-dessus (Chapitre 09_TD04.xls).

**2. Obtenez ce tableau statistique en utilisant la fonctionnalité « Tableau croisé dynamique » de votre tableur.**

## 5 Représenter l'évolution du chiffre d'affaires selon plusieurs critères

Dans la SAFPB, on désire conserver, sur les onze derniers mois, la trace du chiffre d'affaires réalisé :
- par chacun des cinq représentants (voir activité 4) ;
- pour chacune des catégories de clientèle (voir activité 3).

**1. Présentez la maquette du tableau permettant de présenter ces statistiques.**

**2. Indiquez quels seront les graphiques les plus adéquats pour illustrer l'évolution du chiffre d'affaires :**
**– mensuel total ;**
**– par représentant ;**
**– par catégorie de clientèle.**

**3. Quelle est la table qui, dans la base de données, permettra d'enregistrer ces statistiques ? Quels sont ses champs ? Quelle est sa clé primaire ?**

## 6 Concevoir un état

Dans l'agence immobilière Neige & Soleil, les agents disposent, pour renseigner les clients en recherche de location, de la liste des propriétaires et de leur(s) appartement(s). Un extrait vous en est présenté ci-dessous. L'intégralité du document fait une quinzaine de pages.

| Nom | Prénom | N° de propriétaire | N° de l'appartement | Adresse début | Adresse suite | Code postal | Ville | Tarif à la semaine |
|---|---|---|---|---|---|---|---|---|
| RICHOT | PIERRE | 1 | 1101 | LES ADRETS | Chemin des Vignes | 05460 | ABRIÈS | 382 |
| RICHOT | PIERRE | 1 | 1301 | LES ADRETS | Chemin des Vignes | 05460 | ABRIÈS | 275 |
| RICHOT | PIERRE | 1 | 4C107 | GRAND-SUD | 3 place de la Mairie | 05390 | MOLINES | 428 |
| JULLIAN | ÉRIC | 2 | 3007 | QUEYRAS-2 | 12 route des Bergers | 05390 | MOLINES | 535 |
| JULLIAN | ÉRIC | 2 | 5110 | LES MÉLÈZES | Rue Pierre Étienne | 05460 | ABRIÈS | 367 |
| RICHOT | PIERRE | 3 | 1107 | MONT-VISO | Rue Jean Aymar | 05490 | SAINT VÉRAN | 535 |
| RICHOT | PIERRE | 3 | 6A004 | LES ADRETS | Chemin des Vignes | 05460 | ABRIÈS | 306 |
| ROBERT | MARC | 4 | 24 | LES ADRETS | Route de Briançon | 05490 | SAINT VÉRAN | 183 |
| ROBERT | MARC | 4 | C110 | GRAND-SUD | 3 place de la Mairie | 05390 | MOLINES | 689 |
| CHAPLIN | ÉMILE | 5 | 2A004 | LES MARYALIS | Route du Col | 05460 | ABRIÈS | 290 |
| DAVOUST | MARC | 6 | 5120 | QUEYRAS-2 | 12 route des Bergers | 05390 | MOLINES | 444 |
| BOLI | BASILE | 7 | 71 | LES ADRETS | Route de Briançon | 05490 | SAINT VÉRAN | 382 |
| LÉONE | ÉRIC | 8 | 3304 | LES MÉLÈZES | Rue Pierre Étienne | 05460 | ABRIÈS | 367 |
| ÉRICOT | MICHEL | 9 | 2B204 | LES MARYALIS | Route du Col | 05460 | ABRIÈS | 367 |
| COMTES | ÉRIC | 10 | 1204 | LES ADRETS | Chemin des Vignes | 05460 | ABRIÈS | 612 |

**1.** **En quoi la présentation de ce document ne permet-elle pas aux agents d'accéder rapidement à l'information recherchée ?**

**2.** **Présentez l'état qui donne, par station, la liste des propriétaires et le nombre d'appartements.**

**3.** **Dans la base de données Chapitre09_TD06.mdb, vous trouverez la requête *Pro_Apts* qui donne le tableau ci-dessus. Utilisez l'assistant État d'Access pour obtenir l'état demandé.**

## 7 BAC Entraînez-vous à l'écrit

Dans l'entreprise Fereau, certains salariés partent, dans le cadre de leur travail, en mission de courte durée. Cette durée est évaluée en nombre d'heures et n'excède jamais 16 heures.
Jusqu'à maintenant, une base de données appelée « Missions » était gérée sur un micro-ordinateur par le SGBDR Access et permettait d'enregistrer les missions des salariés et de procéder à l'indemnisation de leurs frais. Il a été décidé de la mettre à la disposition (avec certaines restrictions) de tous les salariés.

**1. Quels sont les nouveaux éléments de configurations informatiques (matérielles et logicielles) à prendre en compte ?**

**2. Que pourront désormais faire les salariés qui effectuent des missions ? Que ne pourront-ils pas faire ? Qui va leur accorder les droits nécessaires ?**

Voici, à ce jour, la règle du calcul des indemnités de missions.
Une journée est remboursée forfaitairement 100 € (repas + frais d'hôtel). Quand le nombre d'heures d'une mission dépasse 10, une journée supplémentaire est comptée ; quand il dépasse 4 (mais moins de 10), un repas de midi est compté 20 €.

**3. Écrivez l'algorithme de la fonction qui retourne l'indemnité totale due par une mission connaissant sa durée en heures.**

Un programme a été conçu pour permettre de connaître, pour un mois donné et pour chaque employé parti en mission, le nombre de journées et de repas à indemniser.
Par exemple, pour le mois d'octobre, ce programme a créé la table suivante dans la base distante « Missions ».

| N° de mois | N° salarié | Nom | Service | Nombre de journées | Nombre de repas | Total à indemniser |
|---|---|---|---|---|---|---|
| 10 | 03 | DUPERRIER | COMMERCIAL | 0 | 2 | 40 |
| 10 | 06 | TUPPO | TECHNIQUE | 0 | 0 | 0 |
| 10 | 08 | BIGON | INFORMATIQUE | 0 | 1 | 20 |
| 10 | 09 | CARETTE | INFORMATIQUE | 0 | 1 | 20 |
| 10 | 11 | MOULIN | INFORMATIQUE | 3 | 1 | 320 |

**4. Où ce programme doit-il être implanté ? Comment, depuis leur poste client, les employés pourront-ils afficher le contenu de cette table ?**

## 8 Évaluez les acquis du chapitre

1. **Pourquoi peut-on qualifier une base de données de « distante » ?**
2. **Que faut-il connaître pour accéder, depuis une station de travail du réseau local, à une base de données présente sur un serveur du réseau ?**
3. **Donnez des exemples de traitements que l'on peut faire sur une station de travail en se connectant à une base de données distante.**
4. **Pourquoi les éléments constitutifs d'un formulaire s'appellent des « contrôles » ? Donnez des exemples.**
5. **Présentez la structure type d'un état.**
6. **Après avoir cité les trois phases d'un traitement, indiquez comment elles se répartissent entre la station de travail et le serveur de données.**

# CHAPITRE 10

# Indépendance des exercices : la régularisation des charges, des produits et des stocks

## Plan du chapitre



## Réflexion préalable

1. Qu'est-ce qu'un exercice comptable ?
2. Les exercices comptables sont-ils indépendants ?
3. Quelles conséquences cela peut-il avoir sur les charges et les produits ?
4. Quel est le rôle des travaux d'inventaire ?
5. À quoi correspond l'inventaire physique des stocks évoqué dans la photo ?
6. Pourquoi et comment cet inventaire physique est-il pris en compte dans le cadre des travaux d'inventaire ?

### Mots clés

**indépendance des exercices ; charge à payer, charge constatée d'avance, produit à recevoir, produit constaté d'avance ; stock initial, stock final, variation des stocks**

# Activités

## 1 La régularisation des charges de la société Boufleur

La société Boufleur fabrique et vend du linge de service pour l'hôtellerie.
À la clôture de l'exercice N, le comptable a procédé à une analyse des comptes de charges et de produits pour l'exercice et a extrait quatre opérations qui sont soumises à votre réflexion.

### ● Achat de matières

**SA Toutissus**

Société BOUFLEUR
17 Grande rue
87200 OUZOLIVES

**Bon de livraison n° 12/159** — **Avignon, le 28/12/N**

| Désignation | Quantité | PU | Remarques |
|---|---|---|---|
| Éponge traitée « Polly » | 2 000 m. | 3,05 | Remise 10 % |

Société Boufleur
*Réception le : 29/12/N*

Adresse postale : 21 rue de l'Horloge - 84000 AVIGNON
Téléphone : 03 54 25 84 74 - Fax : 03 54 25 84 75
Site Internet : www.toutissus.com

**SA Toutissus**

Société BOUFLEUR
17 Grande rue
87200 OUZOLIVES

**Facture n° 01/004** — **Avignon, le 03/01/N+1**

| Désignation | Quantité | PU | Montant |
|---|---|---|---|
| Éponge traitée « Polly » | 2 000 m. | 3,05 | 6 100,00 |
| | Total brut | | 6 100,00 |
| | Remise 10 % | | 610,00 |
| | Net commercial | | 5 490,00 |
| | TVA à 19,60 % | | 1 076,04 |
| | **Net à payer** | | **6 566,04** |

Document reçu le
*04/01/N+1*

Adresse postale : 21 rue de l'Horloge - 84000 AVIGNON
Téléphone : 03 54 25 84 74 - Fax : 03 54 25 84 75
Site Internet : www.toutissus.com

**1.** **La date de clôture d'exercice comptable retenue par Mme Sergent pour son entreprise est le 31 décembre. Était-ce la seule possibilité ?**

**2.** **Analysez les deux documents ci-dessus et commentez leur contenu.**

**3.** **Situez les éléments relatifs à cette opération sur un axe des temps (exercices N et N+1). En vous référant à la règle d'indépendance des exercices énoncée ci-contre, dites pourquoi cette opération doit faire l'objet d'une régularisation d'inventaire.**

**4.** **Le plan comptable général définit deux catégories possibles de régularisations pour les charges (voir ci-contre). Dans quel cas sommes-nous ici ?**

**5.** **À l'aide de votre plan de comptes, présentez l'enregistrement nécessaire au 31 décembre N. Vous préciserez les conséquences de cet enregistrement comptable sur le résultat de l'exercice N.**

**6.** **Présentez les enregistrements nécessaires les 1er et 4 janvier N+1 et vérifiez que la règle d'indépendance des exercices a été respectée.**

### ● Trois autres opérations

- Une prime d'assurance incendie de 7 040 € (pas de TVA) contractée auprès des Assurances de Provence a été réglée et comptabilisée le 1er juillet N pour une période d'un an.
- La société Boufleur loue aux Éts Pilote un entrepôt qu'elle n'utilise pas. Le dernier loyer de 11 120 € a été facturé et comptabilisé le 1er octobre N pour une période de six mois.
- Un bon de livraison n° 12/49 du 27 décembre N a été établi (client Hôtel de l'Arc) pour des serviettes : 5 480 € hors taxes. La facture n° 01/001 a été établie le 2 janvier N+1.

**Pour chacune de ces trois opérations, répondez aux questions suivantes.**

**1.** **Quel type de régularisation d'inventaire rend-elle nécessaire au 31 décembre N au regard de la règle d'indépendance des exercices ?**

**2.** **Présentez les enregistrements comptables nécessaires au 31 décembre N et en N+1.**

# I Les exercices comptables et leur indépendance

• Les différents utilisateurs de l'information comptable ont besoin d'informations périodiques. Pour cela, il est nécessaire de découper la vie des entreprises en périodes de douze mois appelées « **exercices comptables** ». La date de clôture est en général le 31 décembre.

• L'article 313-1 du plan comptable général précise que le résultat d'un exercice se détermine par différence entre les produits acquis à cet exercice et les charges supportées par l'exercice : c'est la **règle d'indépendance des exercices**.

• Cette règle conduit notamment, lors de l'inventaire, à ajuster :
– le montant des charges et des produits comptabilisés durant l'exercice ;
– la valeur des stocks détenus à la clôture.

# II La régularisation des charges et des produits

La règle d'indépendance des exercices implique de procéder à quatre types de régularisation.

## 1. Les charges constatées d'avance

Il s'agit des charges enregistrées au cours de l'exercice, mais qui correspondent à des achats de biens ou de services dont la fourniture ou la prestation doit intervenir ultérieurement.

**Exemple** *Une prime d'assurance payée le 1er juillet N pour une période de douze mois (clôture le 31 décembre N).*

| | 31/12/N |
|---|---|
| 486 | Charges constatées d'avance |
| 616 | Primes d'assurance |
| | *Assurance payée d'avance* |

## 2. Les charges à payer

Ce sont les consommations de l'exercice non encore comptabilisées à la clôture de l'exercice.

**Exemple** *Facture non reçue pour la consommation d'électricité du dernier mois de l'exercice.*

| | 31/12/N |
|---|---|
| 606 | Achats non stockés matières et fournitures |
| 4458 | TVA à régulariser |
| 408 | Fournisseurs, factures non parvenues |
| | *Consommation EDF pour décembre* |

## 3. Les produits constatés d'avance

Il s'agit des produits comptabilisés au cours de l'exercice, avant que la prestation ou la fourniture ait été effectuée.

**Exemple** *Un loyer encaissé le 1er décembre N pour une période de deux mois (clôture le 31 décembre N).*

| | 31/12/N |
|---|---|
| 752 | Revenus des immeubles non affectés aux activités professionnelles |
| 487 | Produits constatés d'avance |
| | *Loyer janvier N+1 encaissé d'avance* |

## 4. Les produits à recevoir

Ce sont des prestations ou fournitures réalisées durant l'exercice, mais dont la comptabilisation n'a pu être effectuée.

**Exemple** *Facture non encore établie pour la prestation de dépannage chez un client.*

| | 31/12/N |
|---|---|
| 4181 | Clients, factures à établir |
| 706 | Prestations de services |
| 4458 | TVA à régulariser |
| | *Dépannage à facturer* |

Remarque : les écritures de régularisation des charges et des produits comptabilisées à la clôture d'un exercice comptable doivent faire l'objet d'une contre-passation dès l'ouverture de l'exercice comptable suivant.

## 2 Les stocks de la société Boufleur

L'inventaire physique des stocks a été réalisé le 2 janvier N+1 (l'entreprise a pour cela suspendu ses activités commerciales) et la fiche d'inventaire suivante a été réalisée.

### FICHE D'INVENTAIRE

| ARTICLES | QUANTITÉS | VALEUR UNITAIRE |
|---|---|---|
| Stock d'éponge traitée | 24 250 mètres | 3,40 € le mètre |
| Stock de serviettes de toilette | 12 150 pièces | 7,10 € la pièce |
| Stock de gants de toilette | 1 480 lots de 3 pièces | 5,20 € le lot |
| Stock de peignoirs de bain | 1 800 pièces | 24,15 € la pièce |

**SOCIÉTÉ BOUFLEUR**

La société Boufleur pratique l'inventaire intermittent.
À la clôture de l'exercice précédent, la valeur des stocks était la suivante.

| Éléments de stock | Valeur globale | |
|---|---|---|
| Stock d'éponge traitée | 20 000 mètres à 3,19 € le mètre | 63 800 € |
| Stock de serviettes de toilette | 13 100 pièces à 6,95 € la pièce | 91 045 € |
| Stock de gants de toilette | 1 430 lots de 3 pièces à 5,10 € le lot | 7 293 € |
| Stock de peignoirs de bain | 2 075 pièces à 23,80 € la pièce | 49 385 € |

**1.** **À partir de l'exemple du stock d'éponge, illustrez la différence qui existe sur le plan comptable entre l'inventaire permanent et l'inventaire intermittent.**

**2.** **Qu'appelle-t-on un « inventaire physique des stocks » et pourquoi la société Boufleur le réalise-t-elle le 2 janvier N+1 ?**

**3.** **À quoi correspondent les valeurs unitaires mentionnées dans la fiche d'inventaire ? Comment sont-elles déterminées ?**

**4.** **Justifiez et présentez les enregistrements comptables nécessaires au 31 décembre N. Vous choisirez les comptes de stocks et de variation de stocks correspondant à chaque catégorie.**

**5.** **Justifiez le traitement comptable des stocks à l'inventaire au regard de la règle d'indépendance des exercices.**

# III Le traitement comptable des stocks

La règle d'indépendance des exercices impose de déterminer la consommation de l'exercice pour les matières et marchandises et la production de l'exercice (produits finis notamment).
Pour cela, il faut donc procéder à l'ajustement des stocks.

## 1. L'inventaire intermittent et l'inventaire permanent

### a) L'inventaire intermittent

Ce type d'inventaire est mis en œuvre dans les entreprises qui n'assurent pas un suivi permanent des existants en stock. La connaissance des actifs nécessite donc un traitement comptable généralement effectué en fin d'exercice.

### b) L'inventaire permanent

L'inventaire permanent est une organisation des comptes de stocks qui, par l'enregistrement des mouvements, permet de connaître de façon constante, en cours d'exercice, les existants chiffrés en quantités et en valeurs.

### c) Le plan comptable général

Il a retenu le principe de l'inventaire intermittent. La mise à jour des différents stocks est réalisée à la clôture de chaque exercice comptable.

## 2. L'évaluation des stocks à la clôture de l'exercice

En fin d'exercice, il faut procéder à l'évaluation des stocks. Cela signifie :
– dénombrer les éléments de stocks grâce à un inventaire physique, catégorie par catégorie (matières, marchandises, produits), qui permet de déterminer les quantités détenues à la date de clôture ;
– valoriser les quantités au coût d'achat ou au coût de production selon la nature des biens concernés (biens achetés, biens produits).

## 3. La comptabilisation des stocks à la clôture de l'exercice

### a) Le schéma d'écritures

Dans le cadre de l'inventaire intermittent, les comptes de stocks présentent, avant inventaire, un solde qui correspond au stock constaté à la clôture de l'exercice précédent.
La régularisation d'inventaire consiste à :
– annuler le stock initial en créditant le compte de stock concerné ;
– comptabiliser le stock final (stock inventorié à la clôture) en débitant le compte de stock concerné.

### b) Les comptes utilisés

La contrepartie de ces mouvements est un compte de variation de stocks (603 ou 713).
Les comptes à utiliser sont les suivants :

| Comptes de stocks | Comptes de variation des stocks |
|---|---|
| 31 MATIÈRES PREMIÈRES ET FOURNITURES | *6031 Variation des stocks de matières premières et fournitures* |
| 321 MATIÈRES CONSOMMABLES<br>322 FOURNITURES CONSOMMABLES<br>326 EMBALLAGES | *6032 Variation des stocks des autres approvisionnements* |
| 37 MARCHANDISES | *6037 Variation des stocks de marchandises* |
| 355 PRODUITS FINIS | *7135 Variation des stocks de produits* |

## 3 Le bilan et le compte de résultat de la société Boufleur

Les comptes annuels de la société Boufleur au 31 décembre N ont été établis. Ils sont fournis ci-dessous et vous êtes chargé(e) de les présenter à Mme Sergent. Vous souhaitez en particulier lui montrer les incidences des traitements comptables opérés dans les activités précédentes.

**1.** **Pour les quatre opérations traitées dans l'activité 2, montrez dans le bilan les postes concernés par les régularisations opérées.**

**2.** **Dans le bilan, justifiez les montants proposés pour les postes relatifs aux stocks.**

**3.** **Pour les quatre opérations traitées dans l'activité 2, montrez dans le compte de résultat les postes de charges ou de produits mouvementés.**

**4.** **Vous préciserez le sens de cet impact sur les charges et les produits concernés ainsi que sur le résultat de l'exercice (augmentation, diminution).**

**5.** **Dans le compte de résultat, justifiez les montants proposés pour les postes relatifs aux variations de stocks et à la production stockée.**

**6.** **Quel est le montant des achats de matières consommées durant cet exercice comptable ? Quelle est la signification économique de cette information ?**

**7.** **Quel est le montant de la production réalisée durant cet exercice comptable ? Quelle est la signification économique de cette information ?**

| Charges | Compte de résultat de la société Boufleur pour l'exercice N (extrait) | | Produits |
|---|---|---|---|
| ***Charges d'exploitation*** | | ***Produits d'exploitation*** | |
| Achats de marchandises | 157 842 | Ventes de marchandises | 221 659 |
| Variation des stocks | 5 915 | Production vendue | 3 254 972 |
| Achats de matières et autres approvisionn. | 897 654 | **Montant net du chiffre d'affaires** | 3 476 631 |
| Variation des stocks | (18 650) | Production stockée | (4 377) |
| Autres achats et charges externes | 658 999 | Reprises sur dépréciations et provisions | |
| Impôts, taxes et versements assimilés | 82 457 | Autres produits | |
| Salaires et traitements | 654 456 | | |
| Charges sociales | 251 521 | | |
| Dotations amortissements, dépréciations et provisions | 222 222 | | |
| Autres charges | 23 333 | **Total I** | **3 472 254** |
| **Total I** | **2 935 749** | | |
| ***Charges financières*** | | ***Produits financiers*** | |
| Intérêts et charges assimilées | 128 049 | Autres intérêts et produits assimilés | 2 039 |

| Actif | Bilan de la société Boufleur au 31/12/N (extrait) | | Passif |
|---|---|---|---|
| ***Immobilisations financières*** | | | |
| Prêts | 20 550 | | |
| **Total I** | **2 049 654** | **Total I** | |
| ***Actif circulant*** | | ***Dettes*** | |
| Stock de matières et fournitures | 82 450 | Emprunts auprès des établ. de crédit | |
| Stock de marchandises | 93 961 | Emprunts et dettes financières divers | |
| Stock de produits finis | 43 470 | Fournisseurs et comptes rattachés | |
| Clients et comptes rattachés | – | Dettes fiscales et sociales | |
| Autres créances d'exploitation | 3 047 654 | Dettes sur immobilisations | |
| Créances diverses | 825 654 | Autres dettes | |
| Valeurs mobilières de placement | 164 326 | Produits constatés d'avance | |
| Disponibilités | 25 098 | | |
| Charges constatées d'avance | 49 666 | | |
| **Total II** | | **Total II** | |

# IV Les incidences sur le bilan, le compte de résultat et la trésorerie

## 1. L'incidence sur le résultat

### a) Les régularisations de charges et de produits

Ces régularisations ont, par définition, un impact sur le montant des charges et des produits de l'exercice et une **conséquence directe sur le résultat de l'exercice.**

### b) L'ajustement des stocks

Les variations de stocks de marchandises et de matières sont totalisées (+ ou –) avec les achats correspondants pour déterminer la consommation de l'exercice.
La production stockée se cumule (+ ou –) à la production vendue pour constituer la production de l'exercice.

Compte de résultat de l'exercice N (extrait)

| Charges d'exploitation | | Produits d'exploitation | |
|---|---|---|---|
| Achats de marchandises | 1 254 620 | Ventes de marchandises | 18 541 521 |
| **Variation de stocks (a)** | **(46 550)** | Production vendue ← Production de l'exercice | 27 452 632 |
| → **Coût d'achat des marchandises vendues** (Consommation de l'exercice) | **1 208 070** | Chiffre d'affaires net | 45 993 153 |
| Achats de matières prem. | 8 452 954 | **Production stockée (b)** ← Production de l'exercice | **546 654** |
| **Variation de stocks (a)** | **126 655** | | |
| → **Coût d'achat des matières consommées** (Consommation de l'exercice) | **8 579 609** | | |

(a) Stock initial – stock final = montant de la variation en moins entre parenthèses ou précédée du signe (–).
(b) Stock final – stock initial = montant de la variation en moins entre parenthèses ou précédée du signe (–).

Les variations de stocks ont donc une conséquence directe sur le résultat de l'exercice.

## 2. L'incidence au bilan

L'incidence au bilan peut être synthétisée par le schéma suivant.

Bilan au 31/12/N (extrait)

| Actif | N | Passif | N |
|---|---|---|---|
| **Actif circulant** | | **Dettes** | |
| Stocks et en-cours ← Stock final | 2 040 525 | Emprunts ← Charges à payer | 2 041 525 |
| Clients et rattachés ← Produits à recevoir | 5 049 025 | Fournisseurs et rattachés ← Charges à payer | 3 682 954 |
| Créances diverses ← Produits à recevoir | 234 658 | Dettes fiscales et sociales ← Charges à payer | 654 999 |
| VMP | 97 049 | Dettes/immob. ← Charges à payer | 123 084 |
| Disponibilités | 51 151 | Autres dettes ← Charges à payer | 45 658 |
| **Charges constatées d'avance** | 54 621 | **Produits constatés d'avance** | 37 652 |
| **Total II** | | **Total II** | |

## 3. L'incidence sur la trésorerie

Les régularisations et ajustements réalisés à la clôture de l'exercice pour les charges, les produits et les stocks ne génèrent aucun flux financier. Il n'y a donc **aucune incidence sur la trésorerie.**

# Travaux dirigés

## 1 Régularisation de charges et de produits des Éts Martin

Les charges et produits suivants ont été relevés par le comptable des établissements Martin.
**1.** Une prime d'assurance annuelle de 2 420 € a été payée par chèque et comptabilisée le 1er avril N pour une période de douze mois, du 1er avril N au 31 mars N+1.
**2.** Les consommations téléphoniques sont évaluées à 7 040 € hors taxes pour le mois de décembre N. La facture est attendue pour la fin du mois de janvier N+1.
**3.** Les fournitures de bureau non consommées au 31 décembre N ont été évaluées à 820 €. Il reste également 1 089 € de timbres fiscaux et 654 € de timbres postaux qui n'ont pas été utilisés.
**4.** Des marchandises ont été reçues le 29 décembre N. La facture a été reçue et comptabilisée le jour même. Valeur des marchandises : 6 032 € hors taxes.
**5.** Des marchandises ont été livrées le 28 décembre N au client Jean. La facture n'a été établie que le 3 janvier N+1. Valeur des marchandises : 7 040 € hors taxes.
**6.** Des marchandises ont été réceptionnées le 28 décembre N mais la facture n° 01/666 du fournisseur Hemois n'est parvenue que le 4 janvier N+1. Valeur des marchandises : 8 520 € hors taxes.
**7.** L'entreprise possède 500 actions MDB (considérées comme des valeurs mobilières de placement). L'assemblée générale annuelle de la société MDB, qui s'est tenue le 15 décembre N, a voté un dividende de 5 € par action. Ce dividende sera encaissé le 15 janvier N+1.
**8.** Le 29 décembre N, la facture n° 01/032 au profit du client Claude a été établie et comptabilisée alors que la livraison n'a été effectuée que le 4 janvier N+1. Valeur des marchandises : 4 700 € hors taxes.

**1. Précisez à quel type de régularisation ces opérations doivent conduire.**

**2. Présentez les enregistrements correspondants au 31 décembre N.**

**3. En supposant que le bénéfice de l'exercice s'établisse provisoirement à 85 049 € avant les enregistrements comptables de la question précédente, déterminez son montant après prise en compte des régularisations opérées.**

## 2 Test d'embauche

Vous êtes candidat(e) pour un emploi de comptable dans l'entreprise Dupond. Son responsable des ressources humaines vous soumet à un ensemble de tests d'aptitude technique qui portent sur diverses compétences. Parmi ceux-ci figure un exercice de réflexion sur les stocks.
Vous disposez des éléments suivants.

**1. Le montant des stocks**

| Éléments de stock | 31/12/N-1 | 31/12/N |
|---|---|---|
| Matières premières | À déterminer | 50 261 |
| Marchandises | 27 183 | À déterminer |
| Produits finis | 154 850 | À déterminer |

**2. Les achats et les ventes**

| | Du 01/01 au 31/12/N |
|---|---|
| Achats de matières premières | 354 658 |
| Achats de marchandises | 180 444 |
| Ventes de marchandises | 451 110 |
| Ventes de produits finis | 1 127 686 |

**3. Les variations de stocks**

| Variations de stocks comptabilisées | | Soldes | |
|---|---|---|---|
| | | Débiteurs | Créditeurs |
| 6031 | Variation des stocks de matières premières | 14 124 | |
| 6037 | Variation des stocks de marchandises | | 8 049 |
| 7135 | Variation des stocks de produits finis | | 45 387 |

**1. Reconstituez le montant des stocks manquants dans les informations proposées.**

**2. Interprétez le sens des variations de stocks.**

**3. Présentez un extrait du compte de résultat et du bilan (postes relatifs aux stocks).**

## 3 Les variations de stocks et leur interprétation

Il vous est demandé de construire une application avec un tableur dans l'objectif de mesurer les conséquences des ajustements de stocks sur le compte de résultat et le bilan.
La feuille de calcul pourra se présenter comme suit et le fichier Chapitre10_TD03.xls vous sera fourni.

| | A | B | C | D |
|---|---|---|---|---|
| 1 | **Données de l'exercice N** | **Valeurs 1** | **Nom cellule** | |
| 2 | Stock initial matières premières | 25 024 | ***SIMat*** | |
| 3 | Stock final matières premières | 35 050 | ***SFMat*** | |
| 4 | Stock initial produits finis | 151 620 | ***SIProd*** | |
| 5 | Stock final produits finis | 171 699 | ***SFProd*** | |
| 6 | Achats de matières premières | 354 620 | ***AchatsMat*** | |
| 7 | Production vendue | 744 702 | ***ProdVendue*** | |
| 8 | | | | |
| 9 | **Bilan de la société XXX au 31/12/N (extrait)** | | | |
| 10 | ***Actif immobilisé*** | | ***Capitaux propres*** | |
| 11 | | | ***Provisions*** | |
| 12 | ***Actif circulant*** | | ***Dettes*** | |
| 13 | **Stock de matières prem. et fournitures** | | | |
| 14 | **Stock de produits finis** | | | |
| 15 | ........................................................ | | ........................................................ | |
| 16 | | | | |
| 17 | **Compte de résultat de la société XXX pour l'exercice N (extrait)** | | | |
| 18 | ***Charges d'exploitation*** | | ***Produits d'exploitation*** | |
| 19 | Achats de matières premières | | Production vendue | |
| 20 | Variation des stocks | | Production stockée | |
| 21 | **Coût d'achat des matières consommées** | | **Production de l'exercice** | |
| 22 | ........................................................ | | ........................................................ | |
| 23 | | | | |
| 24 | **Incidence de la variation** | | **Incidence de la production** | |
| 25 | **des stocks sur le résultat :** | | **stockée sur le résultat :** | |
| 26 | **– Augmentation** | | **– Augmentation** | |
| 27 | **– Diminution** | | **– Diminution** | |
| 28 | | | | |
| 29 | | | | |
| 30 | | | **Zones à compléter (formules de calcul)** | |

Données à prendre en compte pour la simulation :

| Données de l'exercice N | Valeurs 2 | Valeurs 3 | Valeurs 4 |
|---|---|---|---|
| Stock initial matières premières | 45 024 | 45 024 | 25 024 |
| Stock final matières premières | 35 050 | 35 050 | 35 050 |
| Stock initial produits finis | 251 620 | 151 620 | 251 620 |
| Stock final produits finis | 171 699 | 171 699 | 171 699 |

**1.** **Déterminez les formules de calcul nécessaires pour cette application.**

**2.** **Complétez le tableau avec les données fournies (valeurs 1). Commentez (consommation, production, incidence sur le résultat).**

**3.** **Effectuez des simulations sur la valeur des stocks (initial, final) en retenant les hypothèses du tableau. Commentez (consommation, production, incidence sur le résultat).**

## 4 BAC Entraînez-vous à l'écrit

La société Durand a procédé à l'inventaire physique et à l'évaluation des stocks qu'elle détient au 31 décembre N, date de clôture de son exercice comptable. Les informations suivantes ont été relevées.

| | 31/12/N-1 | 31/12/N |
|---|---|---|
| Matières premières | 35 410 | 37 799 |
| Produits finis | 114 908 | 124 475 |

On retiendra les montants suivants pour les achats et les ventes.

| | Du 01/01 au 31/12/N |
|---|---|
| Achats de matières premières | 281 650 |
| Ventes de produits finis | 887 720 |

**1.** **Présentez les enregistrements comptables nécessaires au 31 décembre N.**

**2.** **Précisez l'incidence de ces enregistrements comptables sur les consommations (matières premières), la production (produits finis) et le résultat de l'exercice N.**

## 5 Évaluez les acquis du chapitre

L'analyse des charges et des produits de l'entreprise Dupont au 31 décembre N a permis au comptable de relever les opérations suivantes.

| | |
|---|---|
| 1 | Une facture de vente n° 12/684 de 12 400 € hors taxes au profit du client Mayo (compte 411 090) a été comptabilisée le 29 décembre N, mais les marchandises n'ont pas encore été livrées au client. Ces marchandises ont été prises en compte dans le stock à la clôture. |
| 2 | Une facture d'achat n° 332, d'un montant de 3 950 € hors taxes, a été reçue du fournisseur Taylor (compte 401 099) et comptabilisée le 30 décembre N, mais les marchandises n'ont pas encore été livrées. De ce fait, elles n'ont pas été prises en compte dans le stock à la clôture. |
| 3 | Un prêt a été consenti le 31 mars N à un salarié pour 12 000 €. Les intérêts, calculés au taux de 4 %, seront perçus lors du remboursement qui interviendra le 31 mars N+1. |
| 4 | La facture EDF n° 659 est parvenue le 2 février N+1. Elle inclut les consommations de décembre N pour un montant fixé à 4 020 € hors taxes. Le compte du fournisseur EDF est le 401 054. |

L'ensemble des opérations réalisées par cette entreprise est soumis à la TVA au taux normal. Son exercice comptable coïncide avec l'année civile.

**Pour ces quatre opérations, répondez aux questions suivantes.**

**1.** **Reconstituez les enregistrements comptables courants. Est-ce satisfaisant au regard de la règle d'indépendance des exercices ?**

**2.** **Précisez à quel type de régularisation elles doivent conduire et présentez les enregistrements correspondants au 31 décembre N.**

**3.** **Quels enregistrements comptables devront être présentés au cours de l'exercice N+1 ?**

**4.** **Vérifiez que les traitements comptables proposés pour les questions précédentes respectent la règle d'indépendance des exercices.**

**5.** **Précisez les conséquences des régularisations opérées sur le résultat de l'exercice N et celui de l'exercice N+1.**

CHAPITRE 11

# Indépendance des exercices : l'amortissement des immobilisations

Durée de vie : 1 million de km ou 10 ans.

## Plan du chapitre

I. Définition et rôle de l'amortissement

II. Les actifs amortissables

III. Les modalités d'amortissement

IV. La comptabilisation des amortissements

V. Les incidences sur le résultat, le bilan et la trésorerie

VI. La cession des immobilisations

## Réflexion préalable

1. Rappelez ce qu'est l'amortissement.
2. Toutes les immobilisations sont-elles amortissables ?
3. Quelles sont les modalités d'amortissement que vous connaissez ?
4. Supposons que ce camion effectue une distance différente chaque année. Quelle conséquence cela peut-il avoir sur les modalités d'amortissement ?
5. Le camion et son moteur ont-ils la même durée de vie ? Qu'en déduisez-vous quant aux amortissements ?

### Mots clés

**indépendance des exercices ; actif amortissable, valeur brute, base amortissable, amortissement, avantages attendus de l'actif ; rythme de consommation des avantages attendus ; mode d'amortissement ; plan d'amortissement ; amortissement linéaire ; valeur nette comptable**

# Activités

## 1 Les raisons d'amortir les immobilisations de l'entreprise Comi

L'entreprise Comi, de petite taille, a été créée début N-5. Elle est spécialisée dans l'activité de déménagement auprès de particuliers. M. Comi voudrait comprendre pourquoi et comment la comptabilité doit enregistrer un amortissement des immobilisations de son entreprise.
Vous lui proposez de retenir l'exemple du camion utilisé par l'entreprise pour effectuer les déménagements. Ce camion a été acquis 140 000 € et on supposera qu'il doit être utilisé durant dix ans.

**1.** **En prenant en compte ces différents éléments, expliquez à M. Comi le rôle de l'amortissement sur le plan comptable.**

**2.** **Appliquez la définition de l'amortissement au cas particulier du camion présenté ci-dessus.**

## 2 Les immobilisations amortissables de l'entreprise Comi

Le comptable a établi la liste suivante des biens qui peuvent, selon lui, être éventuellement considérés comme des immobilisations de l'entreprise.

| Éléments | Description |
|---|---|
| Logiciel de gestion comptable | Logiciel intégré (gestion commerciale, comptabilité) que l'entreprise utilise pour l'ensemble de ses traitements de comptabilité et de gestion. Il a été acquis en N. |
| Terrain | Terrain acquis par l'entreprise sur lequel est bâti le siège social. |
| Construction | Immeuble dans lequel sont situés les bureaux du siège social ainsi que les hangars servant de garage aux véhicules de l'entreprise. |
| Matériel de transport | L'entreprise possède un camion acquis en N qui est utilisé par M. Comi et ses deux salariés. Elle dispose également d'un véhicule monte-charge (acquis en N) et d'un véhicule commercial utilisé par M. Comi pour ses visites en clientèle (entièrement amorti). |
| Équipements divers | L'entreprise possède divers équipements nécessaires aux activités de déménagement. En particulier, elle utilise des caisses métalliques d'une valeur unitaire hors taxes de 300 € pour le rangement de la vaisselle. |
| Matériel informatique | Il s'agit d'un ordinateur qui est utilisé par M. Comi pour l'ensemble des opérations de traitement administratif et comptable (devis, facturation, comptabilité, etc.). |
| Titres | 1. Titres de la société XEP acquis par l'entreprise dans l'objectif d'un placement à long terme et qu'elle a l'intention de conserver durablement.<br>2. Titres de la société Peugeot SA acquis dans l'objectif d'une spéculation à court terme. Ils seront revendus en principe assez rapidement. |

**1.** **Précisez, en justifiant votre réponse, si ces biens constituent des immobilisations pour l'entreprise Comi.**

**2.** **Quelle est la nature comptable (incorporelle, corporelle, financière) de chacune des immobilisations ?**

**3.** **En vous appuyant sur la définition des actifs amortissables donnée ci-contre, précisez quelles sont les immobilisations de l'entreprise Comi qui doivent faire l'objet d'un amortissement.**

**4.** **Donnez des exemples d'immobilisations dont l'utilisation est déterminée en termes d'unités d'œuvre.**

**5.** **Donnez des exemples d'immobilisations pour lesquelles l'évolution technique est susceptible d'impliquer leur obsolescence.**

# I Définition et rôle de l'amortissement

## 1. La règle d'indépendance des exercices

La vie des entreprises est découpée en exercices comptables pour lesquels sont établis des états financiers (bilan, compte de résultat, annexe). Le résultat est déterminé comme la différence entre les produits et les charges de l'exercice.

## 2. L'amortissement

L'amortissement se définit comme la répartition du coût d'une immobilisation sur sa durée d'utilisation et permet de rattacher au résultat de l'exercice la consommation des avantages économiques attendus de l'immobilisation au cours de cet exercice.

# II Les actifs amortissables

Tous les actifs de l'entreprise ne sont pas amortissables. Des règles prévues par le plan comptable général permettent de définir ceux qui le sont.

## 1. La notion d'actif amortissable

Un actif amortissable est un actif dont l'utilisation par l'entreprise est déterminable.

### a) L'utilisation par l'entreprise

Elle correspond à la consommation des avantages économiques attendus.

**Exemple** ▶ ***L'avantage économique attendu d'un véhicule est le transport des matériaux entre deux sites au lieu de faire appel à une société de transport.***

### b) L'utilisation est déterminable

L'utilisation d'un actif est limitée en termes d'unités de temps ou d'autres unités d'œuvre.

**Exemple** ▶ ***L'utilisation d'une presse peut correspondre à une durée de huit ans (unités de temps) ou à un nombre de pièces fabriquées (unités d'œuvre).***

On retiendra l'unité qui traduit le mieux la consommation des avantages attendus.

### c) Les modalités de l'utilisation déterminable d'un actif

L'usage d'une immobilisation est limité si l'un des critères suivants est applicable :

– l'usure physique de l'immobilisation du fait de l'utilisation par l'entreprise ;

**Exemple** ▶ ***Un véhicule prévu pour parcourir 150 000 km.***

– l'évolution technique qui impliquera l'obsolescence du bien ;

**Exemples** ▶ ***Ordinateurs, machines proposant des évolutions technologiques majeures rendant obsolètes les matériels anciens.***

– des règles juridiques de protection légale ou contractuelle.

**Exemple** ▶ ***Une invention protégée par un brevet pendant dix ans.***

## 2. Les immobilisations amortissables

### a) Les immobilisations corporelles

Ces immobilisations, de nature physique, sont amortissables car elles ont le plus souvent une utilisation déterminable (limitée dans le temps par l'usure ou l'évolution technique), sauf les terrains en général.

### b) Les logiciels

Ces immobilisations incorporelles sont amortissables car elles ont un usage déterminable dans le temps.

Remarque : les immobilisations financières ne sont pas amortissables car leur utilisation n'est pas déterminable.

## 3 L'amortissement des immobilisations de l'entreprise Comi

Parmi les actifs amortissables de l'entreprise Comi, deux biens ont retenu votre attention. Les deux plans d'amortissements suivants ont été établis.

**Ordinateur Compaq 8544PM**

| | | | |
|---|---|---|---|
| Base amortissable[1] : | 8 000 € | Durée d'utilisation : | 5 ans |
| Date d'acquisition : | 25 juin N | Unité d'œuvre : | Néant |
| Date de mise en service : | 4 juillet N | Mode d'amortissement : | Linéaire |

| Exercice | Base amortissable | Amortissements | | VNC |
|---|---|---|---|---|
| | | Dotation | Cumulés | |
| N | 8 000 | 800 | 800 | 7 200 |
| N+1 | 8 000 | 1 600 | 2 400 | 5 600 |
| N+2 | 8 000 | 1 600 | 4 000 | 4 000 |
| N+3 | 8 000 | 1 600 | 5 600 | 2 400 |
| N+4 | 8 000 | 1 600 | 7 200 | 800 |
| N+5 | 8 000 | 800 | 8 000 | 0 |

1. Prix d'acquisition 7 500 € et frais d'installation 500 €.

**Camion Renault Turbo TRX 10**

| | | | |
|---|---|---|---|
| Base amortissable[2] : | 140 000 € | Durée d'utilisation : | 5 ans |
| Date d'acquisition : | 15 mars N | Unité d'œuvre : | Km parcouru |
| Date de mise en service : | 20 mars N | Mode d'amortissement : | Selon UO |

| Exercice | Base amortissable | Kilométrage | Amortissements | | VNC |
|---|---|---|---|---|---|
| | | | Dotation | Cumulés | |
| N | 140 000 | 30 000 | 10 500 | 10 500 | 129 500 |
| N+1 | 140 000 | 70 000 | 24 500 | 35 000 | 105 000 |
| N+2 | 140 000 | 100 000 | 35 000 | 70 000 | 70 000 |
| N+3 | 140 000 | 100 000 | 35 000 | 105 000 | 35 000 |
| N+4 | 140 000 | 100 000 | 35 000 | 140 000 | 0 |

2. Prix d'acquisition 137 500 €, frais de transport et d'installation 5 250 €, escompte de règlement 2 750 €.

L'exercice comptable de cette entreprise coïncide avec l'année civile.

**1. En vous référant aux définitions fournies ci-contre, pour chacune des immobilisations, justifiez le montant de la base amortissable.**

**2. En vous appuyant sur les définitions fournies ci-contre, vous illustrerez, pour le camion, les notions suivantes :**
**– les avantages économiques attendus de l'actif ;**
**– la consommation des avantages économiques attendus de l'actif ;**
**– le rythme de consommation des avantages économiques attendus de l'actif.**

**3. Pour l'ordinateur et le camion, précisez quelles modalités d'amortissement ont été retenues (date de démarrage, mode d'amortissement).**

**4. Pour l'ordinateur et le camion, vérifiez, pour l'exercice N et pour l'exercice N+3, le montant de la dotation et de la valeur nette comptable.**

**5. Pour le camion, que doit faire l'entreprise si le kilométrage parcouru se révèle sensiblement différent des prévisions incluses dans le plan d'amortissement ?**

# III Les modalités d'amortissement

## 1. La base amortissable

La base amortissable d'un actif est sa valeur brute, sous déduction éventuelle de sa valeur résiduelle. (La valeur résiduelle sera étudiée en détail dans l'activité 4.)

La valeur brute d'un actif est sa valeur d'entrée dans le patrimoine, c'est-à-dire, pour un bien acquis, son coût d'acquisition (prix d'acquisition après déduction des remises, rabais, escomptes et tous les coûts directement attribuables engagés pour mettre l'actif en état de marche pour fonctionner selon l'utilisation prévue par la direction).

## 2. La date de démarrage des amortissements

L'amortissement d'un actif débute à la date de début de consommation des avantages économiques attendus de cet actif. Cette date correspond généralement à la mise en service du bien (première utilisation du bien).

## 3. La durée d'amortissement

C'est l'utilisation probable du bien telle qu'elle a été fixée par les dirigeants de l'entreprise, qui permet de déterminer la durée d'amortissement d'une immobilisation. Cette durée d'utilisation probable doit, en principe, correspondre aux caractéristiques propres de l'entreprise plutôt qu'à des usages professionnels.

**Exemple** *La durée d'utilisation probable d'une même machine pourra être fixée à quatre ans ou à cinq ans si l'utilisation du bien est différente dans une entreprise ou une autre (rythmes de production différents).*

## 4. Le mode d'amortissement

Le mode d'amortissement doit traduire au mieux le rythme de consommation des avantages économiques attendus par l'entreprise. Il pourra être déterminé :
- en unités de temps ;
- en unités d'œuvre lorsque ces dernières reflètent plus correctement le rythme de consommation des avantages économiques attendus de l'actif.

À défaut de mode mieux adapté, le mode linéaire est appliqué.

**Exemple** *Une machine de production pourra être amortie :*
- *sur cinq ans selon un mode linéaire ;*
- *sur la base du nombre de pièces produites selon un mode non linéaire (croissant ou décroissant).*

## 5. Le plan d'amortissement

### a) Définition

Le plan d'amortissement est la traduction comptable de la répartition de la valeur amortissable d'un actif selon le rythme de consommation des avantages économiques attendus en fonction de son utilisation probable.

### b) La modification du plan d'origine

Toute modification de l'utilisation prévue (durée ou rythme de consommation des avantages économiques attendus) doit se traduire par une modification du plan d'amortissement établi à l'origine (sauf si la modification n'est pas significative).

# Activités

## 4 La prise en compte de la valeur résiduelle

L'entreprise Comi a acquis (et mis en service) le 1er janvier N un véhicule désigné « Monte-charge SR500 » doté d'une échelle et d'un monte-charge permettant de faciliter le travail des déménageurs pour des appartements situés en étage.

**Berliet SA**

Société COMI
27 rue Nouvelle
07100 PRECHOIS

**Facture n° 05/159** — **Avignon, le 01/05/N**

| Désignation | Quantité | PU | Montant |
|---|---|---|---|
| Monte-charge SR500 | | | 62 500,00 |
| Cabine aménagée | 1 | 657,90 | 657,90 |
| | Montant brut HT | | 63 157,90 |
| | Remise 10 % | | 6 315,79 |
| | Net commercial | | 56 842,11 |
| | Escompte 5 % | | 2 842,11 |
| | Net financier | | 54 000,00 |
| | TVA à 19,60 % | | 10 584,00 |
| | **Net à payer TTC** | | **64 584,00** |

### Clause de reprise

La société Berliet SA s'engage à reprendre le véhicule désigné « Monte-charge SR500 » acquis ce jour par la société Comi.

La reprise pourra être réalisée le 01/05/N+3 après trois ans d'utilisation au prix ferme de 12 000 € net.

M. Auquet,
Directeur commercial
*Jean Auquet*

Le bien est amorti selon le mode linéaire sur trois ans. La clause de reprise correspond à une pratique habituelle entre la société Comi et son fournisseur. La société Comi utilise toujours cette possibilité.

**1.** **Déterminez le coût d'acquisition de ce bien.**

**2.** **Comment qualifier le prix de reprise du véhicule ? A-t-il un caractère certain ?**

**3.** **Déterminez le montant de la base amortissable pour ce bien. Justifiez votre réponse.**

**4.** **Présentez le plan d'amortissement de ce bien.**

**5.** **La valeur nette comptable à la fin de la période d'utilisation est-elle nulle ? Pourquoi ?**

## 5 L'amortissement d'une immobilisation par composants

La construction détenue par la société Comi a été acquise le 15 octobre N pour un prix total de 250 000 €.
Le comptable a enregistré cette opération comme suit.

| | 01/10/N | | |
|---|---|---|---|
| 2131 | Bâtiment (proprement dit) | 200 000 | |
| 2132 | Bâtiment (ascenseur) | 50 000 | |
| 512 | Banque | | 250 000 |
| | *Virement pour acquisition construction* | | |

Les durées d'utilisation prévues sont de cinquante ans pour le bâtiment et de quinze ans pour l'ascenseur. L'entreprise prévoit d'utiliser les comptes 28131 et 28132.

**1.** **Rappelez les raisons pour lesquelles une immobilisation peut faire l'objet d'une ventilation par composants.**

**2.** **Calculez les dotations aux amortissements à constater pour l'exercice N.**

## 6. La conséquence de la valeur résiduelle sur la base amortissable

### a) La valeur résiduelle

La valeur résiduelle est le montant que l'entreprise obtiendrait de la cession de l'actif sur le marché à la fin de son utilisation.

Elle est déterminée lors de l'entrée du bien à l'actif.

### b) La base amortissable modifiée

L'article 322-1 du plan comptable général précise que « le montant amortissable d'un actif est sa valeur brute sous déduction de sa valeur résiduelle ».

La valeur résiduelle est prise en compte si elle est à la fois mesurable (probabilité forte de réalisation) et significative (importance relative).

**Exemple** *Une entreprise de location de matériel de bricolage a acquis auprès d'un fabricant un ensemble d'engins de chantier (pelleteuses) au prix unitaire hors taxes de 12 000 €. Le contrat prévoit une reprise de ces engins après deux ans d'utilisation au prix unitaire hors taxes de 3 000 €. La base amortissable sera égale à : 12 000 (valeur brute) – 3 000 (valeur résiduelle) = 9 000 €.*

### c) Le plan d'amortissement

Le plan d'amortissement détermine le montant de la consommation des avantages économiques attendus sur la base amortissable ainsi définie.

**Exemple** *Pour les pelleteuses ci dessus, le plan d'amortissement peut se présenter ainsi.*

| | | | | | |
|---|---|---|---|---|---|
| Prix d'acquisition : | 12 000 € | | Date de mise en service : | 01/01/N | |
| Valeur résiduelle : | 3 000 € | | Durée d'utilisation : | 2 ans | |
| Base amortissable : | 9 000 € | | Mode d'amortissement : | Linéaire | |
| **Exercice** | **Base** | **Kilométrage** | **Amortissements** | | **VNC** |
| | | | **Dotation** | **Cumulés** | |
| N | 9 000 | 50 % | 4 500 | 4 500 | 7 500[1] |
| N+5 | 9 000 | 50 % | 4 500 | 9 000 | 3 000[2] |

1. Valeur d'origine – cumul des amortissements.
2. La VNC de fin de période est égale à la valeur résiduelle.

## 7. L'amortissement par composants

### a) Les composants

Un composant est un élément d'une immobilisation qui a une utilisation différente (ou procure des avantages économiques à un rythme différent) de celle de l'immobilisation dans son ensemble.

**Exemples** *Un immeuble, sa toiture et son ascenseur ; un avion, ses moteurs et ses sièges ; une machine-outil et son appareillage de protection.*

### b) L'amortissement par composant

L'article 322-3 du plan comptable général impose de ventiler ces composants et de les amortir selon leur rythme propre.

Un plan d'amortissement propre à chaque composant doit être établi.

**Exemples** *Immeuble : 30 ans, sa toiture : 20 ans, son ascenseur : 15 ans ; avion : 25 ans, son moteur : 15 ans, ses sièges : 5 ans.*

## 6 La comptabilisation des amortissements pour l'entreprise Comi

À la clôture de l'exercice N (le 31 décembre), l'évaluation des amortissements a été effectuée par le comptable qui a préparé le tableau suivant.

| Immobilisations | Valeur brute | Amortissements cumulés au 31/12/N-1 | Dotations pour l'exercice N |
|---|---|---|---|
| Logiciels | 5 500 | 3 667 | 1 833 |
| Terrain | 24 000 | [2] | [2] |
| Construction (proprement dite) | 200 000 | 0[1] | 1 000 |
| Construction (ascenseur) | 50 000 | [2] | 833 |
| Matériel de transport | 214 000 | 20 000 | 24 500 |
| Matériel informatique | 8 000 | 0[1] | 800 |
| Titres immobilisés | 2 500 | [2] | [2] |

1. Acquis en N.
2. Non amortissable.

**1.** **Comptabilisez les dotations aux amortissements pour l'exercice N.**

**2.** **Évaluez l'incidence des amortissements sur le résultat de l'exercice N.**

**3.** **Présentez l'extrait de bilan au 31 décembre N (au modèle du document ci-contre).**

**4.** **Les amortissements comptabilisés ont-ils une incidence sur la trésorerie de l'entreprise ? Justifiez votre réponse.**

## 7 La cession d'une immobilisation

L'ordinateur Compaq 8544PM acquis le 25 juin N (valeur brute = 8 000 €) est finalement revendu le 15 février N+2 au prix hors taxes de 3 000 € (TVA à 19,60 %). L'acheteur règle par chèque bancaire le 20 février N+2.

La lecture du plan d'amortissement établi pour cette immobilisation (voir activité 3) permet de reprendre les informations suivantes :

- dotations aux amortissements comptabilisées : 800 € pour N et 2 400 € pour N+1 ;
- dotation calculée pour N+2 (non encore comptabilisée) : 4 000 €.

**1.** **Que représente le prix de cession pour la SA Comi sur le plan comptable ?**

**2.** **À votre avis, pourquoi faut-il calculer et comptabiliser une dotation aux amortissements dite « complémentaire » ?**

**3.** **Quelle est la valeur comptable de cet ordinateur à la date de la cession ?**

**4.** **À l'aide du schéma d'écritures proposé ci-contre, comptabilisez cette cession.**

**5.** **Pouvez-vous établir si le résultat de cession est un profit ou une perte ?**

**6.** **Quelles sont les conséquences de cette cession sur le compte de résultat de l'exercice N+2 ? sur le bilan établi au 31 décembre N+2 ?**

# IV La comptabilisation des amortissements

Les dotations aux amortissements sont comptabilisées à la clôture de chaque exercice :
– au débit d'un compte 68 – Dotations aux amortissements pour constater la consommation des avantages économiques attendus (**charges**) ;
– au crédit d'un compte 28 – Amortissements des immobilisations pour constater l'amortissement de l'immobilisation dans le **bilan**.

# V Les incidences sur le résultat, le bilan et la trésorerie

## 1. L'incidence sur le résultat

La dotation aux amortissements d'un exercice est une charge qui pèse sur le résultat de l'exercice.

## 2. L'incidence sur le bilan

Dans l'objectif de donner une information complète sur la valeur des actifs, les amortissements cumulés à la clôture d'un exercice s'inscrivent à l'actif du bilan dans la colonne « À déduire ».

**Exemple**

| Bilan de l'entreprise à la clôture de l'exercice (extrait) | | | | | |
|---|---|---|---|---|---|
| **Actif** | **Brut** | **À déduire** | **Net** | **Passif** | |
| **Actif immobilisé** | | | | | |
| Immobilisations incorporelles | 1 045 120 | 382 650 | 662 470 | | |
| Immobilisations corporelles | 3 055 150 | 1 855 650 | 1 199 500 | | |
| Immobilisations financières | 104 000 | 0 | 104 000 | | |
| **Total I** | **4 204 270** | **2 238 300** | **1 965 970** | | |

La diffférence entre la valeur brute et le cumul des amortissements est la valeur nette comptable.

## 3. L'incidence sur la trésorerie

L'amortissement ne génère aucun flux de trésorerie. C'est une charge calculée.

# VI La cession des immobilisations

Les écritures suivantes doivent être constatées (par exemple pour un matériel).

**Prix de cession**

| | | |
|---|---|---|
| 462 | Créances sur cessions d'immob. | |
| 775 | | Produits des cessions d'éléments d'actif |
| 44571 | | TVA collectée |
| | *Prix de cession* | |

**Dotation aux amortissements (s'il y a lieu)**

| | | |
|---|---|---|
| 6811 | Dotations amortissements immob. incorporelles et corporelles | |
| 28154 | | Amortissements matériels industriels |
| | *Dotation complémentaire pour N* | |

**Sortie d'actif**

| | | |
|---|---|---|
| 28154 | Amortissements matériels industriels | |
| 675 | Valeurs comptables des éléments d'actif cédés | |
| 2154 | | Matériel industriel |

Ainsi, à l'issue de ces trois enregistrements, les mouvements inscrits dans les comptes relatifs à l'immobilisation cédée sont soldés (compte d'immobilisation, compte d'amortissement).

# Travaux dirigés

## 1 Le choix des établissements Dupont pour les modalités d'amortissement

Les établissements Dupont ont pour activité la fabrication de fenêtres et portes en aluminium.
Le comptable s'interroge sur le choix des modalités d'amortissement des immobilisations inscrites à l'actif de cette entreprise. En particulier, il souhaite déterminer le mode d'amortissement qui traduit le mieux le rythme de consommation des avantages économiques attendus des actifs.
Une première étude a été faite. Elle se traduit par le tableau suivant, regroupant les durées d'utilisation envisagées pour les immobilisations de l'entreprise.

| Immobilisations | Durée d'utilisation envisagée |
|---|---|
| Brevet d'invention | 3 ans |
| Construction | 20 ans |
| Machine de découpage de l'aluminium | 8 ans |
| Outillage de formatage des surfaces de verre | 8 ans |
| Ordinateur (pilotage des phases automatisées de production) | 5 ans |
| Camionnette de livraison | 6 ans |
| Ordinateur (administration et comptabilité) | 5 ans |
| Mobilier de bureau | 10 ans |

**1.** **Les immobilisations ci-dessus sont-elles toutes amortissables ? Justifiez votre réponse.**

**2.** **Comment définir les avantages économiques attendus pour ces immobilisations ?**

**3.** **Pour quelles immobilisations peut-on envisager d'utiliser, pour calculer l'amortissement, une unité d'œuvre plutôt qu'une unité de temps ? Quelles unités d'œuvre proposeriez-vous ?**

**4.** **D'une manière générale, quels sont les critères qui guideront le choix, lorsqu'il existe, des modalités d'amortissement pour les immobilisations d'une entreprise ?**

## 2 Les composants d'une immobilisation

La compagnie aérienne Martin est spécialisée dans le transport moyen-courrier de voyageurs d'affaires. Elle achète directement à un même constructeur les petits avions qu'elle utilise.
Ces avions sont utilisés pendant vingt ans. Il est cependant nécessaire de changer les moteurs tous les dix ans et les sièges tous les cinq ans.
Le 15 juin N, un nouvel avion a été acquis au prix HT de 1 200 000 €, incluant le prix du moteur, estimé à 250 000 €, et celui des sièges, estimé à 100 000 € (TVA à 19,60 %). Le bien a été mis en service le 1er juillet N.
L'exercice comptable coïncide avec l'année civile. Dans cette entreprise, l'amortissement linéaire est retenu pour ce type de biens.

**1.** **Reconstituez l'enregistrement comptable du 15 juin N pour l'acquisition de cette immobilisation.**

**2.** **Quel est le rythme de consommation des avantages attendus de cette immobilisation ?**

**3.** **Quelles conséquences doit-on en tirer pour le mode d'amortissement ?**

**4.** **Consultez le texte du plan comptable général[1] et vérifiez si des dispositions particulières sont prévues pour de tels cas. Concluez sur les décisions à prendre pour l'amortissement des avions de cette entreprise.**

**5.** **Calculez le montant des dotations à constater au 31 décembre N.**

**6.** **Comptabilisez ces dotations.**

**7.** **Retrouvez dans le texte du plan comptable général les articles dans lesquels sont évoquées les modalités d'amortissement des actifs. Vérifiez plus précisément les règles relatives au choix du mode d'amortissement.**

1. Il est notamment possible de consulter le texte du PCG en ligne à l'adresse suivante : www.minefi.gouv.fr/directions_services/CNCompta On s'intéressera plus particulièrement à l'article 311-2.

## 3 Prise en compte d'une valeur résiduelle chez Dupond

Le 1er juillet N, la société Dupont a fait l'acquisition et mis en service un camion de livraison pour un prix de 30 000 € HT.
Cette acquisition est effectuée dans le cadre d'un accord général avec le fournisseur stipulant que les véhicules sont systématiquement repris à une valeur définie dans le contrat de vente.
Pour ce camion, la reprise est prévue le 1er juillet N+5 à un prix fixé à 7 500 € HT. Il est décidé de pratiquer un amortissement linéaire sur la durée d'utilisation.
L'exercice comptable coïncide avec l'année civile.

**1.** **Quelle est, pour la société Dupond, la durée d'utilisation de ce camion ?**

**2.** **Quelle est la base amortissable de ce camion ?**

**3.** **Présentez le plan d'amortissement de ce camion.**

**4.** **Justifiez la valeur nette comptable de ce camion à la date de reprise par le fournisseur.**

**5.** **Comptabilisez la cession de ce camion le 1er juillet N+5. Que constatez-vous ?**

## 4 Construire un plan d'amortissement

Un tableur permet de présenter un plan d'amortissement pour une immobilisation.
La feuille de calcul pourra se présenter comme suit et le fichier Chapitre11_TD04.xls vous sera fourni.

| A | B | C | D | E | F |
|---|---|---|---|---|---|
| 1 | PLAN D'AMORTISSEMENT (linéaire - unité de temps) | | | | |
| 2 | **Désignation :** | Véhicule | **Date d'acquisition :** | | 15/02/N |
| 3 | **Valeur brute :** | 15 000,00 € | **Date de mise en service :** | | 01/03/N |
| 4 | **Valeur résiduelle :** | 3 000,00 € | **Prorata temporis année 1 :** | | 0,8306 |
| 5 | **Base amortissable :** | 12 000,00 € | **Durée d'utilisation :** | | 4 |
| 6 | | | **Taux linéaire :** | | 25,00 % |
| 7 | N° ligne | Exercice | Dotation annuelle | Cumul amortissement | VNC fin |
| 8 | 1 | N | 2 491,67 | 2 491,67 | 12 508,33 |
| 9 | 2 | N+1 | 3 000,00 | 5 491,67 | 9 508,33 |
| 10 | 3 | N+2 | 3 000,00 | 8 491,67 | 6 508,33 |
| 11 | 4 | N+3 | 3 000,00 | 11 491,67 | 3 508,33 |
| 12 | 5 | N+4 | 508,33 | 12 000,00 | 3 000,00 |

| Nom des cellules | |
|---|---|
| C4 | ValBrute |
| C5 | ValRésid |
| C6 | BaseAmort |
| F4 | DateService |
| F5 | Prorata |
| F6 | Durée |
| F7 | Taux |

**Remarques**

1. Le nombre de lignes du tableau peut être porté à 20.
2. Le nombre de lignes varie en fonction de la durée d'utilisation.
**Ceci peut être géré automatiquement.**
3. Le prorata est simplifié par un calcul sur 12 mois de 30 jours.

**1.** **Déterminez les formules de calcul nécessaires pour cette application.**

**2.** **Utilisez ce travail dirigé avec des données (prendre l'exemple ci-dessus puis parmi ceux des activités et travaux dirigés).**

**3.** **Adaptez ce travail pour le cas des immobilisations dont l'amortissement est calculé en utilisant des unités d'œuvre.**

## 5 Utilisation d'un logiciel de gestions des immobilisations

La société Dubois (voir TD 6) utilise un logiciel de gestion des immobilisations. Son dossier a été créé (Chapitre11_TD05.mae et Chapitre11_TD05.imo).

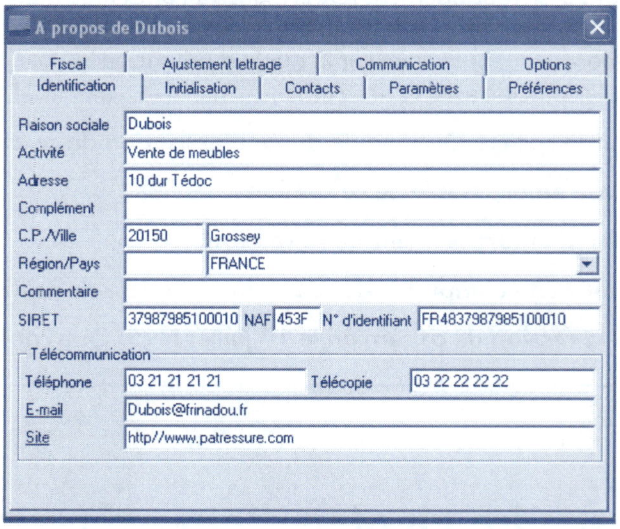


Les immobilisations acquises avant l'exercice N ont été créées.

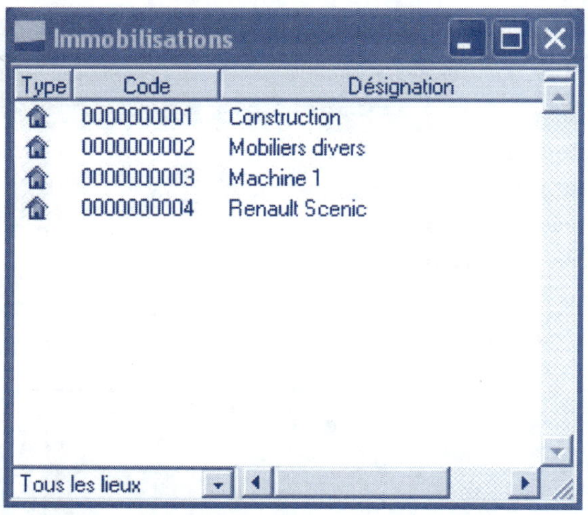


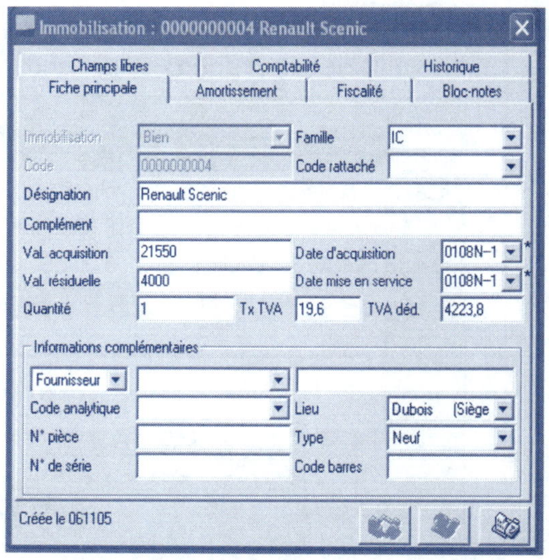


* À convertir en fonction de l'année d'utilisation.

Vous devez réaliser les opérations nécessaires au traitement comptable des opérations de l'exercice N (acquisitions, cessions, dotations).
Toutes les données ont été saisies, à l'exception des opérations de l'exercice N.
Pour des raisons de simplification, on considérera que la machine 2 est amortie selon le mode linéaire sur une durée de cinq ans.

**1. Ouvrez le fichier « Immobilisations » de cette entreprise puis :**
- **vérifiez que les immobilisations acquises avant le début de l'exercice N sont créées ;**
- **faites apparaître leurs plans d'amortissement ;**
- **contrôlez les modalités d'amortissement définies.**

**2. Créez les fiches pour les immobilisations acquises en N.**

**3. Mettez à jour la fiche pour la machine 1 cédée en N.**

**4. Calculez les dotations pour l'exercice N.**

**5. Transférez les enregistrements comptables dans le module Comptabilité.**

**6. Vérifiez, en comptabilité, que les comptes d'immobilisations ont correctement été mis à jour.**

## 6 BAC Entraînez-vous à l'écrit

Les comptes d'immobilisations et d'amortissements de l'entreprise Dubois se présentent comme suit avant inventaire au 31 décembre N (date de clôture).

| Comptes | | Soldes débiteurs | Soldes créditeurs |
|---|---|---|---|
| 2051 | Logiciels | 3 250,00 | |
| 211 | Terrains | 14 000,00 | |
| 213 | Constructions | 43 750,00 | |
| 2154 | Matériel industriel | 41 775,00 | |
| 2182 | Matériel de transport | 33 950,00 | |
| 2183 | Matériel de bureau et informatique | 8 620,00 | |
| 2184 | Mobilier | 4 260,00 | |
| 2813 | Amortissements des constructions | | 17 062,50 |
| 28154 | Amortissements du matériel industriel | | 11 560,00 |
| 28182 | Amortissements du matériel de transport | | 1 828,13 |
| 28183 | Amortissements du matériel de bureau et informatique | | 4 094,50 |
| 28184 | Amortissements du mobilier | | 4 153,50 |

L'entreprise ne détient aucune immobilisation financière.
Vous relevez les éléments suivants dans le dossier des immobilisations de cette entreprise.

| | Date d'acquisition | Base amortissable | Durée d'utilisation prévue |
|---|---|---|---|
| Logiciel de comptabilité | 01/08/N | 3 250,00 | 3 ans |
| Construction (siège social) | 01/04/N-10 | 43 750,00 | 25 ans |
| Matériel industriel | | | |
| Machine 1 | 15/10/N-4 | 18 000,00 | 5 ans |
| Machine 2 | 15/01/N | 23 775,00 | 5 ans |
| Matériel de transport | | | |
| Renault Scenic[1] | 01/08/N-1 | 21 550,00 | 4 ans |
| Matériel de bureau et informatique | | | |
| Ordinateur[2] | 15/08/N | 8 620,00 | 4 ans |
| Mobiliers divers | 01/04/N-10 | 4 260,00 | 10 ans |

1. Valeur résiduelle : 4 000 €.
2. Valeur résiduelle : 2 000 €.

Le 15 janvier N, la machine 1 a été cédée au prix hors taxes de 3 000 € (TVA à 19,60 %). Le prix de cession a été encaissé par chèque bancaire le jour même.
Les procédures comptables de l'entreprise précisent que le rythme de consommation des avantages économiques attendus correspond à l'amortissement calculé selon le mode linéaire pour toutes les immobilisations, sauf pour la machine 2, pour laquelle l'amortissement repose sur la consommation d'unités d'œuvre selon le rythme suivant.

| | N | N+1 | N+2 | N+3 | N+4 |
|---|---|---|---|---|---|
| Nombre de pièces fabriquées | 150 000 | 150 000 | 200 000 | 200 000 | 200 000 |

On considérera que, pour chaque immobilisation de cette entreprise, la date de mise en service se confond avec la date d'acquisition.
De même, par simplification, les décomptes de *prorata temporis* seront effectués en mois.

**1. Les immobilisations sont-elles toutes amortissables ? Justifiez votre réponse.**

**2. Présentez les plans d'amortissement de la machine 2 et du véhicule Renault.**

**3. Que signifie l'expression « avant inventaire au 31 décembre N » et que pouvez-vous en conclure pour les extraits de la comptabilité présentés page précédente ?**

4. **Comptabilisez la cession de la machine 1.**
5. **Pour l'ensemble des immobilisations détenues à cette date, déterminez le montant des amortissements à comptabiliser au 31 décembre N.**
6. **Comptabilisez les dotations aux amortissements au 31 décembre N.**
7. **Présentez, en date du 31 décembre N, l'extrait du bilan correspondant au poste « Matériel industriel » de cette entreprise.**
8. **Quelles sont les incidences des opérations comptabilisées sur le résultat de l'exercice N ?**

## 7 Évaluez les acquis du chapitre

Durant l'exercice N, l'entreprise Durant a acquis les immobilisations suivantes :
15/09 Ordinateur 9 040 € HT (mise en service le 01/10)
11/11 Machine de production 57 300 € HT (mise en service le 11/11)

Le mode d'amortissement qui traduit le mieux le rythme de consommation des avantages économiques attendus des actifs est :
– le nombre de pièces produites pour le matériel de production ;
– l'amortissement linéaire pour les autres catégories d'immobilisations.

Les informations suivantes sont fournies :
– la machine de production a une capacité de production annoncée de 4 000 000 pièces ;
– l'ordinateur utilisé par l'entreprise pour ses travaux administratifs et de gestion est changé tous les quatre ans pour des raisons liées à l'évolution technologique.

Des prévisions d'utilisation ont été établies compte tenu du fort développement que devrait connaître l'entreprise lors des cinq années à venir.

| | N | N+1 | N+2 | N+3 | N+4 | N+5 à N+7 |
|---|---|---|---|---|---|---|
| Machine de production (nombre de pièces produites) | 120 000 | 280 000 | 400 000 | 520 000 | 580 000 | 700 000 |

L'exercice comptable de cette entreprise coïncide avec l'année civile.

1. **Pourquoi le mode d'amortissement retenu pour la machine de production est-il plus adapté que le mode linéaire ?**
2. **Présentez le plan d'amortissement de ces deux immobilisations.**
3. **Que se passerait-il si le nombre de pièces effectivement produites en N+1 était très sensiblement différent du nombre initialement prévu (par exemple, 200 000 pièces) ?**
4. **Comptabilisez les dotations aux amortissements pour l'exercice N.**
5. **Comptabilisez la cession de l'ordinateur intervenue le 01/02/N+4 au prix de 1 000 € hors taxes (TVA à 19,60 %). Le prix de cession est encaissé par chèque remis en banque le jour même.**

# CHAPITRE 12

# Prudence : dépréciations et provisions pour risques

## Réflexion préalable

1. À quelle valeur a été comptabilisé le terrain ci-dessus lors de son acquisition ?
2. Que signifie et quelles sont les conséquences du rapport d'expertise ci-dessus ?
3. Que dire d'un rapport d'expertise à 60 000 € ?
4. Ces estimations concernent-elles d'autres actifs ? Lesquels ?
5. Donnez deux exemples de litiges avec des tiers. Quel risque font-ils courir à l'entreprise ?
6. À votre avis, la comptabilité doit-elle prendre en compte ces risques ? Pourquoi ?

## Plan du chapitre



### Mots clés

**prudence, risque ; valeur actuelle, valeur vénale, valeur nette comptable ; perte de valeur, dépréciation ; provisions pour risques ; litiges**

# Activités

## 1 Appliquer le principe de prudence aux terrains de la société TLEM

La société TLEM est spécialisée dans la fabrication et la vente de jouets en bois. À l'occasion des travaux d'inventaire mis en œuvre pour l'établissement des comptes annuels au 31 décembre N, M. Yope, le gérant, et Mlle Rangué, sa comptable, s'interrogent sur un certain nombre de problèmes en suspens. En particulier, la société est propriétaire d'un terrain sur lequel est bâti le siège social, qui a été acquis il y a quinze ans pour 18 000 €. En réalité, en se référant au prix du mètre carré dans le secteur, il pourrait actuellement être cédé pour 85 000 €.
Pour les comptes annuels à produire au 31 décembre N, M. Yope souhaiterait que soit retenue pour ce terrain une valeur comptable correspondant à sa valeur estimée de 85 000 €.

**1.** **Pour quelle valeur ce premier terrain a-t-il été comptabilisé dans les actifs de l'entreprise lors de son acquisition ?**

**2.** **En vous référant aux définitions des différentes valeurs d'un actif proposées ci-contre, identifiez la valeur brute et la valeur actuelle du terrain au 31 décembre N. Que constatez vous ?**

**3.** **Quels sont les arguments qui peuvent appuyer le souhait exprimé par le gérant d'évaluer ce terrain à sa valeur estimée au 31 décembre N ?**

**4.** **En analysant le texte de l'article 120-3 du plan comptable général fourni ci-contre, indiquez pourquoi cette proposition ne pourra pas être retenue.**

La société TLEM est également propriétaire d'un terrain qu'elle n'utilise pas pour sa propre activité (il est loué à une autre entreprise). Il a été acquis il y a deux ans au prix de 50 000 € mais sa valeur a régulièrement chuté depuis le milieu de l'exercice N-1.
Par référence au prix du mètre carré dans le secteur, cette valeur a été estimée :
- à 40 000 € au 31 décembre N-1 ;
- à 35 000 € au 31 décembre N.

Cette perte de valeur est due à une perte d'attractivité, jugée non irréversible, de la zone commerciale dans laquelle le terrain est situé.

**5.** **Pour quelle valeur ce deuxième terrain a-t-il été comptabilisé dans les actifs de l'entreprise lors de son acquisition ?**

**6.** **En vous référant aux définitions des différentes valeurs d'un actif proposées ci-contre, identifiez la valeur brute et la valeur actuelle du terrain au 31 décembre N-1. Que constatez-vous ?**

**7.** **Peut-on dire que le deuxième terrain a connu une dépréciation au 31 décembre N-1 ? Justifiez votre réponse au regard de la définition proposée ci-contre et évaluez s'il y a lieu le montant de cette dépréciation.**

**8.** **En utilisant les schémas présentés ci-contre, reconstituez l'enregistrement comptable correspondant au 31 décembre N-1, après l'avoir justifié au regard du principe de prudence.**

**9.** **En vous référant à la définition proposée ci-contre, déterminez la valeur nette comptable du terrain au 31 décembre N-1. Justifiez-le au regard du principe de prudence.**

**10.** **Déterminez maintenant la valeur actuelle du terrain au 31 décembre N et calculez le montant de la dépréciation puis celui de la valeur nette comptable correspondante.**

**11.** **En utilisant les schémas présentés ci-contre, présentez l'enregistrement comptable nécessaire au 31 décembre N.**

**12.** **Que se passera-t-il au 31 décembre N+1 si la valeur actuelle du deuxième terrain remonte à 42 000 € ? à 55 000 € ?**

# I Le principe de prudence

La comptabilité est établie sur la base d'appréciations prudentes, pour éviter le risque de transfert, sur des périodes à venir, d'incertitudes présentes susceptibles de grever le patrimoine et le résultat de l'entreprise. (PCG, art. 120-3)

**Exemple** *Le risque de non-règlement d'un client doit être évalué et pris en compte dès qu'il est connu, sans attendre que la créance soit effectivement perdue.*

# II La dépréciation des actifs : principes

## 1. La valeur d'un actif : définitions

- La **valeur brute** d'un actif est sa valeur d'entrée dans le patrimoine.
- La **valeur actuelle** d'un actif est sa valeur estimée à la date d'inventaire. Elle correspond à sa **valeur vénale** (prix de vente probable) et peut être obtenue par estimation (par un expert) ou par cotation (exemple : valeur boursière).
- Pour un actif non amortissable, la **valeur nette comptable** est sa valeur brute diminuée des dépréciations constatées.

## 2. La dépréciation et son évaluation

- La dépréciation d'un actif est la constatation que sa valeur actuelle est devenue inférieure à sa valeur nette comptable.

**Dépréciation = Valeur nette comptable – Valeur actuelle**

- Les dépréciations ont un caractère **réversible**, lorsque l'actif peut retrouver sa valeur d'origine dans le futur.

**Exemple** *Un terrain acquis 50 000 € en N déprécié en N+1 peut retrouver sa valeur en N+2.*

Sinon, la dépréciation est **irréversible**.

## 3. La comptabilisation des dépréciations

La dépréciation nécessaire à la clôture d'un exercice doit être comparée à la dépréciation antérieure.

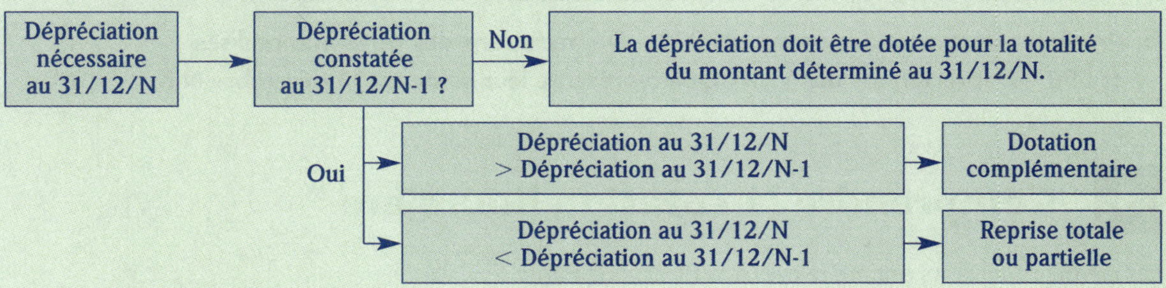


# III La dépréciation des terrains

Le schéma suivant présente les traitements comptables à effectuer dans les différents cas possibles.

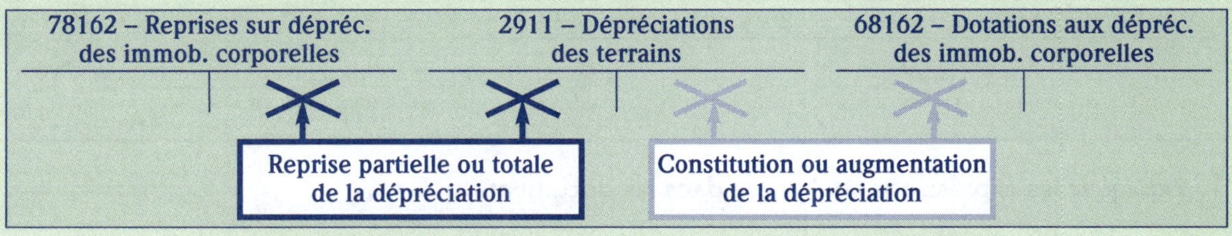

# Activités

## 2 Appliquer le principe de prudence aux titres

Mlle Rangué doit maintenant traiter les problèmes concernant les titres détenus par la société TLEM. Elle a procédé à l'inventaire au 31 décembre N et a regroupé toutes les informations utiles dans le tableau suivant.

| Titres | Date d'achat | Quantité | Prix d'achat unitaire | Dépréciation 31/12/N-1 | Valeur actuelle 31/12/N |
|---|---|---|---|---|---|
| **Titres immobilisés** | | | | | |
| Actions Alpha | 15/03/N-6 | 100 | 58 € | 700,00 € | 59 € |
| Actions Gamma | 15/08/N-3 | 250 | 8 € | 0,00 € | 7 € |
| **VMP**[1] | | | | | |
| Actions Lambda | 18/04/N-1 | 90 | 72 € | 0,00 € | 70 € |
| Obligations Delta | 29/11/N | 10 | 1 000 € | 1 250,00 € | 975 € |

1. Valeurs mobilières de placement.

Les actions Alpha et Gamma correspondent à des sociétés non cotées et leur valeur a été estimée par le directeur financier de la société TLEM. Les titres Lambda et Delta sont cotés en Bourse.

**1.** **À l'aide des informations fournies dans le tableau ci-dessus et du schéma ci-contre, répondez aux questions suivantes, posées à la date du 31 décembre N.**
**– Quelle est la valeur actuelle des actions Lambda ? Comment a-t-elle été déterminée ?**
**– À votre avis, pourquoi retient-on, pour les titres cotés, le cours moyen du dernier mois de l'exercice plutôt que le cours du dernier jour de l'exercice ?**
**– Quelle est la valeur actuelle des actions Gamma ? Comment a-t-elle été déterminée ?**

**2.** **Quelle analyse le principe de prudence vous conduit-il à formuler sur la situation des titres ?**

**3.** **Comment ont été déterminés les montants relatifs aux dépréciations au 31 décembre N-1 ?**

**4.** **Complétez le tableau d'analyse pour la dépréciation des titres (proposé ci-contre, en fin de page) :**
**– déterminez les dépréciations nécessaires au 31 décembre N ;**
**– reportez les dépréciations constatées au 31 décembre N-1 et déterminez les ajustements à effectuer au 31 décembre N.**

**5.** **Procédez aux enregistrements comptables nécessaires au 31 décembre N.**

**6.** **Présentez un extrait des comptes 2971 – Dépréciations des titres immobilisés et 590 – Dépréciations des VMP. Que représente leur solde au 31 décembre N ?**

## 3 Comprendre la cotation boursière

Les éléments suivants ont été relevés à la Bourse de Paris.

**Paris,** vendredi 13 janvier 2006 - 13 h 44

| Libellé | Dernier cours (€) | Variation | Clôture précédente | + Haut | + Bas |
|---|---|---|---|---|---|
| ACCOR | 41,96 | – 0,87 % | 42,33 | 42,38 | 41,95 |
| AIR FRANCE - KLM | 13,92 | + 0,80 % | 13,81 | 13,97 | 13,76 |

**Évolution de l'indice CAC 40**

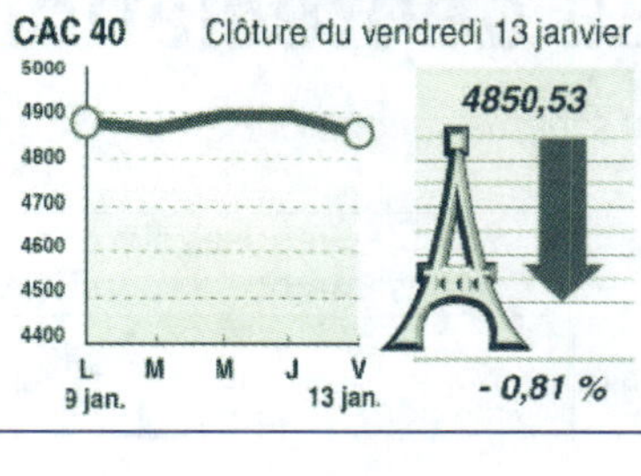


**1.** **Expliquez les expressions soulignées dans les documents ci-dessus.**

**2.** **Dans le tableau ci-dessus, expliquez les informations de chacune des colonnes.**

**3.** **Quels sont, en général, les facteurs qui influencent le cours des actions ?**

**4.** **En quoi ces informations intéressent-elles la comptable ?**

# IV La dépréciation des titres

## 1. L'évaluation des titres à la clôture de l'exercice

La valeur actuelle des titres à la clôture de l'exercice est égale à leur valeur vénale (prix de vente probable).

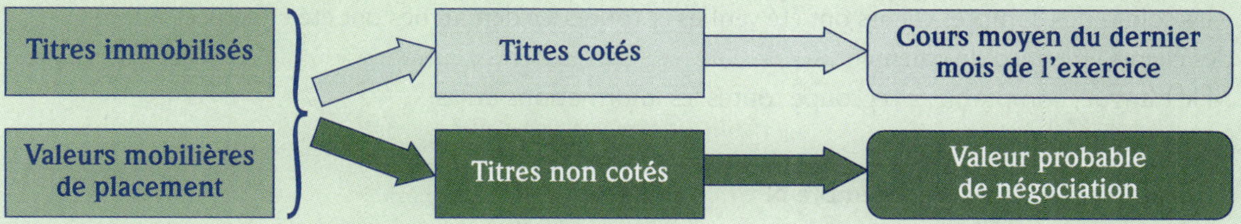


## 2. La détermination de la dépréciation nécessaire à la clôture de l'exercice

Il faut constater une dépréciation des titres (titres immobilisés, valeurs mobilières de placement) lorsque la valeur actuelle de l'actif est devenue inférieure à sa valeur comptable. La dépréciation est alors égale à la différence entre ces deux valeurs.

## 3. Les comptes pour la dépréciation des titres

Le schéma suivant présente les traitements comptables à effectuer dans les différents cas possibles.

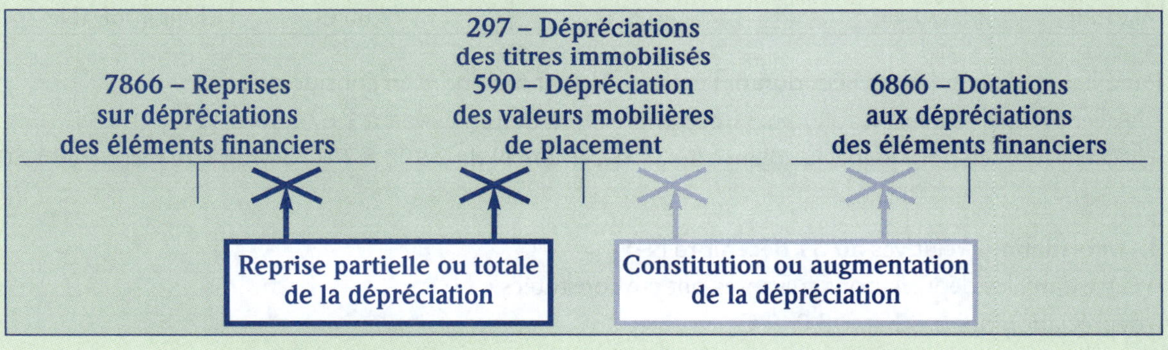


## 4. Le tableau d'analyse pour la dépréciation des titres

Le tableau suivant permet de déterminer les ajustements nécessaires des dépréciations.

| Titres | Qté | Prix d'achat | | Valeur actuelle | | Dépréciations 31/12/N | | Dépréciations 31/12/N-1 | Ajustements | |
|---|---|---|---|---|---|---|---|---|---|---|
| | | PU | Total | PU | Totale | Unité | Montant | | Dotation | Reprise |
| | | | | | | | | | | |
| Totaux | | | | | | | | | | |

## 4 Appliquer le principe de prudence aux actifs circulants de la société TLEM

Les travaux d'inventaire de la société TLEM au 31 décembre N se poursuivent et il faut maintenant traiter les actifs circulants. Sur ces thèmes, la situation comptable est la suivante :
- la valeur du stock final a été constatée et une étude a été effectuée sur sa valeur probable de vente ;
- les soldes des comptes clients ont été vérifiés et toutes les démarches ont été effectuées auprès des clients en retard de paiement.

Mlle Rangué, comptable, a regroupé toutes les informations utiles.

**1. État des stocks au 31 décembre N**

Les jouets sont parfois soumis aux phénomènes de mode. Il arrive donc que certains modèles connaissent des difficultés d'écoulement sur les marchés traditionnels. Dans ce cas, la société TLEM est contrainte de vendre par lots à des soldeurs à des prix inférieurs aux coûts de production des produits.
Au 31 décembre N, deux lots pourraient être concernés et la perte probable a été estimée à 14 540 €.

**2. État des créances douteuses et irrécouvrables**

Mlle Rangué a regroupé les informations relatives aux créances douteuses antérieures au 1er janvier N.

| Noms | Créances TTC au 31/12/N-1 | Dépréciation au 31/12/N-1 (%) | Règlements reçus en N | Observations |
|---|---|---|---|---|
| Claude | 2 152,80 € | 50 % | 358,80 € | Perte probable de 75 % |
| Alivaud | 3 037,84 € | 40 % | 717,60 € | Client insolvable |

Par ailleurs, deux créances nées durant l'exercice N sont à prendre en considération :
- le client Francis est insolvable. Au 31 décembre N, sa dette s'élevait à 1 674,40 € TTC ;
- le client Marcel, pour lequel la créance au 31 décembre N de 2 990 € TTC devrait être récupérée à 80 %.

**3. Informations relatives au 31 décembre N-1**

À cette date, les dépréciations suivantes ont été constatées :
- dépréciation des produits : 8 049 € ;
- dépréciation des comptes clients : 1 916 €.

**1.** **Peut-on dire que les stocks de cette entreprise ont subi une dépréciation au 31 décembre N ? Quelle analyse doit-on faire en application du principe de prudence ?**

**2.** **Déterminez la nature et le montant de l'ajustement nécessaire pour la dépréciation des stocks. Procédez à l'enregistrement comptable correspondant.**

**3.** **Analysez la situation de chaque client au 31 décembre N et classez-les dans les catégories définies ci-contre (créances douteuses, créances irrécouvrables).**

**4.** **Confrontez ces situations au principe de prudence. Concluez sur les traitements comptables à opérer au 31 décembre N.**

**5.** **Pour les clients, justifiez par le calcul le montant de la dépréciation constituée au 31 décembre N-1.**

**6.** **Complétez le tableau d'analyse des comptes clients fourni ci-contre.**

**7.** **Présentez les enregistrements comptables correspondants au 31 décembre N.**

**8.** **Présentez un extrait des comptes 395 – Dépréciations des stocks de produits et 491 – Dépréciations des comptes de clients. Que représente le solde de ces comptes au 31 décembre N ?**

# V La dépréciation des actifs circulants

## 1. La dépréciation des stocks

### a) L'évaluation à la clôture de l'exercice

La valeur actuelle des stocks est égale à leur **valeur vénale** (prix de vente prévisible).

### b) Les comptes pour la dépréciation des stocks

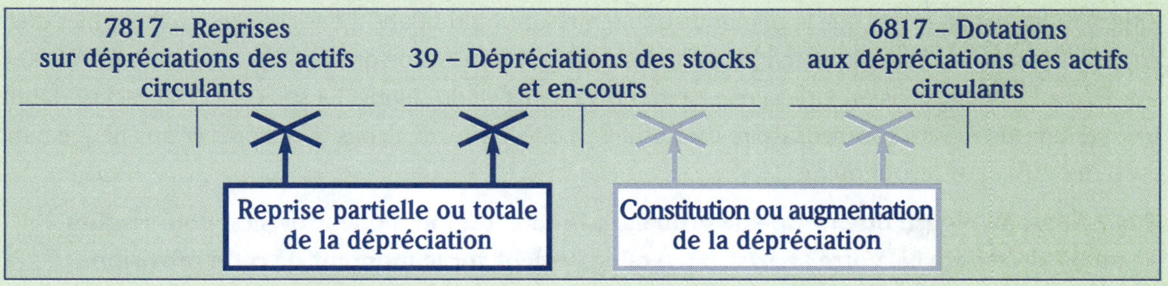


## 2. La dépréciation des créances clients

### a) Les créances douteuses et les créances irrécouvrables

Une créance est **douteuse** lorsque son recouvrement, total ou partiel, est incertain. Le risque de non-recouvrement doit être apprécié à chaque clôture. La créance est alors transférée dans le compte 416 – Clients douteux ou litigieux.

Une créance est **irrécouvrable** lorsque son non- recouvrement est certain. Cela signifie que le client est jugé insolvable, donc qu'il ne fera aucun règlement à l'avenir. Le montant de la créance est définitivement perdu.

### b) L'évaluation du montant des pertes et des dépréciations sur créances

En cas de non-recouvrement, la perte de l'entreprise titulaire de la créance est limitée au **montant hors taxes de la créance**. En effet, l'entreprise pourra récupérer la TVA déjà versée au Trésor public.

Le compte de charges qui doit être utilisé est le compte 654 – Pertes sur créances irrécouvrables. En conséquence, le montant de la dépréciation sera toujours déterminé sur la base du montant hors taxes de la créance.

### c) Le tableau d'analyse des dépréciations des comptes clients

| Clients | Créance 31/12/N | | Dépréciation N | | Dépréciation N-1 | Créances irrécouvrables | | Ajustement | |
|---|---|---|---|---|---|---|---|---|---|
| | TTC | HT | % | Montant | | HT | TVA | Dotation | Reprise |
| | | | | | | | | | |

### d) Les comptes pour la dépréciation des créances clients

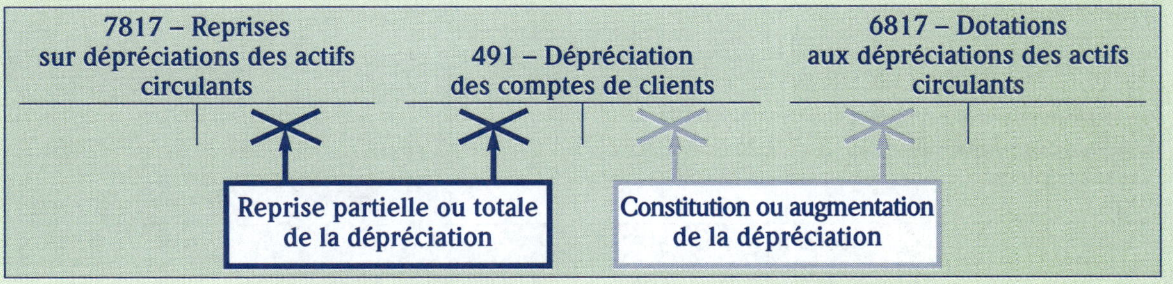

# Activités

## 5 Appliquer le principe de prudence pour les litiges avec les tiers de la société TLEM

L'entreprise TLEM a connu un litige avec l'un de ses salariés. Ce dernier a contesté les motifs du licenciement qui lui a été imposé en novembre N. Il a demandé que lui soit versée une indemnité compensatoire de 5 000 € pour le préjudice qu'il estime avoir subi.

Au 31 décembre N, la procédure n'est pas achevée. Son déroulement peut être rapidement résumé :

- aucun accord n'a été trouvé lors de la phase de conciliation, qui a donc échoué ;
- au 31 décembre N, l'avocat de la société TLEM a estimé, même s'il est difficile de préjuger de la décision judiciaire qui sera rendue, que la demande d'indemnisation du salarié a des chances raisonnables d'être entendue par le tribunal compétent. Il a été décidé de constituer une provision pour risques de 5 000 € ;
- le 10 avril N+1, la décision judiciaire est rendue au bénéfice du salarié. La société TLEM est condamnée à verser une indemnité compensatoire de 5 000 €. Il est décidé de ne pas faire appel et un chèque bancaire est remis au salarié le jour même.

**1. Justifiez, au regard du principe de prudence, la constitution d'une provision pour risques au 31 décembre N. Votre analyse portera également sur le montant de cette provision.**

**2. À l'aide de la documentation ci-contre, reconstituez l'enregistrement comptable correspondant.**

**3. Analysez et comptabilisez l'événement survenu le 10 avril N+1.**

**4. Précisez les conséquences de cet événement pour la provision pour risques constituée le 31 décembre N. Présentez l'enregistrement comptable devenu alors nécessaire.**

## 6 Le bilan et le compte de résultat de la société TLEM

Les comptes annuels de la société TLEM au 31 décembre N ont été établis. Un extrait du bilan est fourni ci-dessous et vous êtes chargé(e) de le compléter. Vous souhaitez présenter à M. Yope, le gérant, les principales incidences des traitements comptables d'inventaire réalisés dans les activités précédentes sur le bilan et le compte de résultat.

**1. Évaluez l'incidence des dotations et reprises sur le résultat de l'exercice N.**

**2. Justifiez les sommes qui figurent dans l'extrait de bilan ci-dessous au 31 décembre N.**

**3. Complétez cet extrait de bilan des dépréciations et provisions pour risques comptabilisées lors des activités précédentes.** (Les parties grisées ne sont pas à compléter.)

**4. Les éléments comptabilisés ont-ils une incidence sur la trésorerie de l'entreprise ? Justifiez votre réponse.**

**Bilan de l'entreprise TLEM au 31/12/N (extrait)**

| Actif | Brut | À déduire | Net | Passif | |
|---|---|---|---|---|---|
| **ACTIF IMMOBILISÉ** | | | | **CAPITAUX PROPRES** | |
| ***Immobilisations corporelles*** | | | | | |
| Terrains | 68 000 | | | **Total I** | |
| | | | | **PROVISIONS** | |
| ***Immobilisations financières*** | | | | Provisions pour risques | |
| Titres immobilisés | 7 800 | | | | |
| **Total I** | | | | **Total II** | |
| **ACTIF CIRCULANT** | | | | | |
| Stocks de matières premières | 59 650 | | | | |
| Stocks de produits finis | 257 580 | | | | |
| Créances clients | 327 980 | | | | |
| VMP | 16 480 | | | | |
| **Total II** | | | | | |

# VI Les provisions pour risques

## 1. L'obligation de constituer des provisions pour risques

Le principe de prudence impose de constituer des provisions si des événements survenus ou en cours rendent probable la réalisation de risques. Il s'agit de **risques pécuniaires** (indemnités, dommages et intérêts, frais de procès) encourus par l'entreprise à propos des **litiges** dans lesquels elle est impliquée (avec un ou des tiers salariés, fournisseurs, clients, etc.).

Le montant de la provision est égal à la somme que l'entreprise risque de payer à l'issue du litige.

## 2. Les comptes à utiliser

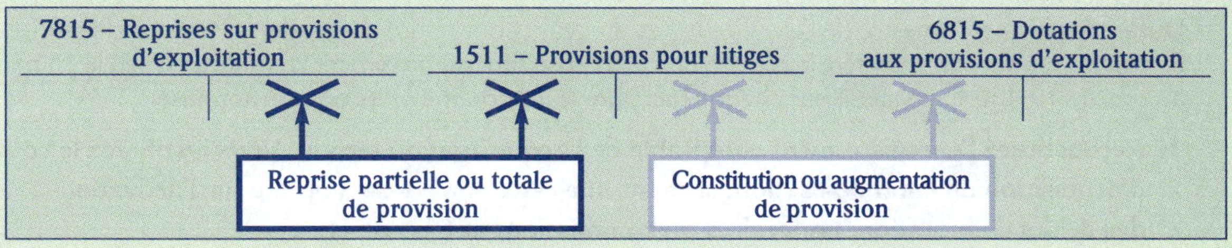


# VII Les incidences sur le bilan, le compte de résultat et la trésorerie

## 1. L'incidence sur le compte de résultat et sur le bilan

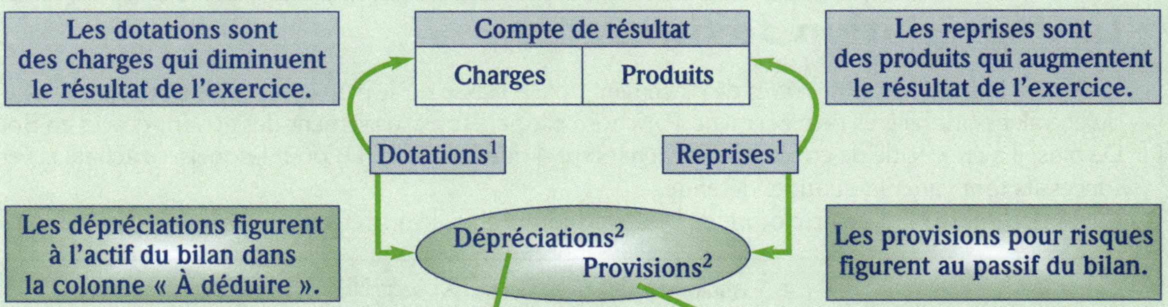


| Actif | Bilan à la clôture | | | Passif | |
|---|---|---|---|---|---|
| | Brut | À déduire | Net | | |
| Actif immobilisé<br>Actif circulant | | | | Provisions pour risques | |

1. Dotations et reprises permettent d'ajuster le montant des dépréciations et des provisions.
2. Cumul à la date de clôture.

La colonne « Net » de l'actif du bilan correspond à la valeur nette comptable qui se détermine par le calcul suivant : Valeur brute – Amortissements – Dépréciations

## 2. L'incidence sur la trésorerie

Les dotations ou reprises comptabilisées pour des dépréciations ou des provisions sont des charges et des produits calculés. Elles n'ont pas d'incidence sur la trésorerie de l'entreprise.

# Travaux dirigés

## 1 La dépréciation d'un terrain

En fin d'année N-1, les établissements Dupont ont connu quelques difficultés avec un terrain situé dans la zone commerciale de Strasbourg (Bas-Rhin). Ce terrain a été acquis le 20 octobre N-1 dans les conditions suivantes :
- prix d'achat : 37 500 € (non soumis à TVA) ;
- commission d'agence (TVA à 19,60 %) : 3 700 € hors taxes ;
- droits de mutation : 1 800 € (non soumis à TVA).

Ces éléments ont fait globalement l'objet d'une facture du notaire réglée le jour même (chèque bancaire).
Les dirigeants projetaient d'y implanter une surface de vente mais le projet a dû être interrompu car le terrain a subi des dégâts importants à la suite d'intempéries.
Au 31 décembre N-1, date de clôture de cet exercice comptable, les dirigeants estiment que cela a un effet négatif sur la valeur du terrain et, à la suite de la visite d'un expert, la perte probable en cas de revente a été estimée à 50 % du prix d'achat du terrain.
La dépréciation a été constatée au 31 décembre N-1.
Durant le premier trimestre de l'exercice N, les dirigeants ont refusé d'engager les travaux de remise en état du terrain et ont préféré le céder à une entreprise située à proximité. La vente a eu lieu le 15 mars N au prix de 19 400 €, encaissé par chèque bancaire le jour même (cession non soumise à TVA).

1. **Reconstituez l'enregistrement comptable de l'acquisition du terrain. Vous justifierez le coût d'acquisition de l'immobilisation, sachant que cette entreprise a opté pour l'activation des droits de mutation, honoraires ou commissions et frais d'actes.**
2. **Retrouvez la valeur vénale du terrain au 31 décembre N-1. Justifiez et reconstituez l'enregistrement comptable du 31 décembre N-1.**
3. **Comptabilisez la cession du terrain.**
4. **Qu'advient-il de la dépréciation constatée le 31 décembre N-1 ? Présentez l'enregistrement comptable nécessaire.**

## 2 La dépréciation de titres

La société Martin achète des titres de placement qu'elle classe sur le plan comptable en titres immobilisés ou en valeurs mobilières de placement. Par choix, elle achète exclusivement des actions cotées en Bourse. De plus, il a été décidé de concentrer les achats sur 4 titres (A, B, C, D) pour lesquels les achats et ventes successifs font varier la quantité détenue.
Au 31 décembre N, date de clôture de l'exercice comptable, le portefeuille se présente comme suit.

| | Catégorie comptable | Prix d'achat | Quantités 31/12/N | Cours des actions | | Dépréciation 31/12/N-1 |
|---|---|---|---|---|---|---|
| | | | | 31/12/N | moyen décembre N | |
| Actions A | 271 | 115 € | 450 | 110 € | 108 € | 420 € |
| Actions B | 271 | 87 € | 325 | 102 € | 93 € | 0 € |
| Actions C | 503 | 49 € | 610 | 44 € | 55 € | 1 420 € |
| Actions D | 503 | 115 € | 240 | 120 € | 110 € | 600 € |

1. **Déterminez la valeur actuelle des titres au 31 décembre N. Justifiez votre choix en fonction des règles prévues par le plan comptable général.**
2. **Dans un tableau, déterminez les ajustements de dépréciations nécessaires au 31 décembre N.**
3. **À partir des cas des actions C et D, commentez la règle qui impose de retenir, pour la valeur actuelle, le cours moyen du dernier mois plutôt que celui du dernier jour.**
4. **Présentez les enregistrements comptables nécessaires au 31 décembre N.**
5. **Présentez un extrait des comptes 297 et 590. Justifiez le solde au 31 décembre N.**
6. **Présentez un extrait du bilan au 31 décembre N (postes « Titres immobilisés » et « VMP »).**
7. **Précisez l'incidence de ces traitements comptables sur le résultat de l'exercice N.**

## 3 La dépréciation des stocks

La société Michel a procédé à l'évaluation et l'analyse de ses stocks. Le tableau suivant synthétise l'ensemble des informations nécessaires au traitement des stocks.

| | 31/12/N-1 | | 31/12/N | |
|---|---|---|---|---|
| | Valeur brute | Dépréciation | Valeur brute | Dépréciation |
| Matières premières | 39 340 | – | 41 990 | – |
| Produits finis | 127 675 | 3 954 | 138 305 | 5 632 |
| Marchandises | 11 220 | 1 625 | 9 250 | 1 150 |

La société clôture ses comptes au 31 décembre N et aucun traitement comptable d'inventaire n'a été réalisé pour les stocks. Les informations comptables suivantes ont été relevées pour l'exercice N.

| | | | |
|---|---|---|---|
| Achats de matières premières | 225 654 | Ventes de produits finis | 206 530 |
| Achats de marchandises | 82 615 | Ventes de marchandises | 717 658 |

**1.** **Quels sont les traitements comptables nécessaires au 31 décembre N ? Vous les justifierez au regard des principes comptables.**

**2.** **Présentez les enregistrements comptables correspondants. Vous justifierez les montants des ajustements nécessaires.**

**3.** **Présentez un extrait du bilan au 31 décembre N et un extrait du compte de résultat pour l'exercice N.**

**4.** **Interprétez le sens des variations de stocks.**

## 4 La dépréciation des créances clients, provisions pour litiges

Le comptable des établissements Dubois a procédé à l'examen des comptes clients à la clôture de l'exercice N. Il a mis en évidence les informations suivantes.

**• Clients douteux antérieurs**

| Clients | Créances TTC 01/01/N | Encaissements N | Dépréciations 31/12/N-1 | Analyse de la situation |
|---|---|---|---|---|
| Jean | 2 990,00 | 598,00 | 750,00 | Maintenir le taux de dépréciation à 30 % |
| Paul | 4 473,04 | 0,00 | 1 870,00 | Porter la dépréciation à 75 % |
| René | 3 707,60 | 902,98[1] | 3 100,00 | Définitivement insolvable. |
| Jacques | 598,00 | 0,00 | 375,00 | Porter la dépréciation à 100 % |

1. Pour solde.

**• Nouveaux clients douteux**

Au cours de l'exercice N, deux nouveaux clients douteux sont apparus :
– le client Marie, pour, 6 219,20 € TTC. Il est convenu de constituer une dépréciation de 25 % ;
– le client Claude, pour 8 252,40 € TTC et pour lequel on pense recouvrer 75 % de la créance.

**• Litiges commerciaux**

Les établissements Dubois sont en litige avec le client Clément, à qui ont été livrées des marchandises en décembre N pour une valeur hors taxes de 28 500 €. Les marchandises ont été livrées avec retard et refusées par ce client. Un avoir a été établi mais le client Clément prétend avoir perdu un important chiffre d'affaires et demande à en être indemnisé par les établissements Dubois.
L'avocat consulté par les établissements Dubois craint que le client obtienne gain de cause et conseille une transaction. Les dirigeants ont décidé de provisionner ce risque à hauteur de 15 000 €.
Les créances clients s'élèvent à 349 654 € au 31 décembre N.
La TVA est à calculer au taux de 19,60 %.

•••

•••

**1.** Rappelez la distinction qui existe entre une créance douteuse et une créance irrécouvrable. Quel(s) traitement(s) comptable(s) doit-on effectuer pour ces deux catégories de créances ?

**2.** Dans un tableau, déterminez les ajustements de dépréciation nécessaires au 31 décembre N ainsi que les créances irrécouvrables de l'exercice.

**3.** Présentez les enregistrements comptables correspondants.

**4.** Présentez les enregistrements comptables nécessaires au 31 décembre N pour le litige avec le client Clément.

**5.** Présentez un extrait du compte de résultat de l'exercice N (charges et produits d'exploitation) et du bilan au 31 décembre N (postes « Clients et comptes rattachés » et « Provisions »).

**6.** Précisez l'incidence de ces traitements comptables sur le résultat de l'exercice N.

**7.** En supposant que le client Clément renonce à sa demande, présentez l'enregistrement comptable nécessaire au 31 décembre N+1.

## 5 La dépréciation des titres

À partir du fichier Chapitre 12_TD05.xls, il vous est demandé de créer une application avec un tableur permettant de calculer les ajustements pour la dépréciation des titres.
La feuille de calcul se présente comme suit.

| | A | B | C | D | E | F | G | H | I | J | K | L |
|---|---|---|---|---|---|---|---|---|---|---|---|---|
| 1 | | | | | | | | | | | | |
| 2 | | | Tableau d'analyse des dépréciations sur titres | | | | | | | | | |
| 3 | | | | | | | | | | | | |
| 4 | Titres | Prix d'achat | Données au 31/12/N-1 | | Données au 31/12/N | | | | SAISIR LES DONNÉES DANS LE TABLEAU CI-CONTRE | | | |
| 5 | | | Quantité | Valeur actuelle | Quantité | Valeur actuelle | | | | | | |
| 6 | | | | | | | | | | | | |
| 7 | | | | | | | | | | | | |
| 8 | | | | | | | | | | | | |
| 9 | | | | | | | | | | | | |
| 10 | Titres | Quantité 31/12/N | Valeur d'entrée | | Valeur 31/12/N | | Dépréciation N | | Dépréciation N-1 | | Ajustements | |
| 11 | | | Unitaire | Globale | Unitaire | Globale | Unitaire | Montant | Unitaire | Montant | Dotations | Reprises |
| 12 | | | | | | | | | | | | |
| 13 | | | | | | | | | | | | |
| 14 | | | | | | | | | | | | |
| 15 | | | | | | | | | | | | |
| 16 | | | | | | | | | | | | |
| 17 | | | | | | | | | | | | |
| 18 | | | | | | | | | | | | |
| 19 | | Zones à compléter (formules de calcul) | | | | | | | | | | |
| 20 | | | | | | Contrôle | Dépréciation N-1 | | | | | |
| 21 | | | | | | | Dotations | | | | | |
| 22 | | | | | | | Reprises | | | | | |
| 23 | | | | | | | Dépréciation N | | | | | |
| 24 | | | | | | | Contrôle OK (O/N) | | | | | |

•••

•••

Pour l'illustration, vous pourrez utiliser les données suivantes.

| | Prix d'achat | Données au 31/12/N-1 | | Données au 31/12/N | |
|---|---|---|---|---|---|
| | | Quantité | Valeur actuelle | Quantité | Valeur actuelle |
| Titres 1 | 100 € | 150 | 120 € | 225 | 130 € |
| Titres 2 | 87 € | 200 | 80 € | 150 | 70 € |
| Titres 3 | 140 € | 120 | 132 € | 100 | 144 € |

**1. Déterminez les formules de calcul nécessaires pour cette application.**

**2. Utilisez cette application avec les données ci-dessus.**

## 6 La dépréciation des créances clients

À partir du fichier Chapitre 12_TD06.xls, il vous est demandé de créer une application avec un tableur permettant de calculer les ajustements pour la dépréciation des créances clients.
La feuille de calcul se présente comme suit.

| | A | B | C | D | E | F | G | H | I | J | K |
|---|---|---|---|---|---|---|---|---|---|---|---|
| 1 | | | | | | | | | | | |
| 2 | | Tableau d'analyse des dépréciations et des pertes sur créances | | | | | | | | | |
| 3 | | | | | | | | | | | |
| 4 | | Créances 31/12/N-1 | | Créances 31/12/N | | Irrécouvrable ? (O/N) | | | SAISIR LES DONNÉES DANS LE TABLEAU CI-CONTRE | | |
| 5 | | TTC | % Dépréciation | TTC | % Dépréciation | | | | | | |
| 6 | Client 1 | | | | | | | | | | |
| 7 | Client 2 | | | | | | | | | | |
| 8 | Client 3 | | | | | | | Taux TVA = | 19,60 % | | |
| 9 | Client 4 | | | | | | | | | | |
| 10 | | | | | | | | | | | |
| 11 | Clients | Créance N | | Dépréciation N | | Dépréciation N-1 | | Ajustements | | Créances irréc. | |
| 12 | | TTC | HT | % | Montant | % | Montant | Dotations | Reprises | HT | TVA |
| 13 | | | | | | | | | | | |
| 14 | | | | | | | | | | | |
| 15 | | | | | | | | | | | |
| 16 | | | | | | | | | | | |
| 17 | | | | | | | | | | | |
| 18 | | | | | | | | | | | |
| 19 | | | | | | | | | | | |
| 20 | | Zones à compléter (formules de calcul) | | | | | | | | | |
| 21 | | | | | | Contrôle | | Dépréciation N-1 | | | |
| 22 | | | | | | | | Dotations | | | |
| 23 | | | | | | | | Reprises | | | |
| 24 | | | | | | | | Dépréciation N | | | |
| 25 | | | | | | | | Contrôle OK (O/N) | | | |

•••

•••

Pour l'illustration, vous pourrez utiliser les données suivantes.

| | Créance 31/12/N-1 | | Créance 31/12/N | |
|---|---|---|---|---|
| | TTC[1] | Dépréciation | TTC[1] | Dépréciation |
| Client 1 | 6 458,40 | 50 % | 3 229,20 | 25 % |
| Client 2 | 3 588,00 | 50 % | 3 588,00 | 100 % |
| Client 3 | 2 392,00 | 100 % | 2 392,00 | [2] |
| Client 4 | | 0[3] | 5 023,20 | 50 % |

1. TVA à 19,60 %. 2. Devenu irrécouvrable. 3. Nouveau client douteux

**1. Déterminez les formules de calcul nécessaires pour cette application.**

**2. Utilisez cette application avec les données ci-dessus.**

## 7 BAC Entraînez-vous à l'écrit

Vous êtes comptable dans la société anonyme Marcel et vous êtes en charge des travaux d'inventaire au 31 décembre N. Vous devez traiter les dossiers des immobilisations financières, des actifs circulants et des litiges. Le dossier des immobilisations corporelles et incorporelles sera traité directement par l'expert-comptable de l'entreprise.

Pour cela, vous disposez des informations suivantes.

### 1. Extrait de la balance au 31 décembre N (avant inventaire)

| Comptes | | Soldes débiteurs | Soldes créditeurs |
|---|---|---|---|
| 1511 | Provisions pour litiges | | 6 750,00 |
| 211 | Terrains | 84 000,00 | |
| 271 | Titres immobilisés | 6 500,00 | |
| 2911 | Dépréciations des terrains | | 11 000,00 |
| 2971 | Dépréciations des titres immobilisés | | 320,00 |
| 311 | Stock de matières $M_1$ | 31 620,00 | |
| 3551 | Stock de produits finis $PF_1$ | 79 818,00 | |
| 3911 | Dépréciation du stock de matières[1] | | 500,00 |
| 411 | Clients | 294 321,00 | |
| 416 | Clients douteux ou litigieux | 12 094,55 | |
| 491 | Dépréciation des comptes clients | | 8 700,00 |
| 500 | Valeurs mobilières de placement | 2 880,00 | |
| 590 | Dépréciation des VMP | | 340,00 |

1. Concerne la matière $M_1$.

### 2. Informations sur le terrain

La dépréciation du terrain constatée à la clôture précédente avait pour cause un risque de se voir refuser le permis de construire pour un bâtiment qui doit devenir le siège social de l'entreprise.
Les craintes initiales n'ont désormais plus lieu d'être puisque le permis de construire vient d'être accordé.
La dépréciation constatée est donc désormais sans objet.

### 3. Informations sur les stocks

L'inventaire physique des stocks au 31décembre N fait apparaître :
- 3 000 kg de matière M1 évaluée à 2,25 € le kg ;
- 4 250 kg de matière M2 évaluée globalement à 27 912,00 € ;
- 6 580 pièces PF1 dont le coût de production s'élève à 10 € pièce ;
- 1 124 pièces PF2 dont le coût de production s'élève à 24,50 € pièce.

Compte tenu de certaines dégradations subies, il semble opportun de constater une dépréciation du stock de matières M1 pour 10 % de sa valeur.

### 4. Informations sur les clients

Les renseignements concernant les clients douteux sont les suivants (TVA à 19,60 %).

| Clients douteux | Créances TTC au 31/12/N | Dépréciations au 31/12/N-1 | Analyse de la situation |
|---|---|---|---|
| Dupont | 3 124,55 € | 1 200 € | Porter la dépréciation à 80 % |
| Martin | 8 970,00 € | 7 500 € | La liquidation a été prononcée. La créance est perdue. |
| Durand | 10 046,40 € | [1] | Constituer une dépréciation de 20 % |
| **Totaux** | **22 140,95 €** | **8 700 €** | |

1. Nouveau client douteux.

### 5. Informations sur les titres

Vous disposez des informations suivantes.

| Titres | Quantité | Prix d'achat | Dépréciation 31/12/N-1 | Valeur actuelle |
|---|---|---|---|---|
| **Titres immobilisés** | | | | |
| Titres A acquis le 25/03/N-2 | 100 | 65 € | 320 € | 59 € |
| **Valeurs mobilières de placement** | | | | |
| Titres B acquis le 29/11/N-1 | 240 | 12 € | 340 € | 14 € |

### 6. Informations sur le litige

La société Marcel est en litige avec l'un de ses salariés depuis l'exercice précédent à la clôture duquel il a été décidé de constituer une provision pour risques de 6 750 €.
Au 31décembre N, le litige est toujours en cours et l'analyse de la procédure rend très probable une condamnation de l'entreprise à verser une indemnité de 8 200 € environ.

### 7. Résultat comptable provisoire

Le résultat comptable provisoire est égal à 82 654 € (bénéfice) avant que soient pris en compte les traitements comptables d'inventaire.

**1.** **Présentez l'enregistrement comptable nécessaire pour le terrain.**

**2.** **Déterminez la valeur du stock final de matières et du stock final de produits finis. Présentez les enregistrements comptables nécessaires à la mise à jour des stocks et à l'ajustement de la dépréciation les concernant.**

**3.** **Déterminez, dans un tableau, l'ajustement de la dépréciation des comptes clients. Présentez les enregistrements comptables correspondants.**

**4.** **Déterminez, dans un tableau, l'ajustement des dépréciations de titres. Présentez les enregistrements comptables correspondants.**

**5.** **Pour le litige, procédez au traitement comptable nécessaire au 31 décembre N.**

**6.** **Déterminez le résultat comptable après prise en compte de vos régularisations d'inventaire. Est-ce le résultat définitif pour cet exercice comptable ?**

## 8 Évaluez les acquis du chapitre

Au 31 décembre N-1, date de clôture de son exercice comptable, l'entreprise Charles possédait les titres suivants.

| Éléments du portefeuille | | Date d'achat | Quantité 31/12/N-1 | Prix d'achat unitaire | Dépréciation 31/12/N-1 |
|---|---|---|---|---|---|
| 271 | **Titres immobilisés** | | | | |
| | Parts SARL A | 10/06/N-3 | 200 | 72,84 € | 0 € |
| 590 | **VMP** | | | | 0 € |
| | Parts SARL B | 20/04/N-1 | 100 | 39,80 € | |
| | Actions C | 15/07/N-1 | 70 | 56,12 € | 133 € |

Au cours de l'exercice N, les achats et les ventes de titres suivants ont été réalisés :
- le 15 juin, cession des 200 parts SARL A au prix unitaire de 74,32 € ;
- le 12 septembre, achat de 10 obligations D (titres immobilisés) au prix unitaire de 500 € ;
- le 15 octobre, achat de 50 actions E (VMP) au prix unitaire de 59,10 € ;
- le 15 novembre, cession de toutes les actions SARL B au prix unitaire de 45,11 €.

Les acquisitions et cessions font l'objet d'un paiement bancaire le jour même.
Le comptable a relevé les valeurs suivantes au 31 décembre N.

| | Cours des actions | | Prix de marché hors cote boursière[1] |
|---|---|---|---|
| | 31/12/N | Moyen décembre N | |
| Actions C | 56,60 € | 56,84 € | |
| Obligations D | | | 502,20 € |
| Actions E | 58,10 € | 56,80 € | |

1. Estimée par un expert.

**1.** **Rappelez la définition donnée par le plan comptable général pour le principe de prudence. En quoi doit-il être mis en œuvre dans le cas proposé ?**

**2.** **Comptabilisez les acquisitions et les cessions de titres réalisées durant l'exercice N.**

**3.** **Déterminez, en justifiant votre choix, la valeur actuelle à retenir pour chaque catégorie de titres au 31 décembre N.**

**4.** **Pour chaque catégorie de titres, déterminez la dépréciation et les ajustements nécessaires au 31 décembre N.**

**5.** **Comptabilisez les ajustements nécessaires au 31 décembre N.**

# CHAPITRE 13

# L'imposition du résultat et l'établissement des comptes annuels

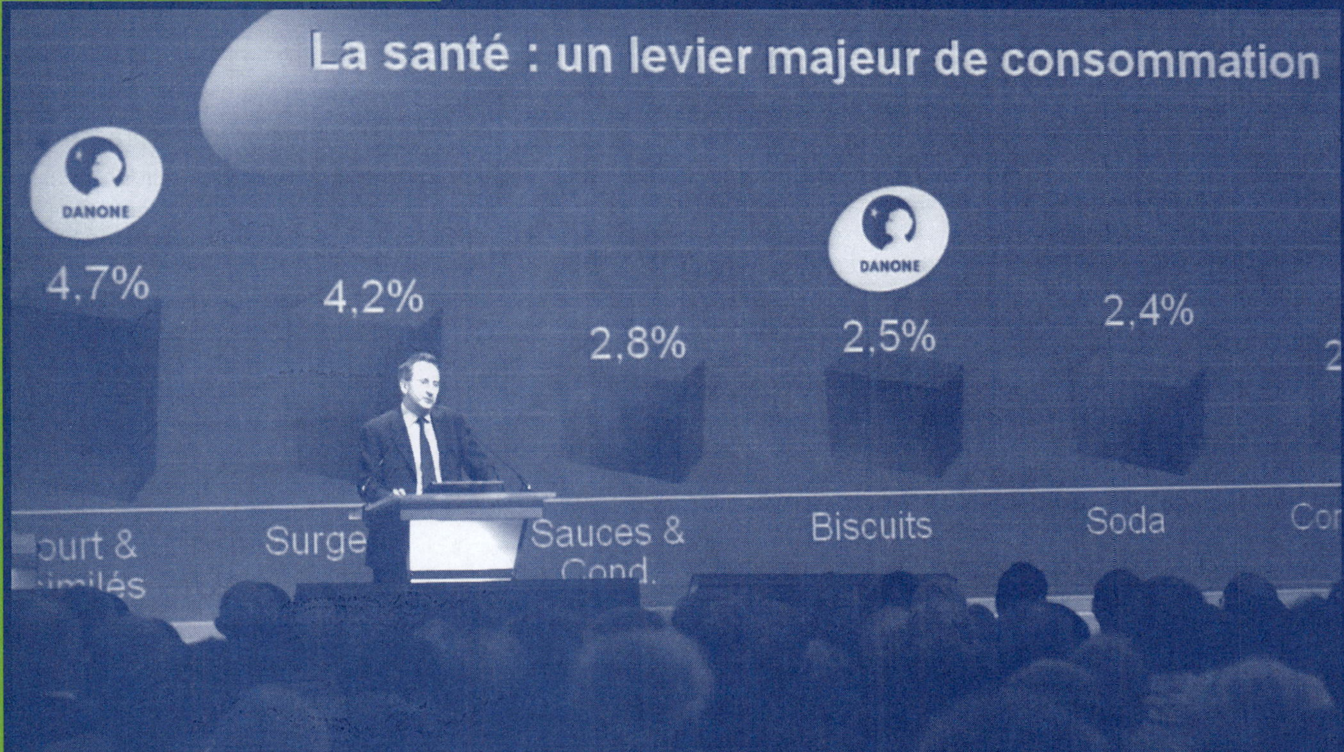


Présentation des résultats par Franck Riboud, PDG de Danone, devant l'assemblée générale des actionnaires.

## Plan du chapitre



## Réflexion préalable

1. Quand les entreprises produisent-elles leurs comptes annuels ?
2. Quels sont les éléments qui composent ces comptes annuels ?
3. Pour quelles raisons les produisent-elles ?
4. Donnez des exemples d'utilisateurs de ces comptes annuels.
5. Que représente l'objectif d'image fidèle du patrimoine, de la situation financière et du résultat de l'entreprise ? Donnez des exemples.
6. Rappelez les principaux postes du bilan et du compte de résultat.

**Mots clés**

**image fidèle ; bilan, compte de résultat, annexe, résultat de l'exercice ; impôt sur les bénéfices**

# Activités

## 1 Une discussion entre comptables

**M. Dumas et Mme Larmet sont à la fois comptables et amis. Et quand deux comptables se rencontrent, de quoi parlent-ils ? Parfois de comptabilité...**
**Il se trouve que M. Dumas, pour la préparation des comptes annuels de son entreprise au 31 décembre N, bute sur quelques problèmes particuliers qu'il soumet à son amie.**

M. Dumas : « J'ai un petit jeu à te proposer. Je te soumets trois problèmes comptables pour que tu donnes tes solutions. Nous les comparerons ensuite aux choix comptables que j'ai faits dans mon entreprise.
Les cas sont les suivants.
1. Pour l'achat d'un terrain 100 000 €, mon entreprise a versé des commissions à l'agence immobilière pour 10 000 € et payé des droits de mutation pour 4 800 €.
2. Un litige est en cours avec un salarié qui réclame 10 000 € de dommages et intérêts. La procédure débute mais il est possible qu'il obtienne gain de cause.
3. Le gérant de mon entreprise voudrait que je comptabilise au 31 décembre N une importante vente qui a été en fait facturée le 2 janvier N+1 pour 50 000 € hors taxes. Il prétend que ce n'est pas un jour qui va faire la différence. »

Mme Larmet : « Oh la la ! Comme ça tout de suite ? Bon, allons-y.
– Cas 1 : je pense qu'il faut immobiliser le terrain au coût d'acquisition pour 114 800 €.
– Cas 2 : il faut attendre et ne pas comptabiliser de provision pour ce litige qui ne fait que débuter.
– Cas 3 : il faut faire comme le souhaite ton gérant pour la comptabilisation de la vente. »

M. Dumas : « Eh bien, imagine-toi que je n'ai pas fait du tout comme cela.
– J'ai immobilisé le terrain pour 100 000 € et comptabilisé les commissions et droits de mutation en charges de l'exercice,
– J'ai comptabilisé une provision pour litige pour 10 000 €.
– Je n'ai pas obéi à mon gérant, et il m'en veut d'ailleurs ! Il m'a dit que je ne pouvais pas lui refuser cela. »

Les deux amis font donc le constat de leurs divergences, conviennent de consulter les textes de droit comptable puis de se revoir pour trancher...

**À partir des informations de la page ci-contre, répondez aux questions suivantes.**

**1.** **Expliquez les expressions soulignées.**

**2.** **Pour quelles raisons les entreprises doivent-elles produire des comptes annuels ?**

**3.** **Les choix comptables proposés par les deux amis sont-ils tous conformes aux principes et règles comptables (prudence, indépendance notamment) ?**

**4.** **Calculez les incidences des choix comptables de M. Dumas sur le résultat de l'exercice. Faites ensuite de même pour les choix comptables de Mme Larmet. Vous retiendrez uniquement les options conformes aux principes et règles comptables et vous pourrez émettre l'hypothèse que le résultat de l'exercice s'élève à 20 000 € (bénéfice) avant prise en compte de ces traitements comptables.**

**5.** **Les choix comptables effectués par les deux amis ont-ils des incidences différentes sur le bilan de l'entreprise ? Là aussi, vous retiendrez uniquement les options conformes aux principes et règles comptables.**

**6.** **Qu'en concluez-vous, en particulier en vous référant aux utilisateurs de l'information comptable ?**

# I Le rôle des comptes annuels

## 1. Les comptes annuels

### a) Définition

Les comptes annuels sont produits une fois par an à la date de clôture de l'exercice comptable et constituent une synthèse de toutes les opérations comptabilisées durant l'exercice (opérations courantes et travaux d'inventaire).

### b) Composition

Ils se composent des éléments suivants :
– le **bilan** décrit séparément les éléments actifs et passifs de l'entreprise ;
– le **compte de résultat** récapitule les charges et les produits de l'exercice. Son solde constitue le résultat de l'exercice (bénéfice ou perte) ;
– l'**annexe** regroupe toutes les informations qui ont été jugées utiles pour commenter ou compléter le bilan et le compte de résultat.

## 2. Les utilisateurs de l'information comptable

Les comptes annuels sont produits pour l'information d'un certain nombre de partenaires de l'entreprise, qui vont les analyser et les interpréter pour prendre des décisions conformes à leurs intérêts :
– les propriétaires de l'entreprise (actionnaires actuels ou potentiels, par exemple) achèteront ou vendront des titres de l'entreprise en fonction de leur intérêt à les détenir ;
– les banquiers augmenteront ou restreindront leur crédit (prêts, concours bancaires) ;
– les fournisseurs de l'entreprise accorderont ou non des facilités de paiement selon la confiance qu'ils pourront avoir dans sa solvabilité.

## 3. L'objectif d'image fidèle

Il est fixé par l'article 120-1 du plan comptable général : « La comptabilité est un système d'organisation de l'information financière permettant de saisir, classer, enregistrer des données de base chiffrées et **présenter des états reflétant une image fidèle du patrimoine, de la situation financière et du résultat de l'entreprise** à la date de clôture. »

## 4. Une image fidèle et des choix comptables

Le plan comptable général offre la possibilité d'options pour certaines opérations.

**Exemple** *Article 321-10 – Éléments du coût d'acquisition initial (d'une immobilisation) : « Dans les comptes individuels, les droits de mutation, honoraires ou commissions et frais d'actes, liés à l'acquisition, peuvent, sur option, être rattachés au coût d'acquisition de l'immobilisation ou comptabilisés en charges. »*

Les dirigeants d'une entreprise effectuent donc des choix comptables qui vont avoir une conséquence directe sur l'information comptable.

**Exemple** *Tout en respectant les règles comptables en vigueur, un dirigeant peut décider :*
*– de constituer ou non une provision ;*
*– d'inscrire certaines dépenses en immobilisations ou en charges.*

En conséquence, l'image fidèle du patrimoine, de la situation financière et du résultat de l'entreprise va être différente selon les choix comptables opérés par les dirigeants qui présentent les états financiers.

## 2 Définir l'impôt sur les bénéfices des sociétés

### L'impôt sur les sociétés (IS)

**À la différence de l'impôt sur le revenu, l'impôt sur les sociétés (IS) n'est pas dû par les associés, mais directement par la société, qui constitue une entité juridique indépendante, appelée « personne morale ».**

**Qui paie l'impôt ?**

La personne morale au sein de laquelle vous réalisez des bénéfices est imposée à l'impôt sur les sociétés si elle appartient aux sociétés de capitaux. Il s'agit principalement des sociétés anonymes (SA, SAS), des sociétés à responsabilité limitée (SARL). [...]

**Sur quoi la société est-elle imposée ?**

Votre entreprise est imposable à l'IS sur ses bénéfices, uniquement si elle est exploitée en France. Cela veut dire qu'elle doit y exercer une activité commerciale habituelle. Ainsi, votre société n'est pas imposable sur les bénéfices qu'elle réalise dans des entreprises qu'elle exploite à l'étranger, même s'il s'agit d'une société française. [...]

**Comment le taux d'imposition est-il calculé ?**

Le taux normal de l'IS est de 33,1/3 %. Toutefois, si votre société réalise un chiffre d'affaires annuel hors taxes inférieur à 7 630 000 euros, le taux d'imposition à l'IS est abaissé et varie en fonction de conditions liées à son capital.

[...]

**Le dépôt de la déclaration des résultats de l'entreprise**

Les sociétés imposables sur leurs bénéfices doivent déposer chaque année une déclaration de résultats n° 2065, accompagnée des annexes 2033-A à 2033-G si elles relèvent du régime réel simplifié ou des annexes 2050 à 2059-G si elles relèvent du régime réel normal.

Ces déclarations doivent obligatoirement être adressées au service des impôts dont dépend l'établissement principal, dans les trois mois qui suivent la clôture de l'exercice. [...]

ATTENTION : contrairement à d'autres impôts, l'IS dû sur les bénéfices n'est pas calculé par l'administration. Aucun avis d'imposition n'est adressé à votre société. Vous devez donc calculer et payer spontanément votre IS. Le paiement est réparti sur l'année. Il s'effectue à l'aide de relevés d'acompte (n° 2571) et d'un relevé de solde (n° 2572) déposés à la recette des impôts du lieu de dépôt de la déclaration de résultats.

**Le paiement du solde**

Le solde est égal à l'impôt dû sur les bénéfices annuels réalisés, duquel on retranche les acomptes déjà versés. Vous devez payer le solde dans les 15 jours qui suivent la date légale de dépôt de votre déclaration de résultats (voir ci-dessus). Si vous ne réglez pas votre impôt dans ces délais, vous encourez une majoration de 5 % sur les sommes non versées. ■

www.linternaute.com

**1.** **Comment distingue-t-on l'entreprise sociétaire de l'entreprise individuelle ?**

**2.** **Qui supporte l'impôt dû sur les bénéfices réalisés par une entreprise individuelle ? par une société de capitaux ?**

**3.** **Comment est calculé l'impôt sur les bénéfices d'une société de capitaux ?**

**4.** **Comment est payé cet impôt ?**

## 3 L'impôt sur les bénéfices de la SA Nougat d'Or

La société anonyme Nougat d'Or est spécialisée dans la fabrication de confiserie qu'elle vend en gros à des distributeurs nationaux.
À la clôture de l'exercice N, après prise en compte de tous les travaux d'inventaire, la comptabilité de l'entreprise fait apparaître un total de charges de 18 408 588 € et un total de produits de 18 835 728 €.
Il ne reste plus qu'à calculer et comptabiliser l'impôt sur les bénéfices au taux de 33,1/3 %.

**1.** **Calculez le résultat avant impôts de l'exercice N.**

**2.** **Calculez le montant de l'impôt sur les bénéfices correspondant.**

**3.** **Indiquez les incidences de cet impôt sur le compte de résultat et le bilan de l'exercice N.**

**4.** **Cherchez, dans votre plan de comptes, les comptes de charges et de dettes relatifs à l'impôt sur les bénéfices. Comptabilisez l'impôt sur les bénéfices de l'exercice N.**

**5.** **Calculez le montant du résultat après impôts (résultat net) de l'exercice N.**

# II L'imposition du résultat

## 1. Le résultat de l'exercice

**Résultat de l'exercice = (Produits – Charges) de l'exercice**

- **Produits > Charges ⇒ Bénéfice**
- **Produits < Charges ⇒ Perte**

## 2. La personnalité juridique des entreprises et l'imposition de leurs bénéfices

### a) Les entreprises individuelles

Elles ne disposent ni d'une personnalité juridique ni d'un patrimoine distincts de ceux de leur propriétaire exploitant individuel. En conséquence, **elles ne sont pas elles-mêmes redevables d'un impôt sur leurs bénéfices.** C'est l'exploitant individuel qui sera imposé chaque année sur ce revenu.

### b) Les sociétés

Dotées d'une personnalité juridique et d'un patrimoine distinct de celui de leurs propriétaires associés (sociétés à responsabilité limitée, sociétés anonymes), **elles sont** en général **redevables d'un impôt calculé au taux de 33,1/3 % chaque année sur les bénéfices réalisés.**

## 3. La comptabilisation de l'impôt sur les bénéfices

L'impôt sur les bénéfices constitue, pour l'entreprise concernée :
– une charge inscrite au débit du compte 695 – Impôts sur les bénéfices ;
– une dette envers le Trésor public inscrite au crédit du compte 444 – État – Impôts sur les bénéfices.

## 4. Le résultat net de l'exercice

Il se détermine comme suit : **Résultat avant impôt** – **Impôt sur les bénéfices** = **Résultat net de l'exercice**

## 5. L'incidence dans le compte de résultat et le bilan

### a) L'impôt sur les bénéfices dans le compte de résultat

**Compte de résultat de l'exercice N**

| Charges de l'exercice | Produits de l'exercice |
|---|---|
| Impôts sur les bénéfices | |

**L'impôt sur les bénéfices est une charge qui diminue le résultat de l'exercice.**

### b) Le résultat net de l'exercice dans le bilan

**Bilan à la clôture de l'exercice N**

| Actif | Passif |
|---|---|
| | Résultat net de l'exercice |
| | Dettes d'impôts sur bénéfices |

**Le résultat inclus dans le passif est le résultat net d'impôt sur les bénéfices. La dette d'impôt figure dans les dettes.**

# Activités

## 4 Le compte de résultat de la SA Nougat d'Or

L'impôt ayant été calculé puis comptabilisé, le comptable de la SA Nougat d'Or a procédé à l'établissement du compte de résultat de l'exercice N qui se présente comme suit.

**Compte de résultat de la SA Nougat d'Or pour l'exercice N**

| CHARGES (hors taxes) | | Totaux partiels | PRODUITS (hors taxes) | Totaux partiels |
|---|---|---|---|---|
| **Charges d'exploitation** | | | **Produits d'exploitation** | |
| Coût d'achat des marchandises vendues | | 1 733 880 | Ventes de marchandises | 2 534 076 |
| · Achats de marchandises | 1 187 784 | | Production vendue | 15 453 516 |
| · Variation des stocks de marchandises | 546 096 | | **Montant net du chiffre d'affaires** | **17 987 592** |
| Consommations en provenance de tiers | | 7 058 748 | Production stockée | 66 636 |
| · Achats stockés d'approvisionnements | 5 448 672 | | Reprises sur dépréciations et provisions | 262 308 |
| · Variation des stocks d'approv. | - 132 192 | | Autres produits | 54 816 |
| · Achats de sous-traitance | | | **Total** | **18 371 352** |
| · Achats non stockés matières et fournit. | 434 592 | | **Produits financiers** | **271 596** |
| · Services extérieurs | 1 307 676 | | D'autres valeurs mobilières et créances | |
| Impôts, taxes et versements assimilés | | 677 268 | de l'actif immobilisé | 64 800 |
| Charges de personnel | | 7 739 580 | Autres intérêts et produits assimilés | 113 400 |
| Salaires et traitements | 5 480 160 | | Reprises sur dépréciations et provisions | 36 744 |
| Charges sociales | 2 259 420 | | Produits nets sur cessions de VMP | 56 652 |
| Dotations amortissements, dépréciations | | 543 324 | **Produits exceptionnels** | **192 780** |
| Sur immobilisations (amortissements) | 283 956 | | Sur opérations de gestion | |
| Sur immobilisations (dépréciations)[1] | 14 400 | | Sur opérations en capital | 192 780 |
| Sur actif circulant (dépréciations)[2] | 134 592 | | | |
| Dotations aux provisions | 110 376 | | | |
| Autres charges | | 58 152 | | |
| **Total** | | **17 810 952** | | |
| **Charges financières** | | **409 956** | | |
| Dotations amortissements et provisions[3] | 33 804 | | | |
| Intérêts et charges assimilées | 319 404 | | | |
| Charges nettes sur cessions de VMP | 56 748 | | | |
| **Charges exceptionnelles** | | **187 680** | | |
| Sur opérations de gestion | 33 000 | | | |
| Sur opérations en capital | 154 680 | | | |
| **Impôts sur les bénéfices** | | **142 380** | | |
| **Total des charges** | | **18 550 968** | **Total des produits** | **18 835 728** |
| **Bénéfice de l'exercice** | | **284 760** | | |
| **Total général** | | **18 835 728** | **Total général** | **18 835 728** |

1. Concerne les dépréciations sur terrains.
2. Concerne les dépréciations des comptes clients.
3. Concerne les VMP.

**1.** **Selon quel système la SA Nougat d'Or présente-t-elle ses comptes ? Pour quelle(s) raison(s) ?**

**2.** **Quelles sont les informations spécifiques proposées dans le compte de résultat du système développé ?**

**3.** **Quel est le rôle de la clôture des comptes ? Pourquoi ne concerne-t-elle que les comptes de charges et de produits ?**

**4.** **À quelle date ont été établis les comptes annuels de cette entreprise ? Pour quelle période ?**

**5.** **Répondez aux questions suivantes portant sur le compte de résultat de la SA Nougat d'Or.**
**– Quelle est l'activité de cette entreprise ?**
**– Quel est le total des charges de l'entreprise ? Quel est le total des produits ?**
**– Ces montants incluent-ils la TVA ?**
**– Quel est le résultat d'exercice dégagé par cette entreprise ?**
**– Quel est son résultat d'exploitation ? son résultat financier ? son résultat exceptionnel ?**
**– Que représente le coût d'achat des marchandises vendues ? les consommations en provenance de tiers ?**
**– À quoi correspondent les différentes dotations et reprises qui sont mentionnées ?**
**– Quelle est la charge d'impôts de cette entreprise ?**

# III Le système développé du PCG

Le plan comptable général propose trois systèmes de présentation des comptes annuels.

| | Entreprises concernées | Il ne faut pas dépasser deux des trois seuils suivants. | |
|---|---|---|---|
| **Système abrégé** | Petites et très petites | Total du bilan<br>Montant net du chiffre d'affaires<br>Nombre moyen de salariés | < 270 000 €<br>< 530 000 €<br>< 10 |
| **Système de base** | PME/PMI | Total du bilan<br>Montant net du chiffre d'affaires<br>Nombre moyen de salariés | < 2 000 000 €<br>< 4 000 000 €<br>< 50 |

Le **système développé** concerne les entreprises (PME/PMI, grandes entreprises) qui dépassent les seuils ci-dessus. Il permet de **présenter une information comptable plus complète et détaillée** tant pour le bilan, le compte de résultat que l'annexe.

# IV Le compte de résultat

## 1. La clôture des comptes

À la clôture de chaque exercice, les comptes de charges et de produits sont soldés pour virement dans le compte de résultat.

| | | 31/12/N |
|---|---|---|
| 7xx | | Comptes de produits |
| | 6xx | Comptes de charges |
| | 120 | Résultat de l'exercice – Bénéfice[1] |
| | | *Pour regroupement dans le compte de résultat* |

1. Ou 129 – Résultat de l'exercice – Perte (au débit).

## 2. Modèle de compte de résultat (système développé du PCG)

| CHARGES (hors taxes) | Exercice N – N^os de comptes | Exercice N – Totaux partiels |
|---|---|---|
| **Charges d'exploitation** | | |
| Coût d'achat des marchandises vendues | | X |
| · Achats de marchandises | 607, 608, 6097 | |
| · Variation des stocks de marchandises | 6037 | |
| Consommations en provenance de tiers | | X |
| · Achats stockés d'approvisionnements : | | |
| - Matières premières | 601 | |
| - Autres approvisionnements | 602 | |
| · Variation des stocks d'approvisionnements | 6031, 6032 | |
| · Achats de sous-traitances | 604 | |
| · Achats non stockés de matières et fournitures | 606 | |
| · Services extérieurs : | | |
| - Personnel extérieur | 621 | |
| - Loyers en crédit-bail | 612 | |
| - Autres | Autres 61/62 | |
| Impôts, taxes et versements assimilés | | X |
| - Sur rémunérations | 631, 633 | |
| - Autres | 635 | |
| - Charges de personnel | | X |
| - Salaires et traitements | 641 | |
| - Charges sociales | 645 | |
| Dotations aux amortissements et aux dépréciations | | X |
| - Sur immobilisations : dotations aux amortissements | 6811 | |
| - Sur immobilisations : dotations aux dépréciations | 6816 | |
| - Sur actif circulant : dotations aux dépréciations | 6817 | |
| Dotations aux provisions | 6812 | |
| Autres charges | 65 | X |
| **TOTAL** | | X |
| **Charges financières** | | X |
| Dotations aux amortissements, dépréciations et provisions | 686 | |
| Intérêts et charges assimilées | 661 | |
| Charges nettes sur cessions de VMP | 667 | |
| **Charges exceptionnelles** | | X |
| Sur opérations de gestion | 671, 678 | |
| Sur opérations en capital : | | |
| - Valeurs comptables des immobilisations cédées | 675 | |
| Dotations aux amortissements, dépréciations et provisions | 687 | |
| **Impôts sur les bénéfices** | 695 | |
| Solde créditeur = bénéfice | | |
| TOTAL GÉNÉRAL | | X |

| PRODUITS (hors taxes) | Exercice N – N^os de comptes | Exercice N – Totaux partiels |
|---|---|---|
| **Produits d'exploitation** | | |
| Ventes de marchandises | 707, 708, 7097 | X |
| Production vendue | | X |
| Ventes | 701, 7091 | |
| Travaux | 704, 705 | |
| Prestations de services | 706 | |
| **Montant net du chiffre d'affaires** | | X |
| Production stockée *(a)* | 713 | X |
| Reprises sur dépréciations (et amortissements) | 781 | X |
| Autres produits | 75 | X |
| TOTAL | | X |
| **Produits financiers** | | X |
| D'autres valeurs mobilières et créances de l'actif immobilisé | 762 | |
| Autres intérêts et produits assimilés | 763 à 765, 768 | |
| Reprises sur provisions | 786 | |
| Produits nets sur cessions de valeurs mobilières de placement | 767 | |
| **Produits exceptionnels** | | X |
| Sur opérations de gestion | 771, 778 | |
| Sur opérations en capital : | | |
| - Produits des cessions d'éléments d'actif | 775 | |
| Reprises sur provisions | 787 | |
| **Solde débiteur = perte** | | X |
| TOTAL GÉNÉRAL | | X |

## 5 Le bilan de la SA Nougat d'Or au 31 décembre N

Le comptable de la SA Nougat d'Or a procédé à l'établissement du bilan au 31 décembre N.

**Bilan de la SA Nougat d'Or au 31/12/N**

| Actif | Brut | À déduire | Net | Passif | Net |
|---|---|---|---|---|---|
| **ACTIF IMMOBILISÉ** | | | | **CAPITAUX PROPRES** | |
| **Immobilisations incorporelles** | | | | Capital | 600 000 |
| **Immobilisations corporelles** | | | | Réserves statutaires | 540 996 |
| Terrains | 122 400 | 14 400 | 108 000 | Résultat de l'exercice (bénéfice) | 284 760 |
| Constructions | 921 600 | 315 600 | 606 000 | **Total I** | **1 425 756** |
| Inst. techn., mat. et out. industriels | 446 880 | 319 140 | 127 740 | **PROVISIONS** | |
| Autres | 152 400 | 80 952 | 71 448 | Provisions pour risques | 48 960 |
| **Immobilisations financières** | | | | **Total II** | **48 960** |
| Autres titres immobilisés | 36 000 | | 36 000 | **DETTES** | |
| **Total I** | **1 679 280** | **730 092** | **949 188** | Emprunts et dettes auprès des établissements de crédit[1] | 282 528 |
| **ACTIF CIRCULANT** | | | | | |
| Matières premières | 154 236 | | 154 236 | Fournisseurs et comptes rattachés | 487 168 |
| Produits intermédiaires et finis | 267 444 | 13 164 | 254 280 | Dettes fiscales et sociales | 51 948 |
| Marchandises | 96 960 | | 96 960 | Dettes sur immobilisations | 27 936 |
| Clients et comptes rattachés | 744 216 | 32 520 | 711 696 | Dettes fiscales (impôts sur bénéfices) | 12 380 |
| Valeurs mobilières de placement | 43 236 | 10 920 | 32 316 | Produits constatés d'avance | 10 692 |
| Disponibilités | 127 140 | | 127 140 | **Total III** | **872 652** |
| Charges constatées d'avance | 21 552 | | 21 552 | | |
| **Total II** | **1 454 784** | **56 604** | **1 398 180** | 1. Dont concours bancaires : 36 588 | |
| **Total général** | **3 134 064** | **786 696** | **2 347 368** | **Total général** | **2 347 368** |

1. Quelle est la valeur brute des immobilisations ? leur valeur nette ?
2. Pour ces immobilisations, à quoi correspondent les éléments figurant dans la colonne « À déduire » ?
3. Quelle est la valeur brute de l'actif circulant ? sa valeur nette ?
4. Pour l'actif circulant, à quoi correspondent les éléments figurant dans la colonne « À déduire » ?
5. Quel est le montant des créances sur les clients de l'entreprise ?
6. L'entreprise possède-t-elle des valeurs mobilières de placement ?
7. Quel est le montant des fonds disponibles en trésorerie ?
8. L'entreprise bénéficie-t-elle de concours bancaires ou d'un découvert bancaire ?
9. Quel est le capital de cette entreprise ?
10. Quelle est la valeur (et la composition) de ses capitaux propres ?
11. L'entreprise a-t-elle des dettes ? Lesquelles ?
12. Quel est le montant de la dette d'IS au 31 décembre N ? Pourquoi n'est-elle pas égale au montant de l'IS mis à la charge de l'entreprise ?
13. À quoi correspondent les « charges constatées d'avance » et les « produits constatés d'avance » ?

# V Le bilan

## 1. Définition et contenu

Le bilan présente, à une date donnée, le patrimoine et la situation financière d'une entreprise. Il regroupe les actifs et les passifs de l'entreprise.

### a) L'actif

L'actif regroupe les **éléments identifiables du patrimoine ayant une valeur économique positive** pour l'entité, c'est-à-dire les éléments générant une ressource que l'entité contrôle du fait d'événements passés et dont elle attend des avantages économiques futurs (immobilisations, stocks, créances, disponibilités).

### b) Le passif

Le passif regroupe :

- les **capitaux propres** de l'entreprise (ressources durables de l'entreprise) :
  – le **capital** : versé par les propriétaires de l'entreprise. Il représente la garantie des créanciers de l'entreprise,
  – les **réserves** : partie des bénéfices conservés par l'entreprise,
  – le **résultat de l'exercice** ;
- les **éléments du patrimoine ayant une valeur économique négative** pour l'entité, c'est-à-dire une obligation de l'entité à l'égard d'un tiers dont il est probable qu'elle provoquera une sortie de ressources au bénéfice de ce tiers, sans contrepartie au moins équivalente attendue de celui-ci (provisions, dettes).

## 2. Modèle de bilan (système développé du PCG)

| ACTIF | Exercice N | | |
|---|---|---|---|
| | Brut | À déduire | Net |
| **ACTIF IMMOBILISÉ** | | | |
| **Immobilisations incorporelles** | | | |
| Logiciels | 205 | 2805 | |
| Avances et acomptes | 237 | | |
| **Immobilisations corporelles** | | | |
| Terrains | 211 | 2911 | |
| Constructions | 213 | 2813 | |
| Inst. techniques, matériel et outillage industriels | 215 | 2815 | |
| Autres | 218 | 2818 | |
| Avances et acomptes | 238 | | |
| **Immobilisations financières** | | | |
| Autres titres immobilisés | 271/272 | 297 | |
| **Total I** | X | X | X |
| **ACTIF CIRCULANT** | | | |
| **Stocks et en-cours** | | | |
| Matières premières et autres approvisionnements | 31, 32 | 391, 392 | |
| Produits intermédiaires et finis | 35 | 395 | |
| Marchandises | 37 | 397 | |
| Avances et acomptes versés | 4091 | | |
| **Créances d'exploitation** | | | |
| Créances clients et comptes rattachés | 41 | 491 | |
| Autres | 42 à 44 | | |
| **Valeurs mobilières de placement** | 503, 506 | 590 | |
| **Disponibilités** | 512, 53 | | |
| **Charges constatées d'avance** | 486 | | |
| **Total II** | X | X | X |
| TOTAL GÉNÉRAL | | | |

| PASSIF | Exercice N |
|---|---|
| **CAPITAUX PROPRES** | |
| Capital [dont versé…] | 101 |
| **Réserves** | |
| Réserve légale | 1 061 |
| Réserves statutaires ou contractuelles | 1 063 |
| Autres | 1 068 |
| **Report à nouveau** | 110, 119 |
| **Résultat de l'exercice [bénéfice ou perte]** | 120, 129 |
| **Total I** | X |
| **PROVISIONS** | |
| Provisions pour risques | 151 |
| **Total II** | X |
| **DETTES** | |
| **Dettes financières** | |
| Emprunts et dettes auprès des établis. de crédit | 164, 1688, 512 |
| Emprunts et dettes financières diverses | 168 |
| Avances et acomptes reçus sur commandes | |
| **Dettes d'exploitation** | |
| Dettes fournisseurs et comptes rattachés | 40 (sauf 404) |
| Dettes fiscales et sociales | 43,44 (sauf 444) |
| Autres | 45 |
| **Dettes diverses** | |
| Dettes sur immobilisations | 404 |
| Dettes fiscales (impôts sur les bénéfices) | 444 |
| Autres | |
| **Produits constatés d'avance** | |
| **Total III** | X |
| TOTAL GÉNÉRAL | X |

## 6 L'annexe de la SA Nougat d'Or au 31 décembre N

L'annexe des comptes annuels de la SA Nougat d'Or au 31 décembre N a été établie.
Les éléments suivants en ont été extraits.

### a) Tableau des immobilisations

| RUBRIQUES / SITUATIONS ET MOUVEMENTS | A<br>Valeur brute à l'ouverture de l'exercice | B<br>Augmentations | C<br>Diminutions | D<br>Valeur brute à la clôture de l'exercice |
|---|---|---|---|---|
| Terrains | 122 400 | | | 122 400 |
| Constructions | 921 600 | | | 921 600 |
| Inst. techn., mat. et out. industriels | 406 080 | 220 800 | 180 000 | 446 880 |
| Autres | 120 000 | 32 400 | | 152 400 |
| Autres titres immobilisés | 36 000 | | | 36 000 |
| TOTAL | **1 606 080** | **253 200** | **180 000** | **1 679 280** |

### b) Tableau des amortissements

| RUBRIQUES / SITUATIONS ET MOUVEMENTS | A<br>Amortissements cumulés au début de l'exercice | B<br>Augmentations : dotations de l'exercice | C<br>Diminutions d'amortissement de l'exercice | D<br>Amortissements cumulés à la fin de l'exercice |
|---|---|---|---|---|
| Constructions | 223 440 | 92 160 | | 315 600 |
| Inst. techn., mat. et out. industriels | 201 176 | 143 484 | 25 320 | 319 140 |
| Autres | 32 640 | 48 312 | | 80 952 |
| TOTAL | **457 256** | **283 956** | **25 320** | **715 692** |

### c) Tableau des dépréciations

| RUBRIQUES / SITUATIONS ET MOUVEMENTS | A<br>Dépréciations au début de l'exercice | B<br>Augmentations : dotations de l'exercice | C<br>Diminutions : reprises de l'exercice | D<br>Dépréciations à la fin de l'exercice |
|---|---|---|---|---|
| Terrains | | 14 400 | | 14 400 |
| Stocks de produits finis | 13 164 | | | 13 164 |
| Comptes clients et rattachés | 62 220 | 134 592 | 164 292 | 32 520 |
| Valeurs mobilières de placement | 13 860 | 33 804 | 36 744 | 10 920 |
| TOTAL | **89 244** | **182 796** | **201 036** | **71 004** |

### d) Tableau des provisions

| RUBRIQUES / SITUATIONS ET MOUVEMENTS | A<br>Provisions au début de l'exercice | B<br>Augmentations : dotations de l'exercice | C<br>Diminutions : reprises de l'exercice | D<br>Provisions à la fin de l'exercice |
|---|---|---|---|---|
| Provisions pour risques | 36 600 | 110 376 | 98 016 | 48 960 |
| TOTAL | **36 600** | **110 376** | **98 016** | **48 960** |

**1.** **La lecture du bilan et du compte de résultat (activités 4 et 5) permet-elle de répondre aux questions suivantes ?**
**– Quel est le montant des acquisitions d'immobilisations réalisées durant l'exercice ?**
**– Des immobilisations ont-elles été cédées ?**
**– Quel est le montant des amortissements dotés pour cet exercice ?**
**– Quand les provisions et les dépréciations ont-elles été constituées ?**

**2.** **Peut-on le faire à la lecture des tableaux de l'annexe présentés ci-dessus ?**

**3.** **Existe-t-il des liens entre les informations figurant dans le bilan ou le compte de résultat d'une part et les tableaux de l'annexe d'autre part ?**

**4.** **Définissez le rôle de l'annexe dans l'information comptable délivrée par cette entreprise.**

# VI L'annexe des comptes annuels

## 1. Le rôle de l'annexe

Le compte de résultat et le bilan ne peuvent remplir utilement leur rôle d'information que s'ils sont accompagnés d'une annexe. En effet, l'annexe précise et complète l'information incluse dans ces documents. Elle inclut notamment un **tableau des immobilisations**, un **tableau des amortissements**, un **tableau des dépréciations** et un **tableau des provisions**.

**Exemple** *Le tableau des immobilisations, par ses colonnes « Augmentations » et « Diminutions », reflète les investissements et désinvestissements de l'exercice.*

## 2. Les relations entre l'annexe, le bilan et le compte de résultat

Les deux exemples suivants mettent ces relations en évidence.

### a) Le tableau des immobilisations

La valeur brute à la clôture de l'exercice correspond à la **colonne « Valeur brute »** du bilan.

| Bilan – Actif | Valeur brute | Tableau des immobilisations – D : Valeur brute à la clôture de l'exercice |
|---|---|---|
| **ACTIF IMMOBILISÉ** | | |
| **Immobilisations incorporelles** | (a) | (a) |
| **Immobilisations corporelles** | (b) | (b) |
| **Immobilisations financières** | (c) | (c) |
| **Total I** | (d) | (d) |

### b) Le tableau des amortissements

La valeur cumulée des amortissements à la clôture correspond à la **colonne « À déduire »** du bilan.

| Bilan – Actif | À déduire | Tableau des amortissements – D : Amortissements cumulés à la fin de l'exercice |
|---|---|---|
| **ACTIF IMMOBILISÉ** | | |
| **Immobilisations incorporelles** | (a) | (a) |
| **Immobilisations financières** | (b) | (b) |
| **Total I** | (c) | (c) |

Le **montant total de la colonne « Dotations de l'exercice »** se retrouve à partir du compte de résultat.

| Compte de résultat – CHARGES (hors taxes) | | Tableau des amortissements – B : Augmentations : dotations de l'exercice |
|---|---|---|
| **Charges d'exploitation** | | |
| Dotations aux amortissements et dépréciations | | |
| Sur immobilisations (amortissements) | (a) | Total (a) |

Remarque : les relations entre le bilan, le compte de résultat et les tableaux relatifs aux dépréciations et aux provisions suivent la même logique.

# Travaux dirigés

## 1 La comptabilité peut-elle dire le vrai ?

La scène suivante décrit le dialogue imaginaire entre M. Arachide, PDG de la société Cacahuète SA, qui conditionne et vend des cacahuètes, et un actionnaire de cette société.

*L'actionnaire déçu reproche au PDG sa pratique comptable.*

**L'actionnaire (A) :** Je viens vous voir parce que je suis un actionnaire ruiné ! Quand j'ai acheté des actions en 1999, on vous portait au pinacle : analystes, presse financière, tous chantaient vos louanges. Aujourd'hui, l'action Cacahuète SA vaut moins qu'un sachet des cacahuètes qu'elle produit, dix fois moins que le cours auquel j'ai acheté ! Vous faites la une : *« Cacahuète SA plonge dans le rouge et inscrit 500 millions de pertes comptables »*… Bref, c'est la déroute !
À côté de cet article, un entrefilet vous accuse de choses horribles : la situation industrielle et commerciale de votre entreprise ne se serait jamais améliorée, contrairement à ce qu'affirment vos rapports annuels. Vous auriez pratiqué sans relâche l'embellissement de vos comptes, établis de sorte à faire penser que l'entreprise allait mieux qu'en réalité. […] Ces accusations me paraissent gravissimes et je voudrais savoir ce que vous y répondez. Vos comptes ont-ils menti ?

**Le président (P) :** Bien sûr que non, cher monsieur, nos comptes n'ont pas menti ! […] Vous posez cependant une question intéressante : au fond, qu'est-ce que la vérité des comptes ? La meilleure réponse que je puisse vous donner est celle du code de commerce : les comptes se doivent d'être réguliers, sincères et de donner une image fidèle. Le point central, évidemment, c'est la régularité. Régulier signifie tout simplement conforme aux règles comptables en vigueur. Les règles, il faut les respecter, et je vous assure que nous les respectons. Vous pouvez vérifier que tous les montages que vous qualifiez très injustement de frauduleux respectent parfaitement le plan comptable général.

**A :** Je vous crois sur parole. Mais l'image fidèle, et la sincérité ?

**P :** Oh l'image fidèle… c'est bien relatif la fidélité, vous savez. Il y a trois ans, au moment où nous avons lancé notre site Internet e-cacahuete.com, le prix de notre action valait trente-cinq fois notre résultat. Les marchés nous trouvaient trop modestes ! Je me souviens de tous ces gens qui m'accusaient de constituer des réserves, de lisser les résultats, d'avoir une comptabilité trop prudente. Le contraire exact des forfaits dont vous m'accusez. Alors, ce concept d'image fidèle…

**A :** Le respect des règles, donc, très bien. Mais s'il y a des failles dans les règles ?

**P :** Si c'est le cas, ce n'est pas à moi qu'il faut le reprocher ! Ce n'est pas un individu qui peut tout seul changer la loi. Vous amalgamez deux problèmes : l'application des normes comptables et leur élaboration. Ici nous appliquons les normes, bien faites ou mal faites, nous n'avons pas le choix.
Si vous trouvez qu'elles sont mal faites, vous êtes libre d'aller vous plaindre auprès de ceux qui les élaborent.
*Ébranlé, l'actionnaire se radoucit.*

**A :** Vous avez raison, je ne peux pas vous reprocher de respecter la loi ! Je vais aller voir ces gens qui écrivent les règles comptables et je vais leur demander des explications.

**P :** C'est ça, bonne idée ! Au revoir, Monsieur.

Mathieu Autret et Alfred Galichon, « La comptabilité peut-elle dire le vrai ? »,
*Revue française de comptabilité,* n° 365, avril 2004.

**1.** **Expliquez les mots ou expressions soulignés.**

**2.** **Que veut dire l'actionnaire lorsqu'il demande au dirigeant si les comptes ont menti ?**

**3.** **Quels sont les arguments du dirigeant pour nier toute manipulation des comptes ?**

**4.** **Le respect des règles est-il suffisant pour parvenir à cet objectif d'image fidèle ?**

**5.** **Qu'en concluez-vous sur la capacité de la comptabilité à dire le vrai ?**

2

# Des comptes aux postes du bilan et du compte de résultat

La société Martin est spécialisée dans la fabrication et la vente de produits électroménagers. Son comptable, M. Dupont, est chargé de la tenue de l'ensemble de la comptabilité de l'entreprise sous le contrôle de Mme Dubois, expert-comptable.
Au 31 décembre N, date de clôture de l'exercice, M. Dupont a achevé les travaux de fin d'exercice et transmet à son expert-comptable la balance des comptes (après inventaire) suivante.

| Comptes | | Soldes débiteurs | Soldes créditeurs |
|---|---|---|---|
| 101 | Capital | | 2 000 000 |
| 1061 | Réserve légale | | 194 380 |
| 1068 | Autres réserves | | 205 140 |
| 151 | Provisions pour risques | | 21 540 |
| 164 | Emprunts auprès des établissements de crédit | | 482 500 |
| 205 | Logiciels | 12 500 | |
| 211 | Terrains | 600 000 | |
| 213 | Constructions | 1 355 000 | |
| 2154 | Matériels industriels | 525 040 | |
| 2182 | Matériel de transport | 254 620 | |
| 2183 | Matériel de bureau et informatique | 21 450 | |
| 271 | Titres immobilisés | 115 000 | |
| 2805 | Amortissements des logiciels | | 6 200 |
| 2813 | Amortissements des constructions | | 168 800 |
| 28154 | Amortissements des matériels industriels | | 287 171 |
| 28182 | Amortissements du matériel de transport | | 41 090 |
| 28183 | Amortissements du matériel de bureau et informatique | | 21 450 |
| 311 | Matières premières | 151 050 | |
| 321 | Autres approvisionnements | 89 120 | |
| 351 | Stocks de produits finis | 284 100 | |
| 391 | Dépréciations des matières premières | | 15 120 |
| 395 | Dépréciations des produits finis | | 5 040 |
| 401 | Fournisseurs | | 584 502 |
| 403 | Fournisseurs – Effets à payer | | 125 940 |
| 408 | Fournisseurs – Factures non parvenues | | 17 200 |
| 4091 | Fournisseurs – Acomptes versés sur commandes | 11 010 | |
| 411 | Clients | 850 360 | |
| 413 | Clients – Effets à recevoir | 88 610 | |
| 416 | Clients douteux ou litigieux | 11 332 | |
| 4181 | Clients – Factures à établir | 14 620 | |
| 431 | URSSAF | | 81 650 |
| 4371 | ASSEDIC | | 25 620 |
| 4372 | Caisses de retraite | | 18 640 |
| 444 | État – Impôt sur les bénéfices | | 35 620 |
| 4455 | État – TVA à décaisser | | 80 876 |
| 486 | Charges constatées d'avance | 17 150 | |
| 487 | Produits constatés d'avance | | 12 440 |
| 491 | Dépréciation des comptes clients | | 11 332 |
| 512 | Banque | 59 640 | |
| 514 | La Poste | 81 512 | |
| 530 | Caisse | 15 027 | |
| | **Totaux classes 1 à 5** | **4 557 141** | **4 442 251** |

•••

•••

| | Comptes | Soldes débiteurs | Soldes créditeurs |
|---|---|---|---|
| 601 | Achats stockés de matières premières et fournitures | 4 856 580 | |
| 602 | Achats stockés d'autres approvisionnements | 889 404 | |
| 603 | Variation des stocks de matières et approvisionnements | 59 048 | |
| 606 | Achats non stockés de matières et fournitures | 116 180 | |
| 6091 | Rabais, remises, ristournes obtenus sur achats de matières | | 61 462 |
| 613 | Locations | 118 080 | |
| 615 | Entretien et réparations | 501 862 | |
| 616 | Primes d'assurance | 59 048 | |
| 622 | Rémunérations d'intermédiaires et honoraires | 29 048 | |
| 623 | Publicité, publications, relations publiques | 7 062 | |
| 624 | Transports de biens et transports collectifs du personnel | 140 256 | |
| 626 | Frais postaux et de télécommunication | 60 492 | |
| 627 | Services bancaires et assimilés | 23 616 | |
| 631 | Impôts et taxes | 144 200 | |
| 641 | Rémunération du personnel | 2 778 084 | |
| 645 | Charges de Sécurité sociale et de prévoyance | 1 131 008 | |
| 654 | Pertes sur créances irrécouvrables | 12 422 | |
| 661 | Charges d'intérêt | 60 656 | |
| 6718 | Charges exceptionnelles sur opérations de gestion | 2 020 | |
| 6811 | Dotations aux amortissements sur immobilisations | 147 068 | |
| 6815 | Dotations aux provisions d'exploitation | 9 640 | |
| 6817 | Dotations aux dépréciations des actifs circulants | 9 860 | |
| 695 | Impôts sur les bénéfices | 35 620 | |
| 701 | Ventes de produits finis | | 11 039 005 |
| 706 | Prestations de services | | 328 861 |
| 708 | Produits des activités annexes | | 7 220 |
| 7135 | Variation des stocks de produits | 138 060 | |
| 758 | Produits divers de gestion courante | | 3 220 |
| 768 | Produits financiers divers | | 2 020 |
| 771 | Produits exceptionnels sur opérations de gestion | | 2 416 |
| | **Totaux classes 6 et 7** | **11 329 314** | **11 444 204** |
| | **Totaux classes 1 à 7** | **15 886 455** | **15 886 455** |

**Effectuez le travail ci-dessous à l'aide d'un tableur et du fichier Chapitre 13_TD02.xls, qui comprend les feuilles de calcul suivantes :**
**– balance des comptes ;**
**– matrice du compte de résultat ;**
**– matrice du bilan.**

**1.** **En vous aidant du tableau de passage proposé dans le cours, recherchez les liens entre les postes du compte de résultat et les comptes de la balance des comptes pour présenter le compte de résultat de l'exercice dans la feuille de calcul correspondante.**

**2.** **En vous aidant du tableau de passage proposé dans le cours, recherchez les liens entre les postes du bilan et les comptes de la balance des comptes pour présenter le bilan dans la feuille de calcul correspondante.**

## 3 Travaux d'inventaire et comptes annuels

Le comptable de la société Dubois réalise les travaux de fin d'exercice au 31 décembre N. Tout est achevé, à l'exception du calcul de l'impôt sur les bénéfices. La situation comptable est la suivante.

| N° | Intitulés | Soldes débiteurs | Soldes créditeurs |
|---|---|---|---|
| 101 | Capital | | 50 000 |
| 1061 | Réserve légale | | 5 000 |
| 1068 | Autres réserves | | 25 010 |
| 164 | Emprunts auprès des établissements de crédit | | 92 400 |
| 168 | Emprunts et dettes financières divers | | 51 500 |
| 1688 | Intérêts courus | | 3 054 |
| 2154 | Matériels industriels | 315 654 | |
| 2182 | Matériel de transport | 21 012 | |
| 2183 | Matériel de bureau et informatique | 11 450 | |
| 28154 | Amortissements des matériels industriels | | 154 222 |
| 28182 | Amortissements du matériel de transport | | 11 054 |
| 28183 | Amortissements du matériel de bureau et informatique | | 5 025 |
| 370 | Marchandises | 95 018 | |
| 397 | Dépréciations des marchandises | | 2 063 |
| 401 | Fournisseurs | | 120 154 |
| 403 | Fournisseurs – Effets à payer | | 17 040 |
| 408 | Fournisseurs – Factures non parvenues | | 2 059 |
| 411 | Clients | 250 452 | |
| 413 | Clients – Effets à recevoir | 11 038 | |
| 4181 | Clients – Factures à établir | 14 620 | |
| 430 | Organismes sociaux | | 39 054 |
| 4455 | État – TVA à décaisser | | 10 049 |
| 486 | Charges constatées d'avance | 2 012 | |
| 487 | Produits constatés d'avance | | 1 041 |
| 512 | Banque | | 52 049 |
| 530 | Caisse | 2 014 | |
| | **Totaux classes 1 à 5** | **723 270** | **640 774** |
| 607 | Achats de marchandises | 1 351 001 | |
| 603 | Variation des stocks de marchandises | – 12 039 | |
| 606 | Achats non stockés de matières et fournitures | 14 514 | |
| 609 | Rabais, remises, ristournes obtenus sur achats | | 2 049 |
| 613 | Locations | 11 012 | |
| 615 | Entretien et réparations | 12 011 | |
| 616 | Primes d'assurance | 9 049 | |
| 622 | Rémunérations d'intermédiaires et honoraires | 3 051 | |
| 626 | Frais postaux et de télécommunication | 5 044 | |
| 627 | Services bancaires et assimilés | 751 | |
| 631 | Impôts et taxes | 7 053 | |
| 641 | Rémunération du personnel | 232 017 | |
| 645 | Charges de Sécurité sociale et de prévoyance | 81 622 | |
| 661 | Charges d'intérêt | 16 072 | |
| 667 | Charges nettes sur cessions de VMP | 2 045 | |
| 675 | Valeurs comptables des éléments d'actif cédés | 2 041 | |
| 6811 | Dotations aux amortissements sur immobilisations | 37 052 | |
| 6817 | Dotations aux dépréciations des actifs circulants | 2 063 | |
| 707 | Ventes de marchandises | | 1 851 060 |
| 708 | Produits des activités annexes | | 1 057 |
| 767 | Produits nets sur cessions de VMP | | 665 |
| 768 | Produits financiers divers | | 984 |
| 775 | Produits des cessions d'éléments d'actif | | 1 040 |
| | **Totaux classes 6 et 7** | **1 774 359** | **1 856 855** |
| | **Totaux classes 1 à 7** | **2 497 629** | **2 497 629** |

**Vous disposez d'un logiciel de comptabilité et du fichier Chapitre 13_TD03.mae.**

**1. Calculez et comptabilisez l'impôt sur les bénéfices.**

**2. Éditez la balance des comptes, le bilan et le compte de résultat au 31 décembre N.**

## 4 BAC Entraînez-vous à l'écrit

Les établissements Durand clôturent leur exercice comptable le 31 décembre N. Vous êtes chargé(e) de construire l'annexe qui doit être incluse dans les comptes annuels.
On vous communique les éléments suivants.

### A. Extrait de la balance au 31 décembre N (avant inventaire)

| N° | Intitulés | Soldes débiteurs | Soldes créditeurs |
|---|---|---|---|
| 151 | Provisions pour risques | | 5 025,00 |
| 211 | Terrains | 15 500,00 | |
| 215 | Installations techniques, matériels et outillages industriels | 36 000,00 | |
| 2182 | Matériel de transport | 40 000,00 | |
| 2815 | Amortissements des installations techniques, matériels et outillages industriels | | 10 000,00 |
| 28182 | Amortissements du matériel de transport | | 32 083,00 |
| 2911 | Dépréciations des terrains | | 2 500,00 |
| 370 | Marchandises | 39 040,00 | |
| 397 | Dépréciations des marchandises | | 2 015,00 |
| 411 | Clients | 124 059,00 | |
| 416 | Clients douteux | 6 033,82 | |
| 491 | Dépréciations des comptes clients | | 5 045,00 |
| 503 | VMP - Actions | 5 820,00 | |
| 5903 | Dépréciations des VMP | | 525,00 |

### B. Renseignements relatifs aux immobilisations

- **Les terrains**

Aucune acquisition ni cession n'ont été effectuées durant l'exercice N.
La dépréciation du terrain se confirme et la valeur actuelle à retenir au 31 décembre N est estimée à 10 000 €.

- **Les immobilisations amortissables**

| | Date d'achat | Prix d'achat hors taxes | Mode d'amortissement |
|---|---|---|---|
| Installations tech., mat. et out. industriels | | | |
| Machine 1 | 01/07/N-3 | 20 000 | Linéaire sur 5 ans |
| Machine 2 | 01/10/N | 16 000 | Linéaire sur 5 ans |
| Matériel de transport | | | |
| Camion 1 | 15/10/N-5 | 30 000 | Linéaire sur 4 ans |
| Voiture 1 | 01/03/N-1 | 10 000 | Linéaire sur 4 ans |

La machine 1 a été cédée le 1er octobre N au prix de 10 000 € HT (soumise à TVA au taux de 19,60 %). La cession n'a pas été comptabilisée (le prix de cession a été crédité dans un compte d'attente).
Elle a été remplacée par une machine 2 plus performante, acquise le même jour. Cette acquisition a été correctement comptabilisée.
Aucune autre cession ou acquisition ne sont intervenues durant l'exercice N.

### C. Renseignements relatifs aux provisions

La provision pour risques correspond à un litige avec un salarié licencié en N-1. Le jugement a été prononcé le 15 avril N en faveur du salarié.

### D. Renseignements relatifs aux actifs circulants

Le stock de marchandises au 31 décembre N est évalué à 36 042 €. Les marchandises dépréciées au 31 décembre N ont été finalement vendues. À la clôture de l'exercice N, une dépréciation est nécessaire pour un montant de 3 080 €.
La dépréciation des créances clients constituée au 31 décembre N-1 concernait le client Jeannet. Celui-ci a été mis définitivement en liquidation, sans espoir de recouvrement pour les établissements Durand.
Courant N, le client Godet, qui doit la somme de 4 784 € taxes comprises (TVA à 19,60 %), a été placé en redressement judiciaire. Il est convenu de constater une dépréciation égale à la totalité de la créance.
La dépréciation des VMP est devenue sans objet.

### E. Impôt sur les bénéfices

Il est établi à 17 051 € pour l'exercice N.

•••

•••

**1. Présentez les enregistrements comptables nécessaires au 31 décembre N.**

**2. Présentez les tableaux de l'annexe de l'exercice N pour les immobilisations, les amortissements, les dépréciations et les provisions.**

## 5 BAC Entraînez-vous à l'étude

**Sujet de l'étude**

### La valorisation des stocks

À la clôture de chaque exercice comptable, les entreprises doivent procéder à l'inventaire et à l'évaluation des stocks détenus. Pour traiter cette étude, vous avez choisi de répondre aux questions suivantes.

- Quelles sont les modalités de l'évaluation des stocks ?
- Dispose-t-on d'un choix pour les méthodes d'évaluation ?
- Quels sont les paramètres de ce choix ?
- Quelles sont les conséquences comptables de ce choix ?
- Dans quelle mesure les principes comptables conditionnent-ils ce choix ?

Cas pratique pour l'illustration si nécessaire

– Mouvements de stocks pour l'exercice N

– Stock au 1er janvier N de 190 unités à 20 € et stock final de 170 unités.

| Dates | Entrées | Sorties | Prix d'achat (€) |
|---|---|---|---|
| 12/01 | 100 | | 21 |
| 18/01 | | 80 | |
| 20/02 | | 150 | |
| 27/02 | 80 | | 20 |
| 15/03 | | 70 | |
| 20/03 | 60 | | 22 |
| 10/04 | | 80 | |
| 10/07 | 100 | | 21 |
| 09/09 | | 100 | |
| 10/10 | 110 | | 22 |
| 15/11 | | 60 | |
| 12/12 | 70 | | 23 |

## 6 Évaluez les acquis du chapitre

L'entreprise Dupond a été créée le 15 mars N-4. Son service comptable prépare les comptes annuels en date du 31 décembre N.

Vous êtes chargé(e) de l'élaboration de certains éléments de l'annexe.

Il vous est demandé de présenter les éléments relatifs aux immobilisations, aux dépréciations et aux provisions, soit : le tableau des immobilisations, le tableau des amortissements, le tableau des dépréciations et le tableau des provisions.

Vous disposez :

– d'un extrait de la balance avant inventaire au 31 décembre N ;

– du détail des immobilisations détenues par l'entreprise ;

– du détail des dépréciations et des provisions constituées au 31 décembre N-1, ainsi que des observations concernant leurs ajustements.

•••

•••

**1. Extrait de la balance avant inventaire au 31/12/N**

| Comptes | | Soldes débiteurs |
|---|---|---|
| 211 | Terrains | 50 000 |
| 213 | Constructions | 96 000 |
| 2154 | Matériels industriels | 58 000 |
| 2182 | Matériel de transport | 11 200 |
| 2183 | Matériel de bureau et informatique | 7 600 |

Il est précisé que les écritures des différentes cessions d'immobilisations intervenues en cours d'exercice n'ont pas encore été comptabilisées. Ces enregistrements ne sont pas demandés.

**2. Détail des immobilisations détenues par l'entreprise**

| Éléments | Valeur d'origine | Date d'acquisition | Date de mise en service | Prix de cession HT | Date de cession | Durée d'amortissement |
|---|---|---|---|---|---|---|
| Terrain siège social | 50 000 | 15/03/N-4 | 15/03/N-4 | | | |
| Bâtiment siège social | 96 000 | 15/03/N-4 | 15/03/N-4 | | | 25 ans |
| Machine-outil 1 | 58 000 | 15/03/N-9 | 01/04/N-9 | 12 000 | 15/10/N | 8 ans |
| Machine-outil 2 | 61 000 | 01/10/N | 01/10/N | | | 8 ans |
| Camionnette de livraison | 19 000 | 15/02/N-2 | 15/02/N-2 | | | 5 ans |
| Ordinateur 1 | 10 000 | 15/03/N-3 | 01/04/N-3 | 600 | 15/04/N | 5 ans |
| Ordinateur 2 | 15 000 | 12/03/N | 01/04/N | | | 5 ans |

Le mode d'amortissement retenu pour tous les biens amortissables est le mode linéaire.

**3. Détail des provisions et dépréciations constituées au 31/12/N-1 et ajustement au 31/12/N**

| Élément | Provision ou dépréciation au 31/12/N-1 | | Ajustement au 31/12/N |
|---|---|---|---|
| | Objet | Créance HT | |
| Provision pour litige | Litige avec une salariée licenciée pour faute à la fin de N-1 | 7 000 | La salariée annule sa procédure à la suite d'un règlement amiable intervenu en octobre N. |
| Dépréciation des comptes de clients | La créance sur le client Claude a été dépréciée pour 40 % de son montant.<br>La créance sur le client Martin a été dépréciée pour 20 % de son montant. | Claude : 2 800<br>Martin : 1 000 | Pour Claude, il faut porter la dépréciation à 75 % de la créance.<br>Le client Martin a réglé la totalité de la créance. La dépréciation est sans objet. |
| Dépréciation des stocks | Un stock de matières premières a subi quelques dégradations. | 600 | Le stock a finalement pu être convenablement utilisé. Plus aucune dépréciation à déplorer. |

**1.** **Quel est le rôle de l'inventaire comptable ?**

**2.** **Rappelez le contenu du concept d'image fidèle défini par le plan comptable général.**

**3.** **Dans l'information comptable délivrée par une entreprise, quel est le rôle du bilan ? du compte de résultat ? de l'annexe ?**

**4.** **Présentez, pour la société Dupond, les éléments suivants de l'annexe : le tableau des immobilisations, le tableau des amortissements, le tableau des provisions, le tableau des dépréciations.**

CHAPITRE 14

# L'affectation du résultat

## Réflexion préalable

1. Comment calcule-t-on le résultat de l'exercice ?
2. Dans la liste des comptes du plan comptable général, quel est le compte qui enregistre le résultat de l'exercice ?
3. Qu'est-ce qu'un dividende ? Comment se justifie-t-il ?
4. En quoi le discours de la personne de gauche représente-t-il une menace pour le montant des dividendes ?
5. Quel est l'intérêt de conserver une partie du bénéfice au sein de l'entreprise ?

## Plan du chapitre

I. L'utilisation du résultat de l'exercice

II. L'affectation du résultat dans le système d'information comptable

### Mots clés

**résultat de l'exercice, bénéfice distribuable ; réserve légale, réserves libres ou facultatives ; report à nouveau, dividendes**

# Activités

## 1 Faites bon usage de vos bénéfices

*Enquête. Même en ces temps difficiles, beaucoup de PME font des profits. Faut-il les mettre en réserve ? Les verser au dirigeant ? Les distribuer aux actionnaires, aux salariés ? Conseils et témoignages.*

[...] Les dirigeants de la société Encres Dubuit (encres de haute technologie, 25 millions d'euros de chiffre d'affaires et 2 millions d'euros de bénéfice net en 2003) ont décidé pour leur part de soigner leurs actionnaires. Explication du directeur général, Philippe Duminy : « L'entreprise est contrôlée par la famille Dubuit, mais elle est cotée en Bourse, avec 21 % de son capital dans le public, principalement entre les mains de petits porteurs. Or, les actionnaires individuels sont davantage que les institutionnels sensibles au fait qu'on leur verse des dividendes. Pour les remercier de leur confiance et les fidéliser, nous distribuons généralement entre 30 et 50 % de nos profits. »

[...] Une fois pris en compte l'endettement de votre entreprise, ses perspectives d'activité, ses projets d'investissement et les attentes des actionnaires autres que vous-même, il reste encore des bénéfices en attente d'affectation ? Vous pouvez sans complexe chercher à vous faire plaisir ! [...]

Nathalie Mourlot, *L'Entreprise*, n° 225, juillet 2004.

**1.** **Comment une entreprise utilise-t-elle son bénéfice ?**

**2.** **Pourquoi les actionnaires sont-ils sensibles au versement de dividendes (extrait souligné) ?**

**3.** **Pourquoi n'est-il pas conseillé de verser tout le bénéfice aux actionnaires ?**

## 2 L'affectation du bénéfice de la SA Douillet

La SA Douillet dispose d'un capital de 50 000 € composé de 10 000 actions. Elle fabrique des couettes et a réalisé un bénéfice de 49 500 € pour l'exercice N.

**Document 1** **Loi n° 66-537 du 24 juillet 1966 sur les sociétés commerciales**

Art. 345. – [...] Dans les sociétés à responsabilité limitée et les sociétés par actions, il est fait sur les bénéfices nets de l'exercice, diminués, le cas échéant, des pertes antérieures, un prélèvement d'un vingtième au moins (5 %) affecté à la formation d'un fonds de réserve dit « réserve légale ». Ce prélèvement cesse d'être obligatoire lorsque la réserve atteint le **dixième du capital social**.

**Document 2** **Tableau de répartition du bénéfice N-1**

| | Montant | Mode de calcul/Commentaires |
|---|---|---|
| Résultat de l'exercice | 62 500 | |
| Dotation à la réserve légale | – 3 125 | 62 500 × 5 % |
| Report à nouveau créditeur | + 685 | Reste de la précédente affectation |
| **Bénéfice distribuable** | **60 060** | |
| Réserves facultatives | – 25 000 | Selon décision de l'AGO |
| Dividendes | – 35 000 | 3,50 € × 10 000 actions |
| Report à nouveau de l'exercice | 60 | À reporter lors de l'affectation N |

**Document 3** **Extrait du procès-verbal de l'assemblée générale du 15 juin N+1**

Tous les associés étaient présents à la réunion. Il a été décidé d'utiliser le bénéfice pour :
– doter la réserve facultative de 15 000 € ;
– accorder un dividende de 3,20 € par action ;
– reporter à nouveau le solde.

**1.** **Pourquoi la loi oblige-t-elle la constitution d'une réserve (document 1) ?**

**2.** **Quelle est la durée de cette obligation ?**

**3.** **Procédez à la répartition du bénéfice de l'exercice N en prenant modèle sur le tableau de l'affectation précédente (document 2) et des informations fournies en document 3.**

**4.** **Qui décide de l'utilisation du résultat ?**

# I L'utilisation du résultat de l'exercice

Le résultat de l'exercice, s'il est bénéficiaire, est convoité par les associés. Ces derniers ont apporté le capital de la société et ils attendent, en retour, un revenu. D'un autre côté, il semble nécessaire que l'entreprise conserve une part de son résultat pour son autofinancement.

## 1. Le dilemme proposé

### a) La mise en réserves

L'entreprise doit constituer des réserves lorsqu'elle a des projets d'investissement ou quand elle est fortement endettée. En conservant une partie de ses bénéfices, l'entreprise alimente ces réserves. Ce comportement prudent permettra, par exemple, d'assurer un autofinancement lors d'un prochain investissement.

Il existe principalement deux types de réserves :
– les **réserves libres ou facultatives** approvisionnées selon les décisions des associés. Si l'entreprise souhaite disposer de réserves solides, elles peuvent recevoir une partie importante du bénéfice de l'exercice. Dans le cas contraire ou si les réserves sont déjà élevées, il est tout à fait possible de ne rien ajouter ;
– la **réserve légale** imposée par la loi. Les sociétés doivent conserver une partie de bénéfice de l'exercice. Cette obligation s'éteint lorsque le montant de cette réserve légale atteint 10 % du capital.

**Exemple** ***Dans une société au capital de 40 000 €, il faudra arrêter de doter la réserve légale dès que son montant sera de 4 000 €.***

### b) Le versement de dividendes

Un des objectifs essentiels lors de la création d'une société est la réalisation de profits. Il est légitime qu'une partie des bénéfices dégagés par l'entreprise soit versée à ses propriétaires comme revenu du capital qu'ils ont mis à sa disposition. Ce revenu porte le nom de « dividende ». Il est décidé chaque année en fonction du montant du résultat et de la politique suivie par la société.

Pour des raisons pratiques, le dividende correspond souvent à un nombre entier par action. Cet arrondi génère alors un petit résidu de bénéfice non distribué. Ce reliquat sera utilisé lors de la prochaine affectation de bénéfice et il est conservé en « report à nouveau ».

## 2. Les éléments déterminants de l'affectation

### a) La décision de l'assemblée générale ordinaire (AGO)

Pour décider de l'utilisation du résultat, la loi impose une réunion des associés dans les six mois qui suivent la clôture de l'exercice.

**Exemple** ***Une société dont l'exercice se termine le 31 décembre devra convoquer l'ensemble de ses associés avant le 30 juin de l'année suivante pour décider du montant des dividendes et des sommes mises en réserves.***

### b) Un résultat à distribuer

Si l'exercice s'est traduit par une perte, l'AGO doit affecter cette perte en **report à nouveau.** Cela signifie que la perte est « mise en attente » pour être compensée par le prochain bénéfice dégagé par l'entreprise.

Le **bénéfice distribuable** correspond au montant maximum qui peut être versé sous forme de dividendes. Il se calcule ainsi :

Bénéfice de l'exercice
– Report à nouveau débiteur (si perte antérieure)
= Solde
– Dotation à la réserve légale (5 % du solde)
+ Report à nouveau créditeur (issu de l'affectation précédente)
= **Bénéfice distribuable**

Selon la décision prise par l'AGO, le bénéfice distribuable sera alors conservé en réserves facultatives et/ou distribué aux associés au titre des dividendes. Le reliquat éventuel sera mis en report à nouveau pour être utilisé ultérieurement.

## 3 L'enregistrement de l'affectation du résultat

À la suite de l'AGO du 28 mai N, le comptable a procédé à l'enregistrement de l'affectation du bénéfice N-1 dans le journal de la société. Il a respecté le tableau fourni dans le document 2 de la précédente activité.

| | | | |
|---|---|---|---|
| | 28/05/N | | |
| 12 | Résultat de l'exercice | 62 500 | |
| 110 | Report à nouveau | 685 | |
| 1061 | Réserve légale | | 3 125 |
| 1068 | Autres réserves | | 25 000 |
| 457 | Associés – Dividendes à payer | | 35 000 |
| 110 | Report à nouveau | | 60 |
| | *Selon affectation du bénéfice N-1* | | |

**1.** **Pourquoi le compte de résultat est-il débité dans cette écriture ?**

**2.** **Expliquez à quoi correspondent les deux montants du compte 110 – Report à nouveau.**

**3.** **Procédez à l'enregistrement de l'affectation du résultat N en respectant les données de l'activité précédente.**

## 4 L'extrait du bilan après la répartition du bénéfice

Voici l'extrait de la balance des comptes avant l'écriture de répartition du bénéfice N.

| N° compte | Nom du compte | Débit | Crédit |
|---|---|---|---|
| 101 | Capital | | 70 000 |
| 1061 | Réserve légale | | 2 820 |
| 1068 | Autres réserves | | 23 480 |
| 110 | Report à nouveau | | 685 |
| 12 | Résultat de l'exercice | | 49 500 |
| […] | […] | […] | […] |
| 457 | Actionnaires – Dividendes à payer | | 0 |

**1.** **Mettez à jour cette balance en tenant compte de l'écriture passée lors de la question 3 de la précédente activité.**

**2.** **À partir de quel montant la société pourra-t-elle cesser de doter la réserve légale ?**

**3.** **Complétez l'extrait du bilan après répartition fourni ci-dessous.**

**4.** **À votre avis, le total du bilan est-il identique au bilan avant répartition ?**

**5.** **Pour quelle valeur le résultat de l'exercice figure-t-il ? Pourquoi ?**

**Extrait du bilan de la SA Douillet après répartition du bénéfice**

| Actif | | Passif | |
|---|---|---|---|
| **Actif immobilisé** | | **Capitaux propres** | |
| … | | Capital | |
| | | Réserve légale | |
| | | Autres réserves | |
| | | Report à nouveau | |
| | | Résultat de l'exercice | |
| **Actif circulant** | | **Dettes** | |
| … | | … | |
| | | Autres dettes[1] | |

1. Cette ligne accueille les dividendes restant à payer aux actionnaires.

# II L'affectation du résultat dans le système d'information comptable

Le compte de résultat permet de connaître la performance de l'entreprise sur l'année écoulée. La dernière écriture de l'exercice, entièrement automatisée par le logiciel, consiste à solder les comptes de charges et de produits par le compte 12 – Résultat de l'exercice.

## 1. L'enregistrement de l'affectation du résultat

L'objectif est de traduire la décision de l'AGO dans la comptabilité de l'entreprise. Le résultat ayant été affecté, il faut solder le compte 12 – Résultat de l'exercice.

### a) L'affectation de la perte

Dans le cas d'une perte, le compte 12 – Résultat de l'exercice présente un solde débiteur. Il est nécessaire de le mouvementer au crédit pour le solder en contrepartie du compte 119 – Report à nouveau débiteur.

| | | | |
|---|---|---|---|
| 119 | Report à nouveau | Perte N | |
| 12 | Résultat de l'exercice | | Perte N |

Ce compte se soldera lors du prochain bénéfice.

### b) L'affectation du bénéfice

Le compte 12 – Résultat de l'exercice étant créditeur, il faut le mouvementer au débit pour le solder.

Si le bénéfice est distribué en partie aux associés sous forme de dividendes, le reste permet de doter les réserves de l'entreprise. L'écriture se présente ainsi.

| | | | |
|---|---|---|---|
| 12 | Résultat de l'exercice | Bénéf. N | |
| ou { 110 | Report à nouveau | X | |
| ou { 119 | Report à nouveau | | X |
| 1061 | Réserve légale | | X |
| 1068 | Autres réserves | | X |
| 457 | Associés – Dividendes à payer | | X |
| 110 | Report à nouveau | | Reliquat |

## 2. Les incidences sur le bilan

Le passif du bilan est concerné puisque le compte de résultat se trouve dans les capitaux propres.

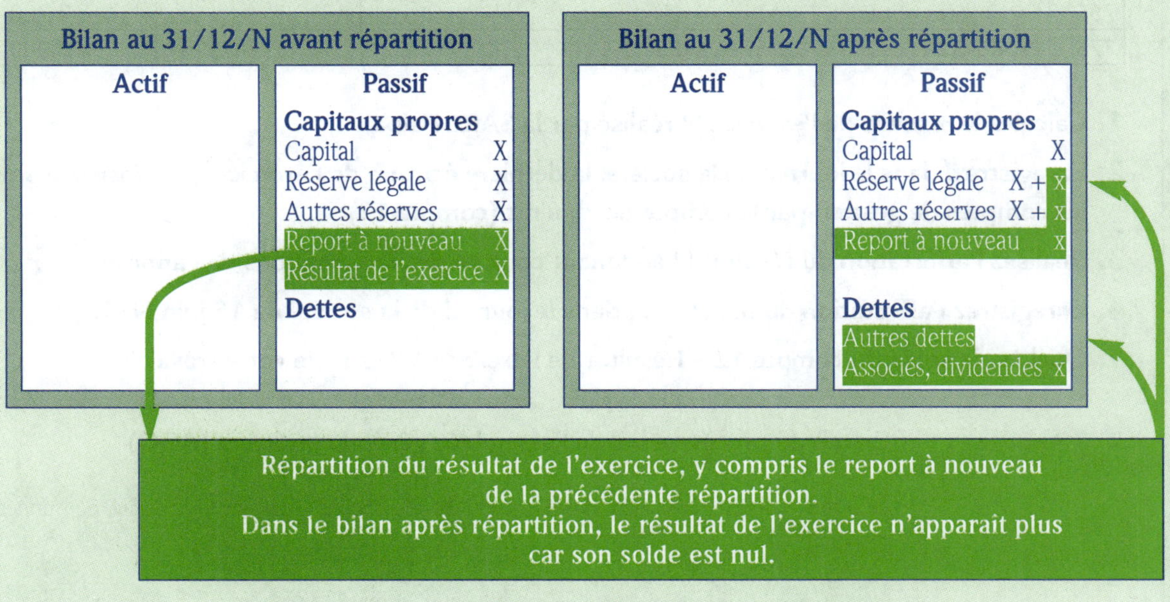


Dans le bilan après répartition, les capitaux propres ont diminué pour la part distribuée aux associés. Ces dividendes augmentent les dettes à court terme de l'entreprise.

## 1 Le fonctionnement du compte 12 – Résultat de l'exercice

La SARL Palpa organise des séjours en pleine nature avec un programme dynamique : canyoning, escalade, parapente, spéléologie... Elle commercialise en parallèle des équipements (combinaisons de plongée, chaussures adaptées...) et du petit équipement (cordage, mousquetons, casques, lampes...).

| Balance au 31/12/N après inventaire | | Soldes | |
|---|---|---|---|
| N° | Intitulés des comptes | Débiteurs | Créditeurs |
| 101 | Capital | | 30 000 |
| 1061 | Réserve légale | | 220 |
| 1068 | Autres réserves | | 5 450 |
| 110 | Report à nouveau | | 75 |
| 164 | Emprunt auprès des établissements de crédit | | 19 876 |
| 213 | Constructions | 24 000 | |
| 6037 | Variation des stocks de marchandises | 1 000 | |
| 6063 | Fournitures d'entretien et de petits équipements | 19 500 | |
| 607 | Achat de marchandises | 50 400 | |
| 612 | Redevances de crédit-bail | 21 700 | |
| 615 | Entretiens et réparations | 10 000 | |
| 616 | Primes d'assurance | 10 100 | |
| 623 | Publicités, publications | 5 790 | |
| 626 | Frais postaux et de télécommunication | 4 410 | |
| 627 | Services bancaires | 800 | |
| 641 | Rémunération du personnel | 54 260 | |
| 645 | Charges de Sécurité sociale et de prévoyance | 30 300 | |
| 661 | Charges d'intérêt | 12 400 | |
| 665 | Escomptes accordés | 276 | |
| 681 | Dotations aux amortissements | 4 076 | |
| 695 | Impôts sur les bénéfices | 3 200 | |
| 706 | Prestations de services | | 188 600 |
| 707 | Ventes de marchandises | | 54 700 |
| 765 | Escomptes obtenus | | 2 300 |
| 775 | Produits des cessions d'éléments d'actif | | 3 000 |

**1.** **Calculez le résultat de l'exercice N réalisé par la SARL Palpa.**

**2.** **Enregistrez, dans le journal de la société, la dernière écriture de l'exercice qui consiste à solder les comptes de gestion par le compte de résultat (compte 12).**

**3.** **Réalisez l'affectation du résultat N en tenant compte des informations de l'annexe.**

**4.** **Enregistrez l'affectation du bénéfice N dans le journal de la société au 15 juin N+1.**

**5.** **Quel est le solde du compte 12 – Résultat de l'exercice à l'issue de votre travail ?**

**Annexe** **Extrait du procès-verbal de l'assemblée générale ordinaire (AGO)**

En présence de l'ensemble des associés, il a été décidé d'utiliser le bénéfice de l'année N pour :
- doter la réserve légale dans les conditions prévues par la loi ;
- doter la réserve facultative pour un montant de 6 700 € ;
- verser des dividendes pour un montant de 12 700 € aux associés ;
- conserver le reliquat en report à nouveau.

Fait à Ruoms, le 15 juin N.

## 2 L'affectation du résultat dans la SA Pierre

L'entreprise Pierre est spécialisée dans la construction de maisons individuelles pour le compte de particuliers. Son exercice comptable coïncide avec l'année civile. Vous disposez des informations suivantes :
- capital : 2 500 actions de 50 € ;
- montant de la réserve légale au 31 décembre N-1 : 10 580 € ;
- résultat N-1 : perte de 8 500 € ;
- résultat N : bénéfice de 26 400 €.

**1.** **Retrouvez l'écriture enregistrant l'affectation du résultat N-1 passée le 14 mars N dans le journal de l'entreprise.**

**2.** **Complétez le tableau de répartition du résultat N fourni en annexe 2 en fonction des informations de l'annexe 1.**

**3.** **Enregistrez l'affectation du résultat dans le journal à la date de l'AGO.**

**4.** **Présentez l'extrait du bilan de l'entreprise après répartition du résultat en complétant l'annexe 3.**

**5.** **Quel est le dividende que percevra M. Seat, propriétaire de 320 actions de la SA Pierre ?**

**Annexe 1** **Extrait des décisions de l'AGO du 28 mai N+1**

Il a été décidé d'utiliser le bénéfice de l'exercice N ainsi :
- dotation de la réserve légale ;
- dotation de la réserve libre pour 1 800 € ;
- distribution de dividendes : 15 000 € ;
- le reste en report à nouveau.

Fait à Brest, le 1er juin N+1.

**Annexe 2** **Tableau de répartition du résultat N**

| | Montant | Mode de calcul/Commentaires |
|---|---|---|
| Résultat de l'exercice | | |
| Report à nouveau débiteur | | |
| Dotation à la réserve légale | | |
| Report à nouveau créditeur | | |
| **Bénéfice distribuable** | | |
| Réserves libres | | |
| Dividendes | | |
| Report à nouveau de l'exercice | | |

**Annexe 3** **Extrait du bilan après répartition du résultat**

| Actif | Passif | |
|---|---|---|
| **Actif immobilisé** | **Capitaux propres** | |
| … | Capital | |
| | Réserve légale | |
| | Autres réserves | |
| | Report à nouveau | |
| | Résultat de l'exercice | |
| **Actif circulant** | **Dettes** | |
| … | … | |
| | Autres dettes[1] | |

1. Cette ligne accueille les dividendes restant à payer aux actionnaires.

## 3 L'exploitation de l'information comptable dans la SA Réglisse

La SA Réglisse est spécialisée dans la commercialisation de friandises pour enfants depuis 1924.
Voici un extrait de ses deux derniers bilans.

| Actif | Passif | N | N-1 |
|---|---|---|---|
| **Actif immobilisé** | **Capitaux propres** | | |
| … | Capital (5 000 actions) | 100 000 | 100 000 |
| | Réserve légale | 10 000 | 8 800 |
| | Autres réserves | 63 500 | 52 000 |
| | Report à nouveau | 700 | 200 |
| | Résultat de l'exercice | 42 400 | 31 800 |
| **Actif circulant** | **Dettes** | | |
| … | … | | |

**1.** **Reconstituez la répartition du résultat N-1.**

**2.** **Quel était le montant du dividende par action en N-1 ?**

**3.** **Réalisez le tableau d'affectation du résultat de l'exercice N, sachant que le dividende par action est de 8 € et que la réserve facultative est dotée pour 3 000 €.**

**4.** **Enregistrez la répartition du résultat au 25 mai N+1 dans le journal de la société.**

**5.** **Présentez l'extrait du bilan après répartition du résultat.**

## 4 L'affectation du résultat dans la SA Mathilde

La société Mathilde est un cabinet d'architecture. Son exercice comptable coïncide avec l'année civile.
Vous disposez des capitaux propres de la société au 31 décembre N.

| | |
|---|---|
| Capital (1 000 actions) | 50 000 |
| Réserve légale | 3 850 |
| Autres réserves | 15 500 |
| Report à nouveau | 70 |
| Résultat de l'exercice | 22 400 |

**1.** **À partir d'un tableur, réalisez le tableau de répartition présenté en annexe 2 en tenant compte notamment des indications de l'annexe 1 pour élaborer les formules nécessaires.**

**2.** **Effectuez la répartition du résultat N et imprimez le tableau obtenu.**

**3.** **Enregistrez l'affectation du résultat dans le journal de la société à la date de l'AGO.**

Vous décidez d'anticiper la répartition du résultat N+1, sachant que les décisions de l'AGO seraient reconduites.

**4.** **Complétez le tableau de simulation présenté en annexe 3 en utilisant votre tableau automatisé de la question 1 (vous veillerez à mettre à jour certaines informations suite à la répartition du résultat N).**

**Annexe 1** **Extrait des décisions de l'AGO du 18 juin N+1**

Il a été décidé d'utiliser le bénéfice de l'exercice N ainsi :
- dotation de la réserve légale ;
- dotation de la réserve facultative à hauteur de 15 % du bénéfice distribuable si celui-ci est inférieur à 10 000 € et de 8 % dans le cas contraire ;
- distribution de dividendes pour le reste, sachant que le dividende unitaire doit être un nombre entier ;
- le reste en report à nouveau.

Fait à Mons, le 18 juin N+1.

•••

•••

**Annexe 2** **Tableau de répartition du résultat N**

| | A | B | C | D |
|---|---|---|---|---|
| 1 | Tableau d'affectation du résultat | | | |
| 2 | Éléments | Montants | Informations nécessaires au calcul | |
| 3 | Résultat de l'exercice | | *Montant du capital* | |
| 4 | Report à nouveau débiteur | | *Montant de la réserve légale* | |
| 5 | Dotation à la réserve légale | 0,00 | *Dotation à la RL théorique* | *0,00* |
| 6 | Report à nouveau créditeur | | | |
| 7 | **Bénéfice distribuable** | **0,00** | *Nombre d'actions* | |
| 8 | Autres réserves | 0,00 | *Montant théorique* | *0,00* |
| 9 | Dividendes | 0,00 | *Dividende unitaire à retenir* | *0,00* |
| 10 | Report à nouveau de l'exercice | 0,00 | | |

Les cellules colorées contiennent obligatoirement des formules, les autres sont saisies.

**Annexe 3** **Tableau de résultat prévisionnel de l'exercice N+1**

| | Hypothèse 1 | Hypothèse 2 | Hypothèse 3 | Hypothèse 4 |
|---|---|---|---|---|
| Résultat prévisionnel N+1 | – 3 500 € | 2 500 € | 8 800 € | 17 400 € |
| Dividendes à distribuer | | | | |
| Dividendes par actions | | | | |

Remarque : les hypothèses intègrent des contrats très différents (marchés publics, bâtiments professionnels et d'habitation), ce qui explique les variations importantes du résultat prévu.

## 5 BAC Entraînez-vous à l'écrit

Suite à la dernière assemblée de ses associés, il a été décidé de conserver le bénéfice de l'exercice dans les réserves de la société et de ne pas distribuer de dividendes cette année.

**Annexe 1** **Extrait de la balance des comptes au 31 décembre N**

| N° | Intitulés des comptes | Débit | Crédit |
|---|---|---|---|
| 101 | Capital | | 8 000 |
| 1061 | Réserve légale | | 420 |
| 1068 | Autres réserves | | 950 |
| 110 | Report à nouveau | | 123 |
| 120 | Résultat de l'exercice | | 32 500 |
| 457 | Associés – Dividendes à payer | | 7 420 |

**1.** À votre avis, pourquoi les associés ont-ils décidé de ne pas verser de dividendes cette année ?

**2.** Pourquoi la balance (annexe 1) comporte-t-elle des dividendes à payer ?

**3.** Réalisez le tableau d'affectation du résultat (annexe 2) et enregistrez-le dans le journal.

**4.** Présentez l'extrait de la balance après cette écriture.

**Annexe 2** **Tableau de répartition du résultat N**

| | Montant | Mode de calcul/Commentaires |
|---|---|---|
| Résultat de l'exercice | | |
| Report à nouveau débiteur | | |
| Dotation à la réserve légale | | |
| Report à nouveau créditeur | | |
| **Bénéfice distribuable** | | |
| Réserves facultatives | | |
| Dividendes | | |
| Report à nouveau de l'exercice | | |

## 6 Évaluez les acquis du chapitre

La SARL Salomon est spécialisée dans la fabrication de caravanes haut de gamme. Elle réalise des bénéfices importants car elle détient un procédé de fabrication révolutionnaire qui rend la caravane 30 % moins lourde que les modèles proposés par la concurrence. Après avoir constitué de solides réserves, elle a décidé de privilégier la rémunération de ses associés lors des affectations de résultat.
Voici l'écriture comptable enregistrée à la suite de la dernière affection du résultat.

| | | | |
|---|---|---|---|
| | 18/06/N+1 | | |
| 120 | Résultat de l'exercice | 85 850 | |
| 110 | Report à nouveau | 150 | |
| 1061 | Réserve légale | | 4 300 |
| 1068 | Autres réserves | | 2 500 |
| 457 | Associés – Dividendes à payer | | 79 000 |
| 110 | Report à nouveau | | 200 |
| | *Selon affectation du bénéfice N* | | |

**1. Par quel terme désigne-t-on la « rémunération des associés » ?**

**2. Expliquez comment fonctionne la réserve légale et quel est son objectif principal.**

**3. Pourquoi les associés perçoivent-ils un dividende ?**

**4. Est-il concevable de ne pas distribuer de dividendes et d'affecter la totalité du bénéfice en réserves ?**

**5. D'où provient le report à nouveau de 150 € présent dans l'écriture ?**

**6. Reconstituez le tableau de répartition du résultat N.**

## 7 Cas de synthèse

La société Toutallure est spécialisée dans la fabrication et la vente de jouets en bois. Son siège social est situé à Toulouse. Elle confie une partie de ses travaux comptables au cabinet d'expertise comptable ComptaPlus, dont vous êtes un(e) collaborateur(trice). C'est à vous qu'il revient, dans un premier temps, de réaliser les travaux d'inventaire relatifs à l'exercice comptable qui se clôture le 31 décembre N puis de réaliser l'affectation du résultat de cet exercice.

### Travaux d'inventaire au 31 décembre N

Pour cette clôture du 31 décembre N, vous avez réuni l'ensemble des informations qui vous sont nécessaires en les regroupant par dossiers.

### 1. Dossier des immobilisations amortissables

Les immobilisations de l'entreprise sont les suivantes.

| Immobilisations | Date d'achat[1] | Valeur brute HT | Rythme de consommation |
|---|---|---|---|
| Construction | 01/10/N-10 | 154 000 | Linéaire (20 ans) |
| Machine | 01/04/N-3 | 85 000 | Nombre de pièces fabriquées[2] |
| Camionnette | 02/01/N-1 | 58 000 | Kilométrage parcouru[3] |
| Ordinateur | 15/09/N | 5 000 | Linéaire (5 ans) |

1. La date de mise en service correspond à la date d'acquisition.
2. Le plan d'amortissement prévoit les consommations suivantes (en nombre de pièces par an) : N-3 : 50 000 ; N-2 : 75 000 ; N-1 : 100 000 ; N, N+1, N+2, N+3 et N+4 : 125 000 par an.
3. Le plan d'amortissement prévoit les consommations suivantes (en kilomètres) : N-2 et N-1 : 50 000 par an ; N : 30 000 ; N+1 : 20 000.

**1. Présentez le plan d'amortissement pour la machine et l'ordinateur.**

**2. Déterminez le montant des dotations aux amortissements pour l'exercice N.**

**3. Présentez les enregistrements comptables correspondants.**

•••

•••

## 2. Dossier des stocks

L'inventaire physique des stocks fait apparaître les éléments suivants.

| Éléments de stock | 31/12/N-1 | | 31/12/N | |
|---|---|---|---|---|
| | Valeur brute | Dépréciation | Valeur brute | Dépréciation |
| Matières premières | 22 081,00 | 1 642,00 | 18 654,00 | 2 022,00 |
| Produits finis | 64 220,00 | 3 055,00 | 51 650,00 | 2 920,00 |

**1.** **Présentez les enregistrements comptables relatifs à la mise à jour des stocks au 31 décembre N.**

**2.** **Déterminez les ajustements de dépréciation nécessaire au 31 décembre N et comptabilisez-les.**

## 3. Dossier des créances douteuses et irrécouvrables

Les informations sur les créances douteuses sont les suivantes.

| Clients | Créances TTC au 31/12/N | Dépréciations au 31/12/N-1 | Observations |
|---|---|---|---|
| Pado | 2 499,64 | 1 045,00 | On espère recouvrer 20 %. |
| Nidar | 3 013,92 | 630,00 | Porter la dépréciation à 80 % |
| Sanqueur | 4 530,45 | 3 030,00 | Le certificat d'irrécouvrabilité a été reçu en octobre. |

Par ailleurs, le client Salesou a fait savoir qu'il a fait l'objet d'une procédure de redressement judiciaire. Il est décidé de constituer une dépréciation de 50 % sur la créance égale à 1 794 € TTC.

**1.** **Présentez, dans un tableau unique, les calculs nécessaires pour l'ajustement au 31 décembre N des dépréciations sur les comptes clients.**

**2.** **Présentez les enregistrements comptables correspondants.**

## 4. Dossier des provisions pour risques

Un litige est en cours avec un client depuis le mois de septembre N-1. Une provision pour risques de 3 000 € a été constituée au 31 décembre N-1. Il semble que cette évaluation doit être portée à 6 000 € au 31 décembre N.

**1.** **Quelle analyse doit-on faire de ce risque au 31 décembre N ?**

**2.** **Présentez l'enregistrement comptable correspondant.**

## 5. Ajustement de charges et de produits

L'analyse des opérations de l'exercice N a permis de relever les opérations suivantes :

- une facture n° 954 d'un montant hors taxes égal à 2 450 € et portant sur un achat de marchandises a été comptabilisée le 28 décembre N. Les marchandises n'ont été réceptionnées que le 3 janvier N+1 ;
- un emprunt a été contracté le 1er septembre N pour un montant de 25 000 € au taux annuel de 4 %. La première échéance est prévue le 1er septembre N+1 ;
- un fournisseur doit accorder une ristourne sur les achats de décembre. L'avoir a été reçu le 5 janvier N+1. Il mentionne une ristourne de 540 € hors taxes.

**1.** **Analysez les opérations et qualifiez le type de régularisation à opérer au 31 décembre N.**

**2.** **Présentez les enregistrements comptables nécessaires au 31 décembre N.**

## 6. Impôt sur les bénéfices

Avant prise en compte des différents traitements comptables d'inventaire, la balance des comptes fait apparaître les totaux suivants :

- total des produits : 2 089 442 € ;
- total des charges : 1 981 654 €.

**1.** **Calculez le résultat comptable de l'exercice.**

**2.** **Calculez l'impôt sur les bénéfices correspondant.**

**3.** **Comptabilisez cet impôt.**

**4.** **Calculez le résultat net de l'exercice.**

•••

## L'affectation du résultat de l'exercice N

Après avoir réalisé les documents de synthèse de l'exercice N, vous décidez d'étudier l'affectation du bénéfice de l'année. Vous isolez les capitaux propres de la société au 31 décembre N.

| Capitaux propres | |
|---|---|
| Capital (2 400 actions) | 48 000 |
| Réserve légale | 4 500 |
| Autres réserves | 5 700 |
| Report à nouveau | - 3 560 |
| Résultat de l'exercice | 37 060 |

M. Fortunez, qui a apporté 12 000 € lors de la création de la société, vient de participer à l'assemblée générale ordinaire chargée d'approuver les comptes de l'exercice N et de procéder à la répartition du bénéfice. Vous disposez d'un extrait du procès-verbal.

[...] Ce jour, dans les locaux de l'entreprise et en présence de l'ensemble des associés, il a été décidé d'utiliser le bénéfice de l'exercice N de la façon suivante :
- dotation de la réserve légale dans les conditions prévues par la loi ;
- dotation de la réserve facultative pour un montant de 15 000 € ;
- versement des dividendes pour un montant de 18 000 € aux associés ;
- conserver le reliquat en report à nouveau.

Fait à Toulouse, le 15 mai N+1.

**1.** **La réserve légale de la société a-t-elle atteint la limite fixée par la loi ?**

**2.** **Quelle est l'origine du montant porté dans le poste « Autres réserves » ?**

**3.** **Quelle est l'information qui confirme que le résultat de l'exercice précédent était déficitaire ?**

**4.** **Procédez à la répartition du bénéfice N en complétant le tableau ci-dessous.**

**5.** **Enregistrez la répartition de bénéfice N en date du 15 mai N+1.**

**6.** **Combien d'actions M. Fortunez possède-t-il ?**

**7.** **Quel est le montant du dividende que percevra M. Fortunez ?**

**8.** **Le montant des dividendes sera-t-il présent dans le bilan de la société au 31 décembre N+1 ? Si oui, dans quelle rubrique ?**

**Tableau de répartition du bénéfice**

| | Montant | Mode de calcul/Commentaires |
|---|---|---|
| Résultat de l'exercice | | |
| Report à nouveau débiteur | | |
| Dotation à la réserve légale | | |
| Report à nouveau créditeur | | |
| **Bénéfice distribuable** | | |
| Réserves libres | | |
| Dividendes | | |
| Report à nouveau de l'exercice | | |

# CHAPITRE 15

# L'analyse du résultat

## Plan du chapitre



## Réflexion préalable

1. Que représente le résultat ?
2. Existe-t-il plusieurs résultats pour une même période dans l'entreprise ?
3. Le compte de résultat permet-il à lui seul d'effectuer un diagnostic de la situation financière de l'entreprise ?
4. Comment peut-on analyser l'activité d'une entreprise ?

### Mots clés

**marge commerciale ; production ; valeur ajoutée ; excédent brut d'exploitation ; résultat d'exploitation ; profitabilité ; autofinancement ; capacité d'autofinancement**

# Activités

## 1 Les soldes intermédiaires de gestion de Pleins Feux

L'entreprise Pleins Feux fabrique et vend des pétards et des accessoires de feux d'artifice. Vous disposez ci-dessous du compte de résultat et du tableau des soldes intermédiaires de gestion pour l'exercice N-1.

**Compte de résultat en K€**

| Charges | N-1 | Produits | N-1 |
|---|---|---|---|
| **Charges d'exploitation** | | **Produits d'exploitation** | |
| Achats de marchandises | 54 748 | Ventes de marchandises | 72 845 |
| Variation des stocks de marchandises | - 511 | Production vendue | 228 123 |
| Achats de matières premières et approv. | 149 457 | Production stockée | - 802 |
| Variation des stocks de matières premières | 873 | Reprises sur amortissements et dépréciations | 154 |
| Autres achats et charges externes | 17 469 | Autres produits | 12 |
| Impôts, taxes et versements assimilés | 1 413 | | |
| Charges de personnel | 23 741 | | |
| Dotations aux amort. s/immobilisations | 2 134 | | |
| Dotations aux dépréciations | 58 | | |
| Autres charges | 97 | | |
| **Total I** | **249 479** | **Total I** | **300 332** |
| **Charges financières** | | **Produits financiers** | |
| Intérêts et charges assimilées | 1 273 | Autres intérêts et produits assimilés | 11 |
| Charges nettes sur cessions de VMP | | Produits nets sur cessions de VMP | |
| **Total II** | **1 273** | **Total II** | **11** |
| **Charges exceptionnelles** | | **Produits exceptionnels** | |
| Sur opérations de gestion | 17 | Sur opérations de gestion | 1 |
| Sur opérations en capital[1] | 315 | Sur opérations en capital[2] | 674 |
| Dotations aux amort., dépréc. et aux prov. | 211 | Reprises sur dépréciations et provisions | 5 |
| **Total III** | **543** | **Total III** | **680** |
| Impôt sur les bénéfices | 685 | | |
| **Total des charges** | **251 980** | **Total des produits** | **301 023** |
| **Solde créditeur : bénéfice** | **49 043** | **Solde débiteur : perte** | |
| **Total général** | **301 023** | **Total général** | **301 023** |

1. Dont compte 675 : 287 pour N-1. 2. Dont compte 775 : 547 pour N-1

| Tableau des soldes intermédiaires de gestion | N-1 |
|---|---|
| Ventes de marchandises | 72 845 |
| - Coût d'achat des marchandises vendues | - 54 237 |
| **Marge commerciale** | **18 608** |
| Production vendue | 228 123 |
| ± Production stockée | - 802 |
| **Production de l'exercice** | **227 321** |
| Marge commerciale | 18 608 |
| Production de l'exercice | 227 321 |
| - Consommations de l'exercice en provenance de tiers | - 167 799 |
| **Valeur ajoutée** | **78 130** |
| - Impôts, taxes et versements assimilés | - 1 413 |
| - Charges de personnel | - 23 741 |
| **Excédent brut d'exploitation** | **52 976** |
| Reprises sur dépréciations | 154 |
| Autres produits | 12 |
| - Dotations aux amortissements et dépréciations | - 2 192 |
| - Autres charges | - 97 |
| **Résultat d'exploitation (bénéfice ou perte)** | **50 853** |
| Produits financiers | 11 |
| - Charges financières | - 1 273 |
| **Résultat courant avant impôts** | **49 591** |
| Produits exceptionnels | 680 |
| - Charges exceptionnelles | - 543 |
| **Résultat exceptionnel (bénéfice ou perte)** | **137** |
| Résultat courant avant impôts | 49 591 |
| Résultat exceptionnel | 137 |
| - Impôt sur les bénéfices | - 685 |
| **Résultat de l'exercice (bénéfice ou perte)** | **49 043** |
| Produits des cessions d'éléments d'actif | 547 |
| Valeur comptable des éléments cédés | - 287 |
| **Plus ou moins-values sur cessions d'éléments d'actif** | **260** |

**1.** **Qu'est-ce qui est commun aux deux documents ? Qu'est-ce qui les distingue ?**

**2.** **À partir des deux premières marges, justifiez les activités de l'entreprise Pleins Feux. Comment est calculé le coût d'achat des marchandises vendues ?**

# I Le tableau des soldes intermédiaires de gestion

## 1. La construction du résultat par les SIG

Dans le tableau des soldes intermédiaires de gestion (SIG), l'analyse du résultat de l'entreprise s'effectue en « cascade ». On compare les charges et les produits de même nature économique afin de dégager des soldes. Ces **résultats intermédiaires** représentent les différents paliers qui conduisent à la formation du résultat final.

**Exemple** *Les deux premiers soldes permettent de préciser la nature économique de l'activité de l'entreprise. La marge commerciale ne concerne que l'activité de distribution (achats pour revente). La production de l'exercice ne concerne que les entreprises industrielles et/ou prestataires de services.*

## 2. La démarche d'élaboration

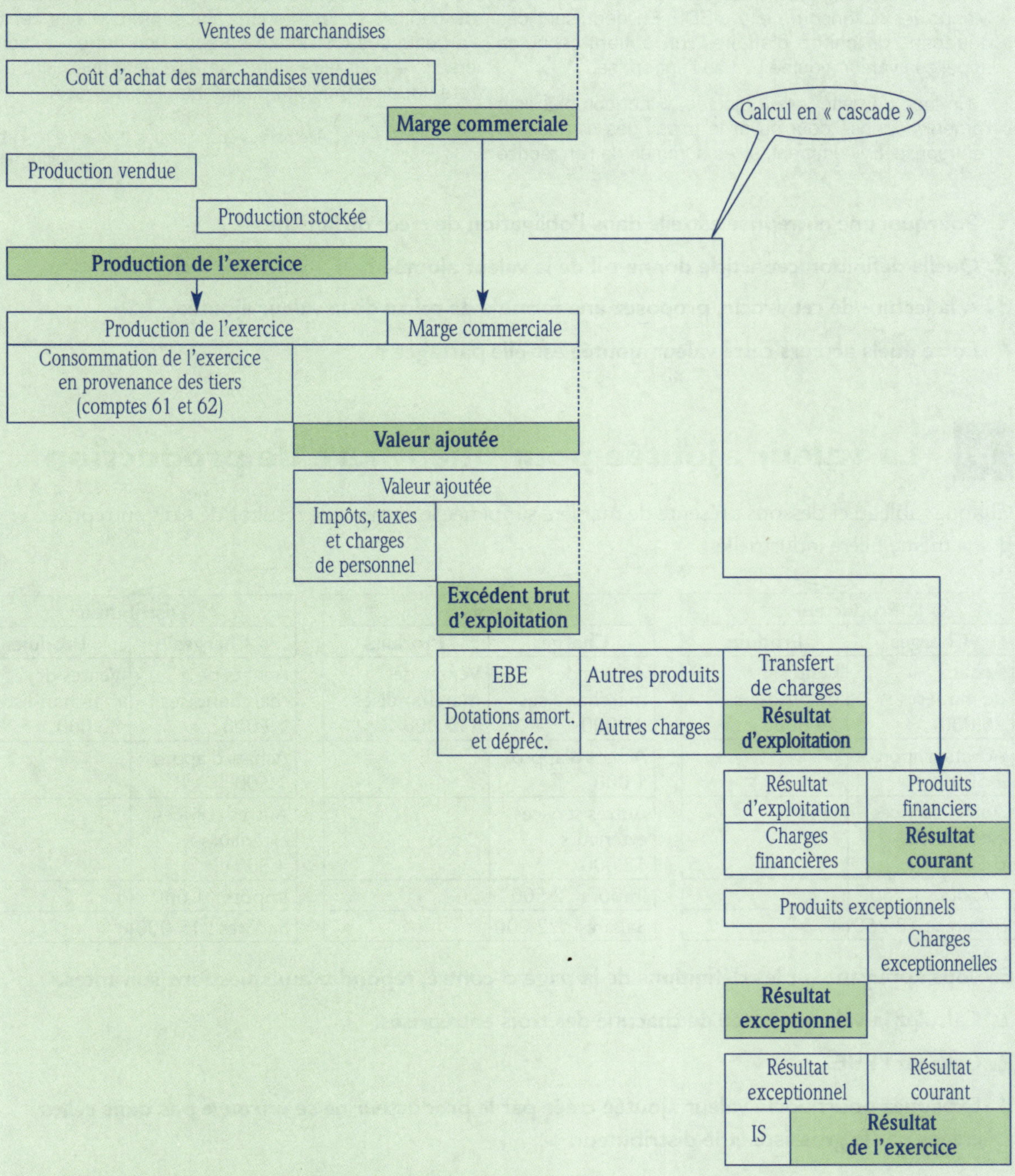

# Activités

## 2 « L'indispensable résultat »

Gérer une entreprise, c'est tout un art. Et pourtant, il ne s'agit au fond que de jouer sur trois variables : la valeur ajoutée par l'entreprise, la masse des salaires dépensés pour créer cette richesse nouvelle et enfin la quantité de capital qu'il faut avancer pour fonctionner.

Pour juger de la santé d'une entreprise, on se focalise souvent sur son chiffre d'affaires, mais cette donnée n'est pas en soi d'une grande importance. Ce qui compte, pour une entreprise, c'est ce qu'il lui reste quand elle a réglé tous les biens et services qu'elle a eu besoin d'acheter à d'autres pour produire et vendre, la valeur qu'elle a ajoutée à tout ce qu'elle a pris à l'extérieur. Cela comprend évidemment les biens directement incorporés dans ses produits, le démarreur de Valéo dans la Mégane de Renault ou le bifteck haché dans le Big Mac, mais également la facture de Manpower ou encore celle d'EDF. En déduisant ces dépenses du chiffre d'affaires, on obtient ce qu'on appelle la valeur ajoutée [...] de l'entreprise...

En face de cette valeur ajoutée, il faut comptabiliser l'argent dépensé pour payer le travail des salariés de l'entreprise. Évidemment, si les hommes de l'entreprise reçoivent d'elle plus d'argent qu'ils ne créent de richesses nouvelles, il y aura problème. Entreprise citoyenne ou pas, mutuelle, coopérative, entreprise nationalisée ou société cotée en Bourse, il faudra réagir pour parvenir à dégager un excédent. Mais cet excédent devra encore être partagé : une partie s'en ira sous forme d'intérêts, de frais financiers versés à ceux qui ont prêté de l'argent à l'entreprise, une autre ira à l'État par le biais de l'impôt, une partie reviendra aux actionnaires sous la forme de dividendes, et le reste, s'il existe, viendra grossir la trésorerie de l'entreprise.

C'est la raison pour laquelle ce solde doit être non seulement positif, mais encore d'une ampleur suffisante. Être dans un rapport acceptable avec la quantité d'argent qu'il faut avancer pour faire tourner une entreprise. Si ce rapport est inférieur au taux d'intérêt du livret de Caisse d'épargne, jamais aucun détenteur de capital, s'il est sensé, n'acceptera d'avancer de l'argent sous une forme ou sous une autre – actions, crédits – pour faire vivre une telle entreprise. Il préférera dormir tranquille en alimentant son livret A.

*Alternatives économiques*, hors-série n° 41 bis, septembre 1999.

**1.** Pourquoi une entreprise est-elle dans l'obligation de créer de la richesse ?

**2.** Quelle définition cet article donne-t-il de la valeur ajoutée ?

**3.** À la lecture de cet article, proposez une formule de calcul de la valeur ajoutée.

**4.** Entre quels acteurs cette valeur ajoutée est-elle partagée ?

## 3 La valeur ajoutée pour une filière de production

Chaque tableau ci-dessous présente de manière simplifiée le compte de résultat de trois entreprises d'une même filière industrielle.

| Producteur | |
|---|---|
| **Charges** | **Produits** |
| Achats de matières : 25 000 | Ventes de produits : 94 000 |
| Achats d'appro. : 2 500 | |
| Autres services extérieurs : 6 500 | |
| Impôts : 1 250 | |
| Salaires : 18 250 | |

| Grossiste | |
|---|---|
| **Charges** | **Produits** |
| Achats de marchandises : 46 000 | Ventes de marchandises : 110 000 |
| Achats d'appro. : 1 000 | |
| Autres services extérieurs : 12 000 | |
| Impôts : 2 500 | |
| Salaires : 22 000 | |

| Distributeur | |
|---|---|
| **Charges** | **Produits** |
| Achats de marchandises : 19 000 | Ventes de marchandises : 82 000 |
| Achats d'appro. : 1 500 | |
| Autres services extérieurs : 4 500 | |
| Impôts : 1 000 | |
| Salaires : 15 000 | |

**En vous appuyant sur les définitions de la page ci-contre, répondez aux questions suivantes.**

**1.** Calculez la valeur ajoutée de chacune des trois entreprises.

**2.** Calculez l'EBE.

**3.** Expliquez pourquoi la valeur ajoutée créée par le producteur ne se retrouve pas dans celles créées par le grossiste et le distributeur.

# II La détermination et la signification des SIG

## 1. La marge commerciale

C'est la marge réalisée par l'activité commerciale de l'entreprise.

| | Entreprises commerciales | |
|---|---|---|
| Ventes de marchandises nettes des rabais, remises et ristournes accordés sur ces ventes | **Ventes de marchandises**<br>Comptes 707 – 7097 | |
| • Achats de marchandises nets des rabais, remises et ristournes obtenus<br>• Corrigés de la variation des stocks de marchandises<br>• Frais accessoires inclus | **– Coût d'achat des marchandises vendues**<br>Comptes 607 + 6037 + 6087-6097 | ① MARGE COMMERCIALE |

## 2. La production de l'exercice

C'est la valeur des produits ou services fabriqués par une entreprise industrielle qui auront été vendus ou conservés en stocks.

| | Entreprises industrielles et prestataires de services |
|---|---|
| • Ventes de produits finis, intermédiaires, travaux, études, prestations de services, activités annexes net des rabais, remises et ristournes accordés sur ces ventes | **Production vendue**<br>Comptes 701 à 705 |
| • Corrigées par la production stockée | **± Production stockée**<br>Comptes 71 |
| | ② PRODUCTION DE L'EXERCICE |

## 3. La valeur ajoutée

La valeur ajoutée mesure la richesse créée par l'entreprise. Elle correspond à l'apport que l'entreprise fait à l'économie. Cette richesse créée sera partagée par les différents acteurs participant à la vie de l'entreprise : personnel, banques, État, actionnaires…

| | ① MARGE COMMERCIALE | + ② PRODUCTION DE L'EXERCICE |
|---|---|---|
| • Achats de matières premières et d'approvisionnements nets des rabais, remises et ristournes obtenus sur ces achats<br>• Frais accessoires inclus<br>• Corrigés des variations des stocks correspondantes<br>• Services extérieurs net de rabais, remises et ristournes obtenus | **– Consommations de l'exercice en provenance des tiers**<br>Comptes 60<br>(sauf 607 + 6037 + 6087-6097)<br>+ comptes 61 et 62 | ③ VALEUR AJOUTÉE |

## 4. L'excédent brut d'exploitation (EBE)

Il représente le solde généré par l'activité courante de l'entreprise sans prendre en compte sa politique d'investissement et sa gestion financière. Cet indicateur donne une vision objective de l'entreprise et permet de déterminer la rentabilité de son cycle d'exploitation courant.

| ③ VALEUR AJOUTÉE | |
|---|---|
| **– Impôts et taxes**<br>Comptes 63 | ④ EXCÉDENT BRUT D'EXPLOITATION |
| **– Charges de personnel**<br>Comptes 64 | |

## 4 La détermination des soldes intermédiaires de gestion de l'entreprise Pleins Feux

Vous disposez, ci-dessous, du compte de résultat de l'entreprise Pleins Feux pour l'exercice N.

**Compte de résultat en K€**

| Charges | N | Produits | N |
|---|---|---|---|
| **Charges d'exploitation** | | **Produits d'exploitation** | |
| Achats de marchandises | 76 417 | Ventes de marchandises | 90 808 |
| Variation des stocks de marchandises | 2 381 | Production vendue | 329 513 |
| Achats de matières premières et approv. | 190 309 | Production stockée | 605 |
| Variation des stocks de matières premières | – 2 149 | Reprises sur amortissements et dépréciations | 311 |
| Autres achats et charges externes | 21 668 | Autres produits | |
| Impôts, taxes et versements assimilés | 1 669 | | |
| Charges de personnel | 24 113 | | |
| Dotation aux amort. s/immobilisations | 2 647 | | |
| Dotations aux dépréciations | 45 | | |
| Autres charges | 101 | | |
| **Total I** | **317 201** | **Total I** | **421 237** |
| **Charges financières** | | **Produits financiers** | |
| Intérêts et charges assimilées | 1 322 | Autres intérêts et produits assimilés | 13 |
| Charges nettes sur cessions de VMP | 23 | Produits nets sur cessions de VMP | 1 |
| **Total II** | **1 345** | **Total II** | **14** |
| **Charges exceptionnelles** | | **Produits exceptionnels** | |
| Sur opérations de gestion | 26 | Sur opérations de gestion | 3 |
| Sur opérations en capital[1] | 261 | Sur opérations en capital[2] | 555 |
| Dotations aux amort., dépréc. et aux prov. | 466 | Reprises sur dépréciations et provisions | |
| **Total III** | **753** | **Total III** | **558** |
| Impôt sur les bénéfices | 711 | | |
| **Total des charges** | **320 010** | **Total des produits** | **421 809** |
| **Solde créditeur : bénéfice** | **101 799** | **Solde débiteur : perte** | |
| **Total général** | **421 809** | **Total général** | **421 809** |

1. Dont compte 675 : 261 pour N. 2. Dont compte 775 : 305 pour N.

L'article 532-7 du plan comptable général fournit le modèle de tableau des soldes intermédiaires de gestion, inclus dans l'annexe aux comptes annuels, dont un extrait est présenté ci-dessous.

| Produits (colonne 1) | | Charges (colonne 2) | | Soldes intermédiaires (col. 2 – col. 1) | N | N-1 |
|---|---|---|---|---|---|---|
| Ventes de marchandises | ........... | Coût d'achat des marchandises vendues | ........... | **Marge commerciale** | ........... | ........... |
| Production vendue | ........... | | | | | |
| Production stockée | ........... | Ou déstockage de production | ........... | | | |
| **Total** | ........... | **Total** | ........... | **Production de l'exercice** | ........... | ........... |
| **Production de l'exercice** | ........... | Consommations de l'exercice | | | | |
| Marge commerciale | ........... | en provenance de tiers | ........... | | | |
| **Total** | ........... | **Total** | ........... | **Valeur ajoutée** | ........... | ........... |
| **Valeur ajoutée** | ........... | Impôts, taxes et versements assimilés | ........... | | | |
| | | Charges de personnel | ........... | | | |
| **Total** | ........... | **Total** | ........... | **Excédent brut d'exploitation** | ........... | ........... |
| **Excédent brut d'exploitation** | ........... | ou Insuffisance brute d'exploitation | ........... | | | |
| Reprises sur dépréciations | ........... | Dotations aux amortissements | ........... | | | |
| | | et dépréciations | | | | |
| Autres produits | ........... | Autres charges | ........... | | | |
| **Total** | ........... | **Total** | ........... | **Résultat d'exploitation (bénéfice ou perte)** | ........... | ........... |
| **Résultat d'exploitation** | ........... | **ou Résultat d'exploitation** | ........... | | | |
| Produits financiers | ........... | Charges financières | ........... | | | |
| **Total** | ........... | **Total** | ........... | **Résultat courant avant impôts** | ........... | ........... |
| Produits exceptionnels | ........... | Charges exceptionnelles | ........... | **Résultat exceptionnel (bénéfice ou perte)** | ........... | ........... |
| Résultat courant avant impôts | ........... | ou Résultat courant avant impôts | ........... | | | |
| **Résultat exceptionnel** | ........... | **ou Résultat exceptionnel** | ........... | | | |
| | | Impôt sur les bénéfices | ........... | | | |
| **Total** | ........... | **Total** | ........... | **Résultat de l'exercice (bénéfice ou perte)** | ........... | ........... |
| Produits des cessions d'éléments d'actif | ........... | Valeur comptable des éléments d'actif cédés | ........... | **Plus ou moins-value sur cessions d'éléments d'actif** | ........... | ........... |

- **Présentez le tableau des soldes intermédiaires de gestion de l'entreprise Plein Feux pour l'exercice N.**

## 5. Le résultat d'exploitation

C'est le résultat de l'exploitation de l'entreprise calculé après prise en compte de la politique d'investissement (amortissements) et des risques d'exploitation (provisions).

| | | |
|---|---|---|
| | ④ EXCÉDENT BRUT D'EXPLOITATION | |
| Il faut intégrer tous les produits et toutes les charges d'exploitation qui ne sont pas inclus dans l'excédent brut d'exploitation. | + Autres produits<br>Comptes 75 | |
| | + Reprises sur dépréciations<br>Comptes 781 | |
| | + Transfert de charges<br>Comptes 781 | |
| | – Dotations aux amortissements et aux dépréciations<br>Comptes 681 | ⑤ RÉSULTAT D'EXPLOITATION |
| | – Autres charges<br>Comptes 65 | |

## 6. Le résultat courant avant impôts

C'est le résultat de l'entreprise après prise en compte des charges et produits d'exploitation et financiers.

| | | |
|---|---|---|
| | ⑤ RÉSULTAT D'EXPLOITATION | |
| Il faut intégrer tous les produits et charges non exceptionnels (sauf l'impôt sur les bénéfices). | + Produits financiers<br>Comptes 76 + 786 + 796 | |
| | – Charges financières<br>Comptes 66 + 686 | ⑥ RÉSULTAT COURANT AVANT IMPÔTS |

## 7. Le résultat exceptionnel

Il concerne toutes les opérations ne relevant pas de l'activité courante (exploitation et financement).

| | |
|---|---|
| Produits exceptionnels<br>Comptes 77 + 787 | |
| – Charges exceptionnelles<br>Comptes 67 + 687 | ⑦ RÉSULTAT EXCEPTIONNEL |

## 8. Le résultat de l'exercice

Représentant la différence entre l'ensemble des produits et des charges, il sera inscrit au bilan avec deux destinations possibles : maintien dans l'entreprise (mise en réserve) ou distribution (dividendes aux associés).

| | | |
|---|---|---|
| | ⑥ RÉSULTAT COURANT AVANT IMPÔTS + | ⑦ RÉSULTAT EXCEPTIONNEL |
| Correspond au résultat qui figure au bas du compte de résultat. | – Impôts sur les bénéfices<br>Comptes 691 + 697 | ⑧ RÉSULTAT DE L'EXERCICE |

## 9. Les plus ou moins-values sur cessions d'éléments d'actif

C'est la différence entre les produits de cession des actifs et leurs valeurs nettes comptables.
Il s'agit en fait du résultat des cessions.

| | |
|---|---|
| Produits de cession des éléments d'actif<br>Comptes 775 | |
| – Valeur comptable des éléments d'actif cédés<br>Comptes 675 | ⑨ RÉSULTAT DE CESSION |

La marge commerciale, la production de l'exercice, la valeur ajoutée, l'EBE et le résultat de l'exercice constituent des indicateurs clés en gestion.

## 5 L'analyse de l'activité

**LAFARGE**

Communiqué de presse – 28 avril 2004
**Chiffre d'affaires du premier trimestre 2004**

Le chiffre d'affaires au 31 mars 2004 s'inscrit en hausse de 7,1 % à 2 881 millions d'euros, à comparer au niveau de ventes médiocre de 2 691 millions d'euros enregistré au premier trimestre 2003.

« Nous sommes satisfaits de ce bon début d'année au cours duquel nos ventes enregistrent une croissance dans toutes les branches. Ce niveau d'activité est cohérent avec notre attente d'une croissance soutenue du résultat d'exploitation courant…, pour 2004 », a indiqué Bernard Kasriel, directeur général du groupe.

**1. Quels indicateurs de performance sont évoqués dans cet article ?**

**2. Rappelez comment a été calculée la hausse du chiffre d'affaires du groupe Lafarge entre le premier trimestre 2003 et le premier trimestre 2004.**

**3. Est-ce que le chiffre d'affaires est le seul critère objectif de mesure de l'activité d'un groupe ?**

## 6 L'analyse de la profitabilité de l'entreprise Pleins Feux

À l'aide du tableau des SIG fourni dans l'activité 1, du tableau élaboré dans l'activité 4 et du tableau suivant, répondez aux questions ci-dessous.

| | Indicateurs Pleins Feux pour N-1 | Indicateurs Pleins Feux pour N | Moyennes sectorielles pour N |
|---|---|---|---|
| Taux de variation du chiffre d'affaires $(CA_N - CA_{N-1})/CA_{N-1} \times 100$ | 39,7 % | ................. | 28,0 % |
| Taux de marge commerciale (marge commerciale/$CA_{com}$ × 100) | 25,5 % | ................. | 32,0 % |
| Taux de valeur ajoutée (valeur ajoutée/CA × 100) | 26,0 % | ................. | 29,9 % |
| Taux de marge bénéficiaire (résultat/CA × 100) | 16,3 % | ................. | 12,3 % |

$CA_{com}$ = ventes de marchandises.

**1. Complétez le tableau avec les données de l'entreprise Pleins Feux pour l'exercice N. Commentez.**

**2. Quels sont, dans ce tableau, les indicateurs de profitabilité ?**

# III L'apport des SIG dans l'analyse de l'activité et de la profitabilité de l'entreprise

## 1. La notion d'activité

L'activité économique est le processus qui conduit à la fabrication d'un produit, à la mise à disposition d'un service ou d'une marchandise.
La mesure de l'activité peut se faire de différentes façons.
On peut mesurer en valeur ou en quantité la production de biens ou de services vendus ; on assimile alors souvent l'activité au chiffre d'affaires.

On peut également mesurer la consommation de facteurs de production qui a permis de générer la production (les salaires, les matières consommées, les marchandises achetées et vendues, les heures de fonctionnement des machines, la consommation d'énergie, etc.).

## 2. L'analyse de l'activité

Le tableau des SIG part du chiffre d'affaires. La notion de chiffre d'affaires est importante dans la mesure où elle constitue un indicateur traditionnel de la **taille** (comparaison entre entreprises du même secteur d'activité) et de l'**activité** (évolution relative d'un exercice à l'autre).
L'évolution de l'activité d'une entreprise se mesure généralement par le taux de variation du chiffre d'affaires d'un exercice par rapport au précédent :

$$\textbf{Taux de variation du CA} = \frac{CA_N - CA_{N-1}}{CA_{N-1}}$$

Il est également possible de calculer la variation de la VA.
La variation de l'activité peut également s'analyser dans l'espace, en comparant par exemple le chiffre d'affaires réalisé mondialement avec sa répartition par pays ou par zones géographiques. L'analyse peut également se faire par produits.

## 3. La profitabilité

L'étude de la profitabilité rapproche une marge d'un niveau d'activité (généralement mesuré par le chiffre d'affaires).
On définit ainsi plusieurs taux en fonction de la nature de l'entreprise.
Pour les entreprises commerciales, la profitabilité peut être mesurée à partir du taux de marge commerciale :

$$\frac{\textbf{Marge commerciale}}{\textbf{Vente de marchandises HT}} \times 100$$

Pour les entreprises industrielles et prestataires de services, il est possible de mesurer la profitabilité à partir de l'EBE, ce dernier mesurant plus efficacement les performances industrielles.

$$\frac{\textbf{EBE}}{\textbf{Chiffre d'affaires HT}} \times 100$$

Enfin, ce d'une manière générale, et souvent parce que l'information est facilement accessible, il est possible de mesurer la profitabilité à partir du taux de marge bénéficiaire :

$$\frac{\textbf{Résultat de l'exercice}}{\textbf{Chiffre d'affaires HT}} \times 100$$

On compare alors l'ensemble des taux obtenus au taux de rémunération de base de l'épargne sur le marché financier (taux de rémunération du livret A, par exemple). Il y a profitabilité si l'écart est positif.

## 7 La capacité d'autofinancement de Pleins Feux

À partir du compte de résultat fourni ci-dessous, répondez aux questions qui suivent.

**Compte de résultat en K€**

| Charges | N | Produits | N |
|---|---|---|---|
| **Charges d'exploitation** | | **Produits d'exploitation** | |
| Achats de marchandises | 76 417 | Ventes de marchandises | 90 808 |
| Variation des stocks de marchandises | 2 381 | Production vendue | 329 513 |
| Achats de matières premières et approv. | 190 309 | Production stockée | 605 |
| Variation des stocks de matières premières | – 2 149 | Reprises sur amortissements et dépréciations | 311 |
| Autres achats et charges externes | 21 668 | Autres produits | |
| Impôts, taxes et versements assimilés | 1 669 | | |
| Charges de personnel | 24 113 | | |
| Dotations aux amort. s/immobilisations | 2 647 | | |
| Dotations aux dépréciations | 45 | | |
| Autres charges | 101 | | |
| **Total I** | **317 201** | **Total I** | **421 237** |
| **Charges financières** | | **Produits financiers** | |
| Intérêts et charges assimilées | 1 322 | Autres intérêts et produits assimilés | 13 |
| Charges nettes sur cessions de VMP | 23 | Produits nets sur cessions de VMP | 1 |
| **Total II** | **1 345** | **Total II** | **14** |
| **Charges exceptionnelles** | | **Produits exceptionnels** | |
| Sur opérations de gestion | 26 | Sur opérations de gestion | 3 |
| Sur opérations en capital[1] | 261 | Sur opérations en capital[2] | 555 |
| Dotations aux amort., dépréc. et aux prov. | 466 | Reprises sur dépréciations et provisions | |
| **Total III** | **753** | **Total III** | **558** |
| Impôt sur les bénéfices | 711 | | |
| **Total des charges** | **320 010** | **Total des produits** | **421 809** |
| **Solde créditeur : bénéfice** | **101 799** | **Solde débiteur : perte** | |
| **Total général** | **421 809** | **Total général** | **421 809** |

1. Dont compte 675 : 261 pour N. 2. Dont compte 775 : 305 pour N.

**1. Quelle différence faites-vous entre une charge décaissée et une charge décaissable ?**

**2. Surlignez, dans le compte de résultat, les charges décaissables et les produits encaissables.**

**3. Calculez la CAF, en vous référant aux définitions de la leçon :**
**– à partir des éléments encaissables et décaissables du compte de résultat ;**
**– à partir du résultat et des éléments non encaissables et non décaissables.**

## 8 L'évolution de l'autofinancement des entreprises

Voici les courbes de variation des taux d'investissement et d'autofinancement des entreprises françaises de 1996 à 2002.

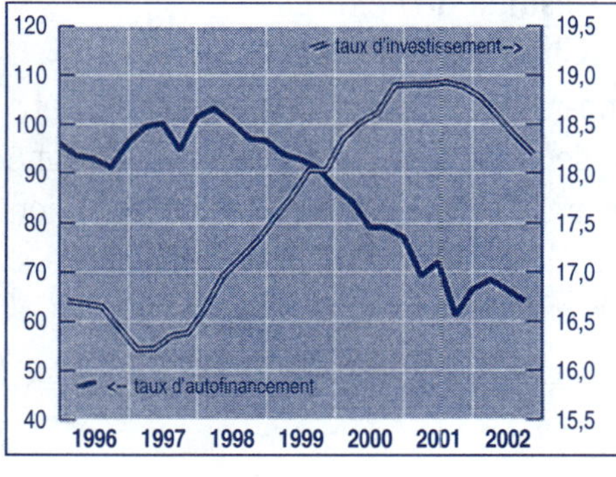


La baisse du taux d'autofinancement des entreprises ne s'accompagne pas d'une baisse de leur effort d'investissement (mesuré par le taux d'investissement).
Si le taux d'investissement des entreprises poursuit sa progression de 1998 à 2001 (il passe de 18 % à presque 19 %) malgré la dégradation de la situation financière des entreprises, c'est en raison du dynamisme de l'activité économique : la demande globale (consommation et exportations) « tire » la croissance. Dans ce contexte de croissance économique soutenue, les chefs d'entreprise sont incités à investir.
Pour financer leurs investissements, les entreprises ont eu recours au financement externe (crédit, émission d'actions et d'obligations).

Note de conjoncture, *Investissement*, mars 2003, et *Résultats des entreprises*, décembre 2004.

**1. Comment s'explique le maintien de l'investissement des entreprises entre 1998 et 2001 ?**

**2. Comment les entreprises ont-elles financé la croissance des investissements entre ces mêmes dates, malgré la baisse de l'autofinancement ?**

# IV La capacité d'autofinancement

## 1. La signification et l'intérêt de la capacité d'autofinancement

La capacité d'autofinancement (CAF) représente l'ensemble des ressources, dégagées au cours de l'exercice, qui restent à la disposition de l'entreprise : les produits encaissables diminués des charges décaissables.
Ces ressources sont indispensables :
– au financement du maintien ou du renouvellement des outils de production ;
– à la rémunération du capital (dividendes) ;
– au financement de la croissance, soit par le financement des investissements, soit par une contribution au remboursement des emprunts.

## 2. Le calcul de la CAF

### a) La capacité d'autofinancement à partir de l'EBE (méthode soustractive)

Le PCG propose un tableau de détermination de la capacité d'autofinancement de l'exercice à partir des postes du compte de résultat et des comptes du PCG. Ce tableau débute au niveau de l'EBE, car l'ensemble des produits et des charges qui le constituent sont encaissables et décaissables.

| | Comptes du PCG | |
|---|---|---|
| **Excédent brut d'exploitation (ou insuffisance brute d'exploitation)** | | (a) Sauf reprises sur dépréciations. |
| + Autres produits (d'exploitation) | **75** | (b) Sauf dotations aux amortissements et aux dépréciations financières. |
| – Autres charges (d'exploitation) | **65** | (c) Sauf produits des cessions d'immobilisations et reprises sur dépréciations et provisions exceptionnelles. |
| + Produits financiers (a) | **76 (sauf 786)** | (d) Sauf valeur comptable des immobilisations cédées et dotations aux amortissements et aux provisions exceptionnels. |
| – Charges financières (b) | **66 (sauf 686)** | |
| + Produits exceptionnels (c) | **77 (sauf 775, 777, 787)** | |
| – Charges exceptionnelles (d) | **67 (sauf 675, 687)** | |
| + Impôt sur les bénéfices | **695, 697** | |
| **= CAPACITÉ D'AUTOFINANCEMENT** | | |

Les produits et les charges non pris en compte sont :
– les produits et les charges calculés : dotations et reprises pour les amortissements, les dépréciations et les provisions, valeurs comptables des éléments d'actif cédés ;
– les produits des cessions d'éléments d'actif, qui constituent pourtant des produits encaissables mais que l'on distingue de la capacité d'autofinancement car ils relèvent de la fonction d'investissement.

### b) La capacité d'autofinancement à partir du résultat de l'exercice (méthode additive)

Selon cette méthode, on ajoute au résultat toutes les charges calculées (non décaissées) et on retranche tous les produits calculés (non encaissés).

| | Comptes du PCG |
|---|---|
| **Résultat net de l'exercice** | **120** |
| + Dotations aux amortissements, dépréciations et aux provisions : d'exploitation | **681** |
| financiers | **686** |
| exceptionnels | **687** |
| – Reprises sur amortissements, dépréciations et provisions : d'exploitation | **781** |
| financiers | **786** |
| exceptionnels | **787** |
| – Produits des cessions d'éléments d'actif | **775** |
| + Valeur comptable des éléments d'actif cédés | **675** |
| **= CAPACITÉ D'AUTOFINANCEMENT** | |

# Travaux dirigés

## 1 L'entreprise Bertrand

M. Bertrand vous remet le compte de résultat de la SA Bertrand suivant pour l'exercice N.

**Compte de résultat de la SA Bertrand en €**

| Charges | N | Produits | N |
|---|---|---|---|
| **Charges d'exploitation** | | **Produits d'exploitation** | |
| Achats de marchandises | 420 720 | Ventes de marchandises | 502 464 |
| Variation des stocks de marchandises | 61 680 | Production vendue | 7 473 636 |
| Achats de matières premières et approv. | 2 593 870 | Production stockée | - 157 500 |
| Variation des stocks de mat. premières | 51 048 | Reprises sur amortissements et dépréc. | 67 650 |
| Autres achats et charges externes | 1 703 448 | Autres produits | 1 650 |
| Impôts, taxes et versements assimilés | 145 740 | | |
| Charges de personnel | 1 744 458 | | |
| Dot. aux amort. et dépréciations | 219 156 | | |
| **Total I** | **6 940 120** | **Total I** | **7 887 900** |
| **Charges financières** | | **Produits financiers** | |
| Dot. aux amortissements et aux dépréc. | 9 000 | Reprises sur dépréciations | 744 |
| Intérêts et charges assimilées | 54 594 | Autres intérêts et produits assimilés | 11 062 |
| **Total II** | **63 594** | **Total II** | **11 806** |
| **Charges exceptionnelles** | | **Produits exceptionnels** | |
| Sur opérations de gestion | 6 926 | Sur opérations de gestion | 5 066 |
| Sur opérations en capital[1] | 21 960 | Sur opérations en capital[2] | 121 800 |
| Dot. aux amort., dépréc. et aux prov. | 342 000 | Reprises sur amort., dépréc. et provisions | |
| **Total III** | **370 886** | **Total III** | **126 866** |
| Impôt sur les bénéfices | 210 958 | | |
| **Total des charges** | **7 585 558** | **Total des produits** | **8 026 572** |
| **Solde créditeur : bénéfice** | **441 014** | **Solde débiteur : perte** | |
| **Total général** | **8 026 572** | **Total général** | **8 026 572** |

1. Dont compte 675 : 21 960 pour N. 2. Dont compte 775 : 121 800 pour N.

- **Après avoir saisi le compte de résultat dans une feuille de calcul ou ouvert le fichier Chapitre15_TD01.xls, concevez deux feuilles liées qui permettent le calcul automatique des SIG puis de la CAF par l'EBE et par le résultat pour l'exercice N.**

## 2 L'évolution du partage de la valeur ajoutée dans le temps

Dans l'entreprise Miro, voici le partage de la valeur ajoutée entre les trois derniers exercices.

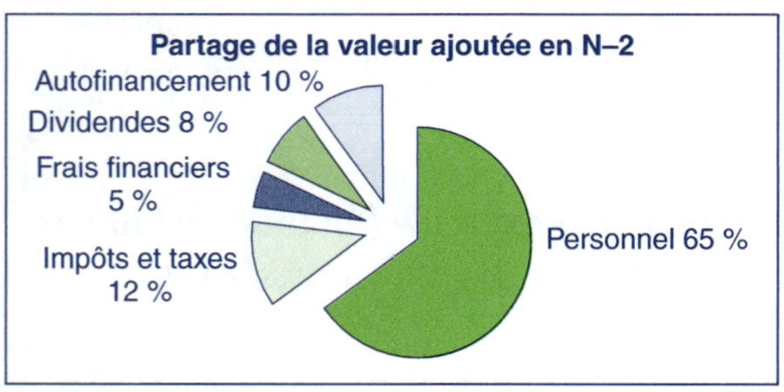


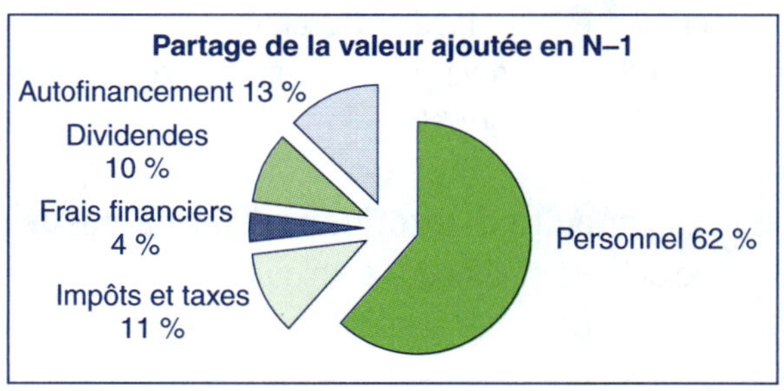


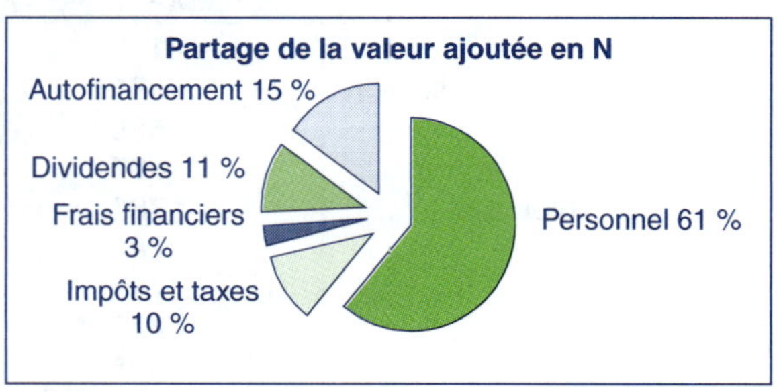


- **En observant les trois schémas, expliquez l'évolution du partage de la valeur ajoutée de l'entreprise Miro.**

## 3 Comment améliorer sa profitabilité

Mercredi 10 août 2005 – Par la rédaction de Silicon.fr

**MCI est revenu à la profitabilité.**

**L'opérateur télécoms américain, ex-Worldcom, sort de l'ornière, à l'heure où il fusionne avec Verizon. Ses résultats trimestriels marquent le retour à la profitabilité.**

La traversée du désert est derrière ! Juste au moment d'être absorbé par Verizon Communications, MCI se félicite d'un retour aux bénéfices. Pour le 2e trimestre fiscal écoulé, il serait essentiellement dû à une baisse des charges, car le chiffre d'affaires n'a pas progressé ; au contraire : il accuse un recul de 10 % à 4,68 milliards [de dollars] (contre 5,22 en 2004). La marge bénéficiaire obtenue sur ce même trimestre s'élève à 64 millions (contre une perte de 71 millions, il y a un an, même période). Les dépenses ont fortement décru, notamment suite à la suppression de 15 000 postes en 2004 et un allègement du coût de la dette. Le chiffre d'affaires réalisé aux États-Unis (ventes de capacité et services) a chuté de 14 % à 2 milliards, tandis que celui de l'international et des ventes en gros a reculé de 10 % à 1,5 milliard. Les ventes aux entreprises, surtout des grands comptes et des administrations, ont relativement moins baissé, – 3 %, à 1,2 milliard.

***Communiqué de presse du 28 octobre 2005 d'Eurotunnel***

Eurotunnel a rendu public il y a quelques jours le chiffre d'affaires réalisé par le groupe au cours du troisième trimestre et l'évolution du trafic dans la même période… À cette occasion, il a été fait état d'un recul de 2 % des volumes dans l'une des activités « cœur de métier » d'Eurotunnel, les Navettes Camions : 295 230 véhicules ont été transportés au troisième trimestre, contre 302 445 un an plus tôt. Cette évolution est le signe de l'émergence d'un nouveau modèle économique pour l'entreprise, qui privilégie la profitabilité plutôt que la course aux parts de marché gagnées à n'importe quel prix. Plusieurs indicateurs démontrent le bien-fondé de la nouvelle politique commerciale et opérationnelle, en place depuis le 3 janvier dernier. D'abord, si le nombre de camions transportés a régressé dernièrement, en raison de facteurs surtout conjoncturels, les revenus tirés de ce service ont augmenté de 8 %. Par ailleurs, la réduction volontaire de la capacité de transport de 15 % porte ses fruits : chaque Navette Camion qui quitte les terminaux d'Eurotunnel est désormais, en moyenne, chargée à 72 % de sa capacité maximale, un progrès de plus de 10 points par rapport à 2004. Ce qui laisse augurer une amélioration significative des marges d'exploitation. Dans cette période, le prix moyen du transport par véhicule a augmenté. La grande majorité des clients accepte de payer plus pour un meilleur service, en termes de fréquence, de ponctualité et de fiabilité.

1. **Expliquez les conditions du retour à la profitabilité dans les groupes MCI et Eurotunnel.**
2. **Chez MCI, la réduction de l'activité et le retour à la profitabilité vous semblent-ils liés ? Quels types de charges ont été essentiellement concernés par ce choix de gestion ?**
3. **Cherchez d'autres entreprises qui ont mis en place des stratégies identiques.**

## 4 L'entreprise Toitot et compagnie – société du café Brasilia

Connectez-vous sur le site http://www.societe.com. Pour consulter les comptes de la société Toitot, entrez le numéro de SIREN suivant dans « recherche par numéro de SIREN » : 57204231500026. Puis cliquez sur les comptes sociaux : 2004/2003 – 2002/2001.

•••

•••

**1. Relevez dans le tableau ci-dessous, les ratios d'activité de cette société.**

| | 2004 | 2003 | 2002 | 2001 | Stat. secteur |
|---|---|---|---|---|---|
| Chiffres d'affaires | | | | | |
| Production | | | | | |
| Valeur ajoutée/CA (%) | | | | | |
| EBE/CA (%) | | | | | |
| Résultat d'exploitation/CA (%) | | | | | |
| Résultat net/CA (%) | | | | | |
| Effectif moyen | | | | | |

Puis, allez sur le site Internet http://www.artifrance.fr/statistiques/ et recherchez la rubrique : « Commerces de gros alimentaires spécialisés divers ». Recopiez les statistiques du secteur concerné dans la dernière colonne.

**2. Analysez les résultats obtenus à l'aide d'un graphique puis commentez.**

## 5 Évaluez les acquis du chapitre

L'entreprise Chocaplus (fichier Chap15_TD05.xls) élabore et fabrique des pâtisseries industrielles à base de chocolat. Un extrait de la balance des comptes au 31 décembre N vous est communiqué ci-dessous.

| Balance des comptes au 31/12/N | | Soldes D | Soldes C |
|---|---|---|---|
| 6010 | Achat de matières premières | 2 766 000 | |
| 6031 | Variation du stock de MP | | 72 630 |
| 606 | Achats non stockés de fournitures | 215 500 | |
| 613 | Locations | 68 680 | |
| 615 | Entretien et réparations | 15 640 | |
| 616 | Primes d'assurance | 7 180 | |
| 625 | Déplacements, missions… | 10 780 | |
| 626 | Frais postaux | 18 450 | |
| 627 | Services bancaires | 2 780 | |
| 630 | Impôts, taxes et vers. assimilés | 11 630 | |
| 641 | Rémunération du personnel | 506 090 | |
| 645 | Charges de Sécurité sociale et de prév. | 194 050 | |

| Balance des comptes au 31/12/N (suite) | | Soldes D | Soldes C |
|---|---|---|---|
| 661 | Charges d'intérêt | 16 550 | |
| 671 | Charges except. s/op. de gestion | 7 330 | |
| 675 | Valeur compt. des éléments d'actif cédés | 18 490 | |
| 681 | Dot. aux amort. et dépréc. | 49 840 | |
| 701 | Ventes de produits finis | | 4 560 340 |
| 71 | Production stockée | | 38 656 |
| 764 | Revenus des VMP | | 35 238 |
| 775 | Prod. des cessions d'éléments d'actif | | 46 750 |
| 781 | Reprises sur dépréciations | | 141 950 |
| | **Totaux** | **3 908 990** | **4 895 564** |

1. **Déterminez, au sein d'un même tableau, la production de l'exercice, la valeur ajoutée et l'EBE.**
2. **En quoi le solde « Production de l'exercice » est-il critiquable ?**
3. **Quels autres éléments d'information, non communiqués dans l'énoncé, seraient de nature à faciliter votre diagnostic ?**
4. **Calculez le résultat.**
5. **Calculez la CAF par l'EBE et vérifiez votre résultat par la méthode additive.**
6. **L'activité de l'entreprise Chocaplus est-elle profitable, sachant que le taux de référence du secteur est de 14,5 % ? Pour mesurer la profitabilité, l'entreprise retient le ratio : Résultat de l'exercice/Chiffre d'affaires HT.**

CHAPITRE 16

# L'analyse du bilan

Bilan au 31/12/N

| Actif | Brut | À déduire | Net |
|---|---|---|---|
| Fonds commercial | 21 250 | | 21 250 |
| Terrains | 28 875 | | 28 875 |
| Constructions | 76 500 | 27 125 | 49 375 |
| Install. techn., matériel et outillage industriel | 114 300 | 74 800 | 39 500 |
| Autres immobilisations corporelles | 35 807 | 18 975 | 16 832 |
| **Total I** | **276 732** | **120 900** | **155 832** |
| Stock de matières premières | 21 688 | | 21 688 |
| Stock de produits finis | 61 000 | 3 085 | 57 915 |
| Stock de marchandises | 13 045 | | 13 045 |
| Clients et comptes rattachés | 51 180 | 7 622 | 43 558 |
| Autres créances d'exploitation | 6 205 | | 6 205 |
| VMP | 10 135 | 2 560 | 7 575 |
| Disponibilités | 38 810 | | 38 810 |
| **Total II** | **202 063** | **13 267** | **188 796** |
| **Total général** | **478 795** | **134 167** | **344 628** |

| Passif | Net |
|---|---|
| Capital | 52 500 |
| Réserves | 32 162 |
| **Total I** | **84 662** |
| Provisions pour risques et charges | 5 110 |
| **Total II** | **5 110** |
| Emprunts, dettes étab. de crédit | 108 866 |
| Emprunts et dettes divers | 26 104 |
| Dettes fournisseurs et rattachés | 87 660 |
| Dettes fiscales et sociales | 19 720 |
| Dettes sur immobilisations | 6 548 |
| Autres dettes | 3 453 |
| Produits constatés d'avance | 2 505 |
| **Total III** | **254 856** |
| **Total général** | **344 628** |

## Réflexion préalable

1. Rappelez quelles sont les principales rubriques du bilan.
2. Parmi ces rubriques, lesquelles correspondent à des éléments stables ou durables ? lesquelles à des éléments « circulants » ?
3. À votre avis, peut-on financer l'acquisition d'un véhicule :
   - par un emprunt ?
   - par un découvert bancaire ?
   - grâce aux crédits fournisseurs ?

   Justifiez vos réponses.
4. Que risque l'entreprise si elle ne dispose pas d'une trésorerie suffisante ?

## Plan du chapitre



**Mots clés**

emplois stables, ressources stables ; fonds de roulement net global (FRNG) ; actif circulant, passif circulant, besoin en fonds de roulement (BFR) ; trésorerie active, trésorerie passive

## 1 Les grandes masses fonctionnelles du bilan de l'entreprise Pleins Feux

L'entreprise Pleins Feux fabrique et vend des pétards et des accessoires de feux d'artifice. Voici le bilan avant affectation du résultat et le bilan fonctionnel au 31 décembre N-1.

**Bilan avant affectation du résultat au 31 décembre N-1 en €**

| | Actif | Brut | À déduire | Net N-1 | | Passif | Net N-1 |
|---|---|---|---|---|---|---|---|
| Actif immobilisé | **Immobilisations incorporelles** | | | | Capitaux propres | | |
| | Fonds commercial | 31 800 | | 31 800 | | Capital | 900 000 |
| | **Immobilisations corporelles** | | | | | Réserves | 153 053 |
| | Terrains | 12 180 | | 12 180 | | Résultat | 21 185 |
| | Constructions | 654 260 | 121 452 | 532 808 | | | |
| | Installations, mat. et out. indus. | 827 438 | 153 599 | 673 839 | | | |
| | Autres | 227 670 | 47 821 | 179 849 | | **Total I** | **1 074 238** |
| | **Immobilisations financières** | | | | | Provisions | 20 785 |
| | Titres de participation | 15 096 | | 15 096 | | | |
| | **Total I** | **1 768 444** | **322 872** | **1 445 572** | | **Total II** | **20 785** |
| Actif circulant | **Stocks et en-cours** | | | | Dettes | Emprunts et dettes auprès | |
| | Stock de matières et approvis. | 119 848 | | 119 848 | | des établissements de crédit[1] | 449 138 |
| | Stock de produits finis | 182 126 | | 182 126 | | Emprunts et dettes financiers divers | 153 438 |
| | **Créances d'exploitation** | | | | | Fournisseurs et comptes rattachés | 524 468 |
| | Clients et comptes rattachés | 554 613 | 11 273 | 543 340 | | Dettes fiscales et sociales | 80 741 |
| | **Autres** | | | | | Dettes diverses (IS) | 494 |
| | Autres créances hors exploitation | 1 249 | | 1 249 | | | |
| | Valeurs mobilières de placement | 8 737 | | 8 737 | | | |
| | Disponibilités | 2 430 | | 2 430 | | | |
| | **Total II** | **869 003** | **11 273** | **857 730** | | **Total III** | **1 208 279** |
| | **Total général** | **2 637 447** | **334 145** | **2 303 302** | | **Total général** | **2 303 302** |

1. Dont concours bancaires : 164 042.

**Bilan fonctionnel au 31 décembre N-1 en €**

| | | | |
|---|---|---|---|
| Emplois stables | 1 768 444 | Ressources stables | 1 867 702 |
| Actif circulant d'exploitation | 856 587 | Passif circulant d'exploitation | 605 209 |
| Actif circulant hors exploitation | 1 249 | Passif circulant hors exploitation | 494 |
| Trésorerie d'actif | 11 167 | Trésorerie de passif | 164 042 |
| **Total** | **2 637 447** | **Total** | **2 637 447** |

**1.** **Quelle valeur a été retenue pour les emplois stables ? pour l'actif circulant ? À votre avis, pourquoi ?**

**2.** **Vérifiez que le montant des ressources stables est la somme des capitaux propres, des provisions, des amortissements et des dépréciations.**

**3.** **À votre avis, pourquoi les amortissements et les dépréciations sont considérés comme des ressources stables ?**

**4.** **Que représente l'actif circulant d'exploitation ?**

**5.** **Comment a-t-on déterminé la trésorerie d'actif ?**

**6.** **Que représente la trésorerie de passif ? La retrouve-t-on dans le bilan de N-1 ? Si oui, dans quel poste ?**

**7.** **Calculez l'écart entre les ressources stables et les emplois stables. À votre avis, cet écart doit-il être positif ou négatif ?**

# I La présentation du bilan fonctionnel

L'analyse fonctionnelle du bilan permet de reclasser les postes de l'actif (emplois) et du passif (ressources) en fonction des trois grands cycles de fonctionnement de l'entreprise :
– le cycle d'investissement et de financement (cycle long) ;
– le cycle d'exploitation (cycle court) ;
– le cycle des opérations de trésorerie (cycle court).

## 1. La présentation du bilan fonctionnel

| ACTIF | |
|---|---|
| *Emplois stables* | Actif immobilisé brut |
| *Emplois circulants* | Stocks<br>Créances et comptes rattachés<br>Charges constatées d'avance |
| *Trésorerie active* | VMP<br>Disponibilités |

*Cycle d'investissement* ←
*Cycle d'exploitation* ←
*Trésorerie nette* ←

| PASSIF | |
|---|---|
| *Ressources stables* | Capitaux propres<br>Amortissements et dépréciations<br>Provisions<br>Emprunts<br>Dettes fournisseurs |
| *Ressources circulantes* | Dettes fournisseurs d'immobilisations<br>Dettes fiscales et sociales<br>Produits constatés d'avance |
| *Trésorerie passive* | Concours bancaires |

## 2. Le cycle des opérations d'investissement

### a) Les ressources stables

Il s'agit des ressources disponibles pendant au moins la durée de l'exercice. Elles comprennent :
– les capitaux propres avant répartition du résultat ;
– le total des amortissements et des dépréciations qui figurent à l'actif. Ces sommes non décaissées sont considérées comme des ressources à disposition de l'entreprise ;
– les provisions ;
– les emprunts corrigés des découverts bancaires (concours bancaires courants).

### b) Les emplois stables

Il s'agit des montants consacrés aux investissements réalisés. On reprend donc le total de l'**actif brut** immobilisé.

### c) L'équilibre financier

Les ressources stables sont prioritairement consacrées par l'entreprise au financement de l'acquisition des immobilisations. Il est indispensable, pour l'avenir de l'entreprise, qu'elles soient supérieures ou égales aux emplois stables.

## 3. Le cycle des opérations courantes et le cycle de trésorerie

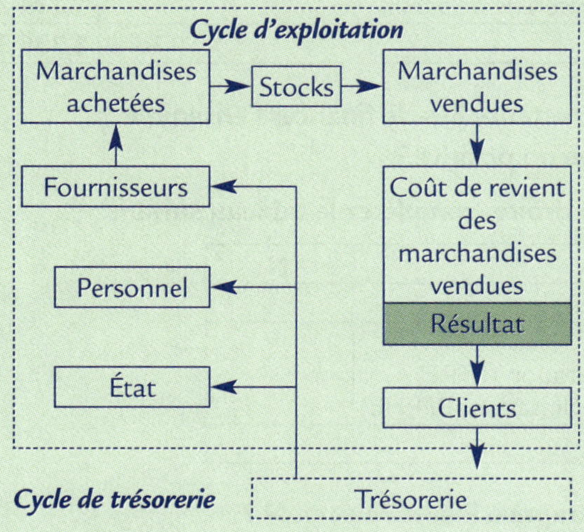


Le cycle d'exploitation représente l'ensemble des opérations d'approvisionnement, de production et de commercialisation de l'entreprise. C'est généralement un cycle court. La présentation en système développé du bilan permet d'isoler les opérations d'exploitation de celles hors exploitation (autres créances, fournisseurs d'immobilisations, impôt sur les sociétés).

Le cycle de trésorerie associe, en emplois, les valeurs mobilières de placement et les disponibilités, et, en ressources, les crédits de trésorerie et les découverts bancaires ou « concours bancaires courants ». Ces derniers figurent au bilan dans les emprunts auprès des établissements de crédit.

Activités

## 2 « Le boulet du fonds de roulement »

Avant de pouvoir commencer à vendre, une entreprise industrielle ou de distribution a besoin de constituer des stocks de matières premières ou de produits finis. Pour cela, l'entreprise passe des achats et utilise de la force de travail, mais sans avoir de rentrées financières : il faut donc avancer l'argent correspondant. Par la suite, l'entreprise pourra vendre les produits fabriqués pendant cette période, mais elle les remplacera pour reconstituer ses stocks. En fait, elle ne récupérera jamais l'argent qu'il a fallu avancer au départ : celui-ci restera en permanence immobilisé.

Prenons un exemple : une entreprise réalise 100 millions d'euros (M€) de chiffre d'affaires et tient en stock l'équivalent de trois mois de production. Pour financer ce stock, il lui faudra immobiliser en permanence 100 × 3/12 = 25 M€. Ce sera le premier élément de son besoin en fonds de roulement d'exploitation.

Mais une fois que l'entreprise a constitué son stock et commencé à vendre, elle n'est pas encore sortie d'affaire : en général, ses clients ne règlent pas leurs factures immédiatement.

Entre-temps, il faudra pourtant payer les salaires, les matières premières et l'électricité consommées pour produire ces biens ou ces services. Un jour ou l'autre, les créances clients seront réglées, mais, à moins que la faillite soit proche, elles auront été alors remplacées par de nouvelles créances. L'argent qu'il faut avancer pour financer ces créances est donc lui aussi immobilisé en permanence. C'est la deuxième composante du besoin en fonds de roulement d'exploitation (BFRE). Prenons la même entreprise avec ses 100 M€ de chiffre d'affaires. Si ses clients la règlent à 90 jours, elle aura pour ce poste un BFRE de 100 × 3/12 = 25 M€. À ces 25 M€ pour les créances clients s'ajoutent les 25 M€ pour le stock, soit 50 M€, c'est-à-dire six mois de chiffre d'affaires !

Comment alléger cette charge ? En retardant le paiement de ce qu'on a incorporé aux produits stockés ou vendus : salaires, achats... Impossible pourtant de payer les salaires à 90 jours fin de mois le 10 : les salariés ne peuvent pas vivre sans recevoir tout de suite le fruit de leur travail. En revanche, les entreprises peuvent se comporter vis-à-vis de leurs fournisseurs comme leurs clients se comportent vis-à-vis d'elles-mêmes. L'idéal est de réussir à payer les fournisseurs après que les clients aient eux-mêmes payé. Supposons qu'un client paie dans 90 jours une marchandise livrée un mois plus tôt à l'entreprise. Il faudrait pouvoir régler ce fournisseur au plus tôt à 120 jours.

*Alternatives économiques*, hors-série n° 41 bis, septembre 1999.

**1.** Comment appelle-t-on la mise de fonds initial qui permet à l'entreprise de fonctionner ?

**2.** Qu'est-ce qui la justifie ?

**3.** L'entreprise peut-elle la récupérer ? Peut-elle en réduire le montant ? Comment ?

## 3 Le bilan fonctionnel de l'entreprise Pleins Feux

Vous disposez du bilan fonctionnel N.

**Bilan fonctionnel au 31 décembre N en €**

| | | | |
|---|---|---|---|
| Emplois stables | 1 768 444 | Ressources stables | 1 951 875 |
| Actif circulant d'exploitation | 953 319 | Passif circulant d'exploitation | 649 331 |
| Actif circulant hors exploitation | 1 500 | Passif circulant hors exploitation | 875 |
| Trésorerie d'actif | 13 563 | Trésorerie de passif | 134 745 |
| **Total** | **2 736 826** | **Total** | **2 736 826** |

**1.** À la lecture de ce bilan, les ressources stables permettent-elles de financer l'ensemble des immobilisations ? La trésorerie est-elle négative ou positive ?

**2.** En vous appuyant sur les définitions de la page de droite, complétez le tableau suivant.

| Éléments | N |
|---|---|
| Fonds de roulement net global (FRNG) | |
| Besoin en fonds de roulement (BFR)<br>Besoin en fonds de roulement d'exploitation (BFRE)<br>Besoin en fonds de roulement hors exploitation (BFRHE) | |
| Trésorerie nette | |

**3.** Que pensez-vous de la situation financière de l'entreprise Pleins Feux en N ?

# II Les outils d'analyse du bilan fonctionnel

## 1. Le besoin en fonds de roulement d'exploitation (BFRE)

Le BFRE est un besoin de financement durable lié aux conditions de l'exploitation.

**BFRE = actif circulant d'exploitation – passif circulant d'exploitation**

Son origine se trouve dans les décalages du cycle d'exploitation : durées de stockage, délais de règlement des clients et des fournisseurs.

**Exemple** *Une entreprise règle en moyenne ses fournisseurs à 30 jours, mais elle n'encaisse ses clients qu'à 45 jours. L'écart de 15 jours (45 – 30) doit être financé par l'entreprise.*

Ce besoin est durable car les conditions de l'exploitation des entreprises sont stables.

Le BRFE est généralement positif, à l'exception du secteur de la grande distribution, qui ne stocke pas longtemps et vend au comptant de la marchandise qui sera réglée plus tard.

## 2. Le besoin en fonds de roulement hors exploitation (BFRHE)

Les opérations hors exploitation peuvent, elles aussi, générer un besoin en fonds de roulement.

**BFRHE = actif circulant hors exploitation – passif circulant hors exploitation**

## 3. Le besoin en fonds de roulement (BFR)

Il représente la totalité des besoins en fonds de roulement, qu'ils soient d'exploitation et hors exploitation.

**BFR = BFRE + BFRHE**

## 4. Le fonds de roulement net global (FRNG)

Le FRNG est l'excédent des ressources stables sur les emplois stables disponibles pour financer le besoin en fonds de roulement de l'entreprise.

**FRNG = ressources stables – emplois stables**

Il est généralement positif, ce qui signifie que tous les emplois stables sont financés par des ressources stables.

## 5. La trésorerie nette (TN)

C'est la différence entre la trésorerie d'actif et celle de passif ou entre le FRNG et le BFR.

**TN = FRNG – BFR**

Si elle est positive, cela signifie que le fonds de roulement a non seulement permis de financer le BFR, mais qu'il reste un reliquat en trésorerie.

Si elle est négative, cela signifie que le BFR est supérieur aux ressources disponibles pour l'instant. L'entreprise a dû rechercher ailleurs les ressources nécessaires (découvert en banque ou crédit de trésorerie).

## 6. L'équilibre fonctionnel

L'étude de l'équilibre financier d'une entreprise repose principalement sur la comparaison entre le FRNG et le BFR. La trésorerie nette est donc une résultante de cet équilibre.

| **Trésorerie nette = fonds de roulement net global – besoin en fonds de roulement** | | |
|---|---|---|
| Trésorerie nette ⩾ 0 | FRNG > BFR | Le FRNG est suffisant pour couvrir le BFR de l'entreprise. L'entreprise parvient à financer son cycle d'investissement et son cycle d'exploitation. |
| Trésorerie nette < 0 | FRNG < BFR | Le FRNG est insuffisant pour couvrir le BFR de l'entreprise. L'entreprise est obligée de recourir aux concours bancaires pour financer son cycle d'investissement et son cycle d'exploitation. |

# Travaux dirigés

## 1 L'entreprise Moulor

L'entreprise Moulor élabore et fabrique des moules en silicone pour la pâtisserie industrielle et domestique. M. Lafleur, le directeur financier, est très inquiet au sujet de l'évolution récente de son entreprise. Le carnet de commandes est plein mais, malgré tout, l'entreprise connaît régulièrement des difficultés de trésorerie.
Un extrait de la balance des comptes au 31 décembre N vous est communiqué ci-dessous.
Afin d'éclairer M. Lafleur, répondez aux questions suivantes.

**1. Présentez le bilan fonctionnel.**

**2. À l'aide d'un même tableau, calculez le fonds de roulement net global, le besoin en fonds de roulement et la trésorerie nette.**

**Balance après inventaire de l'entreprise Moulor au 31 décembre N**

| Balance des comptes de bilan | | Soldes au 31 décembre N | |
|---|---|---|---|
| | | D | C |
| 101 | Capital | | 150 000 |
| 1061 | Réserve légale | | 9 638 |
| 1068 | Autres réserves | | 126 450 |
| 164 | Emprunts auprès des établissements de crédit | | 228 750 |
| 215 | Installations techniques | 276 750 | |
| 2182 | Matériel de transport | 66 750 | |
| 2183 | Matériel de bureau et matériel informatique | 38 100 | |
| 2184 | Mobilier | 9 150 | |
| 275 | Dépôts et cautionnements versés | 12 750 | |
| 2815 | Amortissements des installations techniques | | 57 105 |
| 28182 | Amortissements du matériel de transport | | 11 790 |
| 28183 | Amortissements du matériel de bureau et info. | | 17 010 |
| 28184 | Amortissements du mobilier | | 1 830 |
| 310 | Stocks de matières premières | 34 351 | |
| 355 | Stocks de produits finis | 61 465 | |
| 391 | Dépréciations des stocks de matières premières | | 2 625 |
| 395 | Dépréciations des stocks de produits finis | | 5 646 |
| 401 | Fournisseurs | | 91 302 |
| 411 | Clients | 294 247 | |
| 416 | Clients douteux ou litigieux | 29 850 | |
| 421 | Personnel - Rémunérations dues | | 48 450 |
| 431 | URSSAF | | 12 719 |
| 437 | Autres organismes sociaux | | 13 732 |
| 444 | État - Impôt sur les bénéfices | | 26 813 |
| 4455 | État - TVA à décaisser | | 9 488 |
| 491 | Dépréciations des comptes clients | | 24 837 |
| 503 | VMP - Actions | 52 320 | |
| 5121 | Banque - Société générale | 1 941 | |
| 5122 | Banque - BNP Paribas | | 39 703 |
| 530 | Caisse | 214 | |
| | **TOTAUX** | **877 888** | **877 888** |

La balance au 31 décembre N vous est fournie (Chapitre16_TD01.xls).

**3. Concevez, dans plusieurs feuilles liées, des tableaux qui permettent de répondre aux questions ci-dessus.**

## 2 L'entreprise Toitot et compagnie – société du café Brasilia

Vous disposez ci-dessous du bilan de l'exercice N (2004).

**Bilan au 31 décembre N (2004) après affectation**

| | Actif | Brut | À déduire | Net N |
|---|---|---|---|---|
| Actif immobilisé | **Immobilisations incorporelles** | | | |
| | Frais d'établissement | 13 163 | 2 325 | 10 838 |
| | Fonds commercial | | | |
| | **Immobilisations corporelles** | | | |
| | Terrains | | | |
| | Constructions | 146 536 | 128 540 | 17 996 |
| | Installations, mat. et out. indus. | 2 515 524 | 1 821 164 | 694 360 |
| | Autres | 287 074 | 157 827 | 129 247 |
| | **Immobilisations financières** | | | |
| | Titres immobilisés | 313 732 | | 313 732 |
| | Prêts | 310 194 | 71 499 | 238 695 |
| | Autres | 40 164 | | 40 164 |
| | **Total I** | **3 626 387** | **2 181 355** | **1 445 032** |
| Actif circulant | **Stocks et en-cours** | | | |
| | Stock de matières et approvis. | 47 009 | | 47 009 |
| | Stock de produits finis | | | |
| | Stock de marchandises | 131 288 | | 131 288 |
| | **Créances d'exploitation** | | | |
| | Clients et comptes rattachés | 953 096 | 200 053 | 753 043 |
| | **Autres** | | | |
| | Créances diverses | | | |
| | Valeurs mobilières de placement | | | |
| | Disponibilités | 58 220 | | 58 220 |
| | Charges constatées d'avance[1] | 15 375 | | 15 375 |
| | **Total II** | **1 204 988** | **200 053** | **1 004 935** |
| | **Total général** | **4 831 375** | **2 381 408** | **2 449 967** |

| | Passif | Net N |
|---|---|---|
| Capitaux propres | Capital | 282 449 |
| | Réserves | 711 492 |
| | Provisions réglementées | 223 340 |
| | Report à nouveau | - 37 194 |
| | **Total I** | **1 180 087** |
| | Provisions | |
| | **Total II** | – |
| Dettes | Emprunts et dettes auprès des établissements de crédit[2] | 512 675 |
| | Emprunts et dettes financiers divers | 56 079 |
| | Fournisseurs et comptes rattachés | 407 024 |
| | Dettes fiscales et sociales | 231 607 |
| | Dettes sur immobilisations | 62 495 |
| | Dettes diverses (IS) | |
| | **Total III** | **1 269 880** |
| | **Total général** | **2 449 967** |

1. D'exploitation. 2. Dont concours bancaires (CB) : 32 604.

**1. À l'aide d'un même tableau, en vous servant du modèle créé lors du TD 1, calculez automatiquement, pour l'année N, le fonds de roulement net global, le besoin en fonds de roulement (BFRE + BFRHE) et la trésorerie nette.**

Allez sur le site Internet suivant : http://www.alisse.insee.fr. Dans la recherche par secteur, cliquez sur « Commerce ». Recherchez le secteur : « Commerces de gros alimentaires spécialisés divers », secteur 513Q (code APE de l'entreprise).

Relevez dans les « caractéristiques » les informations utiles pour compléter le tableau suivant à l'aide des statistiques du secteur concerné (dernière colonne).

| | N | Secteur |
|---|---|---|
| Fonds de roulement | | |
| Besoins en fonds de roulement | | |
| Délai de rotation des stocks | 43,91 jours | 26 jours |
| Délai de crédit clients | 69,77 jours | |
| Délai de crédit fournisseurs | 79,20 jours | |
| Écarts délai clients/fournisseurs | - 9,43 jours | |

**2. Complétez le tableau à l'aide des informations recueillies et des informations calculées précédemment.**

**3. Analysez les résultats obtenus à l'aide d'un graphique puis commentez.**

## 3 BAC Entraînez-vous à l'étude

### Sujet d'étude

**« Faire parler les bilans »**
« La structure financière exprimée par un bilan dépend des caractéristiques technologiques, économiques et financières des activités de l'entreprise ainsi que de ses choix stratégiques. » (Programme officiel de la terminale CFE)

Vous avez choisi de retenir cette phrase du programme comme sujet d'étude. Vous recherchez, dans des sources diversifiées, les éléments qui vous permettront d'isoler certaines caractéristiques d'organisations qui ont un impact sur leur structure financière.

- **Vous en proposerez une brève synthèse, illustrée à partir de trois ou quatre exemples que vous mettrez en évidence par des représentations adaptées.**

### Aide pour l'étude

- **Les sources documentaires pourront être :**
  - **les ouvrages de base de votre CDI ;**
  - **des articles de presse (en particulier relatifs au secteur de la grande distribution) ;**
  - **des plaquettes financières et des sites Internet d'entreprises.**

## 4 Évaluez les acquis du chapitre

L'entreprise Atoutpoint fait du commerce de gros dans le prêt-à-porter féminin.
Vous trouverez ci-dessous le bilan fonctionnel pour l'exercice N.

**Bilan fonctionnel de l'entreprise Atoutpoint au 31 décembre N**

| | | | | | |
|---|---|---|---|---|---|
| **Emplois stables** | | **264 000** | **Ressources stables** | | **373 000** |
| Total I (brut) | 264 000 | | ***Ressources propres*** | | **201 000** |
| | | | Capitaux propres | 98 000 | |
| | | | Amort. et dépréc. d'actif | 103 000 | |
| | | | ***Dettes financières*** | | **172 000** |
| | | | Emprunts et dettes étab. de crédit | 174 000 | |
| | | | – CB | – 2 000 | |
| **Actif circulant d'exploitation** | | **156 000** | **Passif circulant d'exploitation** | | **42 000** |
| Stocks de matières | 4 610 | | Fournisseurs et comptes rattachés | 38 000 | |
| Stocks de produits finis | 75 800 | | Dettes fiscales et sociales | 4 000 | |
| Clients et comptes rattachés | 75 590 | | | | |
| **Actif circulant hors exploitation** | | **800** | **Passif circulant hors exploitation** | | **8 000** |
| Créances diverses | 800 | | Dettes diverses | 8 000 | |
| **Trésorerie d'actif** | | **4 200** | **Trésorerie de passif** | | **2 000** |
| VMP | 1 400 | | Concours bancaires | 2 000 | |
| Disponibilités | 2 800 | | | | |
| **Total** | | **425 000** | **Total** | | **425 000** |

1. **Rappelez l'objectif du bilan fonctionnel.**
2. **Après avoir défini le fonds de roulement net global, vous le calculerez.**
3. **Calculez les besoins en fonds de roulement d'exploitation (BFRE) et hors exploitation (BFRHE).**
4. **Quelle(s) relation(s) pouvez-vous établir entre les différents indicateurs calculés ci-dessus ?**
5. **La situation de l'entreprise Atoutpoint vous paraît-elle saine ?**
6. **Si une entreprise constate que sa trésorerie est négative, donnez les solutions pour y remédier.**

# CHAPITRE 17

# L'analyse de la rentabilité

## Réflexion préalable

1. Quels sont les principaux objectifs d'une entreprise ?
2. Pour vous, qu'est-ce qu'une entreprise performante ? non performante ?
3. Proposez trois indicateurs de performance d'une entreprise.
4. Pourquoi les partenaires d'une entreprise sont-ils intéressés par sa performance ?
5. À votre avis, pourquoi les entreprises doivent-elles se comparer entre elles ?

## Plan du chapitre





### Mots clés

**activité ; efficacité, efficience, performance ; rentabilité économique, rentabilité financière ; capitaux engagés**

# Activités

## 1 Les performances d'entreprise

**Document 1** Les performances du groupe Total

Pour Total, 2004 aura été l'année de tous les records, avec un résultat net de 9,04 milliards d'euros (+ 23 %), sans précédent dans l'histoire des entreprises françaises. Ces bénéfices ont permis au président du groupe, Thierry Desmarest, de proposer un dividende de 5,40 euros par action à ses actionnaires, en progression de 15 % par rapport à celui versé au titre de 2003.

La direction de Total explique le niveau de ses profits par la taille et les performances de l'entreprise. « Nous avons des résultats en ligne avec ceux de nos grands concurrents » (ExxonMobil, Shell, BP et ChevronTexaco), souligne Jacques Guilbaud, le directeur des ressources humaines (DRH) du groupe. « Dans un contexte de compétition difficile, ajoute-t-il, on a intérêt à avoir des performances au moins aussi bonnes que les leurs. »

Jean-Michel Bezat, *Le Monde*, 22 mars 2005.

**Document 2** Les performances du groupe Sony

### Sony va supprimer 10 000 emplois dans le monde et fermer 11 usines

Le géant japonais a lancé un nouvel avertissement sur ses résultats pour l'exercice 2005-2006 en cours, au terme duquel (le 31 mars 2006), il s'attend désormais à une perte nette de 10 milliards de yens (74 millions d'euros), au lieu d'un bénéfice du même montant. Sony avait déjà revu son chiffre d'affaires à la baisse pour l'année fiscale en cours, à 7 250 milliards de yens (53,3 milliards d'euros).

Ce basculement des comptes dans le rouge tient notamment aux charges de restructuration exceptionnelles de 140 milliards de yens (1,04 milliard d'euros) liées au nouveau plan stratégique du groupe. L'objectif annoncé est de réduire les coûts de 200 milliards de yens (1,47 milliard d'euros), afin de remonter le chiffre d'affaires à 8 000 milliards de yens (58,8 milliards d'euros), et le résultat d'exploitation de 5 % d'ici à trois ans.

Philippe Mesmer, *Le Monde*, 23 septembre 2005.

**Document 3** Les performances éthiques et sociales des entreprises

Volkswagen, Carrefour, British Telecom, Danone, Shell, Total, Telefonica et d'autres se disent, aujourd'hui, socialement responsables. Actions éducatives ou sanitaires dans les pays du Sud, produits garantis bio et « sans travail des enfants », chartes éthiques et codes de conduite, mécénat, labels, communication et notation sociales : les groupes ont multiplié depuis quelques années des initiatives visant à répondre aux inquiétudes des opinions mais aussi des autorités publiques, voire des marchés financiers, face à leur toute-puissance et à une mondialisation qui semble plus sauvage que civilisée.

Claude-Emmanuel Triomphe, *Le Monde*, 30 mars 2005.

**1.** À la lecture des documents 1 et 2, identifiez les indicateurs mis en avant pour exprimer la performance des groupes Total et Sony.

**2.** À la lecture du document 3, précisez s'il est possible de mettre en place d'autres indicateurs de performance.

# I La performance des entreprises

## 1. La notion de performance

S'intéresser à la performance d'une entreprise revient à porter un jugement sur ses résultats et sur la façon dont elle les obtient.

**Exemples** *Une entreprise qui réalise d'importants bénéfices mais qui procède à des licenciements est-elle performante ?*
*Une entreprise qui gagne d'importantes parts de marché mais réalise une perte est-elle performante ?*

La performance peut s'exprimer en termes quantitatifs.

**Exemples** *La croissance du volume produit, le montant des bénéfices, la part de marché.*

Elle peut aussi s'exprimer en termes qualitatifs.

**Exemples** *Le respect de l'environnement, le respect d'une éthique professionnelle, le taux d'accidents du travail, la rotation du personnel, la satisfaction des clients, l'image de l'entreprise.*

La performance peut aussi être appréciée en fonction de la concurrence.

**Exemple** *La production par salarié est passée à 4,6 tonnes de laiton par ouvrier, soit 0,3 tonne de plus que le concurrent direct.*

La performance est appréciée de façon différente par les différents partenaires de l'entreprise.

**Exemples** *Les associés recherchent un bénéfice important afin de rémunérer les apports ; les salariés s'intéressent à la stabilité de l'emploi et aux conditions de travail.*

## 2. La notion d'efficacité

En gestion, l'efficacité est la capacité de l'entreprise à atteindre les objectifs fixés par les dirigeants de l'entreprise.

**Exemple** *Comme chaque année, le directeur d'une entreprise industrielle qui fabrique du laiton fait le point sur les résultats et les objectifs fixés avec le directeur de la production : « Combien as-tu produit de tonnes de laiton cette année ? »*
*Il lui répond : « 23 tonnes, soit une de plus que l'objectif que nous nous étions fixé l'année dernière. »*

Dans les faits, ces objectifs sont fixés par les dirigeants en fonction des paramètres propres à l'entreprise.

**Exemple** *Une entreprise prestataire de services, nouvellement créée, réalise une perte mais a signé d'importants contrats qui lui garantissent des revenus ultérieurs.*

## 3. La notion d'efficience

En gestion, l'efficience est la capacité de l'entreprise à atteindre les objectifs fixés par les dirigeants de l'entreprise avec une optimisation des ressources consommées.

**Exemple** *La production a augmenté alors que l'effectif des ouvriers est resté identique (5 salariés).*

Pour mesurer l'efficacité ou l'efficience d'une entreprise, il faut construire des indicateurs de mesure, en particulier des indicateurs économiques et financiers à destination des dirigeants et des associés. Ces indicateurs sont fondés sur la rentabilité.

## 2 La notion de rentabilité

Prenons un exemple : deux entreprises pèsent 150 millions d'euros de chiffre d'affaires. La première est une entreprise sidérurgique. Elle réalise 120 millions d'euros de valeur ajoutée et dégage 15 millions d'euros de bénéfices d'exploitation. La seconde est un grossiste qui emploie 10 personnes, réalise 15 millions d'euros de valeur ajoutée et dégage 1,5 million d'euros de bénéfice d'exploitation. Laquelle est la plus rentable : celle qui réalise 10 % de profitabilité ou celle qui n'en obtient que 1 % ? La première, bien sûr ? Non ! La seconde. Le sidérurgiste possède en effet des hectares de terre, des mines et des laminoirs pour une valeur de 120 millions d'euros ; ses stocks de charbon, de minerai de fer et de tôle engendrent un besoin de fonds de roulement de 45 millions, soit au total 165 millions d'euros de capitaux engagés. Son ratio de rentabilité sera de 15/165, c'est-à-dire 9 %. Le grossiste, lui, possède un bureau avec un téléphone pour une valeur de 1,5 million d'euros (il est situé dans les beaux quartiers), il ne travaille que sur commande, n'a pas de stock et se fait payer comptant ; il a un besoin d'un fonds de roulement de 3 millions d'euros, soit 4,5 millions d'euros de capitaux engagés. Sa rentabilité sera donc de 1,5/4,5, soit 33,3 %...

[...] Quand la rentabilité des capitaux propres se rapproche des taux du marché monétaire, la situation devient critique pour l'entreprise : à quoi bon en effet embaucher des gens, acheter des terrains, des machines... si l'on peut gagner autant en laissant son argent à la banque ? Chaque euro emprunté coûte alors plus cher en intérêts à l'entreprise qu'il ne rapporte en résultat d'exploitation.

*Alternatives économiques*, hors-série, n° 41 bis, septembre 1999.

**1.** **Pourquoi le grossiste est-il plus rentable que l'entreprise sidérurgique ?**

**2.** **À quel type de rentabilité fait ici référence l'auteur de l'article ?**

**3.** **Pourquoi la rentabilité financière des entreprises doit-elle être supérieure aux taux du marché monétaire ?**

## 3 La rentabilité de l'entreprise Pleins Feux

À l'aide des données suivantes, répondez aux questions ci-dessous.

| Tableau des SIG | N |
|---|---|
| Ventes de marchandises | 90 808 |
| - Coût d'achat des marchandises vendues | - 78 798 |
| **Marge commerciale** | **12 010** |
| Production vendue | 329 513 |
| ± Production stockée | 605 |
| **Production de l'exercice** | **330 118** |
| **Marge commerciale** | **12 010** |
| **Production de l'exercice** | **330 118** |
| - Consommations de l'ex. en prov. de tiers | - 209 828 |
| **Valeur ajoutée** | **132 300** |
| - Impôts, taxes et versements assimilés | - 1 669 |
| - Charges de personnel | - 24 113 |
| **Excédent brut d'exploitation** | **106 518** |
| Reprises sur provisions | 311 |
| Autres produits | – |
| - Dot. aux amortissements et provisions | - 2 692 |
| - Autres charges | - 101 |
| **Résultat d'exploitation (bénéfice ou perte)** | **104 036** |

| **Actif circulant d'exploitation** | |
|---|---|
| Stocks de matières et approvisionnements | 119 848 |
| Stocks de produits finis | 182 126 |
| Créances d'exploitation | 544 589 |
| Charges constatées d'avance | 1 256 |
| **Total** | **847 819** |
| **Dettes d'exploitation** | |
| Fournisseurs et comptes rattachés | 224 468 |
| Dettes fiscales et sociales | 80 741 |
| **Total** | **305 209** |
| **BFRE** | **542 610** |

- Total des immobilisations brutes : 1 114 184 €
- Résultat de l'exercice : 101 799 €
- Total des capitaux propres : 674 238 €
- Taux moyen de rentabilité financière du secteur : 12,5 %

**1.** **Calculez le taux de rentabilité économique de l'entreprise Pleins Feux.**

**2.** **Calculez le taux de rentabilité financière de l'entreprise Pleins Feux. Commentez.**

**3.** **Comparez avec le taux de rentabilité économique trouvé à la question 1.**

**4.** **Comment est-il possible de justifier un tel écart ?**

# II La performance économique (rentabilité économique)

## 1. Définition

La rentabilité est l'aptitude de l'entreprise à générer un résultat.
La rentabilité économique est un indicateur de la performance des capitaux engagés. Elle mesure sa capacité à dégager du profit à partir de l'investissement productif réalisé. Elle intéresse les dirigeants de l'entreprise.

Le résultat économique d'une entreprise est estimé à partir du résultat d'exploitation.
Les moyens mis en œuvre sont mesurés par : les capitaux engagés, c'est-à-dire le total des immobilisations brutes d'exploitation, auquel on ajoute le besoin en fonds de roulement d'exploitation (BFRE, voir chapitre 15).

## 2. Le taux de rentabilité économique

On évalue donc la rentabilité économique par le ratio suivant :

$$\text{Rentabilité économique} = \frac{\text{Résultat d'exploitation}}{\underbrace{\text{Immo. brutes} + \text{BFRE}}_{\text{Capitaux engagés}}} \times 100$$

Une entreprise, pour un même montant de capitaux investis, peut améliorer sa rentabilité économique de deux manières :

– soit, à volume de ventes constant, en augmentant la marge réalisée sur chaque produit ;
– soit, à marge unitaire constante, en augmentant le montant des ventes.

Ces deux voies de l'amélioration de la rentabilité économique peuvent évidemment se combiner.

# III La performance financière (rentabilité financière)

## 1. Définition

La rentabilité financière mesure la capacité de l'entreprise à rémunérer ses associés. C'est le critère de base de l'investisseur (l'actionnaire ou l'associé). Elle est également la condition fondamentale de toute croissance de l'entreprise.
En effet, l'investisseur veut être sûr que le placement qu'il va effectuer dans l'entreprise va lui assurer une rentabilité au moins équivalente à celle qu'il pourra trouver ailleurs.

**Exemple** ***Une entreprise qui réalise une rentabilité financière de 4 % aura des difficultés à attirer des investisseurs s'ils peuvent placer leurs fonds à 5 % ou si d'autres entreprises ont une rentabilité financière supérieure.***

Pour attirer des investisseurs, l'entreprise devra donc afficher la plus forte rentabilité financière possible.
Les capitaux propres représentent l'ensemble des ressources risquées par des associés dans l'entreprise. Le résultat est la rémunération qu'ils tirent de cet investissement.

## 2. Le taux de rentabilité financière

On évalue donc la rentabilité financière par le ratio suivant :

$$\text{Rentabilité financière} = \frac{\text{Résultat de l'exercice}}{\text{Capitaux propres}} \times 100$$

Une entreprise peut améliorer la rentabilité financière servie aux associés de deux manières :
– soit en améliorant la rentabilité économique (augmentation du résultat d'exploitation) dégagée par l'utilisation de l'actif ;
– soit en modifiant la composition du passif, dans le sens d'un recours plus grand aux emprunts et donc d'une baisse relative de la part des capitaux propres dans les investissements.

# Travaux dirigés

## 1 L'efficacité et l'efficience

**1.** **Citez au moins cinq critères de mesure de l'efficacité et de l'efficience dans les entreprises.**

**2.** **Est-ce que tous les critères que vous venez de citer sont mesurables ? Si oui, comment ?**

Quels sont les principaux objectifs d'une entreprise ? D'abord, l'amélioration de la productivité, l'accroissement de la qualité des biens et des services produits… Le maintien de la position sur le marché et la poursuite des efforts de marketing, de recherche ou de développement afin d'accroître la demande en produits existants ou nouveaux. La formation des employés et des cadres. Enfin, le maintien de l'utilité sociale de l'entreprise, c'est-à-dire son rôle comme agent de transformation de la société, ce qui lui confère une responsabilité publique. Tous ces objectifs opérationnels s'intègrent dans un objectif global qui est de rendre maximal le profit de l'entreprise.

Joël de Rosnay, cité par *Cap Entreprise*.

**3.** **À l'aide du texte ci-dessus, expliquez pourquoi la maximisation du profit ne peut être qu'un objectif global.**

## 2 Commentaire d'articles

**Document 1** **La presse américaine sous la pression de ses actionnaires**

Nouvelle baisse de la diffusion, problèmes de crédibilité, chute des revenus publicitaires, licenciements, révoltes d'actionnaires, cours de Bourse au plus bas, la presse américaine traverse une des périodes les plus difficiles de son existence.

En vingt ans, les journaux américains ont perdu près de dix millions d'acheteurs quotidiens. Il s'agit d'une tendance de fond. « Les journaux n'ont pas réussi à attirer les jeunes… »

Jusque-là, les journaux, en raison de leur solide présence locale, ont résisté à la concurrence audiovisuelle et multimédia et ont continué à attirer les investisseurs grâce à leurs bonnes performances économiques. Mais ils n'ont plus guère la cote aujourd'hui. Ils continuent pourtant à gagner beaucoup d'argent, nettement plus que la plupart des sociétés d'édition et d'information en ligne.

La **rentabilité économique** moyenne des journaux est de 20 %. Mais cela ne suffit pas à Wall Street qui demande toujours plus de croissance. Résultat : les cours des entreprises de presse ont baissé d'environ 20 % depuis le début de l'année.

Pour satisfaire la Bourse, les gestionnaires essaient de réduire leurs coûts, en supprimant des emplois. Selon le magazine professionnel *Editor & Publisher*, 1 900 emplois ont été supprimés depuis le début de l'année…

Alain Salles, *Le Monde*, 1er décembre 2005.

**Document 2** **Les dividendes de la veuve de Carpentras**

Michelin, Electrolux, Danone, Marks & Spencer… La liste des entreprises ayant annoncé des licenciements et des fermetures de sites tout en dégageant des bénéfices semble devoir s'allonger inexorablement. Dans les années quatre-vingts, les licenciements économiques concernaient surtout des secteurs en crise comme les mines, la sidérurgie ou le textile et étaient le fait d'entreprises en grandes difficultés, notamment en raison de la concurrence internationale. Désormais, des fermetures d'usines sont décidées par les conseils d'administration d'entreprises prospères dont la **viabilité** à moyen terme ne fait aucun doute.

Comment expliquer cette situation ?

De l'aveu même des dirigeants de ces entreprises, si des unités de production doivent être fermées, c'est parce qu'elles ne sont pas assez rentables, le **retour sur capitaux propres** y étant insuffisant. Les restructurations seraient l'unique moyen de satisfaire à **la norme de rentabilité qui est exigée par les épargnants**. Il s'agit dès lors pour l'entreprise de distribuer un maximum de dividendes à ses actionnaires.

Les segments de l'entreprise qui consomment trop de capital par rapport aux bénéfices dégagés sont alors souvent externalisés ou purement supprimés, ce qui se traduit par des fermetures de sites dans des firmes rentables. Ce faisant, les entreprises consacrent une gestion qui se préoccupe uniquement des actionnaires. Pour faire image, on aurait envie de dire que c'est la figure légendaire de la veuve de Carpentras qui impose aux entreprises des choix de gestion qui peuvent être extrêmement dommageables pour les salariés.

Florent Lecinq, Université d'Orléans, 15 mai 2001.

• • •

•••

**1.** **Définissez les termes en gras dans les documents.**

**2.** **Comment expliquez-vous le fait que des entreprises rentables et génératrices de profits soient amenées à licencier, à fermer des sites de production ou à se délocaliser ?**

**3.** **Quel critère de performance semble particulièrement apprécié des actionnaires ?**

**4.** **À quels types de rentabilité fait référence chacun des deux articles ?**

## 3 La rentabilité de l'entreprise Bon Vent

L'entreprise Bon Vent produit et commercialise un modèle unique de dériveur : le « Bon Vent 4.25 ». Ce voilier biplace est vendu 2 675 €. Les ventes s'élèvent à 7 000 unités pour l'année.

Les charges engagées pour réaliser ces ventes sont les suivantes :
- consommation d'énergie : 200 000 € ;
- achats de fibre de verre et de matériaux composites : 2 550 000 € ;
- achats d'acier inoxydable : 2 650 000 € ;
- achats d'équipements divers (accastillages) : 3 000 000 € ;
- salaire moyen mensuel unitaire des 40 ouvriers : 1 875 € ;
- salaire moyen mensuel unitaire des 8 cadres : 3 750 € ;
- frais administratifs et de gestion (dotations d'exploitation comprises) : 1 900 000 €.

Les capitaux investis par l'entreprise Bon Vent se montent à 110 000 000 €.

Le résultat net comptable se monte à 1 246 000 €.

Le total des capitaux propres est de 10 000 000 €.

**1.** **Indiquez quelques indicateurs d'efficacité que pourrait mettre en place l'entreprise Bon Vent.**

**2.** **Quel est le montant du chiffre d'affaires ?**

**3.** **Calculez le résultat d'exploitation.**

**4.** **Calculez la rentabilité économique de l'entreprise Bon Vent.**

**5.** **Calculez sa rentabilité financière. Commentez.**

## 4 La création de l'entreprise Minos et sa future rentabilité

M. Minos désire créer son entreprise de pose de revêtements de sol. Pour cela, il a réfléchi à plusieurs scénarios de financement et à leurs conséquences sur la rentabilité financière, résumés ci-dessous.

| | Scénario 1 | Scénario 2 | Scénario 3 |
|---|---|---|---|
| Capitaux propres | 100 000 | 50 000 | 40 000 |
| Capitaux empruntés | 0 | 50 000 | 60 000 |
| Capitaux engagés | 100 000 | 100 000 | 100 000 |
| Résultat d'exploitation | 10 000 | 10 000 | 10 000 |
| **Rentabilité économique** | **10 %** | **10 %** | **10 %** |
| Résultat net | 12 000 | 8 500 | 8 000 |
| **Rentabilité financière** | **12 %** | **17 %** | **20 %** |

**1.** **Expliquez pourquoi, lorsque le montant des capitaux propres diminue, la rentabilité financière augmente.**

**2.** **Quelles conséquences pouvez-vous en tirer pour le choix du financement de l'entreprise ?**

## 5 Évaluez les acquis du chapitre

L'entreprise Clément conçoit, fabrique et revend des robinets en laiton chromé.

**A. La mesure de l'efficacité et de l'efficience dans l'entreprise Clément**

Devant la concurrence de plus en plus forte des robinets en laiton importés, M. Clément, directeur général de l'entreprise, a mis en place des indicateurs de performance. Les objectifs de gestion de l'exercice N sont les suivants :

– baisser le prix de vente d'au moins 1 euro ;
– réduire la consommation de laiton par robinet de 45 centimes d'euro ;
– réduire le coût salarial par robinet de 10 %.

Vous disposez des informations suivantes, recueillies dans la comptabilité de l'entreprise.

| | N | | | N-1 | | |
|---|---|---|---|---|---|---|
| | Quantité | Prix unitaire | Montant | Quantité | Prix unitaire | Montant |
| Ventes de robinets en laiton | 46 889 | 62 € | 2 907 118 € | 39 487 | 63 € | 2 487 681 € |
| Charges engagées : | | | | | | |
| Consommation de laiton | | | 1 115 780 € | | | 963 211 € |
| Coût salarial | | | 1 012 110 € | | | 935 000 € |

Voici les informations données par la chambre syndicale professionnelle :
– prix de vente moyen des robinets en laiton chromé : 60 € ;
– consommation moyenne de laiton par produit : 40 % du prix de vente ;
– coût salarial moyen par produit : 32 % du prix de vente.

**1. Déterminez l'efficacité de l'entreprise au regard des trois objectifs.**

**2. Peut-on parler d'efficience pour la consommation de laiton et le coût salarial ?**

**3. Déterminez la performance de l'entreprise Clément au regard des indicateurs fournis par la profession. Commentez.**

**B. La rentabilité de l'entreprise Clément**

Vous disposez à présent des données suivantes tirées des états comptables de l'année N.

| Tableau des SIG | N |
|---|---|
| Ventes de marchandises | 1 158 790 |
| – Coût d'achat des marchandises vendues | – 852 200 |
| **Marge commerciale** | **306 590** |
| Production vendue | 4 712 340 |
| ± Production stockée | – 10 320 |
| **Production de l'exercice** | **4 702 020** |
| – Consommations de l'ex. en prov. de tiers | – 2 584 270 |
| **Valeur ajoutée** | **2 117 750** |
| – Impôts, taxes et versements assimilés | – 25 860 |
| – Charges de personnel | – 425 670 |
| **Excédent brut d'exploitation** | **1 666 220** |
| Autres produits | 5 160 |
| – Dot. aux amortissements et provisions | – 48 750 |
| – Autres charges | – 3 280 |
| **Résultat d'exploitation (bénéfice ou perte)** | **1 619 350** |

| | |
|---|---|
| **Actif circulant d'exploitation** | |
| Stocks de matières et approvisionnements | 1 498 100 |
| Stocks de produits finis | 2 276 580 |
| Créances d'exploitation | 6 807 360 |
| **Total** | **10 582 040** |
| **Dettes d'exploitation** | |
| Fournisseurs et comptes rattachés | 2 805 850 |
| Dettes fiscales et sociales | 1 005 890 |
| **Total** | **3 811 740** |
| **BFRE** | **6 770 300** |

• Total des immobilisations brutes : 13 927 300 €
• Résultat de l'exercice : 1 303 030 €
• Total des capitaux propres : 8 765 090 €
• Taux moyen de rentabilité économique du secteur : 10,2 %
• Taux moyen de rentabilité financière du secteur : 17,5 %

**4. Calculez le taux de rentabilité économique de l'entreprise Clément.**

**5. Calculez son taux de rentabilité financière. Commentez.**

**6. Comment est-il possible de justifier un tel écart ?**

# CHAPITRE 18

# Analyser les charges pour aider à la décision

## Des charges de l'entreprise Plein Air

Amortissement des machines

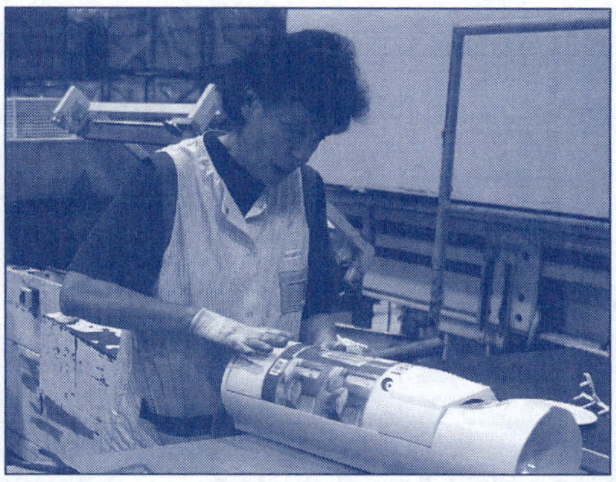

Salaires du personnel

Achat de plastiques ou de visserie

Les produits, les marchandises ou les prestations que vous vendez ont un coût. On peut distinguer le coût variable (qui dépend de la quantité vendue) du coût fixe (qui n'en dépend pas). Plus on produit, plus le « bénéfice » entre chiffre d'affaires et coûts variables augmente, jusqu'à arriver à atteindre (puis dépasser) le montant des coûts fixes. C'est le point mort ou seuil de rentabilité dont vous parlent vos interlocuteurs financiers : à partir de cette quantité vendue, l'activité est rentable.

*L'Entreprise*, n° 221, mars 2004.

## Plan du chapitre

I. Le niveau d'activité et le comportement des charges

II. La marge sur coût variable

III. Le seuil de rentabilité

IV. Le risque d'exploitation

V. La prévision en fonction de l'activité

## Réflexion préalable

1. Rappelez les définitions suivantes : coût, marge, coût de revient d'un produit.
2. À partir de leur définition donnée dans le texte ci-dessus et des illustrations, donnez deux exemples de charges variables et deux exemples de charges fixes.
3. Que représente le mot « bénéfice » souligné dans le texte ? Proposez une expression plus adaptée.
4. D'après ce texte, quand l'activité devient-elle rentable ?

### Mots clés

**activité, indicateurs d'activité, charges opérationnelles, charges de structure, coût variable, marge sur coût variable, seuil de rentabilité, marge et indice de sécurité, résultats prévisionnels**

# Activités

## 1 L'évolution des charges en fonction du niveau d'activité

L'entreprise Plein Air fabrique des mobiliers de jardin dans différentes usines. L'usine de Royan est spécialisée dans la production des tables Opus 24. L'entreprise désire analyser l'évolution des charges liées à la production et à la vente des tables.
Le coût mensuel du personnel pour fabriquer les tables Opus 24 est de 18 000 €. La rémunération des salariés est identique chaque mois, quelle que soit la production. Le plastique contenu dans une table Opus 24 coûte 34 € et la visserie 3 €. L'amortissement des machines nécessaires pour la fabrication s'élève à 2 800 € par mois (mode linéaire). La publicité et les autres dépenses de commercialisation atteignent chaque mois 620 €.
En juillet, elle a fabriqué 350 tables Opus 24, en août 345 et en septembre 360.

| Éléments | Juillet | Août | Septembre |
|---|---|---|---|
| Niveau d'activité | 350 | 345 | |
| Plastique | 11 900 € | 11 730 € | |
| Visserie | 1 050 € | 1 035 € | |
| Personnel | 18 000 € | 18 000 € | |
| Publicité et autres charges de commercialisation | 620 € | 620 € | |
| Amortissement des machines pour le moulage | 2 800 € | 2 800 € | |
| **Total des charges** | **34 370 €** | **34 185 €** | |

**1.** **Quel est le métier de l'entreprise Plein Air ? À quel produit nous intéressons-nous ?**

**2.** **Quel indicateur l'entreprise a-t-elle choisi pour mesurer le niveau d'activité de son usine de Royan ? À votre avis, pourquoi ?**

**3.** **Justifiez les sommes déjà inscrites puis complétez le tableau.**

**4.** **Quelles sont les charges qui ont varié en fonction de la production ?**

**5.** **Quelles sont celles qui n'ont pas évolué ?**

## 2 L'évolution des coûts selon la variabilité des charges

L'entreprise désire observer l'évolution du coût des tables Opus 24. Elle utilise le tableau ci-dessous.

| Mois | Juillet | | Août | | Septembre | |
|---|---|---|---|---|---|---|
| Nombre de tables Opus 24 produites et vendues | 350 | | 345 | | 360 | |
| | **Unitaire** | **Total** | **Unitaire** | **Total** | **Unitaire** | **Total** |
| Coût variable | 37,00 | 12 950,00 | | | | |
| Coût fixe | 61,20 | 21 420,00 | | | | |
| Coût total | 98,20 | 34 370,00 | | | | |

**1.** **À partir de l'activité 1, expliquez, pour juillet, le montant du coût variable total et le montant du coût fixe total. Comment a-t-on obtenu les montants unitaires ?**

**2.** **Complétez le tableau.**

**3.** **Que remarquez-vous au sujet des coûts variables totaux ? des coûts fixes totaux ?**

**4.** **Observez l'évolution du coût variable unitaire puis celle du coût fixe unitaire. Que constatez-vous ?**

# I Le niveau d'activité et le comportement des charges

## 1. L'activité et les indicateurs d'activité

### a) L'activité

L'activité est l'ensemble des opérations réalisées par une entreprise ou par un sous-ensemble de celle-ci (ateliers, services…).

### b) Les indicateurs d'activité

Pour mesurer l'activité, plusieurs indicateurs sont possibles :
– des indicateurs physiques ;
– des indicateurs de temps ;
– des indicateurs monétaires.

**Exemple** *Le poids des matières achetées peut permettre de mesurer l'activité du service Approvisionnement, le nombre d'heures travaillées de mesurer l'activité d'un atelier.*

Le chiffre d'affaires est souvent utilisé comme indicateur de l'activité de toute l'entreprise.
L'indicateur d'activité est une donnée interne choisie par l'entreprise. La pertinence de ce choix dépend de la relation entre l'évolution de l'indicateur choisi et le volume des charges.

## 2. Les charges opérationnelles et les charges de structure

### a) Les charges opérationnelles ou variables

Les charges opérationnelles sont les « charges liées au fonctionnement de l'entreprise. L'évolution de ces charges dépend étroitement du degré d'utilisation, de l'intensité et du rendement dans l'emploi des capacités et moyens disponibles. Ces charges sont, le plus généralement, "variables" avec le volume d'activité sans que cette variation lui soit nécessairement proportionnelle » (PCG 1982).
Les charges opérationnelles sont souvent assimilées à des **charges variables**.

**Exemple** *Le prix d'achat du plastique dépend du nombre de tables de jardin Opus 24 fabriquées.*

### b) Les charges de structure ou fixes

Les charges de structure sont les « charges liées à l'existence de l'entreprise et correspondant, pour chaque période de calcul, à une capacité de production déterminée. L'évolution de ces charges avec le volume d'activité est discontinue. Ces charges sont relativement "fixes" lorsque le niveau d'activité évolue peu au cours de la période de calcul » (PCG 1982). Les charges de structure sont assimilées à des **charges fixes**.

**Exemple** *Que l'entreprise ne vende aucune table Opus 24 ou qu'elle en vende 4 000, elle payera le même loyer.*

Les charges fixes sont constantes, quel que soit le volume d'activité. Elles peuvent cependant évoluer, mais par paliers.

**Exemple** *Une entreprise loue un nouvel entrepôt pour faire face à l'augmentation de ses ventes.*

## 3. Le coût variable et le coût fixe

Un coût est une somme de charges relatives à un élément défini (produit, service…).

### a) Le coût variable

Un coût variable est donc une somme de charges variables. C'est un coût partiel car il ne prend en compte qu'une partie des charges de l'entreprise : les charges variables (il exclut donc les charges fixes).

### b) Le coût fixe

Un coût fixe est une somme de charges fixes. C'est aussi un coût partiel.

## 3 La marge sur coût variable d'une table et d'une chaise Opus 24

L'entreprise Plein Air désire mettre en évidence la marge sur coût variable pour l'année N des tables Opus 24 fabriquées dans l'usine de Royan et des chaises Opus 24 fabriquées dans l'usine de Modane. Le service comptable a fourni les informations suivantes.

| Éléments | Tables Opus 24 à Royan | Chaises Opus 24 à Modane |
|---|---|---|
| Prix de vente unitaire | 100 € | 10 € |
| Quantités produites et vendues | 4 300 | 17 000 |
| Coût annuel du personnel | 216 000 € | 40 000 € |
| Plastiques pour une unité | 34 € | 7 € |
| Visseries pour une unité | 3 € | 1 € |
| Amortissement des machines nécessaires pour la fabrication (mode linéaire) | 33 600 € | 5 000 € |
| Publicité et autres dépenses de commercialisation | 7 440 € | 2 000 € |

À partir de ces données, le contrôleur de gestion a commencé à élaborer un compte de résultat par variabilité pour chaque usine.

| | Usine de Royan | | Usine de Modane | |
|---|---|---|---|---|
| | Montant | % du chiffre d'affaires | Montant | % du chiffre d'affaires |
| Chiffre d'affaires | 430 000 | 100 % | | |
| Charges variables :<br>Plastique<br>Visserie | <br>146 200<br>12 900 | <br>34 %<br>3 % | | |
| **Total coût variable** | **159 100** | 37 % | | |
| Marge sur coût variable | 270 900 | **63 %** | | |
| Charges fixes :<br>Personnel<br>Publicité et autres charges de commercialisation<br>Amortissement des machines | <br>216 000<br>7 440<br>33 600 | | | |
| **Total charges fixes** | **257 040** | | | |
| **Résultat** | **13 860** | 3,22 % | | |

**1.** **À partir de la définition générale de la marge, proposez une formule de calcul de la marge sur coût variable.**

**2.** **Justifiez l'affectation en charges variables et charges fixes des différents éléments de coût pour l'usine de Royan.**

**3.** **Justifiez le montant du chiffre d'affaires, des charges variables, de la marge sur coût variable, des charges fixes totales et du résultat pour l'usine de Royan.**

**4.** **De façon générale, comment peut-on obtenir le résultat à partir de la marge sur coût variable ?**

**5.** **Comment l'usine de Royan peut-elle améliorer son résultat ?**

**6.** **Complétez le compte de résultat par variabilité pour l'usine de Modane.**

**7.** **Comparez la situation des deux usines.**

# II La marge sur coût variable

## 1. La notion de marge sur coût variable

### a) Définition

Une **marge** est toujours une différence entre un chiffre d'affaires et un coût.

La **marge sur coût variable** est la différence entre le chiffre d'affaires et le coût variable.

**Marge sur coût variable = Chiffre d'affaires – Charges variables**

Elle peut être calculée globalement au niveau d'une entreprise, mais elle peut l'être aussi au niveau d'un produit ou d'une activité particulière.

### b) Interprétation

Si une entreprise dégage une marge sur coût variable de 100 000 €, cela signifie qu'après avoir pris en compte toutes les charges variables (matières, main-d'œuvre variable…), il reste 100 000 € de son chiffre d'affaires. Cette somme servira à couvrir les charges fixes (loyers, assurances…) et, si elle est suffisante, à dégager un bénéfice.

## 2. La marge sur coût variable et le résultat

| Chiffre d'affaires | Charges variables / Marge sur coût variable | { Charges fixes / Résultat |
|---|---|---|

Chiffre d'affaires = Charges variables + Marge sur coût variable ; Marge sur coût variable = Charges fixes + Résultat

**Résultat = Marge sur coût variable – Charges fixes**

## 3. Le taux de marge sur coût variable

### a) Définition

Le taux de marge sur coût variable représente la part de la marge sur coût variable comprise dans le chiffre d'affaires.

$$\textbf{Taux} = \frac{\textbf{Marge sur coût variable}}{\textbf{Chiffre d'affaires}}$$

Ou, en raisonnant pour une unité :

$$\textbf{Taux} = \frac{\textbf{Marge sur coût variable unitaire}}{\textbf{Prix de vente unitaire}}$$

### b) L'interprétation

Un taux de marge sur coût variable de 0,2 par exemple indique que, à chaque fois que l'entreprise vend pour 1 €, il lui reste 20 centimes qui participeront d'abord à la couverture des coûts fixes puis à dégager un bénéfice.

## 4. L'intérêt de la marge sur coût variable

### a) La simplicité de l'approche

L'approche par les charges variables permet d'éviter la répartition des charges fixes qui, souvent, sont communes à plusieurs produits.

### b) La relation coût – volume – profit

L'étude de la marge sur coût variable permet d'évaluer l'impact d'une variation des volumes produits et vendus ou des coûts sur le résultat.

L'évolution des quantités produites et vendues entraîne une variation de la marge sur coût variable totale et, de ce fait, du résultat.

De même, à partir de la marge sur coût variable, il est possible de mesurer les effets sur le résultat d'une réduction des coûts variables, d'une modification du prix de vente ou d'une augmentation des charges fixes.

**Exemple** *Une étude commerciale montre que, pour le produit X24, une baisse de prix de vente de 10 € à 9 € permettra d'augmenter les quantités vendues de 1 000 à 1 200. Le coût variable unitaire restera à 6 €. Les charges fixes resteront de 2 000 €. La marge sur coût variable passera de 4 000 à 3 600 € et le résultat de 2 000 à 1 600 €.*

## 4 L'influence du niveau d'activité sur le résultat

À partir du tableau qui analyse l'évolution du résultat en fonction du nombre de tables Opus 24 vendues, il est possible d'observer l'influence du niveau d'activité sur le résultat.

| Mois | Octobre | | Novembre | | Décembre | |
|---|---|---|---|---|---|---|
| Nombre de tables Opus 24 produites et vendues | 320 | | 340 | | 370 | |
| | **Unitaire** | **Total** | **Unitaire** | **Total** | **Unitaire** | **Total** |
| Chiffre d'affaires | 100,00 | 32 000 | 100,00 | 34 000 | 100,00 | 37 000 |
| – Coût variable | 37,00 | 11 840 | 37,00 | 12 580 | 37,00 | 13 690 |
| **= Marge sur coût variable** | **63,00** | **20 160** | **63,00** | **21 420** | **63,00** | **23 310** |
| – Charges fixes | 66,94 | 21 420 | 63,00 | 21420 | 57,89 | 21 420 |
| **= Résultat** | **– 3,94** | **– 1 260** | **0,00** | **0** | **5,11** | **1 890** |

**1.** **D'après le tableau ci-dessus, quel est le montant des ventes nécessaires pour que le résultat soit nul ?**

**2.** **Que se passe-t-il au niveau du résultat de l'entreprise lorsque les ventes sont inférieures à ce montant ? lorsqu'elles sont supérieures à ce montant ?**

**3.** **Comparez la marge sur coût variable et les coûts fixes lorsque le seuil de rentabilité est atteint. Que constatez-vous ?**

**4.** **Expliquez, en une phrase, pourquoi le résultat augmente avec le niveau d'activité.**

**5.** **Calculez le seuil de rentabilité en quantité. Que signifie ce seuil ?**

**6.** **La représentation graphique ci-dessous reprend les données du tableau.**
**Que représente la droite légendée ❶ ?**
**Que représente la droite légendée ❷ ?**
**Que représente le point légendé ❸ ?**

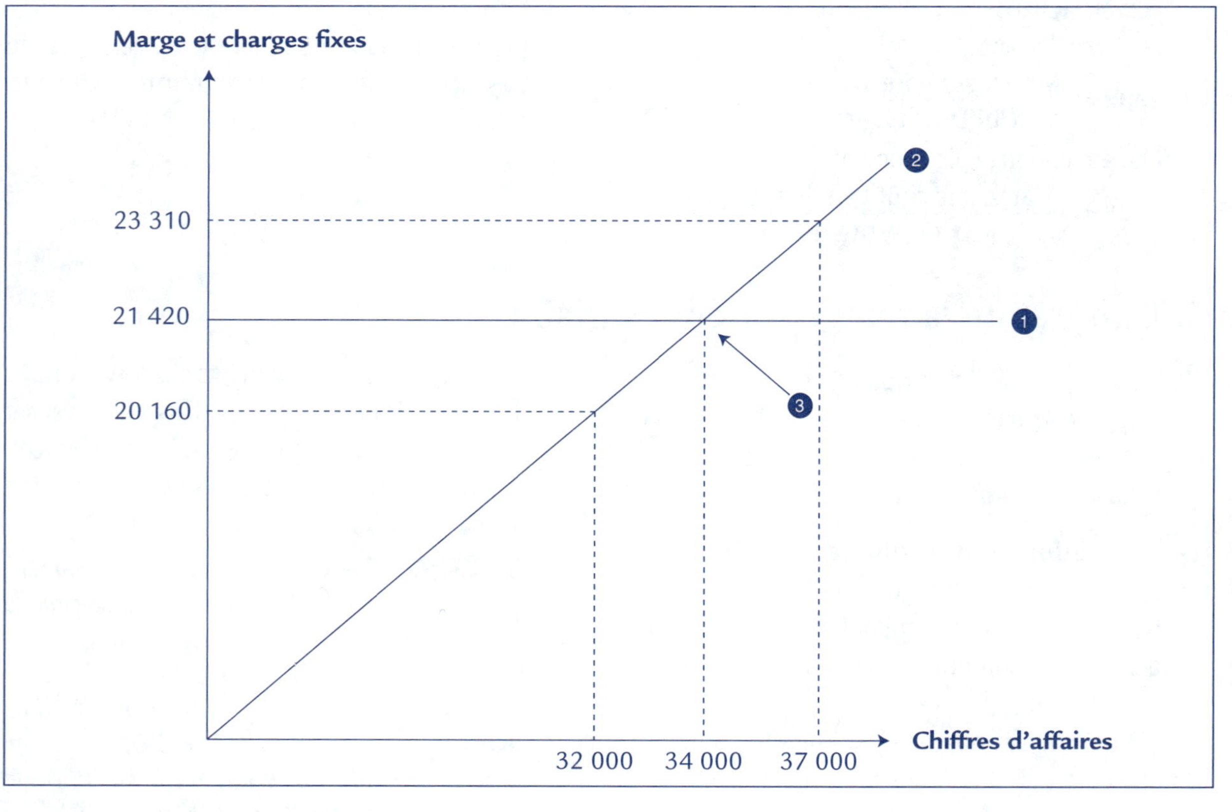

# III Le seuil de rentabilité

## 1. Définition

Le seuil de rentabilité est le niveau de chiffre d'affaires pour lequel l'entreprise ne fait ni bénéfice ni perte.

Il représente donc le chiffre d'affaires minimum à atteindre pour couvrir les charges fixes.

Quand le chiffre d'affaires réalisé est supérieur au seuil de rentabilité, l'entreprise dégage un résultat positif.

## 2. Le calcul

On désire connaître le chiffre d'affaires pour lequel le résultat est nul. On exprime donc le résultat en fonction du chiffre d'affaires.

Notons :
MCV = marge sur coût variable
CA = chiffre d'affaires
R = résultat
CF = coût fixe
Tmcv = taux de marge sur coût variable

### a) L'expression de la marge sur coût variable en fonction du chiffre d'affaires

Nous savons, par définition, que :

$$Tmcv = \frac{MCV}{CA}$$

On peut en déduire l'expression suivante :

**MCV = Tmcv × CA**

### b) L'expression du résultat en fonction du chiffre d'affaires

Le résultat peut être calculé en fonction de la marge sur coût variable et des coûts fixes :

**R = MCV – CF**

Ou :

**R = (Tmcv × CA) – CF**

### c) L'expression du seuil de rentabilité

Le seuil de rentabilité est atteint quand le résultat de l'entreprise est nul.
On cherche donc le chiffre d'affaires qui aboutit à un résultat nul.
R = 0 si MCV = CF

Autrement dit :
Tmcv × CA = CF, cette valeur du chiffre d'affaires étant le seuil de rentabilité.

D'où la formule de calcul du seuil de rentabilité :

$$\textbf{Seuil de rentabilité} = \frac{CF}{Tmcv}$$

On peut exprimer le seuil de rentabilité en quantité :

$$\textbf{Seuil de rentabilité en quantité} = \frac{\textbf{Seuil de rentabilité en valeur}}{\textbf{Prix de vente unitaire HT}}$$

**Exemple** *Le seuil de rentabilité en valeur pour l'Airbus A380 est estimé à 840 milliards de dollars. Le prix de vente d'un appareil étant de 280 millions de dollars, il faudra vendre 300 appareils pour rentabiliser l'opération.*
*Le seuil de rentabilité peut être calculé par produit ou globalement pour toute l'entreprise.*

## 5 L'appréciation du risque de l'activité pour Plein Air

Le chiffre d'affaires annuel de l'entreprise est de 430 000 €, son seuil de rentabilité est de 408 000 €.

**1.** **Que signifient les 408 000 € de seuil de rentabilité ?**

**2.** **Comment se situe le chiffre d'affaires par rapport au seuil de rentabilité ?**

**3.** **Calculez la différence entre le chiffre d'affaires annuel et le seuil de rentabilité. Que représente cette différence ?**

**4.** **Cette différence est-elle importante ? Pour répondre, vous calculerez la part relative de cette différence en fonction du chiffre d'affaires annuel.**

## 6 Les résultats prévisionnels pour l'entreprise Plein Air

Les charges fixes annuelles de l'entreprise sont de 257 040 €. Le coût variable unitaire est de 37 € et le prix de vente unitaire de 100 €.

**1.** **Rappelez la relation qui lie le chiffre d'affaires, le coût variable, les charges fixes et le résultat.**

On prévoit de vendre 4 500 tables Opus 24 pendant l'exercice suivant.

**2.** **Calculez le chiffre d'affaires, le coût variable et les charges fixes. Déduisez-en le résultat.**

L'entreprise procède à plusieurs simulations.

**3.** **Retrouvez le résultat obtenu avec un chiffre d'affaires de 450 000 € à partir du taux de marge sur coût variable et des charges fixes.**

**4.** **Quel sera le résultat si le chiffre d'affaires est de 420 000 € ?**

**5.** **Quel chiffre d'affaires faut-il réaliser pour obtenir un résultat de 20 000 € ?**

## 7 L'extension de l'activité de Plein Air

Face à une demande en forte expansion, les dirigeants pensent qu'il est possible de vendre 5 000 tables Opus 24 par an en ramenant le prix de vente à 98 €. Un nouvel investissement sera nécessaire.
Les charges fixes annuelles sont de 257 040 € avant l'investissement. Celui-ci a un coût de 150 000 € amortissable en mode linéaire sur cinq ans. Les frais de maintenance et de personnel liés au nouvel investissement seront de 12 350 €. La nouvelle machine, en plus d'augmenter la capacité, permettra, en rationalisant l'utilisation des matières premières, d'abaisser leurs coûts. Le plastique par table passera de 34 à 32 € et la visserie de 3 à 2,30 €.

**1.** **Calculez l'amortissement annuel du nouvel équipement.**

**2.** **Calculez le nouveau coût variable unitaire, le nouveau taux de marge sur coût variable et les nouvelles charges fixes.**

**3.** **Calculez le résultat si l'objectif des 5 000 tables vendues est atteint.**

**4.** **Calculez le nouveau seuil de rentabilité en valeur et en quantité de Plein Air.**

**5.** **Calculez la marge de sécurité et l'indice de sécurité avec le nouvel investissement.**

**6.** **Commentez la nouvelle situation.**

**7.** **Quel sera le résultat si seulement 4 600 tables sont vendues ? Commentez la situation.**

**8.** **Avant l'investissement, l'entreprise Plein Air réalisait un chiffre d'affaires de 430 000 € et un résultat de 13 860 €. Quel chiffre d'affaires faut-il maintenant réaliser si l'entreprise souhaite obtenir un résultat de 13 860 € ? Qu'en concluez-vous ?**

# IV Le risque d'exploitation

L'indice et la marge de sécurité mesurent le risque d'exploitation, c'est-à-dire le risque de ne pas atteindre le seuil de rentabilité.

## 1. La marge de sécurité

Le seuil de rentabilité permet d'obtenir un résultat nul. De ce fait, plus le chiffre d'affaires dépasse le seuil de rentabilité et moins l'activité sera risquée.

Il est donc utile de mesurer l'écart entre le chiffre d'affaires réalisé et le seuil de rentabilité. Cet écart s'appelle « marge de sécurité ».

**Exemple** *L'entreprise Dujardin a un seuil de rentabilité de 100 000 € et réalise un chiffre d'affaires de 130 000 €. Sa marge de sécurité est de 30 000 €. Autrement dit, l'entreprise pourra supporter une baisse de 30 000 € et ne pas être en perte.*

## 2. L'indice de sécurité

La marge de sécurité peut être rapportée au chiffre d'affaires.

$$\textbf{Indice de sécurité} = \frac{\textbf{Marge de sécurité}}{\textbf{Chiffre d'affaires}}$$

Plus l'indice est élevé et moins la situation est risquée.

**Exemple** *Pour l'entreprise Dujardin, l'indice de sécurité est de 0,3 (30 000/10 000). Cela signifie que la marge de sécurité représente 30 % du chiffre d'affaires.*

# V La prévision en fonction de l'activité

L'analyse coût – volume – profit permet aussi de prévoir les résultats en fonction du volume d'activité et de variations de coûts, en s'appuyant sur l'équation suivante.

**R = (Tmcv × CA) – CF**

Pour effectuer les prévisions, on cherchera toujours, en préalable, à déterminer des valeurs unitaires pour les éléments variables et des valeurs totales pour les coûts fixes.

On raisonne à partir du coût variable unitaire ou du taux de marge sur coût variable unitaire et des charges fixes totales.

**Exemple** *Le taux de marge sur coût variable est de 25 % et les charges fixes de 25 000 €. Si l'entreprise réalise un chiffre d'affaires de 150 000 €, son résultat sera de :*
*(0,25 × 150 000) – 25 000 = 12 500 €.*

Si **les conditions de coût changent**, on recalcule le coût variable unitaire ou le taux de marge sur coût variable unitaire ainsi que les charges fixes totales. Puis on détermine le résultat.

**Exemple** *L'entreprise investit afin de produire plus (200 000 unités). Cela engage des charges fixes supplémentaires de 7 000 €. L'augmentation du volume d'activité permet de réduire le coût des matières, ce qui a un impact de 2 % sur le taux de marge.*
*Nouveau taux de marge*
*= 25 % – 2 % = 23 %*
*Nouvelles charges fixes totales*
*= 25 000 + 7 000 = 32 000 €.*
*Nouveau résultat*
*= (0,23 × 200 000) – 32 000 = 14 000 €.*

# Travaux dirigés

## 1 Le parc Esthète G

Le parc Esthète G est un parc de loisirs. Il est ouvert certains jours de l'année. De nombreuses charges sont liées aux jours d'ouverture : dépenses d'électricité, personnel saisonnier payé à la journée de travail. Le coût variable d'une journée est de 6 000 €. Les charges fixes mensuelles sont de 140 000 €. Le prix d'entrée est de 15 €. Une journée permet de réaliser 1 000 entrées, donc 15 000 € de chiffre d'affaires par jour.

**Tableau d'observation des coûts d'avril à juin**

| Éléments | Avril | Mai | Juin |
|---|---|---|---|
| Nombre de jours ouverts | 15 | 20 | 30 |
| Chiffre d'affaires | 225 000,00 € | | |
| Charges variables<br>Charges fixes | 90 000,00 €<br>140 000,00 € | | |
| Coût de revient global | 230 000,00 € | | |
| Résultat global | – 5 000,00 € | | |
| Chiffre d'affaires par journée | 15 000,00 € | | |
| **Coût de revient unitaire**<br>dont : coût variable unitaire<br>coût fixe unitaire | **15 333,33 €**<br>6 000,00 €<br>9 333,33 € | | |
| **Résultat unitaire** | **– 333,33 €** | | |

**1.** **Quel est l'indicateur d'activité retenu ici ?**
**Cela vous semble-t-il pertinent ?**
**Quel autre indicateur d'activité aurait-on pu prendre ?**

**2.** **Justifiez par le calcul les sommes en euros inscrites dans la colonne d'avril.**

**3.** **Complétez les colonnes de mai et juin.**

**4.** **Observez l'évolution du coût de revient unitaire.**
**Que constatez-vous ?**
**Comment l'expliquez-vous ?**

**5.** **Observez l'évolution du résultat unitaire.**
**Que constatez-vous ?**
**Comment l'expliquez-vous ?**

**6.** **Le prix de vente d'une entrée vous semble-t-il suffisant ? Justifiez votre réponse.**

**7.** **Les dirigeants de l'entreprise sont mécontents de M. Pierre, directeur du parc, car il avait pour objectif de ne pas dépasser un coût de revient par journée de 14 000 €. Qu'en pensez-vous ? Pour répondre à cette question, vous chercherez d'abord pourquoi le coût de revient unitaire d'avril est élevé.**

## 2 La société Plat Plus

La société Plat Plus fabrique et commercialise des plats cuisinés inspirés de recettes du Moyen Âge.

Pour l'année N, la comptabilité de l'entreprise fournit les renseignements suivants.

- 22 000 plats cuisinés sont vendus au cours de l'exercice N.
- Le prix de vente d'un plat est de 12 € hors taxes.
- Matières premières nécessaires à la fabrication d'un plat :
  - miel : 0,50 € ;
  - farine de seigle : 0,70 € ;
  - sanglier : 4,50 € ;
  - ingrédients divers : 0,30 €.
- Autres charges variables unitaires de production et de distribution : 3 €.
- Les charges fixes annuelles s'élèvent à 60 000 €.

**1. Créez, à l'aide d'un tableur, une feuille de calcul permettant de calculer :**
**– le chiffre d'affaires ;**
**– les coûts variables unitaire et total en faisant apparaître les différents éléments ;**
**– les marges sur coût variable unitaire et globale ;**
**– le taux de marge sur coût variable ;**
**– les résultats unitaire et global.**

**2. Calculez, en utilisant des formules de calcul, le seuil de rentabilité en valeur et en quantité.**

**3. Après avoir rappelé la définition du seuil de rentabilité, vérifiez le seuil de rentabilité en quantité en utilisant la fonction Valeur cible ou Recherche valeur cible. Expliquez votre raisonnement. Après avoir noté le résultat, revenez à la situation initiale (22 000 plats).**

**4. Calculez la marge de sécurité et l'indice de sécurité en utilisant des formules de calcul.**

**5. Commentez l'ensemble des résultats obtenus.**

**6. En utilisant la fonction Valeur cible, déterminez le nombre de plats à vendre qui permettra d'obtenir un résultat de 30 000 €. Quel sera alors le chiffre d'affaires ? Retrouvez ce résultat par le calcul.**

**7. Une nouvelle politique de prix est envisagée pour relancer les ventes. Une baisse du prix de 3 % permettra d'augmenter les ventes de 5 % sans modifier les coûts variables unitaires et les charges fixes.**
**– Copiez votre tableau dans un autre endroit de la feuille de calcul.**
**– Quelles informations allez-vous modifier ?**
**– Insérez des formules qui feront référence aux anciens prix et quantités.**
**– Quels seront alors le résultat, le seuil de rentabilité, la marge de sécurité et l'indice de sécurité ?**
**– Commentez la nouvelle situation. La nouvelle politique commerciale vous semble-t-elle pertinente ?**

## 3 Société Lits de mille nuits

La société Lits de mille nuits est spécialisée dans la fabrication de lits haut de gamme pour les hôtels et chambres d'hôtes.
Désireuse de connaître l'impact du volume d'activité sur les coûts, la direction financière a réalisé une étude concernant la variabilité des charges.

À partir de cette étude, vous êtes chargé(e) de calculer les coûts des lits Schéhérazade pour l'exercice N. Pour cela, vous disposez des résultats de l'étude de la direction financière figurant dans le document 1.

**1. Complétez le tableau d'analyse par variabilité du résultat pour les lits Schéhérazade (document 2).**

**2. Commentez les résultats obtenus.**

**3. Quel chiffre d'affaires l'entreprise doit-elle réaliser si elle souhaite obtenir un résultat de 24 800 € ?**

Fin décembre N, la chaîne d'hôtels de luxe Châteaux de Charme contacte les dirigeants de la société Lits de mille nuits pour une commande de 24 lits modèle Schéhérazade, à condition d'obtenir une réduction de 15 % sur le prix de vente. Vous participez à une étude permettant de statuer sur cette commande.

**4. Complétez le tableau d'analyse par variabilité fourni dans le document 3. La société Lits de mille nuits doit-elle accepter cette commande ? Pourquoi ?**

**5. Quel prix minimal est-il possible d'accepter ?**

Pour l'année N+1, la société Châteaux de Charme fait la proposition suivante : une commande massive de 100 lits, mais au prix de 3 250 €. En dehors de cette éventuelle commande, les ventes en N+1 sont prévues à 500 exemplaires au prix unitaire de 4 000 € et les charges fixes sont évaluées à 380 000 €.
Le coût variable sera toujours en N+1 de 3 200 €. La capacité de production étant actuellement de 550 unités, un nouvel investissement (dont l'amortissement annuel atteindra 30 000 €) sera nécessaire. Satisfaits de vos travaux précédents, les dirigeants vous confient une nouvelle étude afin de les aider dans leur prise de décision.

**6. Complétez le tableau d'analyse par variabilité pour N+1 (document 4) si la nouvelle proposition de la société Châteaux de Charme est acceptée.**

**7. Commentez et expliquez l'évolution des résultats obtenus. Faut-il accepter la nouvelle proposition de la société Châteaux de Charme ?**

**Document 1** **Étude de la direction financière**

| | |
|---|---|
| Prix de vente d'un lit Schéhérazade | 4 000 € |
| Quantités vendues en N (avant la commande de la société Châteaux de Charme) | 500 |
| Charges variables unitaires pour un lit Schéhérazade | 3 200 € |
| Montant des charges fixes | 380 000 € |

•••

•••

**Document 2** **Tableau d'analyse des charges pour l'année N, avant la commande de la société Châteaux de Charme**

| Éléments | Calculs | Montants | Taux |
|---|---|---|---|
| Chiffre d'affaires | | | |
| Charges variables | | | |
| Marge sur coût variable | | | |
| Charges fixes | | | |
| Résultat | | | |
| Seuil de rentabilité | | | |
| Marge de sécurité | | | |
| Indice de sécurité | | | |

**Document 3** **Tableau d'analyse des charges pour l'année N, avec la commande de la société Châteaux de Charme**

| Éléments | Calculs | Montants | Taux |
|---|---|---|---|
| Chiffre d'affaires | | | |
| Charges variables | | | |
| Marge sur coût variable | | | |
| Charges fixes | | | |
| Résultat | | | |

**Document 4** **Tableau d'analyse des charges pour l'année N+1**

| Éléments | Calculs | Montants | Taux |
|---|---|---|---|
| Chiffre d'affaires | | | |
| Charges variables | | | |
| Marge sur coût variable | | | |
| Charges fixes | | | |
| Résultat | | | |

4

## Les Potiers de Talmont

La société Les Potiers de Talmont désire faire une étude de rentabilité pour l'année N et souhaiterait savoir si un investissement supplémentaire serait rentable. Les données pour traiter ce dossier figurent dans les documents 1 et 2.

**Vous pouvez répondre aux questions suivantes en utilisant un tableur.**

**1. Complétez les colonnes « N-1 » et « N » du tableau figurant dans le document 3.**

**2. Comment expliquez-vous l'augmentation du taux de marge ?**

**3. Commentez les résultats obtenus, et notamment leurs évolutions.**

**4. Calculez l'amortissement du nouvel investissement.**

**5. À partir des informations figurant dans le document 2, complétez la colonne « N+1 » du document 3.**

**6. Commentez la décision d'investissement.**

**Document 1** **Informations complémentaires**

| | N–1 | N |
|---|---|---|
| Nombre de poteries | 17 600 | 17 520 |
| Achats consommés :<br>Terre<br>Peinture<br>Diverses fournitures | <br>43 520,00<br>12 800,00<br>8 160,00 | <br>44 464,00<br>14 000,00<br>8 256,00 |
| Autres charges variables | 9 600,00 | 9 968,00 |
| Charges fixes | 25 600,00 | 28 000,00 |

Pour l'année N-1, le chiffre d'affaires est de 140 800 € et 17 600 poteries ont été vendues.
Pour l'année N, 17 520 poteries ont été vendues à 10 € l'unité.

**Document 2** **Investissement futur prévu pour N+1**

L'entreprise souhaite réaliser un investissement de 37 500 €, amortissable en mode linéaire sur cinq ans. Cet investissement permettrait d'augmenter les quantités vendues de 10 % par rapport à l'année N et de réduire la consommation de matières en limitant les chutes. Les charges variables représenteraient 42 % du chiffre d'affaires. Le prix de vente unitaire resterait à 10 €.

**Document 3** **Analyse de l'activité**

| | N-1 | N | N+1 |
|---|---|---|---|
| Indicateurs d'activité<br>Prix de vente unitaire<br>Chiffre d'affaires<br>Charges variables<br>Charges variables unitaires<br>Marge sur coût variable<br>Taux de marge<br>Charges fixes<br>Résultat<br>Seuil de rentabilité<br>Marge de sécurité<br>Indice de sécurité | | | |

## 5 La société Saintonge Excursion

Cette société est spécialisée dans l'organisation d'excursions sportives et culturelles pour des comités d'entreprise, notamment. La période étudiée concerne l'exercice N.
L'excursion pédestre « Sur le chemin des contrebandiers » emprunte, pendant trois jours, des chemins côtiers et propose des conférences sur la vie des paysans et marins au XVIIIe siècle. Quinze excursions de ce type ont lieu et sont composées d'une dizaine de participants. L'objectif ici est d'étudier le coût de ces excursions à partir des documents 1 à 4 et de déterminer leur seuil de rentabilité (documents 5 et 6).

**1.** **Dans le document 2, on vous fournit un tableau de répartition. Indiquez quel type de charge est concerné par ce tableau. Définissez ces charges.**

**2.** **Complétez le document 4.**

**3.** **Calculez le coût de production de l'excursion « Sur le chemin des contrebandiers ». Vous présenterez les calculs dans un tableau.**

**4.** **Calculez le coût de revient puis le résultat de l'excursion « Sur le chemin des contrebandiers ». Vous présenterez les calculs dans un tableau. Commentez la situation.**

**5.** **Comment justifier les éléments fixes et variables des charges figurant dans le document 5 ?**

**6.** **Complétez le compte de résultat différentiel du document 6 (les cases colorées).**

**7.** **Calculez le seuil de rentabilité. Déduisez-en le nombre minimal d'excursions correspondantes.**

**8.** **Commentez la situation.**

**9.** **Quelles seraient les conséquences d'une éventuelle augmentation du prix par excursion ?**

**10.** **Saintonge Excursion est susceptible de bénéficier d'une subvention du conseil général de la Charente-Maritime pour favoriser les initiatives touristiques innovantes.**
**Charges fixes annuelles : 9 360 € ; taux de marge sur coût variable : 17,74 %.**
**– Cette subvention sera-t-elle une charge ou un produit ? Sera-t-elle fixe ou variable ?**
**– Comment calculer le résultat des excursions « Sur le chemin des contrebandiers » à partir du chiffre d'affaires, des charges fixes, des charges variables et de la subvention ?**
**– Comment calculer le résultat à partir du taux de marge et des éléments fixes ?**
**– Rappelez la définition du seuil de rentabilité.**
**– Déduisez-en le montant de la subvention permettant de ramener le seuil de rentabilité à 46 500 €.**

### Document 1 Schéma de production

La mise au point d'une excursion se fait en plusieurs phases :
- phase d'étude : l'excursion est imaginée (parcours, thèmes…) et étudiée (centre d'analyse : étude) ;
- phase de formation : parallèlement, les guides se forment sur les thèmes de l'excursion ;
- phase de prospection : l'excursion est prête, il faut prospecter des clients potentiels (centre d'analyse : prospection) ;
- phase d'excursion : l'excursion a lieu avec un guide chargé de l'encadrement et des conférences sur le thème de l'excursion.

Pour chaque phase, certaines charges sont communes à plusieurs excursions (ressources documentaires, matériel informatique…). Pour répartir ces charges, des centres d'analyse ont été créés. Des dépenses de personnel pour les deux premières phases peuvent être imputées directement à des excursions. En effet, il est possible de mettre en évidence le temps consacré à l'étude et à la formation pour chaque excursion.

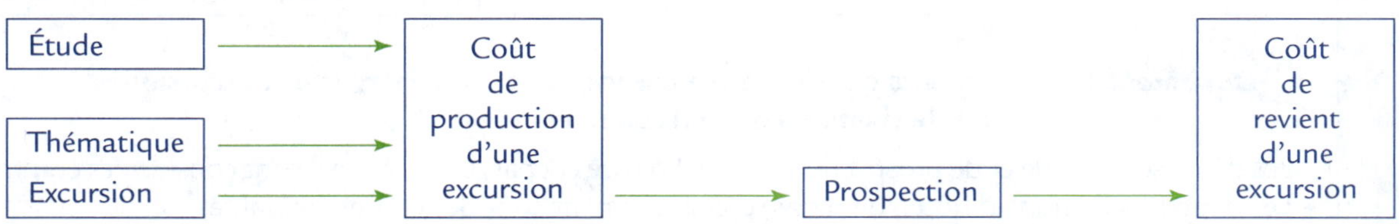


•••

•••

**Document 2** Tableau de répartition

| Éléments | Montant des charges | Secrétariat | Étude | Formation | Prospection |
|---|---|---|---|---|---|
| Services extérieurs | 2 719,80 | 860,00 | 430,00 | 999,80 | 430,00 |
| Charges de personnel | 12 058,10 | 3 440,00 | 4 318,10 | 2 580,00 | 1 720,00 |
| Autres charges | 1 376,00 | 0,00 | 688,00 | 344,00 | 344,00 |
| Dotation aux amortissements | 6 534,10 | 688,00 | 4 988,00 | 516,00 | 342,10 |
| Fournitures | 1 247,00 | 344,00 | 154,50 | 427,00 | 321,50 |
| Totaux répartition primaire | 23 935,00 | 5 332,00 | 10 578,60 | 4 866,80 | 3 157,60 |
| Répartition secrétariat | | | 10 % | 20 % | 70 % |
| Unités d'œuvre | | | Heures d'étude | Heures de formation | Nbre de contacts |

**Document 3** Informtions complémentaires

| Éléments | Pour toutes les excursions | Pour les 15 excursions « Sur le chemin des contrebandiers » |
|---|---|---|
| Heures d'étude | 170 h | 40 h |
| Heures de formation aux thèmes | 200 h | 50 h |
| Coût horaire d'étude et de formation | 35 € | 35 € |
| Repas | | 750 repas à 14 € l'unité |
| Nuits d'hôtel | | 300 nuitées à 40 € l'unité |
| Heures d'encadrement de l'excursion | | 450 h |
| Coût horaire de l'encadrement | | 35 € |
| Nombre de contacts | 130 | 40 |
| Prix d'une excursion | | 3 100 € |
| Nombre d'excursions | | 15 |

**Document 4** Tableau de répartition secondaire

| | Secrétariat | Étude | Formation | Prospection |
|---|---|---|---|---|
| Totaux répartition primaire | 5 332,00 | 10 578,60 | 4 866,80 | 3 157,60 |
| Répartition secrétariat | | | | |
| Totaux répartition secondaire | | | | |
| Unités d'œuvre | | Heure d'étude | Heures de formation | Nbre de contacts |
| Nombre d'unités d'œuvre ou assiette de frais | | | | |
| Coût de l'unité d'œuvre ou du taux de frais | | | | |

**Document 5** Éléments pour l'analyse par variabilité des charges de l'excursion « Sur le chemin des contrebandiers »

Les dépenses d'étude et de prospection (main-d'œuvre et charges indirectes) sont considérées comme fixes. Les dépenses de nuits d'hôtel, de repas, d'encadrement sont des charges variables.

•••

•••

**Document 6** Compte de résultat différentiel pour les 15 excursions « Sur le chemin des contrebandiers »

| Éléments | Montant (détail) | Montant (total) | Part du CA en % |
|---|---|---|---|
| Chiffre d'affaires | | | |
| Charges variables | | | |
| | | | |
| | | | |
| | | | |
| Coût variable | | | |
| Marge sur coût variable | | | |
| Charges fixes | | | |
| | | | |
| | | | |
| | | | |
| | | | |
| | | | |
| Coût fixe | | | |
| Résultat | | | |

## 6 Évaluez les acquis du chapitre

La compagnie aérienne Airévasion désire investir dans un nouvel avion. Le prix moyen du billet pour la destination concernée est de 500 €.
Deux investissements sont possibles :
– l'avion A, d'une capacité de 600 passagers, dont le coût variable par passager est de 30 €. Les charges fixes par vol (personnel, carburant, amortissement de l'avion…) sont estimées à 188 000 € ;
– l'avion B, d'une capacité de 450 passagers, dont le coût variable par passager est de 40 €. Les charges fixes par vol sont estimées à 147 200 €.
La consommation en carburant est indépendante du nombre de passagers, mais est liée au nombre de vols. Le coût du personnel est indépendant du nombre de passagers. Une partie des frais de personnel dépend du nombre de vols.

**1.** **Quel est l'indicateur d'activité retenu ici ?**

**2.** **Comment expliquez-vous l'importance des charges fixes ?**

**3.** **Calculez, pour chaque appareil et pour un vol : la marge sur coût variable par passager, le taux de marge sur coût variable, le seuil de rentabilité en valeur et en quantité.**

**4.** **Calculez, pour chaque appareil, le résultat maximum.**

**5.** **Qu'entend-on par « risque d'exploitation » ? Comment le mesure-t-on ?**

**6.** **Commentez les résultats obtenus.**

## 7 BAC Entraînez-vous à l'écrit

La cristallerie de Cozes est spécialisée dans la production de verres en cristal.
Elle est implantée à Cozes en Charente-Maritime.
La cristallerie envisage le lancement d'une nouvelle activité de fabrication de lustres en cristal, qui nécessitera le recrutement d'un ouvrier spécialisé et entraînera quelques frais supplémentaires.
Cette activité doit démarrer le 1er juillet N.

**Document 1** **Évaluation chiffrée du projet de lancement de la nouvelle activité**

D'après l'étude réalisée par le gérant et l'expert-comptable, la société pourrait écouler 700 lustres par semestre. Le prix de vente moyen par unité serait de 150 € hors taxes. Le prix d'achat moyen d'un lustre serait de 45 € hors taxes. L'ouvrier spécialisé recruté pour le lancement de cette nouvelle activité serait rémunéré par un salaire brut mensuel de 2 000 €. Les charges patronales peuvent être estimées à 45 % du salaire brut. La rémunération de l'ouvrier spécialisé est à considérer comme une charge fixe. Les autres frais variables induits par cette nouvelle activité s'élèveraient à 700 € par semestre. Le matériel nécessaire à la fabrication des lustres a un coût de 40 000 €, amortissable en mode linéaire sur cinq ans.

**1.** En vous aidant des informations figurant dans le document 1, complétez le compte de résultat par variabilité de l'activité de fabrication de lustres pour le second semestre (document 2).

**2.** À quoi correspond le résultat figurant dans la case colorée ?

**3.** Pourquoi la rémunération de l'ouvrier spécialisé peut être considérée comme une charge fixe ? Que se passerait-il si, en plus de son salaire, lui est versée une prime de rendement calculée en fonction des lustres réalisés ?

**4.** Calculez le seuil de rentabilité en valeur et en quantité.

**5.** Représentez sur un graphique la marge sur coût variable, les charges fixes et le seuil de rentabilité.

**6.** Calculez la marge de sécurité et l'indice de sécurité.

**7.** Concluez sur l'opportunité du lancement de cette nouvelle activité.

**Document 2** **Compte de résultat par variabilité de l'activité de vente de lustres**

| | Calcul | Montant | % du chiffre d'affaires |
|---|---|---|---|
| Chiffre d'affaires | | | |
| Charges variables : | | | |
| | | | |
| | | | |
| Total du coût variable | | | |
| Marge sur coût variable | | | |
| Charges fixes : | | | |
| | | | |
| | | | |
| | | | |
| Total des charges fixes | | | |
| Résultat | | | |

## 8 BAC Entraînez-vous au projet

### Intitulé du projet

**Analyse d'une nouvelle activité : société Forma Cuisine**

### Condition de réalisation

**Travail de groupe : 4 élèves**

La société Forma Cuisine est spécialisée dans l'organisation de journées de formation à l'art culinaire. Elle souhaite élaborer un outil lui permettant de calculer le coût et d'évaluer la rentabilité de chaque nouvelle activité. Elle souhaite que cet outil lui permette de simuler plusieurs hypothèses en fonction du prix facturé, du volume d'activité ou d'une rentabilité attendue.

Lors d'une première phase de votre travail, vous avez collecté un ensemble d'informations qui figurent dans les documents 1 à 4 (informations nécessaires aux calculs de coûts – documents 1 à 3 – et analyse par la variabilité des charges – document 4).

Chacun des outils que vous aurez conçus doit être accompagné d'un jeu d'essai et d'une notice d'utilisation.

**Vous envisagez maintenant de programmer les feuilles de calcul permettant d'automatiser les calculs à l'aide du tableur. Pour cela, vous vous êtes répartis le travail de la façon suivante :**

- **automatisations et analyses :**
  **– du coût et du résultat des stages « Repas de fête » (élèves a et b),**
  **– du compte de résultat par variabilité (élèves c et d) ;**
- **simulations :**
  **– étude du risque d'exploitation en fonction du nombre de stages (élèves c et d),**
  **– recherche d'une rentabilité de 15 % du chiffre d'affaires : en fonction d'hypothèses variées (augmentation du prix de vente, du nombre de participants par stage, du nombre de stages, d'une action sur les coûts...) (élèves c et d).**

**Document 1** **Schéma de production**

La mise au point d'un stage culinaire se fait en plusieurs phases.

**Phase de conception :** le thème du stage (cuisine exotique, cuisine de tous les jours, cuisine entre amis, cuisine de la mer…) est défini avec le chef cuisinier en charge du stage et les responsables de l'entreprise. Les recettes sont élaborées lors de cette phase (centre d'analyse : conception).

**Phase de prospection :** il s'agit de prospecter des clients potentiels (centre d'analyse : prospection).

**Phase de stage :** le stage se déroule avec un chef cuisinier chargé de l'encadrement des stagiaires.

Pour chaque phase, certaines charges sont communes à plusieurs stages culinaires (fournitures, secrétariat, matériel informatique). Pour répartir ces charges, des centres d'analyse ont été créés. Des dépenses de personnel (chef cuisinier et commerciaux) pour les phases de conception et de prospection peuvent être imputées directement aux différents stages. En effet, il est possible de mettre en évidence le temps consacré à la conception et à la prospection pour chaque stage.

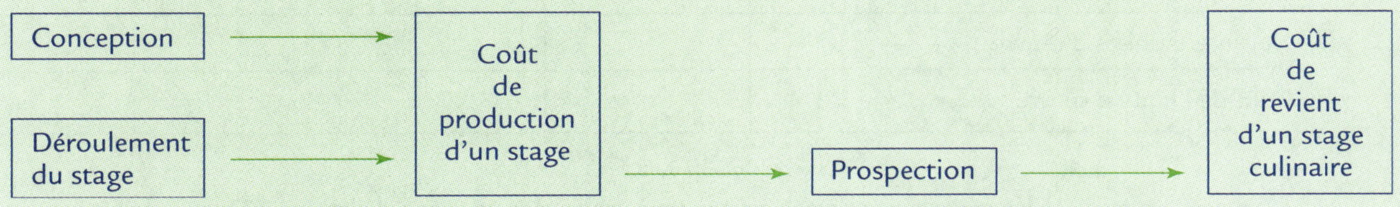


•••

•••

**Document 2** **Informations complémentaires**

Le stage « Repas de fête » dure six heures (une journée). Il a pour but d'aider les stagiaires dans l'élaboration d'un repas de fête (choix des ingrédients, définition du budget, matériel nécessaire, recettes, conseils du chef, réalisation du repas par les stagiaires et dégustation).

| Éléments | Pour tous les stages | Stages « Repas de fête » |
|---|---|---|
| Heures de conception | **180 h** | **5 h** |
| Coût horaire de conception (chef cuisinier) | **30 €** | **30 €** |
| Ingrédients (par stagiaire) | | 15 € |
| Location de la cuisine (par journée de stage) | | 200 € |
| Heures d'encadrement d'un stage par le chef cuisinier | | 6 h |
| Coût horaire de l'encadrement | | 40 € |
| Heures de prospection | 200 | 20 h |
| Coût horaire de prospection | 15 € | 15 € |
| Prix d'un stage par stagiaire | | 80 € |
| Nombre de stagiaires par stage | | 10 |
| **Nombre de stages** | | **12** |

**Document 3** **Tableau de répartition**

| Éléments | Montant | Soutien | Conception | Prospection |
|---|---|---|---|---|
| Services extérieurs | 5 700 | 3 600 | 1 300 | 800 |
| Charges de personnel | 21 523 | 6 200 | 8 533 | 6 790 |
| Autres charges | 3 018 | 300 | 2 685 | |
| Dotation aux amortissements | 14 523 | 1 500 | 8 123 | 4 900 |
| Fournitures | 3 211 | | 2 459 | 752 |
| Totaux répartition primaire | 47 975 | 11 600 | 23 100 | 13 242 |
| Clés de répartition soutien du stage | | | 60 % | 40 % |
| Répartition soutien du stage | | | | |
| Totaux répartition secondaire | | | | |
| Nature de l'unité d'œuvre | | | Heures de conception | Heures de prospection |
| Nombre d'unités d'œuvre | | | | |
| Coût de l'unité d'œuvre | | | | |

**Document 4** **Éléments pour l'analyse par variabilité des charges du stage « Repas de fête »**

| | |
|---|---|
| Charges variables | Les dépenses de location de la cuisine, d'ingrédients et d'encadrement |
| Charges fixes | Les dépenses de conception et de prospection (MOD et charges indirectes) |

# CHAPITRE 19

# Les prévisions de résultat et de trésorerie

## Réflexion préalable

1. Pour vous, qu'est-ce qu'un budget ? À quoi sert-il ?
2. Que répondriez-vous à la femme du boulanger ?
3. À votre avis (et en vous appuyant sur vos acquis de première), une entreprise rentable peut-elle avoir des difficultés de trésorerie ? Pourquoi ?

## Plan du chapitre



### Mots clés

**plan d'action, démarche budgétaire, budgets (des ventes, de production, d'approvisionnement, des autres frais, des investissements, des financements, de TVA) ; budget de trésorerie, compte de résultat d'exploitation par nature ou par destination**

# Activités

## 1 Élaborer le budget prévisionnel

**Décomposez tous vos objectifs**

[...] Jean-François Royer, associé chez Ernst et Young Entrepreneurs : [...] « Construire un budget prévisionnel digne de ce nom suppose d'abord que le dirigeant ait une vision, une ambition pour sa société. Et ensuite que cette vision soit traduite en termes d'objectif. » Élaborer un budget en se contentant de fixer la progression globale de chiffre d'affaires souhaitée est une lourde erreur :

« L'entreprise doit au contraire [...] définir avec précision ses objectifs de vente pour chaque marché, chaque secteur d'activité, et idéalement chaque ligne de produit et chaque segment de clientèle [...]. Mieux ce découpage sera fait, mieux on pourra par la suite évaluer les charges prévisionnelles. » [...]

Laurent Durieux, qui dirige le magasin de produits de jardin Fleurilège [...], a parfaitement intégré ce schéma : il décompose son objectif de progression globale des ventes par grandes familles de produits : fleurs coupées, plantes fleuries, plantes à massif, accessoires de jardin et cadeaux. « Je sais qu'une progression de 10 % de mon chiffre d'affaires sur les fleurs coupées entraînera une augmentation proportionnelle des coûts d'achat. En revanche, une croissance de 10 % des ventes de cadeaux générera une hausse de 20 % de ma facture achats. Je devrai en effet élargir ma gamme de produits et constituer davantage de stocks. »

**Impliquez tous les managers pour qu'ils ne jouent pas les uns contre les autres**

[...] Il s'agit de décliner les principaux objectifs, fixés en termes quantitatifs (progression du chiffre d'affaires, niveau de marge, évolution des coûts salariaux), mais aussi qualitatifs (taux de fidélisation de la clientèle, niveau de qualité des produits). À défaut, la démarche pourrait jouer contre l'intérêt de l'entreprise. Le directeur commercial pourrait, par exemple, être tenté de réaliser ses objectifs de chiffre d'affaires au détriment de la qualité des produits livrés et du service après-vente, le responsable d'un secteur d'activité d'atteindre son objectif de marge nette en supprimant toute formation à ses collaborateurs, etc.

[...]

**Assurez un suivi régulier afin de contrer les dérives**

Le budget est terminé. Il s'agit maintenant de l'exploiter au mieux, pour en faire un outil de pilotage efficace tout au long de l'exercice. Comment ? En comparant régulièrement (par exemple chaque trimestre) les performances réalisées avec celles budgétées, sur la base de quelques indicateurs soigneusement choisis. Si l'entreprise colle à son budget prévisionnel, tant mieux. Sinon, ce n'est pas dramatique. « L'entreprise est rarement dans les clous, notent Jean-François Royer et Philippe Le Corre. Ce qui importe, c'est de savoir analyser la cause des écarts, et surtout de réagir vite pour contrer les dérives ! »

Toutefois, si les réalisations effectives dérapent fortement par rapport aux prévisions, n'hésitez pas à pratiquer ce que les experts appellent des « reprévisions ». Autrement dit, établissez un nouveau budget plus conforme à la réalité, qui annule et remplace le précédent. Et revoyez les objectifs assignés à vos troupes. À défaut, le processus budgétaire perdrait toute crédibilité à leurs yeux.

[...] Pour bien exploiter un budget prévisionnel, il faut le diffuser aussi largement que possible dans l'entreprise. Selon un schéma idéal, chaque salarié est informé des objectifs de la direction et se voit fixer des objectifs individuels clairs. Encore faut-il ne pas traîner : cette diffusion en cascade doit se faire avant que l'exercice budgétaire ait commencé. C'est-à-dire en décembre (ou au plus tard dans la première quinzaine de janvier) pour les sociétés dont l'exercice est calé sur l'année civile.

[...]

Nathalie Mourlot, *L'Entreprise*, n° 181, novembre 2000.

**1.** **Qu'est-ce qu'un budget dans le langage courant ?**

**2.** **Quelles sont les différentes étapes liées à l'élaboration et au suivi d'un budget ?**

**3.** **Pourquoi faut-il détailler les objectifs de vente ?**

**4.** **Pourquoi faut-il veiller à la cohérence globale des objectifs ?**

**5.** **Pourquoi faut-il contrôler le budget ?**

# I La démarche budgétaire

Analyse, action et contrôle sont les trois phases de la démarche budgétaire.

## 1. La phase d'analyse

### a) L'élaboration d'un plan d'action

Un plan d'action est un ensemble d'actions coordonnées en vue d'atteindre des objectifs.
Il suppose au préalable :
– une observation de l'environnement de l'entreprise et un recensement des potentialités de l'entreprise ;

**Exemple** *Études des marchés, des concurrents, des technologies disponibles...*

– une définition des objectifs globaux ;

**Exemple** *Gagner 5 % de part de marché.*

– une déclinaison des objectifs au sein des différents services de l'entreprise ;

**Exemple** *Pour le service commercial, augmenter les ventes du produit P510 de 10 % dans les six mois, augmenter les quantités produites de composants par l'usine A.*

– une définition des moyens nécessaires pour atteindre les objectifs.

**Exemple** *Acquérir une nouvelle machine pour pouvoir augmenter la production.*

### b) L'établissement des budgets

Ensuite, on inscrit dans les budgets les chiffres résultant des prévisions.
Le budget est un état prévisionnel à court terme qui traduit, en euros, un programme d'actions envisagées pendant une période donnée.

Le PCG 1982 définit ainsi le budget comme la « prévision chiffrée de tous les éléments correspondant à un programme déterminé ».

### c) La vérification de la cohérence de la prévision budgétaire

Il est ensuite nécessaire de vérifier :
– que l'entreprise disposera des ressources financières nécessaires à son activité et qu'elle sera capable de faire face à ses échéances en construisant un budget de trésorerie ;
– que l'activité sera rentable, en élaborant un compte de résultat prévisionnel.
Dans le cas contraire, il lui faudra ajuster ses prévisions.

## 2. La phase d'action

Le plan d'actions défini et traduit sous forme de budgets est mis en œuvre. Le système d'information comptable enregistre ces réalisations.

**Exemple** *Après six mois d'efforts du service commercial, les ventes du produit P510 ont augmenté de 8 %.*

## 3. La phase de contrôle

Une fois l'action réalisée, il faut comparer les prévisions à la réalité. Ce contrôle permet de :
– montrer des **écarts** entre réalisations et prévisions. Ces écarts devront être expliqués.

**Exemple** *Les ventes du produit P510 sont passées de 100 000 à 108 000 € au lieu des 110 000 € prévus.*

– corriger les éventuelles erreurs de gestion, en mettant en place des **actions correctives** ;

**Exemple** *Seuls 50% des clients potentiels du produit P510 ont été contactés. Il est donc décidé de renforcer l'équipe de vente.*

– **corriger les prévisions** ultérieures ;
– **responsabiliser les acteurs.**

**Exemple** *Donner aux commerciaux des objectifs liés au nombre de clients contactés pour présenter le produit P510.*

# Activités

## 2 Les budgets de l'entreprise Plein Air

L'entreprise Plein Air fabrique des mobiliers de jardin. Elle prévoit les ventes HT suivantes : 40 000 € en janvier, 32 000 € en février et 44 000 € en mars. Les ventes et les achats de l'entreprise sont soumis à une TVA à 19,60 %. L'entreprise fonctionne sans stock.

Elle effectue aussi les prévisions suivantes.

- Achat de matières premières HT : 15 000 € en janvier, 12 000 € en février et 16 500 € en mars.
- Achats et services divers HT : 800 € par mois.
- Dépenses mensuelles de personnel : 12 000 € pour la production et 6 000 € pour l'administration, la distribution et la commercialisation.
- Dotations mensuelles aux amortissements des immobilisations : 2 000 € pour la production et 800 € pour les autres immobilisations.
- Acquisition en janvier d'une machine pour 5 000 € HT. Elle sera financée à 80 % par un prêt.

| Budget des ventes | Janvier | Février | Mars |
|---|---|---|---|
| Chiffre d'affaires HT | 40 000,00 € | | |
| TVA collectée | 7 840,00 € | | |
| Chiffre d'affaires TTC | 47 840,00 € | | |

| Budget de production | Janvier | Février | Mars |
|---|---|---|---|
| Matières premières | 15 000,00 € | | |
| Personnel | 12 000,00 € | | |
| Dotations aux amortissements | 2 000,00 € | | |

| Budget des approvisionnements | Janvier | Février | Mars |
|---|---|---|---|
| Achats de matières premières HT | 15 000,00 € | | |
| TVA déductible | 2 940,00 € | | |
| Achats de matières premières TTC | 17 940,00 € | | |

| Budget des autres charges | Janvier | Février | Mars |
|---|---|---|---|
| Achats et services divers HT | 800,00 € | | |
| TVA sur les achats | 156,80 € | | |
| Achats et services divers TTC | 956,80 € | | |
| Personnel administratif et commercial | 6 000,00 € | | |
| Dotations aux amortissements | 800,00 € | | |

| Budget des investissements | Janvier | Février | Mars |
|---|---|---|---|
| Acquisitions HT | 5 000,00 € | | |
| TVA déductible sur immobilisations | 980,00 € | | |
| Acquisitions TTC | 5 980,00 € | | |

| Budget de financement | Janvier | Février | Mars |
|---|---|---|---|
| Prêts | 4 784 € | | |

| Budget de TVA | Janvier | Février | Mars |
|---|---|---|---|
| TVA collectée | 7 840,00 € | | |
| TVA déductible sur biens et services | 3 096,80 € | | |
| TVA déductible sur immobilisations | 980,00 € | | |
| TVA à décaisser | 3 763,20 € | | |

- **Justifiez les montants budgétés pour le mois de janvier et complétez ceux de février et mars dans l'ordre suivant : budget des ventes ; budget de production ; budget des approvisionnements, budget des autres charges ; budget des investissements et de financement ; budget de TVA.**

# II L'articulation des budgets

La gestion budgétaire concerne l'ensemble des activités de l'entreprise. Il y a donc différents budgets relatifs aux divers centres budgétaires. Ceux-ci correspondent souvent aux différentes fonctions de l'entreprise (vente, production, approvisionnement…).

Les différents budgets sont liés entre eux. Il y a un ordre logique à respecter dans la construction des budgets.

– Il faut tout d'abord prévoir les ventes. Le **budget des ventes** indique par période les prévisions d'activité, en quantité et en valeur (chiffre d'affaires hors taxes, montant de la TVA, chiffre d'affaires TTC).

– Ensuite, il faut que l'entreprise se donne les moyens de réaliser ces ventes. Il faut donc prévoir la production. Le **budget de production** indique les prévisions de la production, en nombre de produits et en valeur, à partir de l'objectif défini par le budget des ventes et en fonction des capacités de production de l'entreprise.

– Pour permettre cette production, l'entreprise doit prévoir les **approvisionnements** (les achats), les charges de personnel, les investissements, les autres **charges** (charges d'administration, de distribution et diverses charges).

– On peut alors prévoir le **budget de TVA**, puis les différents **encaissements** (issus des recettes liées principalement aux ventes) et les **décaissements** (issus des dépenses liées à la production, aux investissements, aux approvisionnements et aux diverses charges) générés par les autres budgets.

– La confrontation des encaissements et des décaissements dans le **budget de trésorerie** permet de prévoir la trésorerie nette mois par mois.

– Les charges et les produits apparaissant dans les budgets permettent d'élaborer le **compte de résultat prévisionnel.**

– Le budget de trésorerie et le compte de résultat prévisionnel sont des documents résultants permettant de vérifier des équilibres fondamentaux qui garantissent la rentabilité et la solvabilité du plan d'action envisagée.

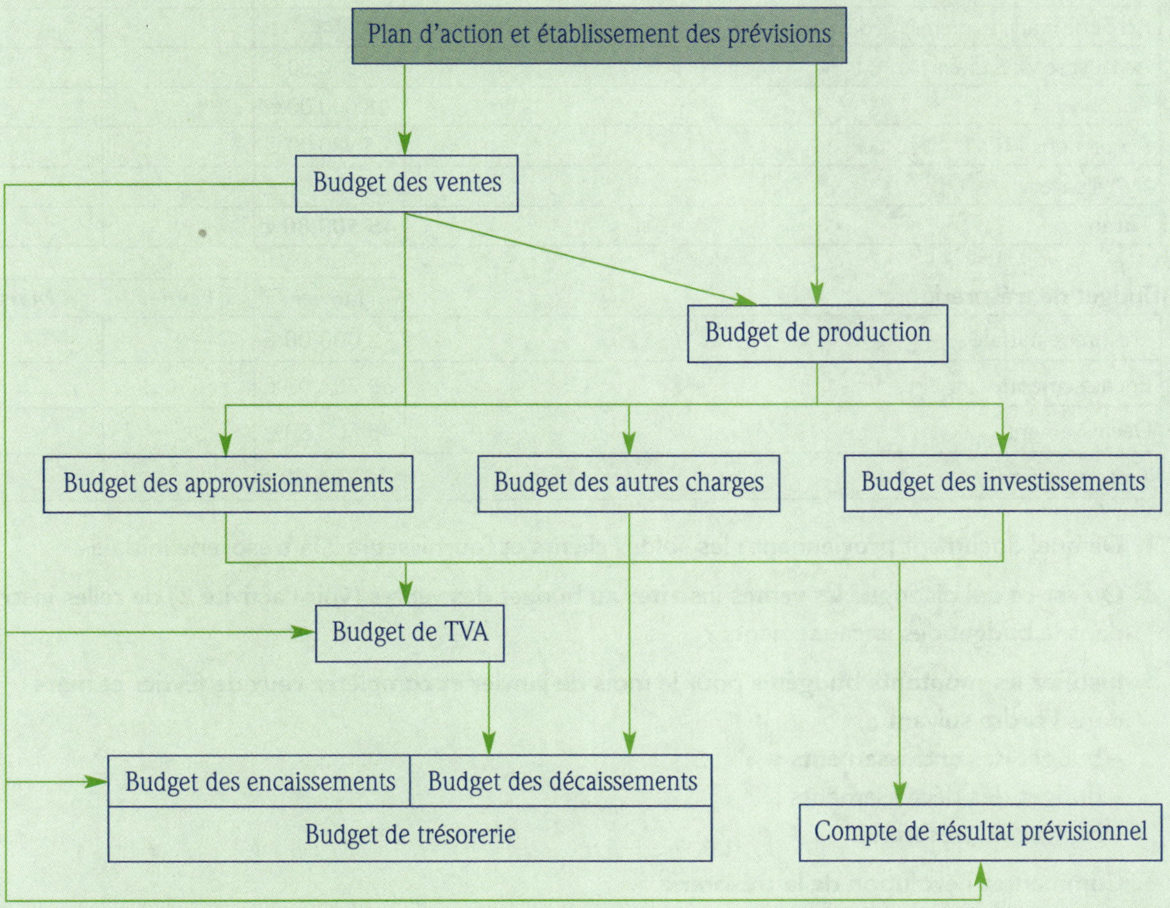

## 3 Le budget de trésorerie de l'entreprise Plein Air

L'entreprise Plein Air a réuni un ensemble d'informations complémentaires afin d'élaborer son budget de trésorerie.

- 50 % des clients règlent comptant, 30 % le mois suivant, 20 % à 60 jours.
- Fin décembre, il restait 17 000 € de créances clients. 10 000 € seront réglés en janvier et 7 000 € en février.
- Le prêt est entièrement débloqué en janvier et il sera remboursé en fin d'année.
- Les achats de matières premières sont réglés à 60 % au comptant et le reste le mois suivant.
- Fin décembre, il restait 7 000 € de dettes fournisseurs. Elles seront réglées en janvier.
- Les achats et services divers sont réglés immédiatement.
- Les charges de personnel sont réglées en fin de mois.
- La machine est réglée au comptant.
- La TVA est payée le 24 du mois suivant. La TVA à décaisser du mois de décembre s'élève à 2 800 €.
- Fin décembre, il restait une trésorerie positive de 2 000 €.

| Budget des encaissements | Janvier | Février | Mars |
|---|---|---|---|
| Solde clients | 10 000,00 € | | |
| Ventes de janvier | 23 920,00 € | | |
| Ventes de février | | | |
| Ventes de mars | | | |
| Prêt | 4 784,00 € | | |
| **Total** | **38 704,00 €** | | |

| Budget des décaissements | Janvier | Février | Mars |
|---|---|---|---|
| Solde fournisseurs | 7 000,00 € | | |
| Achat de matières premières de janvier | 10 764,00 € | | |
| Achat de matières premières de février | | | |
| Achat de matières premières de mars | | | |
| Achat et services divers | 956,80 € | | |
| Personnel | 18 000,00 € | | |
| Acquisitions TTC | 5 980,00 € | | |
| TVA à payer | 2 800,00 € | | |
| **Total** | **45 500,80 €** | | |

| Budget de trésorerie | Janvier | Février | Mars |
|---|---|---|---|
| Trésorerie initiale | 2 000,00 € | | |
| Encaissements | 38 704,00 € | | |
| Décaissements | 45 500,80 € | | |
| **Trésorerie finale** | **– 4 796,80 €** | | |

**1. De quel document proviennent : les soldes clients et fournisseurs ? la trésorerie initiale ?**

**2. Qu'est-ce qui distingue les ventes inscrites au budget des ventes (voir l'activité 2) de celles inscrites dans le budget des encaissements ?**

**3. Justifiez les montants budgétés pour le mois de janvier et complétez ceux de février et mars dans l'ordre suivant :**
- **budget des encaissements ;**
- **budget des décaissements ;**
- **budget de trésorerie.**

**4. Commentez l'évolution de la trésorerie.**

# III Le budget de trésorerie

## 1. La nécessité de gérer la trésorerie

### a) Définition de la trésorerie

La trésorerie correspond à l'ensemble des ressources immédiatement disponibles pour faire face aux dépenses. Elle correspond au montant des disponibilités en caisse et à la banque. Elle résulte des encaissements et décaissements générés pour l'essentiel par l'exploitation.

### b) Les buts de la gestion de trésorerie

Il s'agit de vérifier que l'entreprise dispose de ressources en liquidités suffisantes pour faire face à ses échéances. Gérer la trésorerie consiste aussi à rechercher au moindre coût les financements des besoins de trésorerie et à prévoir une utilisation optimale des excédents (placements…).

### c) L'élaboration du budget de trésorerie

La trésorerie dépend des sommes encaissées et décaissées, lesquelles sont fonction du niveau d'activité, des délais de paiement, des investissements. Il faut donc prévoir les flux qui modifient la trésorerie. Ces flux résultent de l'ensemble des autres budgets. Le budget de trésorerie permet donc de vérifier que les programmes d'action ne nuisent pas aux équilibres financiers fondamentaux.

Remarque : le budget de trésorerie prend en compte les encaissements et les décaissements, et non les charges et les produits. Il considère donc les montants toutes taxes encaissés ou décaissés à un moment donné, compte tenu des délais de paiement.

## 2. L'ajustement du budget de trésorerie

Le budget peut mettre en évidence un déficit de trésorerie, temporaire (lié à l'absence de disponibilités pendant une période limitée) ou durable, dû à un déséquilibre de la structure financière.

Dans ce dernier cas, la relation fondamentale suivante est en cause :

**Trésorerie nette = Fonds de roulement – Besoin en fonds de roulement**

Le déficit chronique de trésorerie s'explique par des ressources permanentes insuffisantes pour financer le besoin en fonds de roulement. Pour y remédier, il est donc possible d'agir sur le FDR ou sur le BFR.

### a) Financer le déficit temporaire de trésorerie

Pour financer le déficit temporaire de trésorerie, l'entreprise peut :

– puiser dans ses valeurs mobilières de placement ;

– avoir recours à des découverts bancaires. Mais ces découverts ont un coût : les agios (intérêts plus commissions).

### b) Augmenter le fonds de roulement

Il s'agit ici d'accroître le volume des ressources permanentes, soit par le recours à un emprunt, soit par un accroissement des capitaux propres (incorporation plus importante de réserves ou augmentation des apports des associés).

### c) Agir sur le besoin en fonds de roulement

Pour réduire le besoin en fonds de roulement, l'entreprise peut agir sur les délais de paiement en négociant des délais plus longs auprès de ses fournisseurs et des règlements plus rapides de ses clients. Ces négociations doivent cependant tenir compte des usages de la profession et des relations commerciales.

Elle peut aussi réduire ses stocks en améliorant leur rotation. Mais les stocks doivent demeurer suffisants pour répondre aux aléas de la demande et de la production.

## 4 Le compte de résultat d'exploitation prévisionnel par nature de charges de l'entreprise Plein Air

À partir des informations fournies précédemment, le compte de résultat prévisionnel d'exploitation est établi par nature de charges.

**Compte de résultat par nature de charges**

| | Janvier | Février | Mars |
|---|---|---|---|
| **Chiffre d'affaires** | **40 000,00 €** | | |
| Achat de matières premières consommées | 15 000,00 € | | |
| Autres achats et charges externes | 800,00 € | | |
| Charges de personnel | 18 000,00 € | | |
| Dotations aux amortissements et aux provisions | 2 800,00 € | | |
| **Total des charges d'exploitation** | **36 600,00 €** | | |
| **Résultat d'exploitation** | **3 400,00 €** | | |

**1.** **De quel budget est issu le chiffre d'affaires ? Pourquoi ?**

**2.** **Quelles différences faites-vous entre une charge et un décaissement ?**

**3.** **Quelles différences faites-vous entre un produit et un encaissement ?**

**4.** **Justifiez chaque élément du compte de résultat d'exploitation de janvier.**

**5.** **Complétez le résultat d'exploitation pour février et mars.**

**6.** **Commentez le compte de résultat d'exploitation du premier trimestre.**

## 5 Le compte de résultat d'exploitation prévisionnel par destination de l'entreprise Plein Air

Des précisions sont apportées sur les charges du mois de janvier.
- Achats et services divers HT : 800 € HT par mois dont 500 € pour la distribution.
- Dépenses de personnel mensuelles : 12 000 € pour la production, 2 500 € pour la distribution, 1 500 € pour l'administration et 2 000 € pour la commercialisation.
- Dotations mensuelles aux amortissements des immobilisations : 2 000 € pour la production et 800 € pour des immobilisations du service administratif.

| | Janvier |
|---|---|
| **Chiffre d'affaires** | **40 000,00 €** |
| Matières consommées | 15 000,00 € |
| Autres charges de production | 14 000,00 € |
| Charges de distribution | 3 000,00 € |
| **Coût des ventes** | **32 000,00 €** |
| Charges administratives et de commercialisation | 4 600,00 € |
| **Total des charges d'exploitation** | **36 600,00 €** |
| **Résultat d'exploitation** | **3 400,00 €** |

**1.** **Comment sont classées ici les différentes charges d'exploitation ?**

**2.** **Quel est l'intérêt d'un tel regroupement ?**

**3.** **Justifiez chaque élément du compte de résultat d'exploitation de janvier.**

# IV Le résultat d'exploitation prévisionnel

L'entreprise a besoin de vérifier que ses programmes d'action lui permettront d'être rentable. Il faut donc calculer le résultat d'exploitation qui est déterminé en établissant un compte de résultat d'exploitation prévisionnel.

## 1. Les règles d'élaboration du compte de résultat d'exploitation prévisionnel

Le compte de résultat d'exploitation prévisionnel regroupe les charges et les produits prévus. Il résulte de l'ensemble des budgets. Mais, contrairement au budget de trésorerie, on s'intéresse au total des charges hors taxes et au total des produits hors taxes, peu importent les décaissements et les encaissements. Il est possible de présenter le compte de résultat d'exploitation prévisionnel par nature ou par destination.

## 2. Le compte de résultat d'exploitation prévisionnel par nature

Il permet de classer les produits et les charges d'exploitation par nature.

**Exemple** *Tous les salaires et charges sociales de production, de distribution ou d'administration sont regroupés.*

| Budgets | Compte de résultat d'exploitation prévisionnel |
|---|---|
| | **Produits d'exploitation** |
| Budget des ventes (montant HT des ventes prévues) → | Ventes de marchandises<br>Production vendue |
| Budget de production (montant de la production non vendue) → | Production stockée |
| | Total produit d'exploitation (1) |
| | **Charges d'exploitation** |
| Budget des approvisionnements (montant HT des achats prévus et des achats non consommés) | Achats de matières premières<br>Variation de stock des matières premières<br>Achats de marchandises<br>Variation de stock des marchandises |
| Budget de production et des autres charges (montant HT des charges prévues) | Autres achats<br>Services extérieurs, impôts et taxes<br>Salaires et charges sociales<br>Dotations aux amortissements<br>Total charges d'exploitation (2) |
| | **Résultat d'exploitation (1) – (2)** |

## 3. Le compte de résultat d'exploitation prévisionnel par destination

Les entreprises peuvent, en fonction de leurs besoins de gestion, adopter une autre présentation de leur compte de résultat.

**Exemples** *Par famille de produits, par zone géographique, par fonction.*

Le compte de résultat par destination repose notamment sur une analyse de type fonctionnel et permet de distinguer :

– le coût des ventes qui regroupe l'ensemble des charges liées à l'activité : achats, production, distribution des produits ;
– les autres charges opérationnelles : administration, commercialisation (publicité, rémunération des commerciaux…).

# Travaux dirigés

## 1 L'entreprise Loupiot : budget et résultat d'exploitation sur tableur

L'entreprise Loupiot fabrique des balançoires pour enfants. Son nouveau dirigeant souhaite développer ses ventes en distribuant ses produits sur Internet. Cela permettrait de s'adresser directement aux consommateurs finals (particuliers et municipalités). Auparavant, les balançoires n'étaient vendues qu'à des grandes surfaces.

La nouvelle stratégie a été déclinée en plans d'action qu'il faut traduire dans les budgets.

L'entreprise Loupiot fait les prévisions suivantes :

- une étude de marché permet d'espérer les ventes suivantes : 140 balançoires en janvier, 160 en février et 170 en mars ;
- la vente directe permettrait de proposer un prix au consommateur final de 330 € HT ;
- les ventes et les achats de l'entreprise sont soumis à une TVA à 19,60 % ;
- l'entreprise fonctionne sans stock ;
- chaque balançoire nécessite 100 € de matières premières ;
- achats et services divers : 1 000 € HT par mois ;
- dépenses de personnel mensuelles : 20 000 € pour la production et 10 000 € pour l'administration et la commercialisation ;
- dotations mensuelles aux amortissements des immobilisations : 5 000 € pour la production et 1 500 € pour les autres immobilisations ;
- acquisition début janvier du matériel informatique nécessaire pour le site Internet. Coût : 10 000 €. Elle sera financée à 70 % par un prêt ;
- les particuliers règlent comptant et les municipalités le mois suivant. 70 % des clients sont des particuliers et 30 % des municipalités ;
- fin décembre, il restait 10 000 € de créances clients à recevoir en janvier ;
- le prêt est entièrement débloqué en janvier et il sera remboursé en fin d'année ;
- les dettes fournisseurs de matières premières sont réglées à 65 % au comptant et le reste le mois suivant ;
- fin décembre, il restait 6 000 € de dettes fournisseurs. Elles seront réglées en janvier ;
- les achats et services divers sont réglés immédiatement ;
- les charges de personnel sont réglées en fin de mois ;
- le matériel informatique est réglé au comptant ;
- la TVA est payée le 24 du mois suivant. La TVA à décaisser de décembre s'élève à 3 000 € ;
- fin décembre, il restait une trésorerie positive de 500 €.

Vous disposez, pages suivantes, du modèle de la feuille de calcul.

**1.** **Comment les quantités à produire sont-elles déterminées ? Les stocks ont-ils une incidence sur la fixation des quantités à produire ?**

**2.** **Comment sont déterminées les quantités de matières à acheter ? Les stocks ont-ils une incidence sur la fixation des quantités de matières à acheter ?**

**3.** **Créez et complétez les différents budgets.**

**4.** **Commentez le budget de trésorerie et proposez des solutions.**

**5.** **Complétez le compte de résultat d'exploitation.**

**6.** **En utilisant la fonction Valeur cible (menu Outils, Valeur cible), trouvez le nombre de produits à vendre pour que la trésorerie soit équilibrée.**

**7.** **Il est possible que la répartition des ventes entre particuliers et municipalités soit plus équilibrée (chacun représenterait 50 % des ventes dont le montant global ne change pas). Chiffrez et commentez les conséquences d'une telle modification.**

•••

•••

| | A | B | C | D |
|---|---|---|---|---|
| 1 | | | | |
| 2 | **Budget des ventes** | Janvier | Février | Mars |
| 3 | Quantités prévues | | | |
| 4 | Prix de vente unitaire | | | |
| 5 | Chiffre d'affaires HT | | | |
| 6 | TVA collectée | | | |
| 7 | Chiffre d'affaires TTC | | | |
| 8 | | | | |
| 9 | **Budget de production** | Janvier | Février | Mars |
| 10 | Quantités à produire | | | |
| 11 | Coût des matières premières pour une balançoire | | | |
| 12 | Matières premières | | | |
| 13 | Personnel | | | |
| 14 | Dotations aux amortissements | | | |
| 15 | | | | |
| 16 | **Budget des approvisionnements** | Janvier | Février | Mars |
| 17 | Quantités prévues de matières premières | | | |
| 18 | Prix d'achat unitaire | | | |
| 19 | Achats HT | | | |
| 20 | TVA déductible | | | |
| 21 | Achats TTC | | | |
| 22 | | | | |
| 23 | **Budget des autres charges** | Janvier | Février | Mars |
| 24 | Achats et services divers HT | | | |
| 25 | TVA sur les achats | | | |
| 26 | Achats et services divers TTC | | | |
| 27 | Personnel administratif | | | |
| 28 | Dotations aux amortissements | | | |
| 29 | | | | |
| 30 | **Budget des investissements** | Janvier | Février | Mars |
| 31 | Acquisitions HT | | | |
| 32 | TVA déductible sur immobilisations | | | |
| 33 | Acquisitions TTC | | | |
| 34 | | | | |
| 35 | **Budget de financement** | Janvier | Février | Mars |
| 36 | Prêts | | | |
| 37 | | | | |

•••

•••

| | A | B | C | D |
|---|---|---|---|---|
| 38 | **Budget de TVA** | **Janvier** | **Février** | **Mars** |
| 39 | TVA collectée | | | |
| 40 | TVA déductible sur biens et services | | | |
| 41 | TVA déductible sur immobilisation | | | |
| 42 | TVA à décaisser | | | |
| 43 | | | | |
| 44 | **Budget des encaissements** | **Janvier** | **Février** | **Mars** |
| 45 | Solde clients | | | |
| 46 | Ventes de janvier | | | |
| 47 | Ventes de février | | | |
| 48 | Ventes de mars | | | |
| 49 | Prêts | | | |
| 50 | Total | | | |
| 51 | | | | |
| 52 | **Budget des décaissements** | **Janvier** | **Février** | **Mars** |
| 53 | Solde fournisseurs | | | |
| 54 | Achats de matières premières de janvier | | | |
| 55 | Achats de matières premières de février | | | |
| 56 | Achats de matières premières de mars | | | |
| 57 | Achats et services divers | | | |
| 58 | Personnel | | | |
| 59 | Acquisitions TTC | | | |
| 60 | TVA à payer | | | |
| 61 | Total | | | |
| 62 | | | | |
| 63 | **Budget de trésorerie** | **Janvier** | **Février** | **Mars** |
| 64 | Trésorerie initiale | | | |
| 65 | Encaissements | | | |
| 66 | Décaissements | | | |
| 67 | Trésorerie finale | | | |
| 68 | | | | |
| 69 | | | | |
| 70 | **Compte de résultat par nature de charges** | **Janvier** | **Février** | **Mars** |
| 71 | Chiffre d'affaires | | | |
| 72 | Achat de matières premières consommées | | | |
| 73 | Autres achats et charges externes | | | |
| 74 | Charges de personnel | | | |
| 75 | Dotations aux amortissements | | | |
| 76 | Total charges d'exploitation | | | |
| 77 | Résultat d'exploitation | | | |

## 2 Souvenirs de La Rochelle

Le magasin Souvenirs de La Rochelle est spécialisé dans la vente de souvenirs. Ce commerce est situé dans une rue piétonne très fréquentée de La Rochelle.
L'entreprise est assujettie pour l'ensemble de ses opérations à la TVA au taux de 19,60 %.
Le gérant, M. Day, aimerait connaître l'évolution de sa trésorerie au cours du premier trimestre N.
Vous disposez des documents 1 à 7 pour lui répondre.

**1. Établissez le budget de TVA (document 4). Justifiez vos calculs en identifiant notamment la source d'information.**

**2. Établissez les budgets des encaissements et des décaissements (document 5). Justifiez vos calculs en identifiant notamment la source d'information.**

**3. Établissez le budget de trésorerie (document 6). Justifiez vos calculs en identifiant notamment la source d'information.**

**4. Commentez la situation de trésorerie et proposez des solutions.**

**5. Établissez le compte de résultat prévisionnel (document 7).**

**6. Commentez le compte de résultat prévisionnel.**

**Document 1** **Extrait de la balance au 31 mai N**

| Numéros de comptes | Intitulés | Montants | |
|---|---|---|---|
| | | Débit | Crédit |
| 401000 | Fournisseurs[1] | | 7 260,00 |
| 404000 | Fournisseurs d'immobilisations[2] | | 5 330,00 |
| 411000 | Clients[3] | 3 947,00 | |
| 421000 | Personnel – Rémunérations dues | | 4 950,00 |
| 430000 | Sécurité sociale et autres organismes sociaux | | 3 168,00 |
| 445670 | Crédit de TVA à reporter | 458,70 | |
| 512000 | Banque | 7 639,50 | |
| 530000 | Caisse | 825,00 | |

1. Paiement 50 % en juin N, 50 % en juillet N.
2. Paiement en juin N.
3. Règlement à recevoir en juin N.

**Document 2** **Informations diverses**

| Éléments | Janvier | Février | Mars | Observations |
|---|---|---|---|---|
| Ventes hors taxes | 16 500 | 20 000 | 26 400 | Les clients règlent 80 % au comptant, le reste à 30 jours. |
| Achats hors taxes | 4 950 | 4 950 | 6 600 | Les fournisseurs sont réglés 50 % à 30 jours et 50 % à 60 jours. |
| Autres charges[1] | 3 300 | 3 300 | 3 300 | Payées le mois même de leur engagement. |
| Salaire | 4 950 | 5 280 | 5 280 | Virement bancaire le deuxième jour du mois suivant. |
| Charges sociales | 3 168 | 3 300 | 3 300 | Virement bancaire le dixième jour du mois suivant. |
| Acquisition d'immobilisation HT[2] | | | 25 000 | 50 % au comptant, le reste à 60 jours. |
| Emprunt | | 3 000 | | Emprunt reçu le 15 mars N. |
| Dotations aux amortissements | 1 650 | 1 650 | 1 910 | |

1. Par mesure de simplification, ne pas tenir compte de la TVA sur les autres charges.
2. M. Day agrandit le magasin.

•••

## Document 3 Budgets des ventes, des achats et des investissements

### Budget des ventes

| Éléments | Juin | Juillet | Août |
|---|---|---|---|
| Ventes HT du mois | 16 500,00 | 20 000,00 | 26 400,00 |
| TVA à 19,60 % | 3 234,00 | 3 920,00 | 5 174,40 |
| Ventes TTC du mois | 19 734,00 | 23 920,00 | 31 574,40 |

### Budget des achats

| Éléments | Juin | Juillet | Août |
|---|---|---|---|
| Achats HT du mois | 4 950,00 | 5 400,00 | 6 600,00 |
| TVA à 19,60 % | 970,20 | 1 058,40 | 1 293,60 |
| Achats TTC du mois | 5 920,20 | 6 458,40 | 7 893,60 |

### Budget des investissements

| Éléments | Juin | Juillet | Août |
|---|---|---|---|
| Acquisitions HT du mois | | | 25 000,00 |
| TVA à 19,60 % | | | 4 900,00 |
| Acquisitions TTC du mois | | | 29 900,00 |

## Document 4 Budget de TVA

| Éléments | Juin | Juillet | Août |
|---|---|---|---|
| TVA collectée | | | |
| TVA déductible sur ABS | | | |
| TVA déductible sur immobilisations | | | |
| Crédit de TVA du mois précédent | | | |
| TVA à décaisser ou crédit de TVA à reporter | | | |

## Document 5a Budget des encaissements

| Éléments | Juin | Juillet | Août |
|---|---|---|---|
| Clients au 31 décembre N-1 | | | |
| Ventes de juin | | | |
| Ventes de juillet | | | |
| Ventes d'août | | | |
| Cession d'immobilisations | | | |
| Emprunt | | | |
| **Total des encaissements** | | | |

•••

•••

**Document 5b** **Budgets des décaissements**

| Éléments | Juin | Juillet | Août |
|---|---|---|---|
| Fournisseurs | | | |
| Fournisseurs d'immobilisations | | | |
| Achats de juin | | | |
| Achats de juillet | | | |
| Achats d'août | | | |
| Autres charges | | | |
| Salaires | | | |
| Charges sociales | | | |
| Acquisition d'immobilisation | | | |
| TVA à décaisser | | | |
| **Total des décaissements** | | | |

**Document 6** **Budget de trésorerie**

| Éléments | Juin | Juillet | Août |
|---|---|---|---|
| Trésorerie initiale | | | |
| Total des encaissements | | | |
| Total des décaissements | | | |
| Trésorerie finale | | | |

**Document 7** **Compte de résultat prévisionnel**

| Éléments | Juin | Juillet | Août |
|---|---|---|---|
| Chiffre d'affaires | | | |
| Achats de matières premières consommées | | | |
| Autres achats et charges externes | | | |
| Charges de personnel | | | |
| Dotations aux amortissements | | | |
| Total des charges d'exploitation | | | |
| **Résultat d'exploitation** | | | |

## 3 BAC Entraînez-vous à l'écrit

La société Décomalin fabrique et commercialise des objets décoratifs. Les produits vendus sont soumis à la TVA au taux normal de 19,60 %.
Le 2 janvier N, le directeur, M. Anger, s'interroge sur la situation de la trésorerie de la société.
Vous avez à votre disposition les documents 1 et 2.

**Document 1** **Extrait de la balance au 31 décembre N-1 et prévisions N**

| | | | |
|---|---|---|---|
| 401000 | Fournisseurs | | 8 567[1] |
| 411000 | Clients[2] | 12 500 | |
| 430000 | Sécurité sociale et autres organismes | | 7 134[1] |
| 445510 | État – TVA à décaisser | | 2 300[1] |
| 512100 | Banque | 1 200 | |
| 530000 | Caisse | 567 | |

1. Payables en janvier N.
2. Les créances clients sont encaissées en janvier N.

Les prévisions pour le 1er trimestre N sont les suivantes.

| | |
|---|---|
| Les ventes | Les ventes HT prévues sont de 35 000 € en janvier et mars, et de 30 000 € en février. |
| Les achats | Les achats HT prévus sont de 7 200 € en janvier et mars, et de 5 400 € en février. Les paiements aux fournisseurs s'effectuent 70 % au comptant et 30 % à 30 jours fin de mois. |
| Les autres charges | Elles s'élèvent à 6 800 € mensuellement et sont réglées le mois même. Par mesure de simplification, ne pas tenir compte de la TVA sur les autres charges. |
| Salaires et charges sociales | Les salaires nets mensuels sont de 9 500 € et sont réglés par virement bancaire le 28 de chaque mois. Les cotisations à l'URSSAF et aux autres organismes sociaux sont estimées à 5 225 € par mois. Elles sont versées le 15 du mois suivant. |
| Les impôts | Le règlement de la TVA due au titre du mois est effectué le 17 du mois suivant. |
| Les investissements | Un acompte de 30 000 € est versé en février N en vue de l'acquisition des nouvelles installations techniques. |

**Document 2** **Budgets**

| Budget des ventes | Janvier | Février | Mars |
|---|---|---|---|
| Ventes de produits HT | | | |
| TVA collectée (5,50 %) | | | |
| Ventes de produits TTC | | | |

| Budget des achats | Janvier | Février | Mars |
|---|---|---|---|
| Achats de matières HT | | | |
| TVA déductible/ABS (5,50 %) | | | |
| Achats de matières TTC | | | |

**1.** Quelle est l'utilité des budgets pour une entreprise ?

**2.** Complétez les budgets des ventes et des achats.

**3.** Retrouvez les modalités de règlement des clients à partir du document 2. Justifiez vos calculs.

**4.** Complétez le budget de TVA, les budgets des encaissements et des décaissements, ainsi que le budget de trésorerie (document 2).

**5.** Expliquez pourquoi les dotations aux provisions ne figurent pas dans le budget des décaissements.

**6.** Commentez la situation de la trésorerie pour le premier trimestre N et proposez des solutions permettant l'ajustement de la trésorerie, le cas échéant.

| **Budget de TVA** | Janvier | Février | Mars |
|---|---|---|---|
| TVA collectée | | | |
| TVA déductible | | | |
| TVA à décaisser ou crédit de TVA à reporter | | | |

| **Budget des encaissements** | Janvier | Février | Mars |
|---|---|---|---|
| Clients | | | |
| Ventes de janvier | 29 302 | 12 558 | |
| Ventes de février | | | |
| Ventes de mars | | | |
| Totaux | | | |

| **Budget des décaissements** | Janvier | Février | Mars |
|---|---|---|---|
| Fournisseurs | | | |
| Achats de matières de janvier | | | |
| Achats de matières de février | | | |
| Achats de matières de mars | | | |
| Autres charges | | | |
| TVA à décaisser | | | |
| Salaires nets | | | |
| Cotisations sociales | | | |
| Acompte sur immobilisations | | | |
| Totaux | | | |

| **Budget de trésorerie** | Janvier | Février | Mars |
|---|---|---|---|
| Trésorerie initiale | | | |
| Encaissements | | | |
| Décaissements | | | |
| Trésorerie de fin période | | | |

## 4 BAC Entraînez-vous à l'étude

**Sujet d'étude**

### Le budget des associations

- **Comme toute organisation avec des fonds à gérer et des projets à conduire, les associations sont amenées à réaliser des budgets. Étudiez les caractéristiques d'élaboration du budget des associations ou d'organismes culturels (théâtre, bibliothèques...).**

**Aide pour l'étude**

- Recherchez des informations sur l'origine des fonds dans les associations, sur leur situation à l'égard de la TVA, sur leur processus de production.
- Contactez des responsables d'association de tailles diverses (clubs sportifs, organismes d'utilité publique, d'aides aux personnes en difficulté, théâtres...).
- Rédigez une synthèse d'une page présentant les particularités des budgets dans les associations et leur utilité.

## 5 Évaluez les acquis du chapitre

**Rares sont les prévisions budgétaires qui se vérifient parfaitement à mi-exercice. Le tout est de savoir détecter à temps les dérapages et de déterminer leurs causes. Comment ajuster ses calculs ou carrément rectifier le tir ?**

« Aïe, on n'est pas dans les clous par rapport au budget ! » Combien de fois en cours d'année entend-on cette réflexion ? L'erreur la plus fréquente consiste à bâtir un budget annuel sur la simple extrapolation du passé. Vous risquez alors de vous exposer à des déboires. Compte tenu des événements qui interviennent en cours d'exercice, « il est rarissime que tout se passe comme prévu », confirme Caroline Selmer, consultante à la Cegos et auteur de *Construire et défendre son budget* (éd. Dunod). Elle recommande donc de gérer son budget en cours d'exercice par exception. « Intéressez-vous aux écarts significatifs et fixez-vous des seuils d'alerte selon la taille de l'entreprise. »

### Repérer et analyser les écarts

L'enjeu ? La réactivité, première clé du succès : un dérapage n'est pas grave en soi mais, si on tarde à le contrôler, là on risque la sortie de route. « Nous avons repéré, dès mars 2000, que nous ne tiendrions pas les objectifs », se souvient Guy Mamou-Mani. « Cela a été notre chance : nous avons tout de suite mis en place des actions correctrices qui nous ont permis, dès le second semestre, de renouer avec la rentabilité. » [...] La dérive provient-elle des ventes, des coûts de production ou de main-d'œuvre, d'une commande décalée ?

[...] Anticiper, c'est aussi penser à lever le nez de ses livres de comptes pour flairer l'air du temps, le climat des affaires. « Il est vital pour notre groupe de suivre les variations des cours des matières premières, lait et poudre de lait », note Gérard Boivin, le nouveau PDG des Fromageries Bel. Outre la veille sur les nouveaux produits en préparation, grâce à la presse spécialisée, on pourra aussi joindre l'utile à l'agréable et, au fil de déjeuners d'affaires avec les clients et les fournisseurs, repérer la tendance susceptible de devenir une opportunité.

[...] Cette collecte d'informations a un but : permettre à l'entreprise en situation de procéder le plus tôt possible à un « réestimé », comme disent les contrôleurs de gestion. Mais, dès que la dérive devient trop importante, réduire ainsi la voilure ne suffit pas, il devient nécessaire de rectifier le cap. « Vous devez vous montrer astucieux », remarque Didier Rihahi. Le président de Welcome Office (fournitures de bureau sur Internet) corrige son plan prévisionnel tous les mois. Surtout, il en tire les conséquences pratiques : renégocier les conditions avec les fournisseurs, geler des investissements ou des embauches prévus, etc.

Et tout cela avec doigté, car réagir dans la panique fait commettre des erreurs. Les jus de fruits Joker, une entreprise familiale, ont ainsi dans l'urgence fermé le robinet des dépenses publicitaires qui faisaient la notoriété de la marque. Ce qui revient à rentrer dans sa coquille au moment où il faudrait doper les ventes. Du reste, Joker est en train d'être racheté par son concurrent allemand Eckes-Granini. [...]

Étienne Gless, *L'Entreprise*, n° 189, juin 2001.

**1.** **Dans un schéma, rappelez les étapes de la démarche budgétaire et le rôle de chaque étape.**

**2.** **Expliquez la phrase soulignée dans le texte.**

**3.** **Quels sont les arguments développés dans l'article afin d'inciter à « une gestion du budget en cours d'exercice » ?**

**4.** **Pourquoi est-il dangereux de revoir à la baisse toutes les dépenses ?**

**5.** **Pourquoi, lors de la construction budgétaire, le budget de trésorerie et le compte de résultat prévisionnel sont-ils élaborés en dernier ?**

N° de projet : 10124270 - CGI - Dépôt légal : Avril 2006
Achevé d'imprimer en France sur les presses de Jouve, Paris - N° 396511Z